GÉRARD GENETTE

Paratextos Editoriais

Ateliê Editorial

Copyright © Éditions du Seuil, 1987

Todos os direitos reservados e protegidos pela lei 9.610 de 19.2.98. É proibida a reprodução total ou parcial sem autorização, por escrito, da editora.

Título original em francês: *Seuils*

1ª ed. 2009 | 2ª ed. revista 2018

Cet ouvrage, publié dans le cadre de l'Année de la France au Brésil et du Programme d'Aide à la Publication Carlos Drummond de Andrade, bénéficie du soutien du Ministère français des Affaires Etrangères et Européennes.
"França.Br 2009" l'Année de la France au Brésil (21 april – 15 novembre) est organisée:
- *en France, par le Commissariat général français, le Ministère des Affaires Etrangères et Européennes, le Ministère de la Culture et de la Communication et Culturesfrance;*
- *au Brésil, par le Commissariat général brésilien, le Ministère de la Culture et le Ministère des Relations Extérieures.*

Este livro, publicado no âmbito do Ano da França no Brasil e do programa de auxílio à publicação Carlos Drummond de Andrade, contou com o apoio do Ministério Francês das Relações Exteriores e Europeias.
"França.Br 2009" Ano da França no Brasil (21 de abril a 15 de novembro) é organizado:
- na França, pelo Comissariado geral francês, pelo Ministério Francês das Relações Exteriores e Europeias, pelo Ministério da Cultura e da Comunicação e por Culturesfrance;
- no Brasil, pelo Comissariado geral brasileiro, pelo Ministério da Cultura e pelo Ministério das Relações Exteriores.

Dados Internacionais de Catalogação na Publicação (CIP)
(Câmara Brasileira do Livro, SP, Brasil)

Genette, Gérard
    Paratextos editoriais / Gérard Genette; tradução Álvaro Faleiros – Cotia, SP: Ateliê Editorial, 2009. – (Artes do livro: 7)

    Título original: Seuils
    ISBN 978-85-7480-458-3

    1. Análise do discurso literário   2. Crítica textual   3. Escritores e editores   4. Gêneros literários   5. Livros – Formato   6. Publicação de livros – História   7. Transmissão textual   I. Título.

09-11215   CDD-809

Índices para catálogo sistemático:
1. Paratextos editoriais: Literatura   809

Direitos reservados à
ATELIÊ EDITORIAL
Estrada da Aldeia de Carapicuíba, 897
06709-300 – Granja Viana – Cotia – SP
Telefone: (11) 4702-5915
contato@atelie.com.br | www.atelie.com.br
Printed in Brazil 2018 | Foi feito depósito legal

Paratextos Editoriais

ARTES DO LIVRO 7

Sumário

Introdução 9

O Peritexto Editorial 21
    Formatos 22
    Coleções 26
    Capa e anexos 27
    Página de rosto e anexos 34
    Composição, tiragens 35

O Nome de Autor 39
    Lugar 39
    Onimato 40
    Anonimato 43
    Pseudonimato 47

Os Títulos 55
    Definições 55
    Lugar 63
    Momento 64
    Destinadores 70
    Destinatários 71
    Funções 73
    Designação 76
    Títulos temáticos 77
    Títulos remáticos 81
    Conotações 84
    Sedução? 86
    Indicações genéricas 88

O Release 97
    As quatro formas 97
    Derivas e anexos 105

As Dedicatórias 109
   A dedicatória de obra 109
   Lugar 116
   Momento 117
   Dedicadores 118
   Dedicatários 120
   Funções 124
   A dedicatória de exemplar 125
   Lugar, momento 126
   Dedicador, dedicatário 127
   Funções 128

As Epígrafes 131
   Histórico 131
   Lugar, momento 135
   Epigrafados 136
   Epigrafadores 139
   Epigrafários 140
   Funções 141

A Instância Prefacial 145
   Definição 145
   Pré-história 146
   Forma 152
   Lugar 154
   Momento 155
   Destinadores 159
   Destinatários 172

As Funções do Prefácio Original 175
   Os temas do porquê 176
   Importância 177
   Novidade, tradição 178
   Unidade 179
   Veracidade 184
   Para-raios 185
   Os temas do como 186
   Gênese 187

    Escolha de um público. 189
    Comentário do título 190
    Contratos de ficção 192
    Ordem de leitura 194
    Indicações de contexto. 194
    Declarações de intenção. 196
    Definições genéricas. 199
    Esquivas 203

Outros Prefácios, Outras Funções. 211
    Posfácios. 211
    Prefácios posteriores. 212
    Prefácios tardios 219
    Prefácios alógrafos. 232
    Prefácios actorais 243
    Prefácios ficcionais 244
    Autorais denegativos 246
    Autorais fictícios. 250
    Alógrafos fictícios 253
    Actorais fictícios. 256
    Espelhos 257

Os Intertítulos. 259
    Casos de ausência. 259
    Graus de presença. 261
    Ficção narrativa. 262
    História 271
    Textos didáticos 273
    Coletâneas. 274
    Sumários, títulos correntes 277

As Notas. 281
    Definição, lugar, momento 281
    Destinadores, destinatários. 284
    Funções. 285
    Textos discursivos, notas originais 286
    Posteriores. 289
    Tardias. 290

    Textos de ficção 292
    Alógrafas 296
    Actorais 298
    Ficcionais 298

O Epitexto Público 303
    Definições 303
    O epitexto editorial 305
    Alógrafo oficioso 306
    O autoral público 309
    Respostas públicas 311
    Mediações 313
    Entrevistas 316
    Conversas 319
    Colóquios, debates 321
    Autocomentários tardios 322

O Epitexto Privado 327
    Correspondências 328
    Confidências orais 338
    Diários íntimos 340
    Prototextos 347

Conclusão 355

Índice Onomástico 361

Introdução

A OBRA LITERÁRIA CONSISTE, EXAUSTIVA ou essencialmente, em um texto, isto é (definição mínima), em uma sequência mais ou menos longa de enunciados verbais mais ou menos plenos de significação. Contudo, esse texto raramente se apresenta em estado nu, sem o reforço e o acompanhamento de certo número de produções, verbais ou não, como um nome de autor, um título, um prefácio, ilustrações, que nunca sabemos se devemos ou não considerar parte dele, mas que, em todo caso, o cercam e o prolongam, exatamente para *apresentá-lo,* no sentido habitual do verbo, mas também em seu sentido mais amplo: para *torná-lo presente*, para garantir sua presença no mundo, sua "recepção" e seu consumo, sob a forma, pelo menos hoje, de um livro. Esse acompanhamento, de extensão e aparência variáveis, constitui o que em outro lugar[1] batizei de *paratexto* da obra, conforme o sentido às vezes ambíguo desse prefixo em francês (vejam, dizia eu, adjetivos como "parafiscal" ou "paramilitar")[2]. Assim, para nós o paratexto é aquilo por meio do qual um texto se torna livro e se propõe como tal a seus leitores, e, de maneira mais geral, ao público. Mais do que um limite ou uma fronteira estanque, trata-se aqui de um *limiar*, ou – expressão de Borges ao falar de um prefácio – de um "vestíbulo", que oferece a cada um a possibilidade de entrar ou de retroce-

---

1. *Palimpsestes*, 1981, p. 9.

2. E presumivelmente em algumas outras línguas, a acreditar na observação de J. Hillis-Miller, que se aplica ao inglês: "*Para* é um prefixo antitético que designa ao mesmo tempo a proximidade e a distância, a semelhança e a diferença, a interioridade e a exterioridade [...], uma coisa que se situa ao mesmo tempo aquém e além de uma fronteira, de um limiar ou de uma margem, de estatuto igual e, no entanto, secundário, subsidiário, subordinado, como um convidado para seu anfitrião, um escravo para seu senhor. Uma coisa em *para* não está somente e ao mesmo tempo dos dois lados da fronteira que separa o interior do exterior: ela é também a própria fronteira, a tela que se torna membrana permeável entre o dentro e o fora. Ela opera a confusão entre ambos os espaços, deixando entrar o exterior e sair o interior, ela os divide e os une" ("The Critic as Host", *Deconstruction and Criticism*, New York, The Seabury Press, 1979, p. 219). Essa é uma belíssima descrição da atividade do paratexto.

der. "Zona indecisa"[3] entre o dentro e o fora, sem limite rigoroso, nem para o interior (o texto) nem para o exterior (o discurso do mundo sobre o texto), borda, ou, como dizia Philippe Lejeune, "franja do texto impresso que, na realidade, comanda toda a leitura"[4]. Com efeito, essa franja, sempre carregando um comentário autoral, ou mais ou menos legitimado pelo autor, constitui, entre o texto e o extratexto, uma zona não apenas de transição, mas também de *transação*: lugar privilegiado de uma pragmática e de uma estratégia, de uma ação sobre o público, a serviço, bem ou mal compreendido e acabado, de uma melhor acolhida do texto e de uma leitura mais pertinente – mais pertinente, entenda-se, aos olhos do autor e de seus aliados. Não é necessário dizer que voltaremos a essa ação: em tudo o que segue, trataremos apenas dela, de seus meios, de seus modos e de seus efeitos. Para indicar aqui o que está em jogo com a ajuda de um único exemplo, seria suficiente uma inocente pergunta: reduzidos apenas ao texto e sem o auxílio de nenhum manual, como leríamos o *Ulysses* de Joyce se a obra não se intitulasse *Ulysses*?

O PARATEXTO COMPÕE-SE, pois, empiricamente, de um conjunto heteróclito de práticas e de discursos de todos os tipos e de todas as épocas que, em nome de um grupo de interesse, ou convergência de efeitos, que me parece mais importante do que sua diversidade de aspecto, eu reúno sob esse termo. O sumário deste estudo me dispensa de uma enumeração prévia, com exceção de um ou dois termos que, por sua obscuridade provisória, definirei mais adiante. A ordem desse percurso ajustar-se-á, na medida do possível, à sequência habitual na qual as mensagens que ele investiga se encontram: a apresentação exterior de um livro, o nome do autor, o título e a sequência, tal como ela se oferece a um leitor dócil, o que não é, evidentemente, o caso de todos. É provável que a recusa *in fine* de tudo o que chamo de "epitexto" seja, sob esse aspecto, particularmente arbitrária, pois muitos leitores tomam conhecimento de um livro através, por exemplo, de uma entrevista do autor – quando não por meio de uma resenha de jornal ou de uma recomendação boca a boca, o que, de acordo

---

3. A imagem parece impor-se a quem quer que trate do paratexto: "zona indecisa [...] onde se misturam duas séries de códigos: o código social, em seu aspecto publicitário, e os códigos produtores ou reguladores do texto" (C. Duchet, "Pour une socio-critique", *Littérature*, 1, fev. 1971, p. 6); "zona intermediária entre o extratexto e o texto" (A. Compagnon, *La Seconde Main*, Seuil, 1979, p. 328).

4. *Le Pacte autobiographique*, Seuil, 1975, p. 45. A sequência dessa frase indica que o autor em parte visava o que chamo aqui de paratexto: "nome de autor, título, subtítulo, nome de coleção, nome de editor, até o jogo ambíguo dos prefácios".

com nossas convenções, quase sempre não faz parte do paratexto, definido por uma intenção e uma responsabilidade do autor; mas as vantagens desse agrupamento vão parecer, espero, superiores a seus inconvenientes. Além disso, essa disposição de conjunto não apresenta um rigor muito coercitivo, e aqueles que têm o hábito de ler os livros começando pelo fim ou pelo meio poderão aplicar a este livro o mesmo método, se é que é um método.

Aliás, a presença, em torno de um texto, de mensagens paratextuais, das quais proponho um primeiro inventário sumário e de modo algum exaustivo, não é uniformemente constante e sistemática: há livros sem prefácio, há autores refratários a entrevistas, e houve épocas em que a inscrição de um nome de autor, ou mesmo de um título, não era obrigatória. Os caminhos e domínios do paratexto se modificam sem cessar conforme as épocas, as culturas, os gêneros, os autores, as obras, as edições de uma mesma obra, com diferenças às vezes consideráveis: é uma evidência reconhecida que nossa época "midiática" multiplica em torno dos textos um tipo de discurso desconhecido no mundo clássico, e *a fortiori* na Antiguidade e na Idade Média, épocas em que os textos circulavam muitas vezes em estado quase bruto, sob a forma de manuscritos desprovidos de qualquer fórmula de apresentação. Digo *quase*, porque só o fato de haver transcrição – mas também transmissão oral – introduz na idealidade do texto uma parte de materialização, gráfica ou fônica, que pode induzir, como veremos, efeitos paratextuais. Nesse sentido, pode-se sem dúvida adiantar que não existe, e que jamais existiu, um texto[5] sem paratexto. Paradoxalmente, há, em contrapartida, talvez por acidente, paratextos sem texto, pois existem muitas obras, desaparecidas ou abortadas, das quais conhecemos apenas o título: numerosas epopeias pós-homéricas ou tragédias gregas clássicas, ou *Morsure de l'épaule,* que Chrétien de Troyes afirma ter escrito no início de *Cligès,* ou *Bataille des Thermopyles,* que foi um dos projetos abandonados de Flaubert, e sobre o qual nada sabemos, a não ser que nele não devia figurar a palavra *cnémide*. Há nesses títulos isolados muito com que sonhar, isto é, um pouco mais do que em muitas obras disponíveis e legíveis em seu todo. Finalmente, esse caráter irregularmente obrigatório do paratexto vale também para o público e para o leitor: ninguém é obrigado a ler um prefácio, mesmo que essa liberdade nem sempre seja bem-vinda para o autor, e veremos que muitas notas são dirigidas apenas a *certos* leitores.

---

5. Digo agora *textos*, e não somente *obras*, no sentido "nobre" da palavra: pois a necessidade de um paratexto impõe-se a toda espécie de livro, mesmo desprovido de intenção estética, e ainda que nosso estudo se limite ao paratexto das obras literárias.

Quanto ao estudo particular de cada um desses elementos, ou melhor, desses tipos de elementos, será presidido pelo respeito a certo número de traços cujo exame permite definir o estatuto de uma mensagem paratextual, seja ela qual for. Esses traços descrevem, essencialmente, suas características espaciais, temporais, substanciais, pragmáticas e funcionais. De maneira mais concreta: definir um elemento de paratexto consiste em determinar seu lugar (pergunta *onde?*), sua data de aparecimento e, às vezes, de desaparecimento (*quando?*), seu modo de existência, verbal ou outro (*como?*), as características de sua instância de comunicação, destinador e destinatário (*de quem? a quem?*) e as funções que animam sua mensagem: *para quê?* Impõem-se, sem dúvida, duas palavras de justificativa desse questionário um pouco simplório, mas cujo bom uso define quase inteiramente o método do que segue.

Um elemento de paratexto, caso se constitua de uma mensagem materializada, tem necessariamente um *lugar*, que se pode situar em relação àquele do próprio texto: em torno do texto, no espaço do mesmo volume, como o título ou o prefácio, e, às vezes, inserido nos interstícios do texto, como os títulos de capítulo ou certas notas; chamarei de *peritexto*[6] essa primeira categoria espacial, com certeza a mais típica e da qual trataremos nos onze primeiros capítulos. Ainda em torno do texto, mas a uma distância mais respeitosa (ou mais prudente), todas as mensagens que se situam, pelo menos na origem, na parte externa do livro: em geral em um suporte midiático (conversas, entrevistas), ou sob a forma de uma comunicação privada (correspondências, diários íntimos e outros). A essa segunda categoria eu batizo, na falta de um termo melhor, de *epitexto*, e que ocupará os dois últimos capítulos. Como já deu para constatar, peritexto e epitexto dividem entre si, exaustivamente e sem descanso, o campo espacial do paratexto; dito de outra forma, para os amantes de fórmulas, *paratexto = peritexto + epitexto*[7].

A situação *temporal* do paratexto pode também ser definida em relação à do texto. Se adotarmos como ponto de referência a data de aparecimento do texto, isto é, a de sua primeira edição ou original[8], certos elementos de paratexto são de produção (pública) anterior: panfletos, anúncios de "no prelo",

---

6. Esta noção recupera a de "perigrafia", proposta por A. Compagnon, *op. cit.*, pp. 328-356.

7. De novo, deve-se precisar que o peritexto das edições eruditas (em geral póstumas) contêm, às vezes, elementos que não pertencem ao paratexto no sentido em que o defini: como exemplo, cito os extratos de resenhas alógrafas (Sartre, Plêiade; Michelet, Flammarion etc.)

8. Ignorarei aqui as diferenças técnicas (bibliográficas e bibliofílicas) às vezes designadas primeira edição corrente, edição original, edição príncipe etc., para chamar, de maneira breve, de *original* a primeira em data.

ou ainda elementos ligados a uma pré-publicação em jornal ou revista, que, às vezes, irão desaparecer no volume, como os famosos títulos homéricos dos capítulos de *Ulysses*, cuja existência oficial deve ter sido, se ouso dizer, totalmente pré-natal: paratextos *anteriores*, portanto. Outros, mais frequentes, aparecem ao mesmo tempo que o texto: é o paratexto *original*, como o prefácio de *La Peau de chagrin*, produzido, em 1831, com o romance que apresenta. Outros, enfim, aparecem mais tarde do que o texto, graças, por exemplo a uma segunda edição, como o prefácio de *Thérèse Raquin* (quatro meses depois), ou a uma reedição mais distante, como a de *Essai sur les révolutions* (vinte e nove anos). Por razões funcionais, às quais voltarei, cabe aqui estabelecer a distinção entre o paratexto simplesmente *posterior* (primeiro caso) e o paratexto *tardio* (segundo caso). Se esses elementos aparecerem após a morte do autor, qualificá-los-ei, como todo mundo, de *póstumos*; se foram produzidos em vida do autor, adotarei o neologismo proposto por meu bom mestre Alphonse Allais: paratexto *ântumo*[9]. Mas esta última oposição não vale apenas para os elementos tardios, pois um paratexto pode ser ao mesmo tempo original e póstumo, se ele acompanha um texto também póstumo, como no caso do título e da indicação genérica (falaciosa) de *La Vie de Henry Brulard, écrite par lui même. Roman imité du Vicaire de Wakefield*.

Portanto, se um elemento de paratexto pode aparecer a todo momento, pode também desaparecer, definitivamente ou não, por decisão do autor ou por intervenção alheia, ou em virtude do desgaste do tempo. Assim, muitos títulos da época clássica foram reduzidos pela posteridade, mesmo na página de rosto das edições modernas mais sérias, e todos os prefácios originais de Balzac foram deliberadamente suprimidos, em 1842, por ocasião do reagrupamento chamado *La Comédie humaine*. Essas supressões, bastante frequentes, determinam a duração da vida dos elementos de paratexto. Algumas são brevíssimas: aqui quem detém o recorde é, ao que eu saiba, o prefácio de *La Peau de Chagrin* (um mês). Mas, escrevi acima "definitivamente ou não": é que um elemento suprimido, na hora de uma nova edição, por exemplo, sempre pode reaparecer em uma edição posterior; algumas notas de *La Nouvelle Heloïse*, que desapareceram na segunda edição, não tardaram a voltar; e os prefácios "suprimidos" por Balzac, em 1842, reencontram-se hoje em todas as boas edições. A duração do paratexto é frequentemente descontínua, e esta

---

9. Assim Allais designa suas obras que haviam aparecido numa coletânea sua feita em vida. Devo também lembrar que *posthumus*, "posterior ao sepultamento", é antiquíssima (e soberba) falsa etimologia: *postumus* é simplesmente o superlativo de *posterior*.

intermitência, à qual ainda voltarei, tem uma estreita ligação com seu caráter essencialmente funcional.

A questão da condição *substancial* será aqui regulada, ou eludida, como ocorre amiúde na prática, pelo fato de que quase todos os paratextos considerados serão de ordem *textual* ou, pelo menos, verbal: títulos, prefácios, entrevistas, assim como enunciados, de tamanhos bastante diversos, mas que compartilham o estatuto linguístico do texto. No mais das vezes, portanto, o paratexto é um texto: se ainda não é *o* texto, pelo menos já é *texto*. Deve-se, no entanto, ter em mente o valor paratextual que outros tipos de manifestações podem conter: icônicas (as ilustrações), materiais (tudo o que envolve, por exemplo, as escolhas tipográficas, por vezes muito significativas, na composição de um livro), ou apenas factuais. Chamo de *factual* o paratexto que consiste, não em uma mensagem explícita (verbal ou não), mas em um fato cuja própria existência, se é conhecida do público, acrescenta algum comentário ao texto e tem peso em sua recepção. Da idade ou do sexo do autor (quantas obras, de Rimbaud a Sollers, devem parte de sua glória ou sucesso ao prestígio da juventude? E leríamos um "romance de mulher" do mesmo jeito que qualquer romance, isto é, um romance de homem?), ou da data da obra: "A verdadeira admiração, dizia Renan, é histórica"; pelo menos é certo que a consciência histórica da época que viu nascer uma obra raras vezes é indiferente a sua leitura. Percebo aí fortes evidências características do paratexto factual, e existem outras, mais fúteis, tais como a pertença a uma academia (ou outra corporação gloriosa) ou a obtenção de um prêmio literário; ou mais fundamentais, e que voltaremos a ver, como a existência, em torno de uma obra, de um contexto implícito que precisa ou modifica em maior ou menor grau sua significação: contexto autoral, constituído, por exemplo, em torno do *Père Goriot*, pelo conjunto de *La Comédie humaine*; contexto genérico, constituído, em torno dessa obra e desse conjunto, pela existência do gênero chamado "romance"; contexto histórico, pela época chamada "século XIX" etc. Não tentarei aqui precisar a natureza desses fatos de pertencimento contextual ou medir-lhes o peso, mas precisamos pelo menos partir do princípio de que todo contexto forma paratexto. Sua existência, como no caso de toda espécie de paratexto factual, pode ou não ser levada ao conhecimento do público por uma menção dependente do paratexto textual: indicação genérica, menção de preço em uma cinta, menção de idade em um *press-release**, revelação indireta do sexo pelo nome etc., mas ela nem sempre precisa ser mencio-

---

* Ver N. da E. à p. 15 adiante.

nada para ser conhecida por um efeito de "notoriedade pública"; assim, para a maioria dos leitores da *Recherche*, o conhecimento de dois fatos biográficos, a semiascendência judaica de Proust e sua homossexualidade, inevitavelmente forma paratexto nas páginas de sua obra dedicadas a esses dois temas. Não digo que seja necessário saber disso: digo apenas que aqueles que sabem não leem da mesma forma que aqueles que não sabem, e que aqueles que negam essa diferença estão zombando de nós. O mesmo, é claro, se dá com relação aos fatos do contexto: ler *L'Assomoir* como obra independente e lê-lo como um episódio dos *Rougon-Macquart* constituem duas leituras bastante diferentes.

O estatuto *pragmático* de um elemento de paratexto é definido pelas características de sua instância ou situação de comunicação: natureza do destinador, do destinatário, grau de autoridade e de responsabilidade do primeiro, força ilocutória de sua mensagem e, talvez, alguns outros que devem ter-me escapado. O destinador de uma mensagem paratextual (como de qualquer outra mensagem) não é necessariamente seu verdadeiro produtor, cuja identidade pouco nos importa, como se a introdução de *La Comédie humaine*, assinada por Balzac, tivesse sido redigida de fato por um de seus amigos: o destinador é definido por uma atribuição putativa e por uma responsabilidade assumida. Trata-se, na maioria das vezes, do autor (paratexto *autoral*), mas pode tratar-se também do editor: um *release,* exceto quando é assinado pelo autor, *prière d'insérer**, em geral deriva do paratexto *editorial*. O autor e o editor são (entre outras, juridicamente) as duas pessoas responsáveis pelo texto e pelo paratexto, que podem delegar parte de sua responsabilidade a um terceiro: um prefácio escrito por esse terceiro e aceito pelo autor, como o de Anatole France para *Les Plaisirs et les jours*, ainda pertence, ao que parece (por causa dessa aceitação), ao paratexto – dessa vez *alógrafo*. Há também situações em que a responsabilidade do paratexto é em alguma medida compartilhada: assim, numa entrevista, entre o autor e aquele que o interroga, e que de modo geral "recolhe" e transmite, fielmente ou não, as falas do autor.

Pode-se definir de forma grosseira o destinatário como "o público", mas essa definição é vaga demais, isto porque o público de um livro estende-se virtualmente a toda a humanidade; portanto, deve-se especificar um pouco mais. Certos elementos de paratexto dirigem-se de fato (o que não significa que o atinjam) ao público em geral, isto é, a cada um: é o caso (voltarei a isso) do título ou de uma entrevista. Outros dirigem-se (com a mesma reserva), mais específica

---

* No Brasil, na falta de um termo próprio, usa-se o equivalente *press release*, ou pela lei do menor esforço, *release*, vocábulo que será usado em todo o livro para substituir a expressão francesa (N. da E.).

e mais restritamente, apenas aos leitores do texto: é o caso típico do prefácio. Outros, como as formas antigas do *release*, dirigem-se com exclusividade aos críticos; outros, aos livreiros; tudo isso constituindo (peritexto ou epitexto) o que chamaremos de paratexto *público*. Outros dirigem-se, oralmente ou por escrito, a simples particulares, conhecidos ou não, que não necessariamente os divulgam ao público: é o paratexto *privado*, cuja parte mais privada consiste em mensagens endereçadas pelo autor a si mesmo, em seu diário ou em outro lugar: paratexto *íntimo*, pelo fato de sua autodestinação e qualquer que seja seu conteúdo.

À definição de um paratexto, deve-se sempre atribuir uma responsabilidade, por parte do autor ou de um de seus associados, mas essa responsabilidade comporta graus. Tomarei emprestado do vocabulário político uma distinção corrente, e mais fácil de usar do que de definir: a do oficial e do oficioso. É *oficial* toda mensagem paratextual que o autor e/ou o editor assumem abertamente, e de cuja responsabilidade não se pode esquivar. Assim, oficial é tudo aquilo que, de fonte autoral ou editorial, figura no peritexto ântumo, como o título ou o prefácio original; ou ainda os comentários assinados pelo autor em uma obra pela qual é o total responsável, como, por exemplo, *Le Vent Paraclet* de Michel Tournier. É *oficiosa* a maioria dos epitextos autorais, entrevistas e confidências, pelas quais sempre se pode livrar-se, mais ou menos, da responsabilidade mediante negativas do gênero: "Não foi exatamente isso que eu disse", ou: "Eram afirmações feitas de improviso", ou: "Isso não era destinado à publicação", ou mesmo por uma "declaração solene", como a de Robbe-Grillet em Cerisy[10], negando em bloco qualquer "importância" a seus "artigos de jornal mais ou menos reunidos em volume sob o nome de Ensaios" e "com mais razão ainda" a "declarações orais que posso fazer aqui, mesmo que admita que sejam publicadas em seguida" – aí compreendida, imagino, a nova versão do paradoxo do cretense. Oficioso também, e talvez acima de tudo, o que o autor deixa ou faz dizer por um terceiro, prefaciador alógrafo ou comentador "autorizado": veja-se a participação de um Larbaud ou de um Stuart Gilbert na difusão, organizada, mas não assumida por Joyce, das chaves homéricas de *Ulysses*. Naturalmente, existem muitas situações intermediárias ou indecidíveis naquilo que na verdade não passa de uma diferença de grau, mas é inegável a vantagem dessas nuanças: às vezes temos interesse em que "se saibam" certas coisas sem que (supostamente) as tenhamos dito.

Uma última característica pragmática do paratexto é aquilo que chamo, tomando emprestado livremente este adjetivo aos filósofos da linguagem, de

---

10. *Colloque Robbe-Grillet* (1975), 10/18, 1976, t. I, p. 316.

força ilocutória de sua mensagem. Trata-se aqui também de uma gradação de estados. Um elemento de paratexto pode comunicar uma mera *informação*, por exemplo o nome do autor ou a data de publicação; pode dar a conhecer uma *intenção* ou uma *interpretação* autoral e/ou editorial: é a função essencial da maioria dos prefácios, é também a da indicação genérica em certas capas ou páginas de rosto: *romance* não significa "este livro é um romance", asserção definitória que praticamente não está em poder de ninguém, mas antes "Queiram considerar este livro como um romance". Pode tratar-se de uma verdadeira *decisão*: *Stendhal*, ou *Le Rouge et le noir*, não significa: "Eu me chamo Stendhal" (o que é falso diante da certidão de nascimento) ou "Este livro se chama *Le Rouge et le noir*" (o que não tem sentido), mas "Escolhi o pseudônimo Stendhal" e "Eu, autor, decidi dar a este livro o título de *Le Rouge et le noir*". Ou de um *compromisso*: certas indicações genéricas (autobiografia, história, memórias) têm, como sabemos, um valor de contrato mais coercitivo ("Comprometo-me a dizer a verdade") do que outras (romance, ensaio), e uma simples menção como *Primeiro Volume* ou *Tomo I* tem força de promessa – ou, como diz Northrop Frye, de "ameaça". Ou de um *conselho*, ou mesmo de uma *injunção*: "Este livro", diz Hugo no prefácio de *Contemplations*, "deve ser lido como se leria o livro de um morto"; "Tudo isto", escreve Barthes na abertura de *Roland Barthes par Roland Barthes*, "deve ser considerado como dito por uma personagem de romance", e certas permissões ("Você pode ler este livro nessa ou naquela ordem, você pode saltar isto ou aquilo") indicam também de maneira clara, embora indireta, a capacidade coercitiva do paratexto. Certos elementos comportam até a potência que os lógicos chamam *performativa*, isto é, o poder de cumprir o que descrevem ("Abro a sessão"): é o caso das dedicatórias. É evidente que dedicar um livro a Fulano não é mais do que imprimir ou escrever, em uma de suas páginas, uma fórmula do tipo: "A Fulano". Caso-limite da eficácia paratextual, pois basta dizer para fazer. Todavia, já há muito disso na imposição de um título ou na escolha de um pseudônimo, ações miméticas de todo tipo de poder de criação.

ESSAS OBSERVAÇÕES sobre a força ilocutória conduziram-nos, portanto, sem perceber, para o essencial, que é o aspecto *funcional* do paratexto. Essencial, porque, ao que tudo indica e salvo exceções pontuais que encontraremos aqui e ali, o paratexto, sob todas as suas formas, é um discurso fundamentalmente heterônomo, auxiliar, a serviço de outra coisa que constitui sua razão de ser: o texto. Qualquer que seja o investimento estético ou ideológico ("belo título", prefácio-manifesto), coquetismo ou inversão paradoxal que o autor coloque nele, um elemento de paratexto está sempre subordinado a "seu" texto, e essa funcionalidade determina o essencial de sua conduta e de sua existência. Ao contrário, porém, das características de lugar, de tempo, de substância ou de regime pragmático, as funções do paratexto não podem ser descritas teoricamente, e de certo modo *a priori*, em termos de estatuto. A situação espacial, temporal, substancial e pragmática de um elemento paratextual é determinada por uma escolha, mais ou menos livre, feita em um quadro geral e constante de possíveis alternativas, das quais só se pode adotar um termo com a exclusão dos outros: um prefácio é necessariamente (por definição) peritextual, é original, posterior *ou* tardio, autoral *ou* alógrafo etc., e essa série de opções ou de necessidades define de maneira rígida um estatuto e, portanto, um tipo. As escolhas funcionais não são da ordem alternativa e exclusiva do *ou isso/ou aquilo*: um título, uma dedicatória, um prefácio, uma entrevista podem ter em vista ao mesmo tempo diversos fins, escolhidos sem veto a nenhum deles no repertório, mais ou menos aberto, próprio a cada tipo de elemento: o título tem suas funções, a dedicatória tem as suas, o prefácio garante outras ou, às vezes, as mesmas, sem prejuízo das especificações mais rigorosas: um título temático como *Guerra e Paz* não descreve seu texto da mesma maneira que um título formal como *Epístolas* ou *Sonetos*, o que está em jogo em uma dedicatória de exemplar não é o mesmo que em uma dedicatória de obra, um prefácio tardio não visa os mesmos fins que um prefácio original, nem um prefácio alógrafo em relação a um prefácio autoral etc. As funções do paratexto constituem, pois, um objeto muito empírico e muito diversificado, que se deve evidenciar de maneira indutiva, gênero por gênero e, muitas vezes, espécie por espécie. As únicas regularidades significativas que se pode introduzir nessa aparente contingência consistem em estabelecer as relações de dependência entre funções e estatutos e, portanto, em identificar classes de *tipos funcionais*, e ainda reduzir a diversidade de práticas e mensagens a alguns temas fundamentais e fortemente recorrentes, porque a experiência mostra que se trata no caso de um discurso mais "restritivo" do que muitos outros, e em que os autores inovam com menor frequência do que imaginam.

Quanto aos efeitos de convergência (ou de divergência) que resultam da composição, em torno de um texto, do conjunto de seu paratexto, e cuja complexidade às vezes bastante refinada Lejeune, em relação à autobiografia, mostrou, eles podem surgir tão somente de uma análise (e uma síntese) singular, obra por obra, em cujo limiar para inevitavelmente um estudo genérico como o nosso. Para dar uma ilustração muito elementar disso, já que a estrutura em causa se reduz a dois termos, um conjunto de títulos como *Henri*

Matisse, roman contém, é bastante evidente, entre o título no sentido estrito (*Henri Matisse*) e a indicação genérica (*romance*), uma discordância que o leitor é convidado a resolver se puder, ou, pelo menos, a integrar como figura oximórica do tipo "mentir de verdade", cuja chave, por definição singular, talvez somente o texto lhe possa dar, mesmo que a fórmula seja chamada a fazer escola[11], ou mesmo a banalizar-se em gênero.

UM ÚLTIMO ESCLARECIMENTO, que esperamos seja inútil: trata-se aqui de um estudo sincrônico, e não diacrônico: uma tentativa de um quadro geral e não de história do paratexto. Este propósito não se inspirou em algum tipo de desdém pela dimensão histórica, porém uma vez mais no sentimento de que é conveniente definir os objetos antes de estudar-lhes a evolução. No essencial, nosso trabalho consiste em dissolver os objetos empíricos herdados da tradição (por exemplo, "o prefácio"), de um lado analisando-os como objetos mais definidos (o prefácio autoral original, o prefácio tardio, o prefácio alógrafo etc.), e, de outro, integrando-os a conjuntos mais vastos (o peritexto, o paratexto em geral) – e, portanto, em identificar categorias até aqui negligenciadas ou mal percebidas, cuja articulação define o campo paratextual, e cujo estabelecimento é anterior a toda e qualquer colocação em perspectiva histórica. No entanto, considerações diacrônicas não estarão ausentes em um estudo que, ao fim e ao cabo, versa sobre o aspecto mais socializado da prática literária (a organização de sua relação com o público) e que virará, às vezes de maneira inevitável, algo como um ensaio sobre os costumes e as instituições da República das Letras. Mas elas não serão colocadas *a priori* como uniformemente decisivas: cada elemento do paratexto tem sua própria história. Alguns são tão antigos quanto a própria literatura, outros nasceram ou encontraram seu estatuto oficial após séculos de "vida oculta" que constituem sua pré-história, com a invenção do livro, outros, com o nascimento do jornalismo e das mídias modernas; outros desapareceram nesse meio tempo e, muito frequentemente, uns substituem outros para desempenhar, bem ou mal, um papel análogo. Alguns, enfim, parecem ter sofrido, e ainda sofrer, uma evolução mais rápida ou mais significativa do que outros (mas a estabilidade é um fato tão histórico quanto a mudança): assim, o título tem suas modas, muito evidentes, que inevitavelmente fazem "época" com apenas seu enunciado; o prefácio autoral, ao contrário, quase não mudou desde Tucídides, a não ser na sua apresentação material. A história geral do paratexto seria, sem dúvida,

---

11. Philippe Roger, *Roland Barthes, roman*, Grasset, 1986.

ritmada pelas etapas de uma evolução tecnológica que lhe oferece os meios e as ocasiões, pela evolução dos incessantes fenômenos de oscilação, de substituição, de compensação e de inovação, que garantem, através dos séculos, a permanência e, em certa medida, o progresso de sua eficácia. Para aventurar-se a escrever sobre ela, seria preciso dispor de uma pesquisa mais vasta e mais completa do que esta, que não sai dos limites da cultura ocidental, e mesmo poucas vezes da literatura francesa. O que segue não passa, pois, de uma investigação totalmente incoativa, a serviço muito provisório daquilo que, graças a outros, possivelmente virá depois. Chega, porém, de desculpas e de precauções, temas ou lugares-comuns obrigatórios de todo prefácio: bastante erradio no limiar do limiar[12].

---

12. Como se pode notar, este estudo deve muito às sugestões das diversas audiências com cuja participação foi elaborado. A todos e a todas, minha profunda gratidão e meus sinceros agradecimentos.

O Peritexto Editorial

DENOMINO *PERITEXTO EDITORIAL* TODA A ZONA do peritexto que se encontra sob a responsabilidade direta e principal (mas não exclusiva) do editor, ou talvez, de maneira mais abstrata porém com maior exatidão, da *edição*, isto é, do fato de um livro ser editado, e eventualmente reeditado, e proposto ao público sob uma ou várias apresentações mais ou menos diferentes. A palavra *zona* indica que o traço característico desse aspecto do paratexto é essencialmente espacial e material; trata-se do peritexto mais exterior: a capa, a página de rosto e seus anexos; e da realização material do livro, cuja execução depende do impressor, mas cuja decisão é tomada pelo editor, em eventual conjunto com o autor: escolha do formato, do papel, da composição tipográfica etc. Todos esses dados técnicos derivam, por sua vez, da disciplina chamada *bibliologia*, cuja área não pretendo de modo algum invadir, pois desejo tratar apenas do aspecto dessas técnicas e de seu efeito, isto é, de seu valor propriamente paratextual. De outro lado, o caráter editorial desse paratexto lhe confere, no essencial, um período histórico relativamente recente, cujo *terminus a quo* coincide com os primórdios da impressão, ou seja, a época que os historiadores costumam chamar de moderna e contemporânea. Isto não quer dizer que a era (muito mais longa) pré-gutenberguiana, cujas cópias manuscritas já eram uma forma de publicação, não tenha conhecido nossos elementos peritextuais – e teremos, na sequência, de nos perguntar sobre a importância dada na Antiguidade e na Idade Média a elementos como o título ou o nome do autor, cujo lugar principal é hoje o peritexto editorial. Todavia, o que esta época não conheceu, devido exatamente à circulação manuscrita (e oral) de seus textos, foi o uso editorial desse peritexto, que é de ordem essencialmente tipográfica e bibliológica[1].

---

1. Sobre essas questões de história e pré-história do livro, e entre a abundante bibliografia sobre o assunto, remeto em particular a L. Febvre e H.-J. Martin, *L'Apparition du livre*, Albin Michel, 1958; A. Labarre, *Histoire du livre*, PUF, 1970; e a H.-J. Martin e R. Chartier, *Histoire de l'édition française*, Promodis, 1983-1987.

Formatos

O ASPECTO MAIS GLOBAL da realização de um livro – e, portanto, da materialização de um texto para uso do público – é, sem dúvida, a escolha de seu *formato*. A palavra mudou de sentido uma ou duas vezes no curso da história. Na origem, designa a maneira como uma folha de papel é ou não dobrada para chegar aos "fólios" de um livro[2] (ou, para falar como todo mundo, a suas *páginas*, uma folha frente e verso que forma naturalmente duas páginas, mesmo que uma das duas fique em branco) tanto quanto a dimensão da folha inicial, designada convencionalmente por um tipo de filigrana (*coquille,* jesus*, raisin* etc.). Portanto, o formato-dobradura não indicava por si só as dimensões planas de um livro; mas logo se estabeleceu o costume de calcular umas por referência à outra: um volume in-fólio (dobrado uma vez, donde dois fólios ou quatro páginas por folha) ou in-quarto (dobrado duas vezes, donde oito páginas por folha) era um livro grande; um in-8º era um livro médio, um in-12º, um in-16º ou um in-18º era um livro pequeno. Na era clássica, os "grandes formatos" in-quarto eram reservados às obras sérias (isto é, mais religiosas e filosóficas do que literárias) ou às edições de prestígio e de consagração das obras literárias: assim, as *Lettres persanes* aparecem em dois volumes in-8º, mas *L'Esprit des lois* em dois volumes in-quarto; as *Lettres persanes* só receberão as honras do in-quarto na grande edição coletiva das *Œuvres* de Montesquieu (1758) em três volumes. *La Nouvelle Héloïse* e o *Émile* aparecem em formato in-12º, depois, na grande edição das obras completas de 1765, em seis volumes in-quarto. *Paul et Virginie* passa da mesma forma para in-quarto na edição "rebuscada" e ilustrada de 1806[3]. Essa distribuição não ocorre por certo sem exceções (a primeira edição das *Fables* de La Fontaine, em 1668, é in-quarto), mas é sem dúvida a dominante.

No início do século XIX, quando os grandes volumes haviam-se tornado mais raros, a diferença de importância ocorria entre os in-8º para a literatura séria e os in-12º e menores para as edições baratas reservadas à literatura popular: sabe-se que Stendhal falava com desprezo dos "pequenos roman-

---

2. A prática das folhas dobradas e encadernadas ou coladas é de fato anterior ao uso do papel: remonta à substituição, nos séculos III e IV, do *volumen* de papiro pelo *codex* de pergaminho; mas as técnicas de fabricação do papel contribuíram para padronizá-la e, portanto, para codificá-la.

3. A outra grande edição de luxo desse texto, de fato invejável, foi, em 1838, pela editora Curmer, um "grande in-8º", com tiragem de trinta mil exemplares e consagrado como "o mais belo livro do século".

ces in-12º para as camareiras"⁴. Mas obras sérias já podiam ser objeto de uma reedição em "formato pequeno", tendo em vista seu sucesso, para uma leitura mais familiar e mais circulante. A primeira edição separada de *Paul et Virginie* (1789) era in-18º, "em benefício", diz Bernardin, "das senhoras que desejam pôr minhas obras em seu bolso"; mesma justificativa para a quarta edição do *Génie du christianisme*, "um desses livros", diz o Prefácio, "que se gosta de ler no campo e que se carrega habitualmente em um passeio".

Esses exemplos bastam, sem dúvida, para indicar o valor paratextual dessas distinções de formato, que já tinham a força e a ambiguidade de nossa oposição entre "edição corrente" e "edição de bolso", podendo também a segunda denotar o caráter "popular" de uma obra ou seu acesso ao panteão dos clássicos.

Fora dessa oposição, à qual voltarei, o sentido moderno, puramente quantitativo, da palavra "formato" é com certeza menos carregado de valor paratextual. A dimensão de nossas edições correntes normalizou-se ou banalizou-se em torno dos formatos médios do século xix, com variações de acordo com os editores ou as coleções que quase já não têm pertinência em si mesmas, a não ser o costume seguido, há duas ou três décadas, de editar em formato relativamente maior (por volta de 16 × 24 cm) os presumidos *best-sellers*, esses famosos "livros de entretenimento", dos quais se disse mil vezes que deviam ser bastante grandes para que sua capa tivesse na vitrine o efeito de um cartaz, e bastante pesados para manter no chão uma toalha de banho: sem que o vento a leve. Isso seria uma inversão notável, porém limitada, da oposição clássica. Limitada por ser sazonal, e contraditada, ao menos, pela persistência, ou ressurgimento, dos grandes formatos de prestígio, como os 19 × 24 reservados pela Gallimard para obras ambiciosas no quesito gráfico, como *Le Fou d'Elsa*, ou para certos textos muito espacializados de Michel Butor, como *Mobile, Description de San Marco, 6 810 000 litres d'eau par seconde, Boomerang*⁵ etc.

A última acepção da palavra "formato" já não tem, evidentemente, qualquer vínculo com a maneira de dobrar, cuja percepção – e, a bem dizer,

---

4. "[...] impressos por M. Pigoreau", "nos quais o herói é sempre perfeito e de beleza arrebatadora, feito *no torno* e com grandes olhos *à flor do rosto*", "muito mais lidos na província que o romance in-8º impresso por Levavasseur ou Gosselin, e cujo autor procura o mérito literário" (carta a Salvagnoli sobre *Le Rouge et le Noir*, também impresso in-8º pela editora Levavasseur).

5. Este último livro leva tão longe a exploração dos recursos gráficos que chega a usar três cores de tinta diferentes: preto, azul e vermelho. Processo, sem dúvida, caro, mas de tão grande eficácia virtual que é uma surpresa ter sido usado tão poucas vezes fora dos livros escolares.

maior relação, apesar das aparências, com a noção de dimensão que o uso generalizado da guilhotina hoje apagou quase por completo: é a que se liga à expressão, sem dúvida transitória, "formato de bolso". A oposição entre "edição corrente" e "edição de bolso" baseia-se, como se sabe, em aspectos técnicos e comerciais cuja dimensão (capacidade de guardar num bolso) não é decerto a mais importante, mesmo que tenha sido por alguns anos[6] um argumento publicitário incontestável. Na verdade, essa oposição tem muito mais a ver com a distinção antiga entre livros encadernados e brochados, perenizada, nos países de língua inglesa, na distinção entre *hardcover* e *paperback*, e com a longuíssima história das coleções populares, que remonta pelo menos aos pequenos Elzevier in-12º do século XVII, *via* os in-12º ou in-32º da Bibliothèque Bleue de Troyes do século XVIII, e as coleções ferroviárias do século XIX. Claro é que não é aqui o lugar para retomar um relato feito mais de uma vez[7], o da história e da pré-história do livro em "formato de bolso", nem para voltar à controvérsia que saudou, em especial entre os intelectuais franceses, o surgimento desse fenômeno[8]. Assim como aquelas que se haviam seguido ao nascimento da escrita, depois ao da imprensa, essa controvérsia situava-se num terreno tipicamente axiológico, para não dizer ideológico: tratava-se de saber, ou, melhor, de dizer, se a "cultura de bolso" era um bem ou um mal. Esses juízos de valor não dizem respeito, é claro, a nosso propósito atual: boa ou má, fonte de riqueza ou de penúria cultural, a "cultura de bolso" é hoje um fato universal, e a expressão forjada por Hubert Damisch revelou-se, pondo de lado toda e qualquer avaliação, muito bem adequada, porque a "edição de bolso" – isto é, simplesmente a reedição a preços baixos de obras antigas ou recentes que passaram antes pelo teste comercial da edição cor-

---

6. Que não são de modo algum os primeiros: a menção "bolso", que não figurava no século XIX na Tauchnitz, nem no século XX na Albatross (1932), na Penguin (1935) ou na Pelican (1937), aparece somente em 1938, com o Pocket Book norte-americano e seu símbolo, o canguru Gertrude. E Pocket era apenas uma coleção entre outras (Seal, depois Avon, Dell, Bentam, Signet etc.), que não insistiam evidentemente no mesmo argumento. Foi o quase monopólio de cerca de vinte anos da francesa *Livre de poche* (1953) que impôs em nosso vocabulário a referência ao formato.

7. Ver em particular H. Schmoller "The Paperback Revolution", em Asa Briggs (ed.), *Essays in the History of Publishing*, London, Longman, 1974; Y. Johannot, *Quand le livre devient poche*, PUG, 1978; Piet Schreuders, *Paperbacks, USA, a Graphic Story*, San Diego, Blue Dolphin, 1981; G. de Sairigné, *L'Aventure du livre de poche*, H. C., 1983, e o dossiê publicado por *Le Monde* em 23 de março de 1984.

8. Ver H. Damisch, "La culture de poche", *Mercure de France*, novembro de 1964, e a discussão que se seguiu em *Les Temps modernes*, de abril e maio de 1965.

rente – transformou-se em um instrumento de "cultura", em outras palavras, de constituição e, naturalmente, de difusão, de um acervo relativamente permanente de obras *ipso facto* consagradas como "clássicas". Uma olhadela na história da edição mostra, aliás, que era esse, desde as origens, o objetivo de precursores como Tauchnitz (início do século XIX: clássicos gregos e latinos), ou, um século mais tarde, dos fundadores da Albatross (1932, primeiro título: Joyce, *Dubliners*): reeditar a baixo preço clássicos antigos ou modernos, para uso de um público fundamentalmente "universitário", isto é, estudantil. Era também, antes da Segunda Guerra Mundial, o da Penguin e da Pelican; a orientação "popular", empreendida por volta de 1938 nos Estados Unidos e favorecida pela guerra, foi sem dúvida secundária, e a atual corrida ao "bolso" sério, ou mesmo especializado (na França, Folio Classique, Points, GF etc.), tudo o que os profissionais alemães chamam livros "à Suhrkamp", não passa quase de um retorno às fontes inspirado pela evidente rentabilidade (atual) do mercado universitário. O desenvolvimento muito acentuado do aparelho crítico e documental é, aliás, paralelo àquele que oferecem coleções semicríticas correntes, como os Classiques Garnier, ou relativamente luxuosas, como a Pléiade, e que se encontra também na edição das capas de disco ou dos livros de arte: a erudição a serviço da cultura – dir-se-ia, talvez, com um tom mais cáustico: a erudição como sinal de cultura – e a cultura, como sinal de quê?

Hoje, o "formato de bolso" já não é, portanto, essencialmente um formato, mas um vasto conjunto ou uma nebulosa de coleções – porque quem diz "bolso" diz sempre "coleção" –, das mais populares às mais "elegantes", ou mesmo às mais esnobes, cujo selo, muito mais do que a dimensão, veicula duas significações essenciais. Uma é puramente econômica, é a garantia (variável e por vezes ilusória) de um preço mais vantajoso; a outra é "cultural" e, no que nos diz respeito, paratextual: é a garantia de uma seleção baseada na *reprise*, isto é, na reedição. As especulações erráticas sobre a possibilidade de uma inversão dos fluxos (editar primeiro em formato de bolso, depois reeditar em edição mais onerosa títulos que tivessem passado com sucesso pelo primeiro teste) parecem contrárias a todos os dados técnicos, midiáticos e comerciais, mesmo que determinados livros tenham feito de forma excepcional esse trajeto paradoxal, e que certas coleções de bolso acolham, a título experimental, alguns inéditos consagrados logo de saída. Isso porque a edição de bolso será, sem qualquer dúvida, por muito tempo, sinônimo de consagração. Somente por isso, é em si mesma uma formidável (embora ambígua, ou porque ambígua) mensagem paratextual.

Coleções

ESSE BREVE DESVIO PELO IMENSO continente da edição de bolso nos levou, portanto, paradoxalmente, da noção antiga de formato para a noção mais moderna de coleção, que muito provavelmente não é senão uma especificação mais intensa, às vezes mais espetacular, da noção de selo editorial. O desenvolvimento recente dessa prática, cuja história ou geografia não tentarei escrever aqui, corresponde decerto à necessidade que têm os grandes editores de expressar e dominar a diversificação de suas atividades. Essa prática é hoje tão poderosa que a ausência de coleção é sentida pelo público e expressa pelos meios de comunicação como uma espécie de coleção implícita ou *a contrario*: fala-se, assim, por um erro quase legítimo, da "coleção branca" da Gallimard para designar tudo o que, na produção dessa editora, não leva selo especificado. Conhece-se o poder simbólico desse grau zero, cuja denominação oficiosa encontra no caso uma ambiguidade bastante eficaz, o "branco" fazendo ofício de signo por ausência de significante.

O selo de coleção, mesmo sob essa forma muda, é, pois, uma duplicação do selo editorial, que indica imediatamente ao potencial leitor que tipo ou que gênero de obra tem à sua frente: literatura francesa ou estrangeira, vanguarda ou tradição, ficção ou ensaio, história ou filosofia etc. Sabe-se que as coleções de bolso há muito tempo introduziram em sua nomenclatura uma especificação genérica simbolizada por uma escolha de cores (desde a Albatross, depois a Penguin da década de 1930: laranja = ficção, cinza = política, vermelho = teatro, púrpura = ensaios, amarelo = diversos), por formas geométricas (na Penguin depois da guerra: quadrado = ficção, círculo = poesia, triângulo = mistério, diamante = diversos; na Idées-Gallimard: um livro aberto = literatura, uma ampulheta = filosofia, um cristal = ciência, um trio de células = ciências humanas; – caberia fazer um estudo, muito divertido, sobre essas simbolizações rústicas), ou ainda, na Points, pela importância dada, em cor, a determinado termo de uma lista fixa. Através dessas incursões, às vezes bastante apoiadas no campo das escolhas genéricas ou intelectuais, o paratexto editorial mais típico invade claramente as prerrogativas do autor, que acreditava ser ensaísta e se vê sociólogo, linguista ou crítico de poesia. A edição (a sociedade, portanto) estrutura-se às vezes como uma linguagem, a do Conselho Superior das Universidades ou da Comissão Nacional da Pesquisa Científica: por disciplinas (existem a respeito algumas razões bastante diretas). Para caber no bolso, o mais importante não é, portanto, ter determinado formato, mas antes ter determinado "perfil" e enfrentá-lo.

Capa e anexos

PASSAR DO FORMATO AO SELO é passar de um caráter global e implícito (salvo nas bibliografias técnicas e, é claro, na coleção "10/18", que fez de seu módulo um selo, a dobradura e as dimensões de um livro não são de modo geral declaradas: o leitor deve percebê-las por si próprio) para um caráter explícito e localizado. O lugar do selo é o peritexto editorial: a capa, a página de rosto e seus anexos, que apresentam ao público, e depois ao leitor, muitas outras indicações, editoriais ou autorais, das quais farei aqui um inventário grosseiro, e talvez incompleto, antes de voltar, nos dois ou três capítulos seguintes, às mais importantes delas.

A capa impressa, em papel ou papelão, é um fato bastante recente, que parece remontar ao início do século XIX. Na era clássica, os livros apresentavam-se em encadernação de couro muda, salvo a indicação sumária do título e, às vezes, do nome do autor, que figurava na lombada[9]. Cita-se, por exemplo, como uma das primeiras capas impressas a das *Œuvres Complètes* de Voltaire, pela Baudoin, em 1825. A página de rosto era então o local essencial do paratexto editorial. Uma vez descobertos os recursos da capa, parece que muito depressa começou-se a explorá-los. Eis então, salvo omissão de minha parte, um simples resumo do que pode figurar, sem ordem estrita, em uma capa, sem distinção de época e de gênero – assinalando-se que todas essas possibilidades nunca foram exploradas ao mesmo tempo e que hoje as únicas menções praticamente (senão legalmente) obrigatórias são o nome do autor, o título da obra e o selo do editor[10].

PRIMEIRA CAPA
- nome ou pseudônimo do autor (ou dos autores);
- título(s) do autor (ou dos autores);
- título(s) da obra;
- indicação genérica;
- nome do ou dos tradutores, do ou dos prefaciadores, do ou dos responsáveis pelo estabelecimento do texto e do aparato crítico;
- dedicatória;
- epígrafe;

---

9. Entende-se aqui por *lombada* a parte visível de um livro colocado na prateleira.
10. Ver P. Jaffray, "Fiez-vous aux apparences ou les politiques de couverture des éditeurs", *Livres-Hebdo*, 31 de março de 1981.

- retrato do autor ou, em alguns estudos biográficos ou críticos, da pessoa que é objeto do estudo;
- fac-símile da assinatura do autor;
- ilustração específica;
- título e/ou emblema da coleção;
- nome do ou dos responsáveis pela coleção;
- em caso de reedição, menção a uma coleção original;
- nome ou razão social e/ou sigla e/ou logotipo do editor (ou dos editores em caso de coedição);
- endereço do editor;
- número de tiragem, ou "edição", ou "milhagem";
- data;
- edição
- preço de venda.

A essas indicações verbais, numéricas ou iconográficas localizadas costuma-se acrescentar indicações mais globais relativas ao estilo ou ao desenho da capa, característico do editor, da coleção, ou de um grupo de coleções. Uma simples escolha de cor para o papel da capa pode indicar por si só, e com muito vigor, um tipo de livro. No início do século xx, as capas amarelas eram sinônimos de livros franceses licenciosos: "Lembro-me do ar escandalizado com que um clérigo interpelava, numa estrada de ferro britânica, uma de minhas amigas: 'Senhora, não sabe que Deus a vê enquanto lê esse livro amarelo!' Essa significação maldita, indecente, é de fato a razão pela qual Aubrey Beardsley chamara sua revista de *The Yellow Book*"[11]. Mais sutil e especificamente, a tradução francesa de Thomas Mann, *Docteur Faustus* (Albin Michel, 1962), trazia na capa, não faz muito tempo, um papel marcado muito levemente com uma partitura musical.

A *segunda e a terceira capa* (internas) vêm geralmente em branco, mas esta regra tem exceção: muitas vezes as revistas colocam nelas algumas indicações redacionais, e os pequenos Microcosme du Seuil trazem sempre uma ilustração, que pode, ou, melhor, que *não pode deixar de* formar paratexto. O *Roland Barthes par Roland Barthes* trazia duas indicações manuscritas, a primeira das quais já citei, verdadeiro (embora ficcional) contrato genérico.

A *quarta capa* é outro importante lugar estratégico, que pode conter pelo menos:

---

11. M. Butor, *Les Mots dans la peinture*, Skira, 1969, p. 123.

- uma chamada, para o uso dos amnésicos profundos, do nome do autor e do título da obra;
- uma nota biográfica e/ou bibliográfica;
- um *release;*
- citações da imprensa, ou outras apreciações elogiosas, sobre obras anteriores do mesmo autor, ou mesmo dessa, em caso de reedição, ou se o editor conseguiu obtê-las antes da publicação: é esta última prática que o costume anglo-americano designa com o sugestivo termo *blurb* (ou, mais ao pé da letra, *promotional statement*), equivalente ao nosso *blá-blá-blá* ou *conversa de vendedor;* às vezes encontra-se isso na primeira capa;
- menções de outras obras publicadas pelo mesmo editor;
- uma indicação genérica como algumas que mencionei quando tratamos das coleções de bolso;
- um manifesto de coleção;
- uma data de impressão;
- um número de reimpressão;
- a menção do impressor da capa;
- a do desenhista do leiaute;
- a referência da ilustração da capa;
- o preço de venda;
- o número de ISBN (International Standard Book Number), criado em 1975, cujo primeiro número indica a língua de publicação, o segundo o país, o terceiro o editor, o quarto o número de ordem da obra na produção desse editor, e o quinto, já me disseram, uma chave de controle eletrônico;
- o código de barras magnético, em vias de generalização por razões práticas evidentes: é sem dúvida a única indicação que não serve de nada para o leitor, mas imagino que os bibliófilos acabarão por investir nela parte de sua neurose;
- uma publicidade paga ao editor por um industrial estranho ao mundo editorial (porque duvido que um editor aceite a publicidade de um concorrente). Fica livre o leitor para estabelecer uma relação significativa com o tema da obra; exemplo, anúncio de cigarro em Dashiell Hammett, *Sang maudit,* Carré Noir, 1982.

Escapam-me muitas certamente, mas devo mencionar *a contrario* algumas quartas capas quase mudas, como acontece na Gallimard, na Mercure, na Minuit, em particular nas coletâneas de poemas: essa discrição é evidentemente um sinal exterior de nobreza.

A *lombada,* local exíguo mas de evidente importância estratégica, traz na maioria das vezes o nome do autor, o logotipo da editora e o título da obra.

Aqui, uma grande querela técnica opõe os defensores da impressão horizontal e os da vertical e, entre esses, os da vertical ascendente (a maioria dos editores franceses) e os da descendente: alguns franceses e a maioria dos estrangeiros, cujo argumento é a coerência dessa disposição com a posição de um livro deitado sobre sua quarta capa, que oferece à leitura ao mesmo tempo a primeira capa e a lombada; sem contar alguns casos de coexistência entre horizontal e vertical. Ao escrever *The Sot-Weed Factor*, John Barth afirma ter tido dois planos de igual importância: o primeiro era compor uma intriga muito mais complexa do que a de *Tom Jones* (proposta cumprida); o segundo, escrever um livro bastante longo, e portanto bastante espesso, para que na lombada seu título pudesse ser impresso na horizontal numa única linha. Não sei se a edição original respeitava esse propósito, mas os *paperbacks* pouco se importam com isso. De todo modo, não é necessário escrever um texto longo: basta adotar um título curto. Sem dúvida, o ideal seria que um fosse proporcional ao outro e, em todo caso, que fossem proibidos os títulos mais longos do que seu texto.

Finalmente, a capa pode ter orelhas ou desdobros, restos atrofiados de uma antiga encadernação, que podem hoje abrigar algumas das indicações já listadas, ou sua chamada, e especialmente o *release*, o manifesto de coleção, as listas de obras do mesmo autor ou da mesma coleção. Aqui também, uma orelha muda, como todo ato de desperdício, é uma marca de prestígio.

Contudo, a capa nem sempre é, de fato – e, de acordo com a atual evolução da apresentação editorial, é cada vez menos – a primeira manifestação do livro que é oferecida à percepção do leitor, pois está-se difundindo o uso de cobri-la, total ou parcialmente, com um novo suporte paratextual, que é a *sobrecapa* ou a *cinta* – na maioria das vezes uma excluindo a outra. O traço material comum desses dois elementos, que permite considerá-los como anexos da capa, é seu caráter removível, e constitutivamente efêmero, que convida o leitor a livrar-se deles tão logo cumpriu sua função de cartaz, e eventualmente de proteção. A cinta[12] no início era fechada, talvez para impedir o folheio dos livros na livraria (como hoje certas embalagens transparentes e geralmente em branco), o que tornava sua conservação ainda mais problemática, após sua extração ou violação. Ora, certos traços funcionais estão ligados

---

12. O termo técnico, em francês, é *bande de lancement* ou *bande de nouveauté*. Indica com propriedade o caráter provisório do objeto, que não se destina a acompanhar o livro além de suas primeiras edições, e cuja mensagem típica, hoje fora de moda, sem dúvida por causa da evidência, era até pouco tempo atrás: lançamento.

claramente a esse traço físico: a sobrecapa e a cinta contêm, de preferência, mensagens paratextuais que são, desejavelmente, transitórias, a serem esquecidas após cumprirem seu efeito.

A função mais evidente da sobrecapa é chamar a atenção por meios mais espetaculares do que aqueles que não se pode ou não se quer permitir uma capa: ilustração chamativa, menção de uma adaptação cinematográfica ou televisiva, ou apenas uma apresentação gráfica mais agradável ou mais individualizada, que as normas de uma capa de coleção não permitem. A sobrecapa de *Paradis*, em 1980, era um bom exemplo disso: não tinha ilustração, mas o título e, sobretudo, o nome do autor apareciam nela em grandes dimensões sobre um fundo vermelho. Continha também, isolada (voltarei a isso), a indicação genérica "romance". A sobrecapa pode também, é claro, aparecer somente depois, em uma nova edição ou em uma nova tiragem, ou apenas por ocasião de um evento que justifique seu acréscimo: é o caso típico da adaptação cinematográfica, e mesmo uma edição em processo de divulgação pode encontrar na sobrecapa um modo cômodo de parecer novidade. A quarta página da sobrecapa, sua lombada, ou uma e/ou outra de suas orelhas pode às vezes salientar esse ou aquele elemento do paratexto de capa. Não entrarei na enumeração das mil e uma variantes deste jogo; assinalarei apenas o caso raro de algumas sobrecapas dos Classiques Garnier, que continham em sua face interna trechos do catálogo anual, e o das sobrecapas da Pléiade, hoje abertas para deixar ver, como certos decotes, a pele da própria lombada do livro.

A cinta é, lançando mão de metáforas do vestuário, uma espécie de minissaia reduzida ao terço inferior da altura do livro, cujos meios de expressão são em geral puramente verbais – mas parece estar-se introduzindo o costume de inserir nela uma ilustração, ou um retrato do autor. A cinta pode repetir, em corpo maior, o nome do autor, ou exibir uma menção de prêmio literário[13], ou ainda uma fórmula autoral (Noel Burch, *Praxis du cinema*: "Contre toute théorie") ou alógrafa (Denis Hollier, *Politique de la prose*: "L'empire des signes, c'est la prose" – Sartre). Em todos esses casos, e sobretudo nos dois últimos, é evidente sua função paratextual: é a da epígrafe, que voltaremos a encontrar em seu lugar canônico, mas de uma epígrafe, no caso, ao mesmo tempo fugidia e mais monumental. É difícil dizer se com isso ela ganha mais do que perde, ou o inverso. Já não sei que livro de Queneau trazia em sua

---

13. Ou de menção honrosa: após a entrega do Goncourt a *Jeunes Filles em fleurs*, em 1919, o concorrente derrotado, *Les Croix de bois* de Roland Dorgelès, enfeitou-se com uma cinta que trazia em grandes caracteres "Prêmio Goncourt" e, em letras menores, "Quatro votos (de um total de dez)".

cinta este diálogo: "*Stalin*: Quem teria interesse em que a água não mais se chamasse água? *Queneau*: Eu". E qual de Jean-Claude Hémery trazia um *slogan* pré-68: "Tirem a roupa de Descartes!" Para outros exemplos recentes, consultem Jan Baetens, "Bande à part?"[14], que fala com correção, sobretudo a propósito de algumas iniciativas de Jean Ricardou, de uma "textualização" da cinta: tomado, pelo autor, que o faz entrar no jogo do texto, de um elemento editorial. Assim, em *La Prise de Constantinople*, à mudança final do título para *Prose de Constantinople* correspondia uma mudança da cinta – de (*frente*): "A máquina de estragar o tempo" para (*verso*) "O tempo estragou a máquina". Ou, no caso de *Les Lieux-dits, petit guide d'un voyage dans le livre*, este convite ambíguo, e rigorosamente adaptado ao texto: "Torne-se um viajante da página"*. Depois que as Éditions du Seuil mais ou menos abandonaram a prática onerosa da cinta, o próprio Ricardou imprime, em 1982, na capa de *Théâtre des metamorphoses* esta falsa cinta em *trompe l'oeil*: "Uma nova educação textual". É talvez a solução para o futuro – não falo do *slogan*, mas do procedimento técnico, no final das contas paralela à passagem para a quarta capa do *release* de uma folha que até pouco tempo era encartada com grandes custos.

Não deixemos os elementos removíveis sem dizer algo sobre certos estojos ilustrados ou historiados, de preferência para livros encadernados cuja capa não pode conter inscrição. Esse suporte poderia muito bem vir a ser também textualizado um dia. Em contrapartida, uma prática em vias de extinção, e sem dúvida também por motivos econômicos, é a do *marcador de página*, que podia também conter indicações, valiosas ou não, específicas ou não.

Um caso muito especial, e particularmente importante, dado o papel que essa coleção representa na cultura francesa da segunda metade do século XX, é o das sobrecapas da Pléiade, que não têm como única característica (recente) serem abertas na lombada. Já que se trata de livros com encadernação muda, elas desempenham claramente o papel de capa, trazendo, em geral (suas normas variaram ao longo de meio século), além do nome do autor e de um aparato titular que analisarei adiante, o nome do responsável pelo estabelecimento e pelo comentário do texto, e um retrato do autor; e as edições em vários volumes, como as de *La Comédie humaine*, dos *Rougon-Macquart* ou de *La Recherche du temps perdu*, exigem, evidentemente, vários

---

14. *Conséquences*, 1, outono de 1983.

* A expressão "à la page" pode ser interpretada literalmente ou em seu sentido mais corrente: "a par da atualidade" (N. da T.).

retratos, cuja junção e distribuição devem, às vezes, trazer alguns problemas para os responsáveis: deve ter sido preciso, por exemplo, encontrar cinco retratos de Zola e doze de Balzac, e decidir sobre uma distribuição que não pode deixar de produzir efeitos de sentido, desejados ou não. Como *La Comédie humaine* é um conjunto com disposição não-cronológica, mas temática, talvez se tenha deixado ao acaso a distribuição dos retratos de Balzac, e não parece que os de Zola tenham sido escolhidos em função da progressão temporal dos volumes. No caso da *Recherche*, em contrapartida, tudo é feito como se os editores de 1954 tivessem escolhido para o primeiro volume um retrato de Proust jovem, para o segundo um Proust mundano, com uma flor na botoeira e, para o terceiro, um Proust artista e em processo de envelhecimento – conotações evidentes, embora invalidadas pelas datas reais desses retratos, respectivamente de 1891, 1895 e 1896, isto é, os três bastante anteriores à elaboração da *Recherche*, e sem vínculos com a cronologia de sua redação. Para o leitor que por certo presta menos atenção nessas datas reais indicadas nas orelhas do que no aspecto dos próprios retratos, cria-se irresistivelmente uma ligação significativa, não tanto com a cronologia da escrita da obra, quanto com a cronologia interna da história, isto é, a idade do herói. Portanto, esses três retratos lembram ao leitor ao mesmo tempo o envelhecimento de Proust e o do herói-narrador, o que leva inevitavelmente a *Recherche* a uma condição de autobiografia. Não afirmo, aliás, de modo algum que essa interpretação é totalmente ilegítima (voltarei a essa questão), mas apenas que ela se vê sub-repticiamente induzida, ou reforçada, por uma disposição paratextual que, em princípio, é totalmente inocente e secundária. Ignoro quais serão nesse particular as escolhas das edições futuras; e surgirão decerto outros efeitos de evocação, bem-vindos ou não, com as ilustrações escolhidas para a série GF, devotada aparentemente a Bonnard como a série Folio o era a Van Dongen. Em todo caso, será permitido, se elas não voltarem, rememorar com nostalgia as sutis montagens de fotos amareladas, de manuscritos em bandeiras e de alusões na capa branca Gallimard que ornavam, graças a Pierre Faucheux, as da série Livre de Poche. Nesse meio tempo, porém, a "página de manuscrito" tornou-se, com a ajuda da onda justificada da crítica genética, um lugar-comum de capa. Não tem outro jeito.

Paradoxalmente, o conjunto desses elementos periféricos tem por efeito empurrar a capa propriamente dita (?) para o interior do livro e transformá-la em uma segunda (ou, melhor, primeira) página de rosto. Nas origens do livro impresso, essa página era o lugar por excelência do paratexto editorial. A capa impressa veio duplicá-la, ou aliviá-la de algumas de suas funções. Hoje em dia, a sobrecapa, a cinta, eventualmente o estojo, fazem as vezes de capa: sinal de um desenvolvimento, alguns dirão de uma inflação, pelo menos das ocasiões (isto é, suportes eventuais) de paratexto. Poder-se-ia imaginar outras etapas, relativas à embalagem: coberturas de estojos, protetores de coberturas etc., sem contar o aparato de criatividade que se investe no material publicitário destinado apenas aos livreiros e, no final, a sua clientela: cartazes, aumentos de capas e outros artifícios. Com isso, porém, estamos saindo do peritexto.

Página de rosto e anexos

DEPOIS DA CAPA e de seus diversos anexos, o paratexto editorial ainda ocupa, da maneira mais clara possível, todas as primeiras e todas as últimas páginas, em geral não-numeradas. Continuo seu inventário seguindo a ordem que é hoje mais frequente, pelo menos nas edições francesas, porque a maioria dessas indicações são de locais bastante imprevistos.

Em princípio, as páginas 1 e 2, chamadas *guardas*, ficam em branco, isto é, mais exatamente, sem texto impresso. A página 3 é a do "anterrosto" (olho): traz apenas o título, em alguns casos resumido. Não sei qual a razão desse costume redundante, mas essa menção mínima faz do anterrosto o local por excelência da dedicatória de exemplar, de que trataremos com mais minúcia. As páginas 4 e 6 recebem às vezes diversas indicações editoriais, como o título da coleção, a menção das tiragens de luxo (e, nos exemplares dessa tiragem, o número de identificação), o frontispício, a lista de obras do mesmo autor, da qual voltaremos a tratar, a das obras publicadas na mesma coleção, algumas menções legais (*copyright*, que fornece a data oficial da primeira publicação, número ISBN, menção da lei sobre as reproduções, cuja virtude dissuasiva revelou-se eficiente; menção, no caso das traduções, do título e do *copyright* originais; nos Estados Unidos, cota de entrada na Congress Library acompanhada de sua descrição bibliográfica etc.) e, às vezes, muito raramente, descrição da composição tipográfica. Muito raramente, sim, porque esta descrição me parece necessária. O leitor tem o direito e até às vezes (voltarei a essa questão) o *dever* de saber em que caracteres é composto o livro que tem em mãos, e não se pode exigir dele que saiba reconhecê-los por si só. A página 5 é a *página de rosto*, que é, depois do colofão dos manuscritos medievais e dos primeiros incunábulos, o antepassado de todo peritexto editorial moderno. Contém geralmente, além do título propriamente dito e de seus anexos, o nome do autor, o nome e o endereço do editor. Pode conter muitas outras coisas, em particular a indicação genérica, a epígrafe e a dedicatória, ou, pelo menos, na época clássica, a menção da dedicatória, com o nome e títulos do dedicatário, com anúncio da dedicatória propriamente dita, isto é, da epístola dedicatória que segue, muitas vezes a partir da "bela página"[15] seguinte. Mas, sobretudo, o título clássico, em geral mais desenvolvido do que o nosso, constituía amiúde uma verdadeira descrição do livro, resumo de sua ação, definição de seu objeto, enumeração de seus anexos etc., que veremos adiante. Podia também conter sua ilustração, ou pelo menos uma ornamentação própria, espécie de entrada em forma de pórtico mais ou menos monumental chamado frontispício. É em um segundo momento que, livrando-se a página de rosto dessa decoração, o frontispício se refugiará na página da esquerda em relação ao título, antes de desaparecer quase por completo no uso moderno[16].

As últimas páginas podem conter também algumas das indicações supracitadas, com exceção sem dúvida das menções legais. Entram nelas apenas o colofão, isto é, o registro de término do trabalho de impressão: nome do impressor, data do término da impressão, número de série e, em alguns casos, data do depósito legal.

Composição, tiragens

TODAVIA, ESSAS LOCALIZAÇÕES peritextuais não esgotam o repertório do paratexto editorial do livro. Deve-se lembrar ainda dois aspectos que constituem o essencial de sua realização material: a composição e a escolha do papel. A composição, isto é, a escolha dos caracteres e de sua diagramação, é o que dá forma de livro a um texto. Não é o caso de tratar aqui da história ou da estética dessa arte que é a tipografia, mas apenas de mencionar o papel de comentário indireto que as escolhas tipográficas podem desempenhar em relação aos textos que afetam. Nenhum leitor pode ficar totalmente indiferente à paginação de um poema, ao fato de, por exemplo, apresentar-se isolado na página branca, cercado pelo que Eluard chamava de suas "mar-

---

15. Ou página de direita, ou reto, geralmente favorecida pela percepção, ao menos em nosso regime de escrita. A página de esquerda, ou verso, é também chamada de "falsa página".

16. Recordo que, no tempo do Antigo Regime, as páginas que se seguiam ao título (ou às vezes todas as últimas) eram em princípio consagradas à publicação do "privilégio", pelo qual o rei concedia ao autor e a seu livreiro o direito exclusivo de venda da obra. Certas edições críticas modernas reproduzem esse texto, cujo interesse histórico nunca é nulo.

gens de silêncio", ou de precisar compartilhá-la com um ou dois outros, ou mesmo com notas de rodapé; indiferente tampouco ao fato de que as notas, em geral, são dispostas no pé da página, na margem, em fim de capítulo, em fim de volume; nem à presença ou à ausência de títulos correntes no alto da página e à pertinência de sua disposição etc. Nenhum leitor, na verdade, deveria ser indiferente à apropriação das escolhas tipográficas, mesmo que a edição moderna tenda a neutralizá-las por um pendor quase irresistível à uniformização: desse modo, é uma pena perder, acompanhando a leitura de um Montaigne ou de um Balzac, o aspecto tão distinto de uma grafia clássica ou romântica, e compreendem-se as exigências dos bibliófilos amantes de originais, ou mais modestamente de fac-símiles. Tais considerações podem parecer fúteis ou secundárias, mas existem casos em que a realização gráfica é inseparável do propósito literário: não podemos imaginar certos textos de Mallarmé, de Apollinaire ou de Butor privados dessa dimensão, e só se pode lamentar o abandono, aparentemente aceito pelo próprio Thackeray a partir de 1858, dos caracteres do tipo "Queen Anne" da edição original (1852) de *Henry Esmond*, que lhe davam seu aspecto "de peruca e bordados" e que contribuíam muito para seu efeito de pastiche: ao menos, reconhece-se que existem duas versões dele: uma, cujo propósito mimético é estendido ao paratexto tipográfico (e ortográfico), outra, em que ele é restrito aos temas e ao estilo. Essa própria divisão forma paratexto.

Muito menos importantes, sem dúvida, são as diferentes escolhas de papel que constituem as tiragens de luxo de uma edição[17], e às quais alguns reservam o termo "edição original". A diferença entre exemplares impressos em velino, papel-japão ou papel comum é de menor pertinência do ponto de vista do texto do que uma diferença de composição, sem dúvida porque, se a composição é apenas uma materialização do texto, o papel é tão somente um

---

17. Nada é mais confuso do que o uso da palavra "edição", que pode estender-se a todos os exemplares de uma obra produzidos por um mesmo editor (a edição Michel Lévy de *Madame Bovary*), mesmo que o texto tenha sido modificado diversas vezes na hora das reimpressões, ou limitar-se, como os editores gostam às vezes de fazer por razões publicitárias, a cada série de mil ou quinhentos exemplares de uma mesma tiragem. Tecnicamente, os únicos termos precisos são os de *composição* e *tiragem*, ou de *impressão*. Com uma mesma composição tipográfica, pode-se fazer, salvo desgaste, um número indefinido de tiragens, e portanto de séries de exemplares em princípio idênticos. Mas cada tiragem pode ser o momento de correções de detalhe, e a época clássica não se privava até mesmo de correções no curso da tiragem, as quais introduziam diferenças de texto dentro de uma mesma série. Ver R. Laufer, *Introduction à la textologie*, Larousse, 1972 (trad. bras.: *Introdução à Textologia*, São Paulo, Perspectiva, 1980).

suporte dessa materialização, ainda mais afastado da idealidade constitutiva da obra. Aqui as diferenças reais são apenas de ordem estética (qualidade do papel e da impressão), econômica (valor de mercado de um exemplar) e, às vezes, material (maior ou menor longevidade). Mas servem também, e talvez acima de tudo, para motivar uma diferença simbólica capital, que diz respeito ao caráter "limitado" dessas tiragens. Essa limitação compensa, em certa medida, para os bibliófilos, o caráter ideal e, portanto, potencialmente ilimitado das obras literárias, que lhes tira quase todo o valor de posse. Limitação, em outras palavras raridade, acentuada ademais pela numeração que torna cada exemplar de uma tiragem de luxo absolutamente único, mesmo que o seja apenas por esse pequeno detalhe. Pode sê-lo, na verdade, por outros dois ou três, mas que não são exatamente de ordem editorial: encadernação pessoal, dedicatória manuscrita, inscrição ou vinheta *ex-libris*, notas manuscritas na margem. O editor pode, porém, contribuir para essas manobras de singularização que aumentam seu valor. O exemplo mais significativo, mas que talvez não seja único em seu gênero, é o dos cinquenta exemplares das *Jeunes Filles en fleurs* impressos in-fólio, em 1920 (depois de ganhar o prêmio Goncourt), que levavam, cada um, algumas páginas do manuscrito autêntico, assim exaustivamente distribuído (ao que parece, sem consulta prévia ao autor) entre esses exemplares, os quais ainda não foram todos encontrados: mistura estranha da edição e do comércio de autógrafos.

No caso das tiragens de luxo, o mais interessante é que, por evidentes motivos técnicos, a indicação dessas tiragens é impressa em *todos* os exemplares, inclusive nos comuns, nos quais não se justifica de modo algum essa indicação ("justificação da tiragem"). Isso não quer dizer, porém, que não interesse a seus leitores, que encontram nela uma informação bibliográfica como qualquer outra e, talvez, a ocasião de um desgosto, cuja ideia só pode aumentar o prazer dos privilegiados. Isso porque não basta ser feliz, é preciso também ser invejado.

O Nome de Autor

Lugar

A INSCRIÇÃO, NO PERITEXTO, DO NOME autêntico ou fictício do autor, que nos parece hoje tão necessário e tão "natural", não foi sempre assim, a julgar pela prática clássica do anonimato, como veremos adiante, e que mostra que a invenção do livro impresso não impôs esse elemento do paratexto tão rapidamente e com tamanha intensidade quanto outros. Com maior razão ainda na era dos manuscritos antigos e medievais, que, durante séculos, não dispuseram por assim dizer de um lugar para colocar indicações como o nome do autor e o título da obra, a não ser uma menção integrada, ou antes imersa nas primeiras (*incipit*) ou nas últimas frases (*explicit*) do texto. Sob essa forma, à qual voltaremos quando tratarmos do título e do prefácio, chegam até nós, por exemplo, os nomes de Hesíodo (*Teogonia*, v. 22), de Heródoto (primeira palavra de *História*), de Tucídides (mesmo local), de Plauto (prólogo do *Pseudolus*), de Virgílio (últimos versos das *Geórgicas*), do romancista Cáriton de Afrodísias (no início de *Quéreas e Calírroe*), de Chrétien de Troyes (na frente de *Perceval*) e de Geoffroy de Lagny, que continuou seu *Lancelot*, de Guillaume de Lorris e de Jean de Meung, cujos nomes se inscrevem na junção de suas duas obras, no verso 4 059 do *Roman de la Rose*, de "Jean Froissart, tesoureiro e cônego de Chimay" e, é claro, de Dante, no canto XXX, v. 55, do *Purgatório*. Não incluo o enigmático Turold de *Rolando*, cujo papel nessa obra (autor, recitador, copista?) não é definido. E, evidentemente, omito dezenas deles, mas ocorre que os nomes de autores inscritos no texto são bem menos numerosos do que aqueles, a começar por Homero, que nos foram transmitidos apenas pela tradição ou pela lenda e que, portanto, só muito tempo depois juntaram-se ao paratexto póstumo[1].

O local paratextual do nome de autor ou daquele que ocupa esse lugar é, hoje, ao mesmo tempo, muito errático e muito circunscrito. Errático,

---

[1]. Ver Curtius, "Indication du nom de l'auteur", Excursus XV da *Littérature européenne et le Moyen Age latin*, PUF, 1956. [trad. bras.: *Literatura Europeia e Idade Média Latina*, São Paulo, Edusp, 1996, Excurso XVII].

porque se dissemina, com o título, em todo o epitexto, anúncios, prospectos, catálogos, artigos, entrevistas, colunas de jornal ou comentários ligeiros. Circunscrito, porque seu lugar canônico e oficial limita-se à página de rosto e à capa (primeira capa, com menção eventual na lombada e na quarta capa). Depois disso, não mais aparecerá no paratexto – o que significa, em suma, que não se costuma assinar uma obra, como uma carta ou um contrato, mesmo que se tenha, às vezes, a necessidade de indicar (alguns, como Cendrars, fazem-no com insistência) o lugar ou a data de redação. Mas essa norma negativa apresenta exceções: assim, a *Jeanne d'Arc* de Péguy, que não traz na capa nenhum nome de autor, traz dois na página de rosto: Marcel e Pierre Baudouin, podendo o primeiro ser considerado uma espécie de dedicatória ao amigo desaparecido, depois um só, como assinatura, na última página: Pierre Baudouin, que é então, propriamente falando, o pseudônimo do autor, também ele em forma de homenagem. Como exemplo mais fantasioso, Queneau assinava seu poema "Vieillir", em *L'Instant Fatal*, nos dois últimos versos: "Q-u-e-n-e-a / U-r-a-i grec-mond". E sabe-se como Ponge termina *Le Pré* – com uma menção de seu nome colocado sob o traço final –, coquetismo depois imitado de várias maneiras.

Mas as inscrições do nome na página de rosto e na capa não têm a mesma função: a primeira é modesta e por assim dizer legal, em geral mais discreta do que a do título; a segunda tem dimensões muito variáveis, conforme a notoriedade do autor e, quando as normas de coleção impedem toda e qualquer variação, uma sobrecapa lhe dá campo livre, ou uma cinta permite repeti-lo em caracteres mais chamativos e, por vezes, sem o prenome, para mostrar como é famoso. O princípio dessa variação é aparentemente simples: quanto mais o autor é conhecido, mais seu nome é exibido, mas essa proposição pede, pelo menos, duas observações: primeiro, o autor pode ser famoso por razões extraliterárias, antes de ter publicado o que quer que seja; depois, uma prática promocional de tipo mágico (fazer como se fosse para conseguir que) impele o editor, às vezes, antecipar a glória futura reproduzindo seus efeitos.

Onimato

O MOMENTO DE APARECIMENTO do nome é, a princípio, sem mistério no uso moderno: é o da primeira edição e, eventualmente, de todas as seguintes. É, pois, salvo atribuição inicial errônea e corrigida mais tarde (por exemplo, em caso de apócrifo), uma inscrição definitiva. Em contrapartida, a norma da inscrição original não é, de forma alguma, universal: o nome do autor pode aparecer muito tempo depois, ou mesmo não aparecer nunca, e essas variações se devem, evidentemente, à diversidade das denominações autorais.

Com efeito, o nome de autor pode revestir-se de três condições principais, sem contar alguns estados mistos ou intermediários. Ou o autor "assina" (empregarei esse verbo para simplificar, apesar da reserva supracitada) com seu nome do registro civil: pode-se supor, de modo verossímil, na falta de estatísticas que desconheço, que é o caso mais frequente; ou assina com um nome falso, emprestado ou inventado: é o *pseudonimato*; ou não assina de forma alguma, é o *anonimato*. É bastante tentador forjar, em cima do modelo dos outros dois, o termo *onimato*, para designar a primeira situação: como sempre, é a situação mais banal que fica sem denominação por inércia, e a necessidade de nomeá-la corresponde no descritor ao desejo de livrá-lo dessa banalidade enganosa. Afinal de contas, assinar uma obra com seu nome verdadeiro é uma escolha como outra qualquer, e nada autoriza julgá-la insignificante. O onimato deve-se, às vezes, a uma razão mais forte ou menos neutra do que a falta de desejo de, por exemplo, criar um pseudônimo: é óbvio o caso, já lembrado, de quando uma pessoa já famosa produz um livro cujo sucesso poderá dever-se a essa celebridade prévia. Então, o nome não é mais uma simples declinação de identidade ("o autor se chama Fulano"), mas o meio de colocar a serviço do livro uma identidade, ou melhor, uma "personalidade", como bem diz o uso midiático: "Este livro é obra do ilustre Fulano de Tal". Ou, pelo menos, a paternidade deste livro é reivindicada pelo ilustre Fulano de Tal, mesmo que alguns iniciados saibam que ele não o escreveu realmente sozinho e que talvez não o tenha lido inteiro. Essa prática do *ghost-writing* é mencionada aqui para lembrar que as menções paratextuais são mais da ordem da responsabilidade jurídica do que da paternidade factual: o nome de autor, sob o regime do onimato, é o de um responsável putativo, qualquer que seja seu papel efetivo na produção da obra, e de forma alguma cabe ao paratextólogo fazer uma eventual pesquisa de controle.

Os efeitos oblíquos do onimato não se circunscrevem exclusivamente aos casos de notoriedade prévia. O nome de um total desconhecido pode indicar, além da pura "designação rígida" da qual falam os lógicos, diversos outros traços da identidade do autor: muitas vezes seu sexo, que pode ser de uma pertinência temática decisiva, às vezes sua nacionalidade ou seu perfil social (a partícula, se ouso dizer, ainda causa impressão*), ou seu grau de paren-

---

* O autor refere-se à preposição "de", que, anteposta ao sobrenome, muitas vezes é tomada como indicativo de nobreza (o que, diga-se de passagem, é falso). Exemplo: François-

tesco com alguma pessoa mais conhecida. Além do mais, o "nome de família" de uma mulher não é, em nossa sociedade, uma coisa simples: uma mulher casada *deve* optar pelo nome do pai, pelo do marido ou por alguma associação entre os dois; as duas primeiras escolhas são por princípio obscuras para o leitor, que não poderá inferir delas um estado civil, mas não a terceira; e muitas carreiras de mulheres de letras são pontuadas por essas variações onímicas reveladoras de variações do estado civil, existenciais ou ideológicas (aqui, não temos exemplo). Com certeza estou-me esquecendo de outros casos também pertinentes, mas esses são suficientes para confirmar que "manter seu nome" não é sempre um gesto inocente.

O nome do autor cumpre uma função contratual de importância muito variável conforme os gêneros: fraca ou nula na ficção, muito mais forte em todas as espécies de escritos referenciais, nas quais a credibilidade do testemunho, ou de sua transmissão, se apoia amplamente na identidade da testemunha ou do relator. Por isso veem-se pouquíssimos pseudônimos ou anônimos em obras de tipo histórico ou documental, com maior razão ainda quando a testemunha está também implicada no relato. O grau máximo dessa implicação é, obviamente, a autobiografia. Não posso deixar aqui de remeter aos trabalhos de Philippe Lejeune, que mostram o papel decisivo do nome do autor, em relação de identidade com o do protagonista, na constituição do "pacto autobiográfico", de suas diversas variantes e de suas eventuais franjas. Tenho, do ponto de vista daquilo que nos ocupa aqui, apenas uma palavra a acrescentar: é que o nome de autor não é um dado exterior e concorrente em relação a este pacto, mas um elemento constitutivo, cujo efeito se compõe com os de outros elementos, como a presença ou a ausência de uma indicação genérica – ou, como especifica o próprio Lejeune[2], essa ou aquela forma de *release*, ou de qualquer outra parte do paratexto. O contrato genérico é constituído, de maneira mais ou menos coerente, pelo conjunto do paratexto e, mais amplamente, pela relação entre texto e paratexto; e o nome do autor, é claro, faz parte dele, "incluído dentro da barra que separa o texto e o extratexto"[3]. Essa barra tornou-se, para

---

-René de Chateaubriand e Michel de Montaigne eram efetivamente nobres, mas Charles de Gaulle e Valéry Gisoard d'Estaing, ex-presidentes franceses, têm, a despeito da "partícula", origem burguesa. Na literatura, sobressai o caso de Honoré Balzac, que, a partir de 1803, passa a assinar "de Balzac". (N. da T.)

2. Ver os dois primeiros capítulos de *Moi aussi*, Seuil, 1986.
3. *Le Pacte autobiographique*, Seuil, 1975, p. 37.

nós, uma zona (o paratexto) bastante grande para conter muitas indicações, em alguns casos contraditórias e, sobretudo, variáveis na história da obra. Assim, certas autobiografias disfarçadas, em que o autor dá ao protagonista um nome diferente do seu (como o Pierre Nozière de Anatole France ou a Claudine de Colette), o que lhes tira, em definição estrita, a condição de autobiografia, mas que um paratexto mais amplo, ou mais tardio, recoloca bem ou mal em seu campo. Como elemento do contrato, o nome de autor é tomado em um conjunto complexo, cujas fronteiras são difíceis de discernir, e os componentes não menos difíceis de inventariar. O contrato é a resultante disso – resultante quase sempre provisória.

Anonimato

AINDA QUE DE GRAU ZERO, o anonimato contém suas gradações. Há falsos anonimatos, ou onimatos crípticos, como o da *Celestina*, de Rojas, cujo nome de autor figurava em acróstico no poema introdutório. Há anonimatos de fato, que não têm relação com qualquer decisão, e sim, com uma carência de informação, permitida e perpetuada por uma prática geral e antiga: é o caso de muitos textos da Idade Média, em particular as canções de gesta, cuja composição os autores não tinham o hábito de reivindicar, e cujo mistério nenhuma pesquisa posterior pôde resolver, ou ainda de *Lazarillo*. Durante toda a época clássica houve anonimatos de conveniência, caso, por exemplo, de pessoas de alta condição, como Madame de Lafayette (no início de *Princesse de Clèves*, uma advertência do livreiro ao leitor indica com ironia que "o autor não assinou por medo de que sua medíocre condição atrapalhasse o livro") ou La Rochefoucauld (cujo nome, ou melhor, as iniciais dele, não aparecerá, salvo engano, antes de 1777), que teriam sem dúvida acreditado rebaixarem-se ao assinar uma obra tão plebeia quanto um livro em prosa. Todavia, de maneira mais geral, o nome de autor quase não era usado fora do teatro e da poesia heroica, e muitos autores, nobres ou plebeus, não se sentiam inclinados a declará-lo, ou mesmo teriam julgado uma imodéstia ou uma inoportunidade fazê-lo. Veja-se Boileau, que assina "sieur D***" até à edição "favorita" de 1701, do "sieur Boileau-Despréaux", ou La Bruyère, que assina seus *Caractères* somente na sexta edição, de 1691, e mesmo assim de forma indireta, ao mencionar no capítulo "De quelques usages" seu antepassado Geoffroy de La Bruyère, e, na edição de 1694, ao acrescentar seu discurso de recepção na Academia. Outros anonimatos notáveis do século XVIII: *Lettres persanes* (Montesquieu justifica-se nesses termos em sua Introdução: "Conheço uma mulher que anda muito bem, mas que manca assim que a olhamos") e *L'Esprit des lois; Les Effets surprenants de la sympathie* e *La Voiture embourbée*; as *Mémoires d'un homme de qualité*; na Inglaterra, *Robinson Crusoe* e *Moll Flanders, Pamela, Tristram Shandy, Sense and Sensibility; Pride and Prejudice* trará, dois anos mais tarde, à guisa de nome de autor, a fórmula: "By the Author of *Sense and Sensibility*". São exceções a esse costume *Gil Blas, Tom Jones*, ou os romances de Marivaux posteriores à sua carreira dramática: *Télémaque travesti*[4], *Pharsamon, Marianne* e *Le Paysan parvenu*. Esse tipo de anonimato nada tinha, em geral, de um incógnito ferozmente protegido: na maioria das vezes, o público conhecia, boca a boca, a identidade do autor, e não se espantava ao não encontrar sua menção na página de rosto[5]. Outros eram um pouco mais bem velados, ao menos como ficções oficiais, seja porque constituíam uma medida de precaução diante das perseguições do poder ou da Igreja (como Voltaire, Diderot e outros), seja porque correspondiam a um capricho obstinado do autor.

O exemplo mais ruidoso é certamente o de Walter Scott, que, conhecido honorificamente como homem de lei e como poeta, recusa assinar seu primeiro romance *Waverley*, depois assina a maioria dos seguintes com a fórmula, provavelmente copiada de Jane Austen, mas que prometia aqui mais glória (e novas imitações): "Pelo autor de *Waverley*". Parece que, nesse meio tempo, o motivo do anonimato havia mudado, porque o grande estrategista literário que era Scott tinha descoberto que seu incógnito, atiçando a curiosidade, favorecia o sucesso de seus livros. Encontrava nisso também, diria depois, uma satisfação mais profunda, considerando-se, como certo ator italiano, melhor sob a máscara (esta justificativa não está muito longe da de Montesquieu no caso de *Lettres persanes*) e levando em conta que a verdadeira vocação romanesca é inseparável de certo pendor pela "delitescência", vale dizer, em suma, pela clandestinidade. A esse anonimato simples, ou quase, ele aliás acrescentara, a partir de 1816, um jogo bastante complexo de pseudônimos, de autores supostos e de prefaciadores imaginários, ao qual terei ocasião de voltar. Nesse ínterim também, o dito incógnito fora desmascarado de várias formas, quando certos críticos estabeleceram relações significativas entre as *Waverley Novels* e a obra poética de Walter Scott e as traduções francesas de Defauconpret apareciam,

---

4. Mesmo este foi renegado em um Aviso do editor na quarta parte de *Marianne*.
5. Deixo de lado aqui uma situação intermediária que voltaremos a analisar: a de obras que trazem o nome ou as iniciais do autor, que afirma, em prefácio, ser apenas o "editor" do texto: veja-se *La Nouvelle Héloïse* ou *Les Liaisons dangereuses*.

pelo menos a partir de 1818, com o nome de "Sir Walter Scott". Mas o jogo prosseguia e somente em 1827, no prefácio das *Chronicles of the Canongate*, é que Scott reconheceu oficialmente sua obra, contando com grande número de detalhes pitorescos e dramáticos como, em 23 de fevereiro do mesmo ano, fora levado a tirar a máscara por ocasião de uma assembleia de escritores escoceses. A edição definitiva de suas obras romanescas aparecerá "sob seu nome"[6] a partir de 1829.

Como todas as marcas de discrição ou de modéstia, esta pode também ser taxada de coquetismo. É o que fará Balzac, ao decidir em 1829 assinar *Le Dernier Chouan*, visando, é claro, Walter Scott e seus imitadores (entre os quais ele mesmo, sem dúvida, em suas obras de juventude): "[O autor] ponderou que hoje há talvez alguma modéstia em assinar um livro, quando tanta gente faz do anônimo uma especulação de orgulho". O interessante é que ele cogitara a princípio atribuir esse romance a um autor hipotético, "Victor Morillon", a quem atribuía, numa advertência pseudoalógrafa que voltaremos a analisar, o mérito dessa modéstia da assinatura autêntica.

Na realidade, a prática, orgulhosa ou não, do anonimato não se extingue, no século XIX, tão depressa como se poderia acreditar. Prova disso, para ficar apenas na França, são alguns destaques: *Méditations poétiques* (1820), *Han d'Islande* (1823), *Bug-Jargal* ("pelo autor de *Han d'Island*", 1826), *Armance* (1827), *Le Dernier Jour d'un condamné* (1829), *Notre-Dame de Paris* (1831). Em todos esses casos, o nome de autor aparece muito rápido, já na segunda ou terceira edição, de sorte que, o anonimato parece uma espécie de segredo reservado à edição original. Na Inglaterra, e evidentemente por efeito de pastiche do século XVIII, também *Henry Esmond* submeter-se-á, em 1852, a esse rito de pura convenção.

A FÓRMULA "PELO AUTOR DE...", que se tornou, desde Austen e Scott, um procedimento um tanto comum – vamos encontrá-la em Hugo, e Stendhal emprega-a pelo menos quatro vezes, nas edições originais de *L'Amour* ("pelo autor da

---

6. É a fórmula, empregada no prefácio geral, "o Autor, sob cujo nome foram pela primeira vez coligidas". Como não pude ver com meus próprios olhos um exemplar desta edição (Cadell, 1829–1833, chamada "Magnum Opus"), e os catálogos e bibliografias são o que são, eu não garantiria que o nome de Walter Scott figurava oficialmente na sua página de rosto e acharia, antes, o contrário, com base numa reimpressão posterior (Cadell, 1842-1847). Mas o aviso e o prefácio, bastante autobiográficos, não deixam qualquer dúvida sobre a identidade do autor, que os data de sua conhecidíssima residência de Abbotsford. Assinatura, pois, embora indireta, mas de perfeita transparência.

Histoire de la peinture en Italie e das *Vies de Haydn...*"), *Mémoires d'un touriste* e da *Chartreuse* ("pelo autor de *Rouge et Noir* [sic]"), e de *L'Abbesse de Castro* ("pelo autor de *Le Rouge et le Noir*, de *La Chartreuse de Parme* etc."); e se conhece, mais perto de nós, "o autor de *Amitiés amoureuses*" –, essa fórmula constitui em si mesma uma modalidade capciosa de declaração de identidade: de identidade, exatamente, entre dois anonimatos, que coloca de maneira explícita a serviço de um livro o sucesso de um anterior e que, sobretudo, se organiza para constituir uma entidade autoral, sem recorrer a nenhum nome, autêntico ou fictício[7]. Philippe Lejeune diz, em algum lugar, que um autor só se torna autor em sua segunda publicação, quando seu nome pode figurar não só na frente de seu livro, mas também de uma lista de obras "do mesmo autor". Essa tirada é talvez injusta no caso dos autores de obra única, como Montaigne, mas não deixa de ser verdade e, desse ponto de vista, a fórmula Austen–Scott tem o mérito de uma paradoxal economia.

É EVIDENTE QUE ESSES ANONIMATOS "modernos", isto é, mais de tipo clássico, não estão todos predestinados a durar, e o fato é que não foram mantidos. Dispomos, pois, para cada um deles (à custa de algumas pesquisas em biblioteca, pois mesmo as edições críticas nem sempre são muito loquazes sobre esse ponto, que sem dúvida consideram fútil), daquilo que se pode chamar de uma data de atribuição oficial – que não se deveria apressar-se a qualificar como reconhecimento de paternidade, pois essas onímias tardias são, por vezes, póstumas: 1827, para Walter Scott, é de fato uma data de reconhecimento (um pouco forçada), mas o nome de La Rochefoucauld, como eu disse, só aparece no peritexto oficial das *Maximes* muito tempo depois de sua morte. Digamos antes, nestes casos, que a posteridade faz uma atribuição sem se preocupar com a vontade do autor desaparecido. Quando se pensa no cuidado que os eruditos tomam ao "estabelecer" um texto conforme as últimas revisões ântumas, tais imposições paratextuais causam perplexidade. Mas voltaremos a analisar muitas outras, e sem dúvida mais graves.

Da existência dessas atribuições póstumas, retenhamos pelo menos a ideia de que o destinador do nome de autor nem sempre é o próprio autor; e, como veremos, uma das funções comuns do prefácio é dar ao autor a ocasião de assumir (ou rejeitar) de maneira oficial a paternidade de seu texto. Mas e o nome na página de rosto e na capa? Compreendo que, se

---

[7]. Não diria o mesmo do emprego, na edição original de *Les Caves du Vatican* (1914), da fórmula "pelo autor de *Paludes*", pois *Paludes* não era anônimo.

é ântumo, deve constar ali somente com a concordância do autor, mas se deve dizer por isso que (por direito) é ele que o coloca ali? Isso não acontece claramente desse modo, e este é um dos traços que distinguem semelhante ato do da assinatura. A mim me parece mais justo dizer que é o editor, no caso, que *apresenta* o autor, mais ou menos como certos produtores de filme apresentam o filme e seu diretor. Se o autor é o fiador do texto (*auctor*), esse garante tem também um garante, o editor, que "o introduz" e nomeia.

Pseudonimato

O USO DO NOME FICTÍCIO, ou pseudônimo, há muito tempo tem fascinado os amadores e embaraçado os profissionais – falo aqui sobretudo dos bibliógrafos –, sem que embaraço e fascinação sejam mutuamente exclusivos, muito ao contrário. Daí certa proliferação de comentários que, por sorte, não nos concernem a todos. Sem dúvida, é conveniente primeiramente situar o pseudonimato entre o conjunto mais vasto das práticas que consistem em não inscrever na frente de um livro o nome legal de seu autor (é esse conjunto que os bibliógrafos clássicos chamavam simplesmente "pseudônimo").

A primeira, que acabamos de mencionar, consiste na ausência de todo e qualquer nome e é, claramente, o anonimato (exemplo: *Lazarillo*). A segunda consiste na atribuição falaciosa de um texto, por seu verdadeiro autor, a um autor conhecido: é o *apócrifo* (exemplo: *La Chasse spirituelle*, atribuída, em 1949, a Rimbaud por Nicolas Bataille e Akakia-Viala). A terceira é uma variante da segunda: é o *apócrifo consentido*, que consiste, no caso de um autor real que não quer ser identificado, em conseguir que outro autor assine em seu lugar; variante bastante rara, mas dizem que desse modo Chapelain emprestou seu nome ao próprio Richelieu, e veremos adiante que provavelmente Balzac utilizou, nesse ou naquele prefácio, nomes emprestados. A quarta é o inverso da segunda, e consiste em atribuir a si mesmo, falaciosamente, a obra de outro, e portanto "assiná-la" com o próprio nome: é o *plágio*, e sabe-se que uma boa, ou má, parte das primeiras obras de Stendhal lhe deve sua existência (é verdade que ele não as assinava com seu nome, nem mesmo com seu futuro pseudônimo glorioso). A quinta é ao mesmo tempo uma variante da quarta e o inverso da terceira: é o *plágio consentido* (pelo plagiado, decerto, e contra um pagamento), já mencionado sob o termo inglês *ghost-writing*; para dar apenas um exemplo antigo, todos sabem que Alexandre Dumas recorria frequentemente à ajuda (entre outros) de um profissional chamado Auguste Maquet: no caso é a caneta, o inverso do testa de ferro. A sexta é também uma variante da segunda: é a atribuição de uma obra, por seu autor real, a um autor dessa vez imaginário: é a prática chamada de *autor suposto*, cuja ilustração genérica pode ser a obra dramática atribuída por Mérimée a uma certa "Clara Gazul", mas ela contém inúmeras nuanças, que voltaremos a ver quando tratarmos dos prefácios. Poderíamos dizer que a sétima é uma variante da sexta: seria a atribuição de uma obra, por seu autor real, a um autor imaginário, ao qual a rigor ele não agregaria nada além do nome, na falta de todo elemento paratextual que costuma servir, nas suposições de autor, para acreditar (seriamente ou não) na existência do autor suposto[8]. Embora não faltem situações intermediárias ou indefiníveis, é sem dúvida mais prudente cortar qualquer vínculo teórico entre a sexta e a sétima práticas, e descrever esta prática apenas como fato de o autor real "assinar" sua obra com um nome que não é exata ou integralmente seu nome legal. É com certeza o pseudonimato que nos ocupará nas páginas seguintes.

Os bibliógrafos clássicos e modernos[9] que se ocuparam dessa prática procuraram, sobretudo, discernir o que o primeiro entre eles, Adrien Baillet, chamava de "motivos" e "maneiras" de adotar um pseudônimo, e tentaram criar uma jurisprudência do pseudonimato, cujo ponto essencial é determinar o direito de propriedade (e em alguns casos de transmissão) de um autor (ou de qualquer outro usuário) sobre seu pseudônimo. Nada disso nos interessa a princípio, uma vez que o pseudônimo de escritor, tal como figura em geral no paratexto, não vem acompanhado de qualquer menção dessa ordem, e o leitor o recebe, sempre a princípio, como um nome de autor, sem poder avaliar nem discutir sua autenticidade.

O que nos interessa como elemento paratextual, independentemente se possível de toda e qualquer consideração de motivo ou de procedimento, é o *efeito* que a presença de um pseudônimo produz sobre o leitor, ou de modo mais comum sobre o público. Aqui, porém, convém distinguir entre o efeito de *tal pseudônimo*, que pode muito bem produzir-se em total ignorância do fato pseudonímico, e o

---

8. Ver Jean-Benoît Puech, *L'Auteur supposé. Essai de typologie des écrivains imaginaires en littérature*, tese EHESS, Paris, 1982. Larbaud por várias vezes insistiu na diferença entre pseudônimo e autor suposto. "Não se esqueça", escrevia ele, por exemplo, a um tradutor, "de dizer com clareza que Barnabooth não é um pseudônimo, mas o protagonista de um romance, como, por exemplo, Clara Gazul não é um pseudônimo de Mérimée ou, melhor, como Gil Blas não é um pseudônimo de Lesage".

9. Sobre esta tradição de pesquisa, ver M. Laugaa, *La Pensée du pseudonyme*, PUF, 1986.

efeito-pseudônimo, que depende, ao contrário, de uma informação sobre o fato. Explico-me: o nome de "Tristan Klingsor" ou de "Saint-John Perse" pode provocar, no espírito de um leitor, esse ou aquele efeito de prestígio, de arcaísmo, de wagnerismo, de exotismo, sabe-se lá, que influirá sobre sua leitura da obra de Léon Leclerc ou Alexis Léger[10], mesmo que esse leitor ignore tudo das condições ("motivos", "maneiras") de sua escolha, e mesmo também que o tome pelo nome verdadeiro do autor: no final das contas, conotações tão fortes poderiam muito bem fixar-se, embora diferentes, a um nome absolutamente autêntico como Alphonse de Lamartine, Ezra Pound ou Federico García Lorca. O efeito de um pseudônimo não é, em si, diferente do de qualquer nome, a não ser que, no caso, o nome possa ter sido escolhido para produzir esse efeito. Aliás, é muito curioso que os bibliógrafos que tanto se perguntaram sobre os motivos (modéstia, precaução, aversão edipiana ou não a seu patronímico, preocupação de evitar homônimos etc.) e sobre as maneiras (adotar um nome de país, tirá-lo do próprio livro, mudar o prenome, fazer do prenome um nome, abster-se do prenome, abreviações, expansões, anagramas…) tenham questionado tão pouco essa mistura de motivo e de maneira que é o cálculo de um efeito.

O efeito-pseudônimo pressupõe que o leitor conheça o fato pseudonímico: foi o efeito produzido pelo próprio fato que fez com que M. Alexis Léger decidisse, um dia, adotar um pseudônimo, qualquer que fosse. Ele, necessária e imediatamente, forma um todo com o efeito *desse* pseudônimo, seja para reforçá-lo ("A escolha desse nome é em si mesma uma obra de arte"), seja em alguns casos para enfraquecê-lo ("Ah, esse não é seu verdadeiro nome? Então, é fácil demais…"), seja ainda para se sentir ele mesmo enfraquecido ("Se eu, chamando-me Crayencour, tivesse sido forçada a escolher um pseudônimo, não teria por certo escolhido o anagrama *Yourcenar*"), ou mesmo contestado ("*Alexis Léger* era bem melhor do que esse ridículo *Saint-John Perse*"). Como bem diz Starobinski: "Quando um homem se mascara ou adota um pseudônimo, sentimo-nos desafiados. Esse homem se recusa a nós. E, em contrapartida, queremos *saber*…"[11]. Precisamos ainda: *se ao menos soubermos* (o que talvez seja o essencial) que se trata de um pseudônimo.

---

10. E/ou reciprocamente: "*Saint-Léger Léger: Éloges*, isto é construído com as mesmas consoantes e dá à capa sua unidade eufônica. E eis *Saint-John Perse: Anabase*, que apresenta também um belo bloco sonoro, onde corre a linha de uma imagem da Ásia" (A. Thibaudet, *Honneur à S.-J. P.*, p. 422. Ver J.-P. Richard, "Petite remontée dans un nom-titre", *Microlectures*, Seuil, 1979).

11. J. Starobinski, "Stendhal pseudonyme", *L'Œil vivant*, Gallimard, 1961.

A fantasia do leitor acerca do pseudônimo deixa, portanto, de ser uma simples especulação de tipo mais ou menos mimológico – aquela que o autor antegozava ao propor-lhe um vocábulo melhor do que seu patronímico legal, ou um outro – a partir do momento em que a verdade desse patronímico é revelada por meio de um paratexto mais distante, de uma informação biográfica, ou mais geralmente da fama. Não posso, é claro, assegurar que todos os leitores de Voltaire, de Nerval ou de Marguerite Duras saibam quais nomes legais se escondem atrás desses pseudônimos, nem mesmo que são pseudônimos. Acho apenas que a revelação do patronímico faz parte da notoriedade biográfica que está no horizonte, próximo ou longínquo, da notoriedade literária (a das obras em si), quero dizer: que a espera no final ou que a envolve como um halo. Disso se segue que nenhum escritor pseudônimo pode sonhar com glória sem prever essa revelação, o que pouco nos concerne aqui, mas, reciprocamente, que nenhum leitor que se interesse muito ou pouco por esse autor não está a salvo dessa informação. Por conseguinte, a consideração que dá ao pseudônimo na imagem que tem, ou na ideia que faz, desse autor consiste inevitavelmente, embora em graus diversos, em considerar, em conjunto ou alternativamente, o pseudônimo e o patronímico e, por isso, não menos inevitavelmente, em distinguir nessa imagem, ou ideia, uma figura de autor e uma figura de homem privado (ou, em outros casos, público: Alexis Léger diplomata). É nesse ponto que cabe uma pergunta mais ou menos livre, porque mais ou menos informada, sobre os "motivos" e as "maneiras" da escolha do pseudônimo: Fulano adotou o nome da mãe, outro mudou de prenome, outro elaborou um anagrama, outra ainda adotou um nome de homem[12] etc. Poupo aqui meu próprio leitor de uma taxinomia muito empírica e de uma lista de exemplos que se encontram em todos os tabloides para consumo de todos os curiosos. O essencial, parece-me, é perceber que o pseudonimato simples (Molière, Stendhal, Lautréamont) sempre tende mais ou menos a partir-se numa espécie de dionimato: Molière/Poquelin, Stendhal/Beyle, Lautréamont/Ducasse. E que esse dionimato resultante da coexistência do patronímico e de um pseudônimo não é senão um caso particular de polionimato, isto é, da utilização, por um mesmo escritor, de vários pseudônimos literários – tendo como segunda intenção aqui, como já

---

12. Aliás, é curioso ver o quanto esses pseudônimos masculinos, quando são conhecidos como tais, tornam-se transparentes, sem qualquer efeito de transexualização: para mim pelo menos, *George Sand* ou *George Eliot* são nomes de mulheres tão pouco ambíguos quanto *Louise Labé* ou *Virginia Woolf*. A feminilidade do designado ofusca totalmente a "virilidade" do designante.

está entendido, que o pseudônimo múltiplo é mais ou menos, como bem ilustra o caso de Stendhal, a verdade do pseudônimo simples, e sua propensão natural.

Se se quisesse fazer aqui uma classificação, seria necessário, sem dúvida, cruzar, pelo menos, em um quadro de dupla entrada no qual me deterei uma única vez, duas oposições simples. Um autor pode "assinar" algumas de suas obras com seu nome legal (Jacques Laurent) e outras com um pseudônimo (Cécil Saint-Laurent). Semelhante oposição se presta, é claro, a uma interpretação grosseira: as obras assinadas com o patronímico seriam mais "confessadas", mais "reconhecidas", porque nelas o próprio autor se reconheceria muito mais, por preferência pessoal ou por dignidade literária. É por certo o caso do exemplo citado, mas não se deveria confiar demais nesse critério, porque um autor pode também, por razões sociais, reconhecer obras sérias e profissionais e cobrir com um pseudônimo obras romanescas ou poéticas a que ele pessoalmente está muito mais "apegado", como passatempo ou fonte de prazer. Exemplos? Tomemos ao acaso, em sua honra, os romances de Edgar Sanday, pseudônimo de Edgar Faure. O polionimato pode também ser um verdadeiro polipseudonimato, quando o autor assina unicamente com diversos pseudônimos: é, tirando fora a complicação da presença momentânea de um testa de ferro, o caso de Romain Gary/Émile Ajar. Aqui e alhures, um de seus pseudônimos pode parecer mais pseudo do que o outro, e levar a crer na autenticidade do segundo; mas já se começa a saber que "Gary" não era mais autêntico do que "Ajar", nem do que talvez um ou dois outros, pois a prática do pseudônimo é como a de uma droga, que depressa convida à multiplicação, ao abuso, ou mesmo à *overdose*.

Por outro lado, porém, as assinaturas diversas podem ser simultâneas (ou mais exatamente alternadas), como aquelas que acabo de lembrar, ou sucessivas: foi de forma sucessiva que Rabelais assinou *Pantagruel* e *Gargantua* como "Me Alcofribas, abstracteur de quintessence", antes de adotar "François Rabelais, docteur en médecine" no *Tiers*, depois no *Quart Livre*; ou que Balzac assinou, em sua juventude e em uma ordem que esqueci, "Lord R'Hoone", "Horace de Saint-Aubin" ou "Viellerglé", antes de adotar, em 1830, um "Honoré de Balzac", este também um pouco pseudo, pois o registro civil com o qual deveria um dia concorrer só o conhecia com o nome mais plebeu de Honoré Balzac. Existem graus mesmo no pseudonimato simples, uma vez que existem graus na deformação de um patronímico[13], mas renuncio

---

13. Um dos mais econômicos é decerto o afrancesamento de Mondriaan em Mondrian. Mas pode-se também deformar ou abreviar um pseudônimo: uma edição de *Lettres philosophiques* apareceu, em 1734, com esse nome, cuja transparência é de dois graus: "Par M. de V…"

a integrar esse dado. Foi ainda de forma sucessiva que Henry Beyle foi, em *Lettres sur Haydn*, "Louis-Alexandre-César Bombet", depois, em *Histoire de la peinture*, "M.B.A.A." (M. Beyle, ancien auditeur)[14], e, finalmente (simplifico muito), a partir de *Rome, Naples et Florence en 1817*, "M. de Stendhal, officier de cavalerie", mais tarde apenas "Stendhal". Isso é no final três pseudônimos e meio (sem contar uma obra anônima como *Armance*), o que é pouco para um maníaco confesso pelo apelido privado, ou mesmo íntimo[15].

Ignoro se algum *Guinness* registrou o recorde universal, misturando todas as épocas e todas as categorias. Muitas vezes é atribuído a Kierkegaard, e conhecem-se pelo menos os três "heterônimos" de Pessoa, mas estamos aqui no limite da suposição de autor, pois cada uma dessas hipóstases, em Kierkegaard e mais ainda em Pessoa, é dotada de uma identidade fictícia por via paratextual (prefácios, notas biográficas etc.) e mesmo ou sobretudo textual (autonomia temática e estilística). Para nós o campeão emblemático será, de modo um pouco arbitrário, Renaud Camus, que parece ter investido grande parte de sua criatividade em um jogo polionímico realmente assombroso, e no qual de antemão estou certo de me perder – mas creio mesmo que seja essa sua função. Eis, a título de ilustração, o que julgo saber no momento. 1975, Renaud Camus, *Passage*, no qual uma personagem se chama Denis Duparc; 1976, Denis Duparc, *Échange*; 1978, Renaud Camus e Tony Duparc, *Travers*, que anuncia no prelo: Jean-Renaud Camus e Denis Duvert, *Travers 2*[16]; J. R. G. Camus e Antoine du Parc, *Travers 3*; J. R. G. Du Parc e Denise Camus, *Travers Coda et Index*; apêndice: Denis du Parc, *Lecture* (ou *Comment m'ont écrit certains de mes livres*). Nesse meio tempo e desde então, diversos outros textos assinados apenas Camus (Renaud), nos quais se encontra uma lista de obras do mesmo autor, que não se afirma como tal, que remaneja de diversas maneiras a lista acima. Ignoro de propósito, é claro, se "Renaud Camus" é um pseudônimo. Lembro, porém, que um autor que ficou famoso com seu patronímico pode, em caráter excepcional e pelo menos na Inglaterra, mudar de nome na vida civil. Em 30 de agosto de 1927, M. Thomas Edward Lawrence obteve o direito de se chamar M. Thomas Edward Shaw. A partir desse dia, "T. E. Lawrence" tornou-se, retroativamente, um pseudônimo?

---

14. Mas cem exemplares traziam a menção mais completa: "Par M. Beyle, ex-auditeur au Conseil d'État".

15. Ver Starobinski, artigo citado.

16. Lançado de fato com o título de *Été*, POL Hachette, 1982. O conjunto deve constituir a "trilogia em quatro livros e sete volumes" das *Églogues*.

ANTES DE DEIXAR A PRÁTICA do pseudonimato, esperava lembrar também que seu domínio de exercício, entre as artes, está circunscrito essencialmente a duas atividades: a literatura e, bem depois, o teatro (os nomes de atores), estendido hoje ao campo do *show business*. É fato. Esperava ainda me espantar com isso, e procurar as razões desse privilégio: por que tão poucos músicos, pintores, arquitetos? Mas, no ponto em que estamos, esse espanto seria por demais artificial: o gosto da máscara e do espelho, o exibicionismo desviado, o histrionismo controlado, tudo isso se junta no pseudônimo ao prazer da invenção, do empréstimo, da metamorfose verbal, do fetichismo onomástico. Claro está que o pseudônimo já é uma atividade poética, e algo como uma obra. Se você sabe mudar de nome, sabe escrever.

ANEXO EVENTUAL AO NOME de autor: a menção de seus "títulos". Por essa palavra entendeu-se, ao longo dos séculos, toda espécie de graus nobiliárquicos, de funções e de distinções honoríficas ou efetivas. Não vou sacudir essa poeira, mas já vimos Beyle usar sua ex-função de auditor no Conselho de Estado. Os autores ingleses da época clássica diziam-se, de bom grado, por falta de coisa melhor, *Esquire*, Rousseau (não por isso e somente para suas obras suscetíveis de honrar esse título), "Citoyen de Genève", e Paul-Louis Courier, reeditando e retocando a tradução de Longus por "Messire Jacques Amyot, en son vivant evêque d'Auxerre et grand aumônier de France", intitula-se "Vigneron, membre de la Légion d'honneur, ci-devant cannonier à cheval". Os títulos de autor ainda em uso na França são, ao que me parece, de duas espécies: ou de afiliações acadêmicas (Académie Française, Institut, Goncourt) ou de graus ou funções universitárias: *agrégations*, doutorados, cadeiras de universidades ou do Collège de France. Tudo isso não é muito *sexy*, mas, se procurarmos bem nas províncias distantes, encontraremos com certeza fórmulas mais pitorescas.

Sabe-se que algumas são obrigatórias. Outras, às vezes as mesmas, são de boa política comercial. Quanto ao resto e de um ponto de vista vulgarmente psicológico, pode-se achar fascinante a mistura que se faz, totalmente indiscernível, de vaidade pueril e de profunda humildade. Meu excelente genitor gostava de se adornar com o título de *abonné au gaz*. Mas, afinal, isso devia ser, na virada do século XIX para o XX, um sinal de abastança e distinção, um privilégio, ou mesmo um favor. Ele se dizia também, com uma fórmula cujo humor me foi por muito tempo impenetrável, *Croix de guerre à titre militaire (Cruz da guerra sob título militar)*. Vou parar aqui esta digressão familiar.

Os Títulos

Definições

MAIS TALVEZ DO QUE DE QUALQUER outro elemento do paratexto, a definição do título suscita alguns problemas e exige um esforço de análise: é que o aparato titular, tal qual o conhecemos desde o Renascimento (falarei mais adiante de sua pré-história), é amiúde mais do que um verdadeiro elemento, um conjunto um pouco complexo – e de uma complexidade que não se deve exatamente a seu comprimento. Alguns títulos muito longos da era clássica, como o original de *Robinson Crusoé*, que analisaremos adiante, tinham um *status* relativamente simples. Um conjunto muito mais curto, como *Zadig ou la Destinée, histoire orientale*, forma, como veremos, um enunciado mais complexo.

Um dos fundadores da titulologia [*titrologie*][1] moderna, Leo H. Hoek, afirma com muita correção que o título tal qual o entendemos hoje é, de fato, pelo menos diante das intitulações antigas e clássicas, um objeto artificial, um artefato de recepção ou de comentário, imposto arbitrariamente pelos leitores, pelo público, pelos críticos, pelos livreiros, pelos bibliógrafos... e pelos titulólogos que somos, ou que nos acontece ser, sobre a massa gráfica e às vezes iconográfica de uma "página de rosto" ou de uma capa. Essa massa contém ou

---

1. Creio que foi Claude Duchet quem batizou dessa forma essa pequena disciplina, hoje a mais ativa de todas as que se aplicam ao estudo do paratexto. Segue-se aqui uma bibliografia seletiva e lacunar: M. Hélin, "Les livres et leurs titres", *Marche romane*, set.-dez. 1956; Th. Adorno, "Titres" (1962), *Notes sur la littérature*, Flammarion, 1984; Ch. Moncelet, *Essai sur le titre*, BOF, 1972; Leo H. Hoek, "Pour une sémiotique du titre", Document de travail, Urbino, fev. de 1973; C. Grivel, *Production de l'intérêt romanesque*, Mouton, 1973, pp. 166-181; C. Duchet, "La Fille abandonnée et la Bête humaine, éléments de titrologie romanesque", *Littérature*, 12, dez. 1973; J. Molino, "Sur les titres de Jean Bruce", *Langages*, 35, 1974; H. Levin, "The Title as a Literary Genre", *The Modern Language Review* 72, 1977; E. A. Levenston, "The Significance of the Title in Lyric Poetry", *The Hebrew University Studies in Literature*, primavera de 1978; H. Mitterand, "Les titres des romans de Guy des Cars", em C. Duchet (éd.), *Sociocritique*, Nathan, 1979; Leo H. Hoek, *La Marque du titre*, Mouton, 1981; J. Barth, "The Title of this Book" e "The Subtitle of this Book", *The Friday Book*, New York, 1984; C. Kantorowicz, *Éloquence des titres*, Thèse, New York University, 1986.

pode conter muitas indicações anexas que o autor, o editor e seu público não distinguiam com tanta clareza quanto chegamos a fazer hoje. Uma vez postos de lado o nome do autor, o do dedicatário, o do editor, seu endereço, a data de impressão e outras informações preliminares, estabeleceu-se progressivamente o costume de manter como título um conjunto mais restrito, mas que ainda precisa ser analisado se se quiser realmente conhecer seus elementos constitutivos. Os termos dessa análise deram lugar a uma discussão entre Leo Hoek e Claude Duchet, que resumo cavalheirescamente como segue.

Seja o título já citado do que chamamos hoje de *Zadig*[2]. Hoek (1973) propunha (entre outros exemplos) considerar sua primeira parte, antes da minha vírgula, como o "título" e a sequência como "subtítulo". Julgando, com razão, essa análise demasiadamente sumária, Duchet propõe distinguir no caso três elementos: o "título" *Zadig*, o "segundo título", marcado pela conjunção *ou* (ou por uma vírgula, um parágrafo ou outro meio tipográfico qualquer), *ou la Destinée*, e o "subtítulo", geralmente introduzido por um termo de definição genérica, aqui, é claro, *histoire orientale*. Levando em conta essa sugestão, mas pouco seduzido pela denominação de "segundo título", sem dúvida um pouco canhestra (extraída da terminologia do início do século XIX), Hoek (1981) contrapõe, para a mesma análise, estes três novos termos: "título" (*Zadig*), "título secundário" (*ou la Destinée*) e "subtítulo" (*histoire orientale*).

Preocupado em marcar, por minha vez, a breve história da titulologia, adiantarei que a diferença terminológica entre "título secundário" e "subtítulo" é demasiado fraca para se impor ao espírito: e já que, como bem viu Duchet, a característica principal de seu "subtítulo" é conter, mais ou menos de forma explícita, uma indicação genérica, o mais simples e o mais expressivo poderia ser rebatizá-lo desse modo, o que liberaria "subtítulo" para denominar o que já é sua acepção mais comum. Daí esses três termos: "título" (*Zadig*), "subtítulo" (*ou la Destinée*), "indicação genérica" (*histoire orientale*). Tem-se aqui o estado mais completo de um sistema virtual, onde apenas o primeiro elemento, em nossa cultura atual, é obrigatório. Encontram-se hoje mais comumente estados defectivos como: título + subtítulo (*Madame Bovary, mœurs de province*) ou título + indicação genérica (*La Nausée, roman*), sem contar os títulos realmente simples, isto é, reduzidos apenas ao elemento "título", sem subtítulo nem indicação genérica, como *Les Mots*, ou disposições anormais

---

2. O título original era, de fato, em 1747, *Memnon, Histoire orientale*; em 1748 é que apareceu o título atual.

como esta, claramente paródica: Victor Chklovski. *Zoo / Lettres qui ne parlent pas d'amour / ou la Troisième Heloïse*.

Defectivos ou não, os títulos nem sempre separam de modo tão formal seus elementos, em particular o terceiro, que se integra de ordinário ao segundo (*L'Éducation sentimentale, histoire d'un jeune homme*) ou ao primeiro (*Le Roman de la rose, Vie du docteur Johnson, Essai sur les mœurs* etc.), quando ele não o constitui por inteiro, como em *Satires, Élégies, Écrits* e outros. Quando são ao mesmo tempo integradas e de formulação mais ou menos irregular ou original (*Chronique du XIXe siècle*, subtítulo de *Le Rouge et le Noir*[3], *Méditations poétiques, Divagations*), essas indicações genéricas podem dar lugar a muitas incertezas ou controvérsias: em *Ariel ou la Vie de Shelley*, "la vie" é ou não uma indicação genérica disfarçada, uma perífrase para *biografia*? *Mœurs de province* de *Bovary* é um simples subtítulo ou uma espécie de variação da fórmula genérica (balzaquiana) *Étude de mœurs*? Conforme as respostas, o elemento será chamado de "subtítulo" ou de "indicação genérica". Mas, contrariando as aparências, minha preocupação não é rotular, mas identificar os elementos constitutivos, cujo papel nos conjuntos constituídos pode diversificar-se ou matizar-se ao infinito. Não os seguiremos até lá.

De fato, a indicação genérica é, em relação aos elementos doravante batizados de título e subtítulo, um ingrediente um pouco heterogêneo, porque os dois primeiros são definidos de maneira formal, e o terceiro de maneira funcional. Seria melhor, então, apesar dos diversos inconvenientes de tal digressão, reservá-la para um estudo específico, que se encontrará no fim deste capítulo. Por ora guardemos apenas que ela pode ou ser objeto de um elemento paratextual relativamente autônomo (como a menção "romance" em nossas capas atuais), ou investir, com maior ou menor força, o título ou o subtítulo. Reservo também para o estudo das funções do título uma análise dos títulos simples com valor de indicação genérica, do tipo *Satires* ou *Méditations*.

Notemos ainda, quanto à estrutura do título assim reduzido (título + subtítulo), que os elementos podem estar integrados nela com maior ou menor intensidade. Suponho que já se percebeu que *Ariel ou la Vie de Shelley* é um título duplo mais ligado do que *Madame Bovary, mœurs de province*, talvez por-

---

[3]. Era pelo menos o que continha a página de rosto geral. Mas, na abertura do Livro I, uma chamada do título vem acompanhada de um novo subtítulo, *Chronique de 1830*, tanto mais inexplicável quanto contradiz sem cerimônia a ficção da Advertência segundo a qual o romance teria sido escrito em 1827. Aparentemente, nenhum comentário entre os especialistas.

que o *ou* une bem mais do que separa, quaisquer que sejam as disposições gráficas adotadas pelo autor e pelo editor. A mesma observação para *Pierre ou les Ambiguïtés, Anicet ou le Panorama, Blanche ou l'Oubli* e alguns outros. Além disso, *Anicet* apresenta a particularidade da indicação genérica de "romance", cuja integração ao título Aragon detalhou (apesar da vírgula original). Esse conjunto de aparência bem disjuntiva: *Anicet/ou le Panorama/roman* deve, por decisão do autor, funcionar como um todo: *Anicet-ou-le-Panorama,-roman*. A mesma recomendação, imagino, para *Henri Matisse, roman*.

Um caso bastante paradoxal é o de *Soulier de satin*, que deveria conter subtítulo apenas na menção que o Anunciante faz em cada representação. Ao contrário da prática teatral comum, o título (completo) só existe, se ouso dizer, por via oral. Mas essa oralidade logo é desmentida ou subvertida pela disposição tipicamente gráfica que lhe dá o texto do prólogo: LE SOULIER DE SATIN / OU / LE PIRE N'EST PAS TOUJOURS SÛR / ACTION ESPAGNOLE EN QUATRE JOURNÉES, e que o Anunciante é encarregado de recuperar por gestos, mímicas ou modulações vocais diversas.

A época contemporânea multiplicou as sutilezas de apresentação do título, as quais não seguirei em todas as suas fantasias. Algumas dessas sutilezas, em todo caso, devem causar o desespero dos bibliógrafos graças à extravagância de seu grafismo, que as torna impossíveis de transcrever fielmente. Vejam-se estas de Maurice Roche, em que cada parte constituinte do título recorre a um tipo de caracteres tão distinto que só posso evocá-los aqui por descrição: *Circus* em caracteres "iluminados", *Codex* em uma espécie de escrita capital romana com seu x aumentado para um χ grego etc. Eu teria tanto ou mais dificuldade para uma menção oral, mesmo que ela passasse despercebida (faz-se o impasse sobre a particularidade gráfica), mas inversamente o título de Doubrovsky, *Fils*, infantil na transcrição, é impronunciável – sem ser infiel – por tentar resolver forçosamente a ambiguidade*. Saímos dessa com contorções bucais. Vejo também que muitíssimas vezes se desrespeita (a começar pelo editor, em página de anterrosto, é o caso de dizer), mesmo por escrito, a divisão original de títulos em elementos sobrepostos como

Sade	*Ouï*	*Donnant*	*Le soupçon*
Fourier	*Dire,*	*Donnant,*	*Le désert,*
Loyola,			

---

* *Fils* pode significar "filho" (e, nesse caso, pronuncia-se "fis") ou "fios" (cuja pronúncia é "fil", com "l" alveolar) (N. da T.).

e outros. Menos difícil de respeitar, a grafia de LETTERS de John Barth, que, por razões imperiosas, exige sete maiúsculas.

SIMPLES OU COMPLEXOS, os aparatos titulares lembrados até aqui eram empregados em obras simples, ou apresentadas como tais, como um romance (*Madame Bovary*) ou uma coletânea (*Satires*), e é este, evidentemente, o caso mais frequente, já que a maioria das coletâneas (poemas, novelas ou ensaios) se apresenta como um *opus* unitário. Mas as coisas podem complicar-se quando um livro se apresenta como um agrupamento fictício e puramente material de obras antes publicadas em separado e cuja especificidade esse agrupamento não pode abolir, nem mesmo diminuir; e também, embora inversamente, quando uma obra publicada em volume separado se apresenta como parte de um conjunto maior.

Eu disse: *podem* complicar-se. Isso não é inevitável, e muitas coletâneas de *Œuvres poétiques* mais ou menos completas apresentam-se com este simples título ou algum outro equivalente; o mesmo acontece, por exemplo, nas *First Forty-Nine Stories* de Hemingway, que reúnem três coletâneas anteriores (*In Our Time, Men Without Women, Winner Take Nothing*), que só são identificadas no sumário. Mas o autor pode também insistir em mencionar no título as obras singulares constitutivas do novo conjunto. Vê-se então aparecer um aparato titular em dois níveis, nos quais um é constituído pelo título de conjunto, por exemplo, *Les Lois de l'hospitalité*, ou *Tomo primeiro*, ou *Poemas*, e o outro pela lista dos títulos reunidos: *La Révocation de l'édit de Nantes, Roberte ce soir, le Souffleur; Douze Petits Écrits, Le Parti pris des choses, Poèmes* etc., *Du mouvement et de l'immobilité de Douve, Hier régnant désert* etc.

Pode-se até mesmo recusar agrupar desse modo sob um título comum obras cuja autonomia se quer manter: tem-se então o procedimento antes confederal, de que gostavam, por exemplo, Michaux (*Plume, précédé de Lointain intérieur*) ou Char (*Le Marteau sans maître, suivi de Moulin premier*); mas essa opção não deixa de fazer o primeiro título aparecer como principal – o que talvez não fosse o objetivo desejado. Como se vê, não é fácil fazer com que diversas obras coabitem sem confusão em um mesmo livro.

Ignoro se se qualificam de modo usual como *sobretítulos* os títulos gerais impostos *a posteriori*, como *Primeiro Tomo*, mas parece-me que seria melhor reservar esse termo para a situação inversa, a dos conjuntos com vários volumes, em que cada um tem um título separado. É em particular o caso das séries romanescas do tipo *Rougon-Macquart, Recherche, Hommes de bonne volonté* etc. *La Comédie humaine*, de agrupamento posterior e de unidade mais frouxa, continua sendo um caso à parte. Com efeito, cada romance ou novela desse conjunto futuro apareceu em separado, em folhetim e/ou em volume, e manteve esse modo de apresentação até o fim, ao lado da publicação de agrupamentos mais ou menos parciais: *Scènes de la vie privée* (1830), *Romans et Contes philosophiques* (1831), *Études de mœurs au XIXe siècle* (1835) (já subdivididos em *Scènes de la vie privée, de la vie de province, de la vie parisienne*), *Études philosophiques* (1835), enfim *La Comédie humaine* (1842), na qual essas divisões, e algumas outras, se reproduzem em uma construção igualmente dividida: assim, *La Cousine Bette* é o primeiro episódio de *Parents pauvres*, que faz parte de *Scènes de la vie parisienne*, que faz parte de *Études de mœurs*, que faz parte, em última instância, de *La Comédie humaine*. Esta estrutura só apareceria com clareza nas edições coletivas da *La Comédie humaine*, e as inúmeras edições em separado nem sempre mencionam a existência de semelhante conjunto. Aliás, existem outros agrupamentos possíveis, mesmo que infiéis às intenções do autor: por exemplo, segundo a ordem cronológica de publicação, ou segundo a ordem cronológica da ação, sem contar a reedição em fac-símile da edição Furne, de 1842, no exemplar fornecido por Balzac com correções manuscritas[4]. Variantes todas que se tornaram possíveis porque a ordem de *La Comédie humaine*, embora bastante frouxa do ponto de vista temático (ver as hesitações do próprio autor), não é, em todo caso, cronológica.

O conjunto dos *Rougon-Macquart*, evidentemente, tem uma unidade mais firme, ou mais clara e, no essencial, concebida desde a origem. Assim, o primeiro volume da série, *La Fortune des Rougon*, trazia, em sua página de rosto e na capa, o sobretítulo *Les Rougon-Macquart* e o mesmo para cada volume publicado em vida de Zola. Na verdade, a situação ainda era mais complexa, pois o próprio sobretítulo tem nesse caso seu subtítulo (sub-sobretítulo): *Histoire naturelle et sociale d'une famille sous le Second Empire*. Pode-se imaginar que as edições póstumas, tão numerosas e por vezes tão econômicas, de obra tão popular nem sempre respeitaram escrupulosamente essa disposição decerto desejada pelo autor. Para nos poupar de uma pesquisa retrospectiva estafante, eis de forma muito resumida o que ocorre hoje na França: o sobretítulo não figura nem na Livre de Poche, nem na GF, não mais por razões evidentes do que no *Germinal* isolado da Garnier. As únicas coleções atuais que

---

4. Ver *as Œuvres de Balzac*, organizadas por R. Chollet, Rencontres, 1958-1962; *L'Œuvre de Balzac publiée dans un ordre nouveau*, por A. Béguin e J.-A. Ducourneau, Formes et Reflets, 1950--1953; e as *Œuvres complètes illustrées*, por J.-A. Ducourneau, Bibliophiles de l'originale, 1965-1976.

o apresentam são a Folio e, é claro, a Pléiade – a qual, para dizer a verdade, fez um refinamento em sentido inverso, colocando nas sobrecapas apenas o sobretítulo e seu subtítulo, e a lista dos romances reunidos em cada volume só aparece na orelha da sobrecapa e na página de rosto.

A integração diegética é ainda mais forte na *Recherche*, uma vez que a sucessão "das partes" é regulada pelo fio cronológico único da vida do herói--narrador, e sabe-se que Proust desejava, no início, publicar esta obra em um único volume espesso, intitulado ou *À la recherche du Temps perdu*, ou *Les Intermittences du cœur*. Logo resignado a uma divisão inevitável, propunha a Fasquelle, em outubro de 1912, uma obra intitulada *Les Intermittences du cœur* e dividida em dois volumes: *Le Temps perdu* e *Le Temps retrouvé*[5]. A edição Grasset deveria no início seguir esta bipartição, antes de adotar, como testemunha o anúncio de 1913, a tripartição *Du côté de chez Swann*, *Le Côté de Guermantes* (notar a variação de determinante à qual se sabe que Proust dava muita importância), *Le Temps retrouvé*. Esses volumes teriam sido impressos idealmente sem parágrafos, inclusive nos diálogos: "Isto faz com que as conversas entrem ainda mais na continuidade do texto"[6]. Segundo Maurois, teria sido Louis de Robert quem o convenceu a aceitar alguns parágrafos, na apresentação mais tradicional que aparece na Grasset, depois na Gallimard. Essas divisões em volumes e em parágrafos são aceitas claramente como concessões ao uso e às necessidades editoriais, como atestam estas duas confidências a René Blum: "Para fazer uma concessão aos hábitos, dou um título diferente aos dois volumes. [...] Entretanto, talvez eu coloque no alto da capa um título geral, como France fez, por exemplo, em *Histoire contemporaine*", e "Finjo que [o primeiro volume] é por si só um pequeno todo, como *L'Orme du mail* em *Histoire contemporaine* ou *Les Déracinés* em *Le Roman de l'énergie nationale*"[7]. Assim, é contra a vontade que Proust abandona pouco a pouco, ou passo a passo, a inicial estrutura unitária em favor de uma divisão binária, depois ternária, que se tornará, em 1918, sempre sob a pressão das circunstâncias, uma divisão em cinco "volumes" (*Swann*, *Jeunes Filles*, *Guermantes*, *Sodome*, *Temps retrouvé*) e, finalmente, em sete volumes pela subdivisão de *Sodome et Gomorrhe III* em *La Prisonnière* e *La Fugitive*.

---

5. *Correspondance*, Ph. Kolb ed., Plon, t. XI, p. 257. A maiúscula em *Temps* é constante na escrita de Proust: não estou certo de que essa intenção tenha sido sempre respeitada.

6. A Louis de Robert, junho de 1913, *Correspondance*, t. XII, p. 212.

7. 20 de fevereiro, depois começo de novembro de 1913, *Correspondance*, pp. 79 e 295.

A transposição editorial dessa estrutura foi, portanto, desde o *Swann* de Grasset, de 1913, a imposição de um sobretítulo, *À la recherche du Temps perdu*[8], ao título de volume *Du côté de chez Swann*, disposição que favorecia evidentemente a percepção do título parcial em detrimento do título geral. Esta disposição foi mantida pela Gallimard para a série de catorze, depois quinze volumes, que constitui a edição corrente da Collection Blanche, mas com um grande aumento do corpo do título geral, que dessa vez lhe deu proeminência. Em 1954, a apresentação da Pléiade acentua ainda mais essa proeminência, e depois de alguns anos, de acordo com as novas normas da coleção, os títulos de seções saíram (como em *Rougon-Macquart*) por completo da primeira sobrecapa e da lombada, sendo relegados à quarta capa. Essa evolução paratextual estava em consonância, embora fortuita, com as intenções originais de Proust, mas talvez não com suas intenções finais, que terei ocasião de lembrar em outro capítulo. Resta o fato, em todo caso, de que duas ou três gerações de leitores, desde 1913, tiveram da obra de Proust uma percepção e, sem dúvida por isso, uma leitura, diferente, conforme a recebiam como uma série de obras autônomas ou como um conjunto unitário de título único em três volumes. As edições de bolso fizeram inevitavelmente, a partir dos anos 1960, um retorno ao fracionamento, atenuado por uma apresentação mais compacta (do que a da Collection Blanche) em oito volumes, mas agravado por capas que tornavam cada vez mais reduzida a parte do título geral: em caracteres muito pequenos *sob* o título de seção na Livre de Poche, relegado à quarta capa na Folio. Atingiu-se o cúmulo na nova edição da GF, no entanto dirigida por um eminente proustólogo, cujos volumes publicados até esta data (*La Prisonnière*, *La Fugitive* e *Le Temps retrouvé*) não trazem na capa a menção ao conjunto, a não ser inserida no texto do *release*. Em todos esses casos, é claro, a página de rosto agrupa as coisas em um lugar que continua sendo, do ponto de vista bibliográfico, o mais oficial e talvez o único responsável, mas para o "grande" público, tal agrupamento é um pouco tardio e, sem dúvida, demasiado discreto. Ignoro o que nos reservam as diversas edições futuras, mas, de um certo modo, a diversidade e até mesmo a incoerência que se anunciam terão pelo menos o feliz efeito de livrar esse texto de uma apresentação que ainda é canônica demais e, também, de um paratexto um pouco imperioso demasiadamente por conta do monopólio.

---

8. Composto inteiramente em maiúsculas, o que evitava a escolha da inicial de *Temps*.

Lugar

COMO O NOME DE AUTOR, o título não teve durante séculos nenhum local reservado, exceto, às vezes nos *volumina* antigos, uma espécie de etiqueta (*titulus*) mais ou menos bem fixada no *umbilicus* do rolo, como nas lojas do Sentier. Se as primeiras ou as últimas linhas do próprio texto não o mencionavam de maneira indissociável do destino da obra, como vimos quando estudamos o nome, sua designação era então mais uma questão de transmissão oral, de conhecimento por ouvir dizer ou de competência dos letrados. A invenção do *codex* quase não melhorou sua situação material: o texto começava já na primeira página (ou em seu verso, após uma primeira página branca), nas mesmas condições que na Antiguidade. Os primeiros livros impressos, que imitavam com perfeição a aparência dos manuscritos que reproduziam, ainda não continham o que chamamos página de rosto. Precisava-se procurar o título no fim do volume, no colofão, junto com o nome do impressor e a data de impressão: o colofão é, portanto, sob muitos pontos de vista, o antepassado ou o embrião de nosso peritexto editorial. A página de rosto aparece somente nos anos 1475-1480, e será por muito tempo, até o aparecimento da capa impressa, o lugar único de um título frequentemente sobrecarregado, como vimos, de diversas indicações, para nós anexas. Chama-se então a esta página apenas de *título*, e isto não por metonímia: foi antes nossa noção ideal do título que, pouco a pouco, se separou desse magma inicial, textual e depois paratextual, onde se achava imerso sem um *status* muito específico, como quando Heródoto inicia sua obra por "Heródoto de Túrio expõe aqui suas investigações", ou Roberto de Clari a sua por "Aqui começa [é a tradução literal do latim *incipit*] a história daqueles que conquistaram Constantinopla".

No regime atual, o título comporta quatro locais quase obrigatórios e sofrivelmente redundantes: a primeira capa, a lombada, a página de rosto e a página de anterrosto, em que, em princípio, ele aparece sozinho numa forma às vezes abreviada[9]. Mas é lembrado ainda, quase sempre, na quarta capa e/ou como título corrente, isto é, no alto das páginas, lugar que compartilha por vezes com os títulos de capítulo, sendo habitual então reservar-lhe o alto da página da esquerda. Quando a capa é coberta por uma sobrecapa, encontra-se nela necessariamente repetido ou, para dizer melhor, anunciado. Não conheço

---

9. Mas a coleção Le Chemin, da Gallimard, não tem anterrosto, e essa exceção não é por certo a única.

na literatura (moderna) o equivalente ao título terminal, como os dos *Préludes* de Debussy, que, aliás, são na verdade títulos de partes, com o título geral figurando no alto da partitura. A exploração mais engenhosa dessa multiplicidade de lugares é aquela, já citada, que Ricardou inventou para *La Prise de Constantinople*, cujo título muda de forma e de sentido em sua chamada na quarta capa, apresentada como uma segunda primeira capa: *La Prose de Constantinople*. Talvez seja a única desse tipo, o que mostraria que os escritores de vanguarda quase não investiram nesse gênero de recursos, ou, melhor, que as exigências das normas técnicas e comerciais, muito fortes nesse domínio, os dissuadiram de fazê-lo.

Os livros encadernados em couro (ou algo semelhante) com frequência omitem a menção do título na primeira capa, mas, por motivos evidentes, conservam-no na lombada, única face visível em uma biblioteca e muitas vezes em uma livraria, e que poderia, pois, ser hoje, depois da página de rosto, o segundo lugar obrigatório. Obrigatório e nada insignificante, pois sua exiguidade implica repetidas vezes abreviações reveladoras (certas encadernações antigas trazem abreviaturas saborosas, graças à desenvoltura da época clássica nesse domínio), ou a uma escolha, por vezes dolorosa e já lembrada, entre uma impressão horizontal e uma vertical.

Momento

O MOMENTO DE APARECIMENTO de um título não suscita, em princípio, qualquer dificuldade: é a data de lançamento da edição original, ou eventualmente pré-original. Mas, a esse respeito, existem certas nuanças ou desvios.

Não consideramos irrelevante, uma vez que seu conhecimento amiúde termina por vir no paratexto de edições eruditas, a pré-história genética, ou vida pré-natal, do título, isto é, as hesitações do autor quanto à sua escolha, que podem ser muito longas e muito acalentadas: no começo, o título de *Les Fleurs du mal* era *Les Lesbiennes* ou *Les Limbes*; *Lucien Leuwen*, na verdade inacabado, e cujo título foi escolhido postumamente, hesitava entre *L'Orange de Malte*, *Le Télégraphe*, *L'Amarante et le Noir*, *Les Bois de Prémol*, *Le Chasseur vert*, *Le Rouge et le Blanc*, e Claude Duchet contou, no prototexto* (ou no

---

* No francês, *avant-texte*. Termo da tradição literária francesa, sem equivalente em português, que designa os esboços, rascunhos, notas feitos pelo escritor durante a preparação de sua obra. Traduzindo pelo vocábulo dicionarizado e mais literal, *antetexto*, correríamos o risco de

protoparatexto) de *La Bête humaine*, nada menos que cento e trinta e três projetos diferentes. É provável que Zola seja o detentor de uma espécie de recorde nesse particular, mas suas listas[10] de modo nenhum são indiferentes para o leitor, e muito menos para o crítico, pois insistem em diversos aspectos temáticos que tiveram de ser sacrificados pelo título definitivo, e esse protoparatexto faz parte com grande legitimidade do paratexto póstumo. Nenhum proustiano minimamente informado ignora hoje que a *Recherche* por pouco não recebeu o título de *Les Intermittences du cœur* ou de *Les Colombes poignardées* (!), e isso é importante para nossa leitura, como saber que *Un roi sans divertissement* era antes *Charge d'âme* – exemplos entre milhares, mesmo que certos prototítulos fossem talvez para o autor apenas *working titles*, títulos provisórios e manipulados como tais, como o eram, segundo Brod, *Le Procès* e *Le Château*, e como deve ter sido *Work in Progress* antes de se tornar *Finnegans Wake*. Mesmo ou sobretudo a título provisório, uma fórmula nunca é totalmente insignificante, a menos que se recorra a um simples número de ordem.

Sabe-se também que alguns autores, propensos a em tudo usar pseudônimos, dão a suas obras, mesmo depois da publicação, espécies de apelidos de uso íntimo ou privado: Stendhal, por exemplo, preferia designar *Le Rouge et le Noir* pelo nome de seu protagonista, *Julien*, ou *Vies de Haydn…* pelo seu pseudônimo de autor, *Bombet*. E não falo das abreviações simples, ou, melhor, sim: a primeira obra de Chateaubriand intitula-se oficialmente *Essai historique, politique et moral sur les révolutions anciennes et modernes considérées dans leurs rapports avec la Révolution Française*. Reduzimos esse título à forma *Essai sur les révolutions*, mas o autor sempre o abreviava para *Essai historique*. A nuança não é ínfima.

O caso inverso, do título encontrado de saída, e às vezes antes do assunto da obra, não é nada excepcional, e ainda menos indiferente, uma vez que o título preexistente tem todas as chances de agir então como certos *incipits* (veja-se Aragon, ou o famoso "primeiro verso" soprado a Valéry pelos deuses), isto é, como um incitador: uma vez presente o título, resta produzir um texto que o justifique… ou não. "Se escrevo a história antes de ter encontrado

---

confundir com o sentido registrado de "matérias pré-textuais". Optou-se, assim, pelo neologismo prototexto, já usado por alguns autores (N. da E.).

10. H. Mitterand, na edição da Pléiade, esclarece que a de *La Bête humaine* é a mais copiosa. Cita ainda cinquenta e quatro antetítulos para *L'Œuvre*, e C. Becker recenseia vinte e três para *Germinal* (Garnier, p. LV). Em contrapartida, *L'Argent* foi posto logo de saída. Quanto a *Ventre de Paris*, primeiramente devia receber o título de *Le Ventre*, "o que eu achava muito mais amplo e enérgico. Cedi ao desejo de meu editor" (a J. Van Santen Kolff, 9 de julho de 1890).

o título, ela em geral fracassa, afirma Giono a propósito de *Deux Cavaliers de l'orage*. É preciso um título, porque o título é a espécie de bandeira para a qual nos dirigimos; o objetivo que precisamos alcançar é explicar o título"[11].

Mas as hesitações acerca do título, quando existem, podem prolongar-se até depois da entrega do manuscrito, ou mesmo até depois da primeira publicação. No caso, o autor não está mais só (supondo-se que o estivesse até então), tem compromisso com seu editor, e às vezes com a lei. Todo mundo sabe agora que, sem Gallimard, *La Nausée* deveria intitular-se *Melancholia*, e que Proust teve de renunciar a *La Fugitive*, título já utilizado por Tagore, em proveito, provisoriamente, de *Albertine disparue*[12]. *Le Cousin Pons* fora anunciado inicialmente aos leitores do *Constitutionnel* com o título de *Les Deux Musiciens* (voltarei mais adiante aos motivos dessa mudança). Inúmeras substituições desse gênero, propostas ou impostas por editores, ficarão para sempre desconhecidas, mas acontece que às vezes o autor se queixa oficiosamente, em um prefácio ou em uma entrevista, em uma confidência ou em uma nota íntima, e esses semidesmentidos também pertencem ao paratexto. Uma marginália de *Armance* indica que o título desejado por Stendhal (depois do abandono de *Olivier*, que na época fazia "exposição" sobre o tema) era "*Armance, anecdote du xixe siècle*. O segundo título[13] foi inventado pelo livreiro; sem ênfase, sem charlatanismo, nada se vende, dizia [esse livreiro] M. Canel". O que ele diria hoje? Mas o autor pode muito bem teimar com um título e arrepender-se depois. Foi, segundo parece, o caso de Flaubert, que, depois de ter imposto, "irrevogavelmente", a Michel Lévy o título de *L'Education sentimentale* ("é o *único* que dá a ideia do livro"), se retrata em sua dedicatória a Henry Meilhac: "O verdadeiro título deveria ter sido *Les Fruits secs*". Sabe-se também que Proust ordinariamente se queixava, em 1920, de seu título e lamentava o pretendido título inicial *Temps perdu*[14].

---

11. Ver R. Ricatte, "Les deux cavaliers de l'orage", *Travaux de linguistique et de littérature*, VII-2, 1969, p. 223. Já sabemos que isso não é verdadeiro no caso de todas as suas obras, mas permanece o fato de que se pode inspirar-se em um título e, depois, uma vez o texto produzido dessa forma, preferir outro.

12. Provisório, porque a edição Pléiade, a partir de 1955, restaurou *La Fugitive*; mas as edições de bolso conservaram *Albertine disparue*, e J. Milly, para a GF, registra *La Fugitive* seguida entre parênteses de *Albertine disparue*. Encaminha-se, portanto, aparentemente para um caso de sinonímia do tipo *Spleen de Paris/ Petits Poèmes en prose*.

13. Isto é, o título completo atual, *Armance ou Quelques scènes d'un salon de Paris en 1827*.

14. Flaubert, *Lettres inédites à Michel Lévy*, Calmann-Lévy, 1965, p. 154; Proust, a Jacques Rivière, julho de 1920.

EU DIZIA: DEPOIS DA PRIMEIRA publicação, entendendo-se, porém: em vida do autor e com sua aprovação. Assim, *Albert Savarus,* publicado com esse título em folhetim, em 1842, e logo retomado com o mesmo título no primeiro tomo de *La Comédie humaine,* que constitui sua edição original, reaparece, em 1843, em uma coletânea coletiva com o novo título de *Rosalie*. Na mesma coletânea reaparecia *La Muse du département* com o novo título de *Dinah*. Os especialistas, pelo que sei, não propõem nenhuma explicação para essas mudanças de títulos que não acompanham modificação significativa do texto. Não é o que acontece com a passagem de *Dernier Chouan ou la Bretagne en 1800* (1829) para *Les Chouans ou la Bretagne en 1799* (1834), que apresenta, efetivamente, um novo texto (mas sabemos que a princípio a primeira versão devia intitular-se *Le Gars*). O procedimento mais econômico é certamente o de Senancour, que publica em 1804 um *Oberman*, depois, em 1833, uma versão retrabalhada com o novo título *Obermann*. Infelizmente, não continuou nesse caminho na terceira edição de 1840, retrabalhada com mais intensidade e que não traz um terceiro *n*. Mas, como a mexida de 1833 é desprezível, os (raríssimos) amantes de Senancour dispõem assim de um meio muito cômodo de distinguir as duas grandes versões desse texto, pelo menos por escrito: ao telefone, é preciso um pouco de insistência.

Um último modo de transformação oficial pode resultar do sucesso de uma adaptação que recebeu um novo título, o qual se torna vantajoso aproveitar. Assim, o romance de Simenon, *L'Horloger d'Everton* (1954), foi reimpresso, em 1974, com uma capa ilustrada, é claro, com alusões ao filme de Bertrand Tavernier, e trazia este título estranho: George Simenon / *L'Horloger de Saint-Paul* / a partir do romance / *L'Horloger d'Everton*. A página de rosto menciona apenas o título original, o que prova sem dúvida que se trata apenas de uma nova roupagem. Assim também, o romance de Pierre Bost, *Monsieur Ladmiral va bientôt mourir*, lançado em 1945, tornou-se, em 1984, um filme (do mesmo Tavernier) intitulado *Un dimanche à la campagne*. Nesse ínterim Pierre Bost morreu. O editor apressou-se a lançar uma nova edição, cujo título, na capa e na página de rosto, continuava sendo *Monsieur Ladmiral...*, mas a sobrecapa, ilustrada com um cartaz do filme, trazia por título, em caracteres muito maiores, *Un dimanche à la campagne*. Procedimentos econômicos e ambíguos, mas que poderiam ser apenas transições para uma mudança definitiva: para isso bastaria um sucesso duradouro do novo título assim proposto timidamente[15].

---

15. Lembro-me, por outro lado, do hábito bem comum de modificar o título por ocasião de uma tradução da obra. Seria preciso um estudo inteiro sobre essa prática, que não deixa de

É que o principal agente da mudança do título talvez não seja nem o autor, nem mesmo o editor, mas o público, e mais precisamente o público póstumo, ainda e muito bem denominado a posteridade. Seu trabalho – ou, antes, no caso, sua preguiça – caminha em geral no sentido de um encurtamento, de uma verdadeira erosão do título.

A forma mais simples dessa mudança é o eventual esquecimento do subtítulo. Esquecimento aliás seletivo e de intensidade variável: o público culto ainda conhece *Candide ou l'Optimisme*, *Émile ou De l'éducation*, talvez *Les Caractères ou les Mœurs de ce siècle*[16] (no caso de *Julie*, muito excepcionalmente, a posteridade promoveu a título o subtítulo original: *La Nouvelle Héloïse*)[17]; mas quem sabe ainda dizer, sem hesitar, o subtítulo de *Le Rouge et le Noir*, já citado, ou de *L'Éducation sentimentale* (*Histoire d'un jeune homme*), para não falar de *Eugénie Grandet*, cujo subtítulo *Histoire de province* só apareceu no folhetim; ou de *Le Père Goriot*, cujo subtítulo original de 1835, *Histoire parisienne*, desapareceu por ocasião do primeiro agrupamento? Os editores contribuem, às vezes de maneira deplorável, para esse esquecimento, pois em muitas edições modernas, mesmo eruditas, os subtítulos desaparecem da capa, inclusive da página de rosto. Assim, o de *Bovary*, embora presente em todas as edições revistas por Flaubert, e de evidente importância temática, desaparece das edições Dumesnil de 1945, Masson de 1964 e Bardèche de 1971[18].

Mais legítima por princípio e, é claro, inevitável, é a abreviação dos longos títulos-sumários característicos da era clássica, e talvez sobretudo do século XVIII, que se imagina que nunca serão citados *in extenso* em uma conversa nem mesmo em um pedido em livraria, e cujo encurtamento era decerto previsto, quando não programado pelo autor. Na verdade, alguns desses títulos originais prestam-se facilmente à decomposição em elementos de esta-

---

ter efeitos paratextuais. Na falta, um exemplo ao acaso da estante: as traduções inglesas de *La Condition humaine* e de *L'Espoir* são respectivamente *Man's Fate* e *Man's Hope*, o que sugere entre essas duas obras uma simetria mais ou menos apócrifa – mas ignoro se o autor foi consultado a esse respeito.

16. Na verdade, constantemente nos séculos XVII e XVIII, *Les Caractères de Théophraste traduits du grec avec les Caractères ou les Mœurs de ce siècle*. E somente na sexta edição (1691) é que o texto de La Bruyère será impresso em corpo maior do que o de Théophraste.

17. É verdade que a cópia autógrafa dada ao Marechal de Luxembourg trazia, em sua primeira página, *La Nouvelle Héloïse*, depois, na segunda, *Julie ou la Nouvelle Héloïse*, sinal de hesitação do próprio autor.

18. A edição C. Gothot-Mersch na Garnier, que não o trazia em seu lançamento de 1971, restabeleceu-o na página de rosto a partir de 1980.

tutos diversos e de importâncias desiguais. Assim, *L' Astrée* trazia, na página de rosto de seu primeiro livro, em 1607, *L'Astrée de Messire Honoré d'Urfé, Gentilhomme de la Chambre du Roy, Capitaine de cinquante hommes d'armes de ses Ordonnances, comte de Chasteauneuf et baron de Chasteaumorand* [etc.], *où par plusieurs histoires et sous personnes de Bergers et d'autres, sont déduits les divers effets et l'honneste amitié* – em que se distinguem sem esforço um título breve (mas sem que se tenha certeza se o artigo inicial faz ou não parte dele), o nome do autor seguido de seus títulos e funções, e algo como um subtítulo. Mas a decomposição é mais difícil, e seguramente menos autorizada, no caso do título original do que chamamos hoje *Robinson Crusoé*, que era em 1719 (e em inglês) a *Vida e as Estranhas Aventuras de Robinson Crusoé, de York, marinheiro, que viveu vinte e oito anos sozinho em uma ilha deserta da costa da América, perto da embocadura do grande rio Orinoco, depois de ter sido lançado à praia por um naufrágio em que todos morreram menos ele. Com uma narração da maneira pela qual ele foi também tão estranhamente solto por piratas.*

O estilo desses títulos-sumários parece ter-se extinto no começo do século XIX, com Walter Scott e Jane Austen, mas ressurge de tempos em tempos, no curso do século XIX e mesmo do século XX, a título de pastiche irônico ou terno, pelo menos em autores impregnados de tradição ou dados à brevidade, como Balzac (*Histoire de la grandeur et de la décadence de César Birotteau, marchand, parfumeur, adjoint au maire du deuxième arrondissement de Paris, chevalier de la Légion d'honneur etc.*), Dickens (*A História Pessoal, a experiência e as observações de David Copperfield, Junior, de Blunderstone Rookery, que nunca foram divulgadas*), Thackeray (*As Memórias de Barry Lydon, Esquire, por ele mesmo, contendo a narrativa de suas aventuras extraordinárias, de seus infortúnios de seus sofrimentos a serviço da sua falecida Majestade prussiana, de suas visitas a várias cortes da Europa, de seu casamento, de sua esplêndida existência na Inglaterra e na Irlanda, e de todas as cruéis perseguições, conspirações e calúnias de que foi vítima*), ou Erica Jong (*A Verdadeira História das aventuras de Fanny Troussecottes-Jones, em três livros, compreendendo sua existência em Limeworth, sua iniciação na bruxaria, suas escapadas com os alegres companheiros, sua estada em um bordel, sua vida dourada em Londres, suas atribulações de escrava, sua carreira de mulher-pirata e, para terminar, o esclarecimento e desenlace de seu destino et cætera.*). Mas, nesses dois últimos casos, o pastiche do título é provocado, inevitavelmente, pelo pastiche do texto.

Em todas essas ocasiões e em inúmeras outras, manifesta-se uma irresistível tendência ao encurtamento. Com exceção de *La Nouvelle Héloïse*, cujo procedimento, como vimos, é diferente, o único exemplo contrário, mas que exemplo!, é, pelo que eu sei, o da *Comédia* de Dante, que só se tornou a *Divina Comédia* mais de dois séculos (1551) após a morte do autor (1321) e quase um século depois de sua primeira edição impressa (1472).

PARA TERMINAR COM O MOMENTO DO TÍTULO: uma obra pode incluir no seu título sua data de publicação. Basta para isso que o autor considere essa data particularmente pertinente e que queira indicá-la em destaque. É o que faz Hugo em *Les Châtiments,* ou melhor, em *Châtiments,* coletânea original publicada em 1853. O título dessa coletânea é, em corpo grande e no meio da página, *Châtiments/1853.* Na edição Hetzel de 1870, que contém cinco peças novas, aparece o artigo e desaparece, legitimamente ou não, a data. Os dois elementos juntam-se na primeira edição crítica (Berret, Hachette, 1932), o que talvez seja incoerente. Em princípio, os editores têm a escolha entre o texto e o título (sem data) de 1870, ou o texto e o título (com data) de 1853: é este segundo que Jacques Seebacher adota em sua edição GF de 1979, colocando porém a data entre parênteses.

Este procedimento não deve ser confundido com aquele, muito mais frequente, do título que contém a data em que se situa a ação, ou mesmo se limita a ela: *Quatre-vingt-treize, 1984, 1985* de Anthony Burgess, *1572/Chronique du règne de Charles IX, Notre-Dame de Paris/1482* (esta não aparece na edição original de 1831, mas no manuscrito, e os editores modernos fizeram bem em restituí-la), *Les Chouans de Bretagne en 1799* etc.[19]. Estas datas são, evidentemente, temáticas. A de *Châtiments* é mais complexa: ao mesmo tempo temática (a coletânea trata da situação da França em 1853) e... falta-me a palavra no momento; digamos, provisoriamente, "editorial": ela apareceu em 1853.

Destinadores

COMO TODA E QUALQUER instância de comunicação, a instância titular compõe-se pelo menos de uma mensagem (o título em si), de um destinador e de um destinatário. Embora a situação seja aqui mais simples do que no caso de outros elementos do paratexto, convém dizer alguma coisa sobre estes dois últimos.

---

19. Flaubert renunciou, por sugestão de Michel Lévy, ao subtítulo *Salammbô: 241-240 avant Jésus-Christ* ("Era por complacência para com o burguês e para informar-lhe a época precisa em que a história se passava" – outubro de 1862). Aliás, sua primeira ideia havia sido, como atesta uma carta de outubro de 1857, *Salammbô, roman carthaginois.*

O destinador (de direito) do título não é necessariamente, é claro, seu produtor de fato. Já encontramos um ou dois casos de títulos criados pelo editor, e muitos outros membros do círculo do autor podem desempenhar esse papel, que, em princípio, não nos interessa aqui, salvo se o autor revela o fato por uma informação, ela mesma necessariamente paratextual, que ninguém poderá depois ignorar. Mas isto é apenas um dado lateral, que em nenhum caso dispensa o autor de assumir a responsabilidade jurídica e pragmática pelo título.

Não inferimos daí, sumariamente, que o destinador do título é sempre e necessariamente o autor e apenas ele. Dante, como eu disse, jamais intitulou sua obra-prima de *Divina Comédia*, e nenhum processo retroativo pode atribuir-lhe a responsabilidade por essa intitulação. O real inventor desse título é desconhecido (para mim), e o responsável é o primeiro editor, amplamente póstumo, por tê-lo adotado.

Isso vale para toda e qualquer intitulação, ou reintitulação póstuma, mas eu acrescentaria de bom grado que a responsabilidade do título é sempre partilhada entre o autor e o editor. Salvo, é claro, por um ato de força absoluto: em direito estrito, porque hoje pelo menos o contrato assinado em conjunto por essas duas partes menciona o título (e não o texto!); em direito mais amplo, parece-me, porque a posição do título e sua função social dão ao editor, no que lhe concerne, direitos e deveres mais fortes do que em relação ao "corpo" do texto. Deve haver a esse respeito leis, regras, costumes, jurisprudência, que ignoro, mas que suponho, e sobretudo – e é o que nos importa –, que todo o mundo mais ou menos supõe. Essa relação particular do título com o editor tem aliás sua manifestação e seu emblema em um objeto – um livro –: o *catálogo*. Um catálogo é uma coletânea de títulos, atribuídos, como convém, não a um autor, mas a um editor. Este, e não o autor, é que pode dizer "este livro está", ou "não está" ou (terrível!) "não está *mais* em meu catálogo".

Destinatários

O DESTINATÁRIO DO TÍTULO é com certeza "o público", mas essa evidência é um pouco imprecisa, porque, como eu disse, a própria noção de público é imprecisa – o que talvez não seja apenas um defeito. Com efeito, o público não é o conjunto ou a soma dos leitores. O público, ou como se diz com mais precisão em inglês, a *audience,* de uma representação teatral, de um concerto ou de uma projeção cinematográfica, é a soma das pessoas presentes e, portanto, em princípio, dos espectadores e/ou ouvintes – em princípio, porque algumas das pessoas presentes podem estar ali apenas fisicamente e, por razões diversas, deixar de ver ou de escutar. Passemos por cima disso, que é de fato e não de direito, mas o público de um livro, segundo me parece, é uma entidade de direito mais vasta do que a soma de seus leitores, porque engloba, às vezes muito ativamente, pessoas que não o leem necessariamente, ou não o leem todo, mas que participam de sua difusão e, portanto, de sua "recepção". Sem pretender fazer uma lista exaustiva, são, por exemplo, o editor, sua equipe de imprensa, os representantes, os livreiros, os críticos e resenhistas, e mesmo, e talvez sobretudo, os vendedores benevolentes ou involuntários de seu renome que somos todos num momento ou noutro: a todos esses, o texto do livro não é destinado necessariamente, não constitutivamente, porque seu papel, antes de tudo, em um sentido amplo (mas forte), é midiático: fazer ler sem nem sempre ter lido. Já encontramos aqui, ou logo encontraremos, textos de acompanhamento, como o *release*, cuja função é quase oficialmente dispensá-los de uma leitura completa que os próprios encargos de sua função às vezes os impedem de fazer, sem que esse impedimento tenha algo de ofensivo, nem mesmo de embaraçoso para ninguém: não se pode em sã consciência exigir de um representante de edição que leia todos os livros que divulga. O público comporta ainda uma categoria às vezes muito vasta: a dos clientes que não leem, ou não leem todo, o livro que compraram. O leitor (que em contrapartida nem sempre comprou), tal como o concebe o autor, é ao contrário e constitutivamente, por força da economia mais profunda do texto, uma pessoa que faz dele uma leitura integral – a não ser que certas disposições preliminares ou outras não lhe deem permissão expressamente, como veremos, para esse ou aquele tipo de seletividade. Assim definido, vê-se que o público ultrapassa amplamente e muitas vezes ativamente a soma dos leitores[20].

Há muito já se compreendeu aonde eu queria chegar: se o destinatário do texto é realmente o leitor, o destinatário do título é o público no sentido que acabo de precisar, ou, melhor, de ampliar. O título é dirigido para muito mais gente que, por um meio ou por outro, o recebe e transmite e, desse modo,

---

20. Pode-se sem dúvida dizer isso tanto do público (no sentido amplo) de uma peça de teatro ou de um filme, mas resta o fato de que, para as artes do espetáculo, o termo *público* no sentido restrito designa o conjunto dos receptores efetivos de uma maneira mais ativa do que em literatura, onde é mais pertinente distinguir público e leitores, e também (mas não é exatamente a mesma distinção) compradores e leitores.

participa de sua circulação. Isso porque, se o texto é um objeto de leitura, o título, como aliás o nome do autor, é um objeto de circulação – ou, se se preferir, um tema de conversação.

Funções

SOBRE A FUNÇÃO, OU MELHOR, as funções do título, parece ter-se estabelecido uma espécie de vulgata teórica, que Charles Grivel formula mais ou menos como segue: *1*. identificar a obra; *2*. indicar seu conteúdo; *3*. valorizá-lo, e que Leo Hoek integra à sua definição do título: "Conjunto de signos linguísticos [...] que podem figurar na abertura de um texto para designá-lo, para indicar seu conteúdo global e para atrair o público visado"[21]. Esta vulgata funcional parece-me um ponto de partida aceitável, mas demanda algumas observações, complementos ou correções. Para começar, as três funções indicadas (designação, indicação do conteúdo, sedução do público) não estão todas necessariamente presentes ao mesmo tempo: só a primeira é obrigatória, as outras duas são facultativas e suplementares, porque a primeira pode ser cumprida por um título semanticamente vazio, em nada "indicativo do conteúdo" (e ainda menos "atraente"), em suma, um simples número de código. Segunda observação, essas funções não estão dispostas, aqui em ordem de dependência, porque a primeira e a terceira podem muito bem dispensar a segunda se, por exemplo, tomarmos *L'Automne à Pékin* como um título atraente, embora não tenha qualquer relação com o conteúdo, "global" ou não, do romance que intitula, ou talvez por essa mesma razão. Terceira observação: por pouco exigente que pareça, a rigor a primeira função não é sempre cumprida, porque muitos livros dividem o mesmo título homônimo, o qual não é mais capaz, portanto, de diferenciá-los, tal como alguns nomes de pessoa ou de lugar que, fora de um contexto específico, continuam amplamente ambíguos; pergunte à queima-roupa a um livreiro se ele vende as *Sátiras*, e você terá dele, logicamente, uma pergunta de volta. Quarta observação: se a função de designação é, por vezes, frágil, as outras duas sempre estão mais ou menos sujeitas a discussão, porque a relação entre um título e um "conteúdo global" é eminentemente variável, desde a designação factual mais direta (*Madame Bovary*) até às relações simbólicas mais incertas (*Le Rouge et le Noir*), e sempre depende da complacência hermenêutica do receptor: pode-

---

21. *Production de l'interêt romanesque*, pp. 169-170; *Marque du titre*, p. 17.

-se contestar a Goriot o papel de personagem principal do romance a que dá o título[22], e pode-se, ao contrário, alegar que o texto de *L'Automne à Pékin* é uma evocação sutilmente metafórica dessa estação nesse lugar. Quanto à função de sedução, ou de valorização, seu caráter subjetivo é desde já bastante evidente. Quinta e última observação: nossa lista é de uma maneira ou outra incompleta, porque o título pode "indicar", de seu texto, uma coisa diferente do "conteúdo", factual ou simbólico: pode também indicar sua forma, seja de maneira tradicional e genérica (*Odes*, *Élégies*, *Nouvelles*, *Sonnets*), seja de maneira original que se pretende singular: *Mosaïque*, *Tel Quel*, *Répertoire*. Conviria, portanto, abrir lugar, ao lado da indicação do conteúdo, ou talvez em concorrência (alternativa) com ela, para um tipo de indicação mais formal: nova função, pois, a introduzir-se entre as citadas segunda e terceira, ou pelo menos variante da segunda, que se teria, assim, de redefinir como indicação ou de conteúdo, ou de forma, ou por vezes (*Élégies*) das duas ao mesmo tempo.

Ora, essa variante, digamos mais enfaticamente esse tipo particular de relação semântica entre título e texto, que não aparece mais no livro (1981) de Hoek, fora muito bem localizada por esse autor em seu artigo de 1973, e confesso não perceber as razões desse abandono silencioso. Portanto, Hoek distinguia antigamente, no plano que ele com correção chama *semântico*, duas classes de títulos: os "subjetais", que designam o "assunto do texto", como *Madame Bovary*, e os "objetais", "que se referem ao próprio texto", ou "designam o texto enquanto objeto", como *Poèmes saturniens*[23]. Os termos me parecem mal escolhidos, entre outras coisas, porque correm o risco de criar confusão: pode-se dizer que Emma é tão bem (ou tão mal) o "objeto" quanto o "sujeito" do romance ao qual dá seu nome. Mas a ideia me parece correta, e proporei aqui apenas uma (nova) reforma terminológica: os títulos que indicam, qualquer que seja a maneira, o "conteúdo" do texto serão chamados, o mais simplesmente possível, *temáticos* (essa simplicidade não ocorre sem nuanças, que voltaremos a analisar); os outros poderiam, sem grande prejuízo, ser qualificados de *formais*, e muitas vezes de *genéricos*, o que eles são

---

22. "Os títulos que mais respeitam o leitor são os que se reduzem apenas ao nome do protagonista epônimo [...] e ainda, a referência ao epônimo pode constituir uma ingerência abusiva da parte do autor. *Le Père Goriot* chama a atenção para a figura do velho pai, quando o romance é também a epopeia de Rastignac e de Vautrin" (U. Eco, *Apostille au Nom de la rose*, Grasset, 1985, p. 510).

23. J. Barth propõe, com outros termos, uma distinção equivalente entre os títulos comuns, que ele não qualifica (a não ser como *straightforward* ou literais), e os títulos que chama, um pouco abusivamente, de *self-referential* ["que se referem não ao assunto ou ao conteúdo da obra, mas à própria obra"] (*The Friday Book*, p. x).

quase sempre de fato, sobretudo na era clássica. Mas parece-me necessário dar mérito a esta correta observação de Hoek, de que tais títulos referem-se à *própria obra*, sendo a menção de sua forma ou de sua pertença genérica apenas um meio dessa referência – talvez o único possível em literatura, mas na música existe pelo menos um outro, que é o número de *opus*, e nada impediria um escritor de imitar esse procedimento, ou algum outro análogo. Para nós, o essencial é, em princípio, assinalar que a escolha não é na verdade entre intitular por referência ao conteúdo (*Le Spleen de Paris*) ou por referência à forma (*Petits Poèmes en prose*)[24], porém, mais exatamente, entre visar o conteúdo temático e visar o próprio texto considerado como obra e como objeto. Para designar essa escolha em toda a sua latitude, sem reduzir seu segundo termo a uma designação formal que ele poderia a rigor evitar, tomarei emprestado de alguns linguistas a oposição que assinalam entre o *tema* (aquilo de que se fala) e o *rema* (aquilo que se diz dele). O empréstimo, sei bem, não ocorre aqui, como sempre, sem distorção, mas assumo o erro em favor da eficácia (e da economia) desse par terminológico[25]. Se o tema de *Le Spleen de Paris* é realmente (admitamos por hipótese) aquilo que designa esse título, o seu rema é... aquilo que Baudelaire diz dele (escreve dele) e, portanto, aquilo que faz dele, isto é, uma coletânea de pequenos poemas em prosa. Se Baudelaire, em vez de intitulá-la por seu tema, a tivesse intitulado por seu rema, ele a teria chamado, por exemplo, *Petits Poèmes en prose*. Foi o que fez também, hesitando assim para a mesma obra, e para nossa maior satisfação teórica, entre um título *temático* e um título *remático*[26]. Proponho, pois, rebatizar de *temáticos* os supracitados títulos "subjetais" de Hoek, e de *remáticos* seus títulos "objetais"[27]. Ainda não sei se devemos considerar esses

---

24. Substituo por esse duplo exemplo aqueles dados por Hoek, que me parecem menos puros (*saturniens* é uma indicação claramente temática).

25. Sobre o emprego linguístico do termo e suas possibilidades de extensão, ver Shlomith Rimmon-Kenan, "Qu'est-ce qu'un thème?", *Poétique* 64, nov. 1985, e o conjunto desse número especial ("Du thème en littérature") sobre as relações entre o tema e o conjunto do "conteúdo".

26. Essa hesitação só foi decidida em 1869 por Asselineau e Banville na edição póstuma Michel Lévy, em favor de *Petits Poèmes en prose*; mas outras edições posteriores retornam a *Spleen de Paris* ou se recusam a escolher: H. Lemaitre, na Garnier, como J. Milly no caso de *La Fugitive*, coloca Le Spleen de Paris entre parênteses.

27. Essa distinção não se aplica apenas aos títulos, e voltaremos a vê-la talvez. Digamos desde já, a título retroativo e para preencher uma lacuna de nossa p. 70, que a data *1482* de *Notre-Dame de Paris* é temática, e a de *Châtiments* é ao mesmo tempo temática e remática. As datas de edição registradas habitualmente nas páginas de rosto são evidentemente remáticas, como tudo o que diz respeito ao livro como tal, e não a seu objeto.

dois tipos de relação semântica (entre título e texto) como duas funções distintas ou como duas espécies da mesma função, mas voltaremos um pouco mais adiante a essa questão, aliás secundária. Retornemos, por ora, e para dar-lhe um fim, à primeira função de Hoek e Grivel, ou função de designação.

Designação

O TÍTULO, COMO SE SABE, é o "nome" do livro e, como tal, serve para nomeá-lo, isto é, designá-lo com tanta precisão quanto possível e sem riscos demasiados de confusão. *Nomear* uma pessoa (entre outras), não discernimos isto suficientemente, esse verbo recobre dois atos muito diferentes que seria importante distinguir aqui com mais cuidado do que o faz a língua natural. Um consiste em escolher um nome para essa pessoa; é, digamos, o ato do *batismo* – um dos raros onde temos a ocasião de impor um nome (no caso um prenome) a alguma coisa, já que a era dos onomaturgos está extinta há muito tempo –, e esse ato, é claro, quase sempre é motivado por uma preferência, um compromisso, uma tradição: é bastante raro confiar o prenome de uma criança (Purif, Épiph, Fêtnat) ao acaso de um alfinete num calendário. Mas, uma vez escolhido o nome, imposto e devidamente registrado será empregado por todos em um espírito e para fins que não terão qualquer relação com as razões que presidiram a escolha. Esses fins são de pura identificação e, em relação a eles, o motivo da nominação inicial é completamente indiferente e, em geral, ignorado sem qualquer prejuízo: a nominação como *uso* de um nome não tem relação com a nominação como batismo, ou escolha de um nome, e os nomes mais motivados não são em absoluto os mais eficazes, isto é, os identificadores mais seguros.

O mesmo acontece com os títulos de livros. Quando pergunto a um livreiro: "Você tem *Le Rouge et le Noir*?", ou a um estudante: "Você leu *Le Rouge et le Noir*?", a significação vinculada a esse título (sua relação semântica com o livro que intitula) não tem importância alguma em minha frase, nem em meu espírito e no de meu interlocutor. Ela só volta a ser ativa se a convoco de um modo explícito, por exemplo em uma frase como: "Sabe por que este livro se chama *Le Rouge et le Noir*?" Ora, é claro que as proposições do primeiro tipo são muito mais frequentes do que as do segundo. A relação, puramente convencional, que a organiza, é uma relação de pura designação rígida, ou de identificação. Já observamos que essa função nem sempre é cumprida, sem confusão, apenas pelo título, pois existem casos de homonímia[28]. Supondo-se que o seja, ela não o é nem melhor nem pior do que qualquer outro procedimento sinalético, como as cotas de biblioteca ou os ISBN da edição moderna, que têm também motivações iniciais (de classificação), muito úteis para facilitar a busca, mas indiferentes à identificação como tal.

A identificação é, na prática, a função mais importante do título, que poderia a rigor dispensar todas as outras. Voltemos a nosso ato de batismo e suponhamos que meu amigo Teodoro tenha sido batizado ao acaso, pelo método do alfinete no calendário. Essa imotivação inicial não mudaria em nada meu uso de seu nome e, na verdade, ignoro completamente as razões pelas quais assim o chamaram. Do mesmo modo, se Stendhal tivesse confiado ao acaso a intitulação de *Le Rouge et le Noir*, isso nada mudaria em sua função de identificação, e no uso prático que faço dela. Suponho que muitos títulos surrealistas tenham sido tirados da cartola, mas isso não faz com que indentifiquem menos bem seu texto que os títulos mais pensados – o leitor está livre, então, se assim o desejar, para encontrar-lhes uma razão, isto é, um sentido. Hans Arp, indagado um dia sobre o título que pretendia dar a uma escultura recém-acabada, respondeu com razão: "*Garfo* ou *Olho do Cu*, como você preferir". A história não diz qual foi a escolha.

Títulos temáticos

O ADJETIVO TEMÁTICO para qualificar os títulos adotados com base no "conteúdo" do texto não é perfeito, pois pressupõe uma ampliação provavelmente abusiva da noção de tema: se a República, a Revolução Francesa, o culto do eu ou o Tempo redescoberto são de fato, em graus diversos, os temas essenciais das obras que lhes devem seus títulos, não se pode dizer o mesmo, nem da mesma maneira, da Cartuxa de Parma, da Place Royale, do sapato de cetim, da Marcha de Radetzky, nem mesmo de Madame Bovary: um lugar (tardio ou não), um objeto (simbólico ou não), um *leitmotiv*, uma personagem, mesmo central, a rigor não são temas, mas elementos do universo diegético das obras que servem para intitular. Qualificarei, porém, de *temáti-*

---

28. E também de sinonímia, pois certos livros, como já vimos, hesitam entre dois títulos, um dos quais seria bastante arbitrário, tendo em vista o uso, desclassificar como "subtítulo": *L' Âne d'or / Les Métamorphoses / L' Art poétique / Êpitre aux Pisons. Contr'un / De la servitude volontaire, La Célestine / Calixte et Mélibée, Dorval et moi / Entretiens sur le Fils naturel, Julie / La Nouvelle Héloïse, Le Spleen de Paris / Petits poèmes en prose, Albertine disparue / La Fugitive, Les Éthiopiques / Théagène et Chariclée.*

cos todos os títulos assim lembrados, por uma sinédoque generalizadora que será, se quisermos, uma homenagem à importância do tema no "conteúdo" de uma obra, seja ela de ordem narrativa, dramática ou discursiva. Desse ponto de vista, tudo o que, no "conteúdo", não é o tema, ou um dos temas, está em relação empírica ou simbólica com ele ou com eles.

Um título temático tem, pois, muitas maneiras de sê-lo, e cada uma delas exige uma análise semântica singular, onde a parte da interpretação do texto não é pequena. Mas parece que a boa e velha tropologia nos fornece um princípio eficaz de distribuição geral. Há títulos literais, que designam, sem rodeio e sem alusão, o tema ou o objeto central da obra: *Phèdre, Paul et Virginie, Les Liaisons dangereuses, La Terre, Guerre et Paix* – a ponto, às vezes, de indicar de antemão o desfecho da história: *Jerusalém Libertada, A Morte de Ivan Ilitch*, títulos prolépticos. Outros, por sinédoque ou metonímia, prendem-se a um objeto menos indiscutivelmente central (*Le Père Goriot*), às vezes deliberadamente marginal (*Le Chasseur vert, Le Rideau cramoisi, Le Soulier de satin*). Lessing elogiava Plauto por ter muitas vezes tirado seus títulos "das circunstâncias menos importantes" e a partir daí concluía talvez de forma apressada: "O título é na verdade pouco importante". De forma apressada, porque o detalhe assim promovido reveste-se *ipso facto* de uma espécie de valor simbólico e portanto de importância temática[29]. Um terceiro tipo é de ordem constitutivamente simbólica, é o tipo metafórico: *Sodoma e Gomorra* para uma narrativa cujo tema central é a homossexualidade (mesmo que esta evocação simbólica tenha sido na origem, isto é, bem antes de Proust, uma metonímia do lugar), *Le Rouge et le Noir* provavelmente, *Le Rouge et le Blanc* com certeza (pois Stendhal o afirma), *Le Lys dans la vallée*[30], *La Curée, Germinal*[31], *Sanctuaire*. Um quarto tipo funciona por

---

29. Outra formação por sinédoque, mas de função mais remática, consiste em dar a uma coletânea o título de uma de suas partes; prática usual para as coletâneas de contos, como *La Chambre des enfants* ou *Le Rire et la Poussière*.

30. Título lembrado no texto, desprezando a convenção narrativa que queria que esse texto, romance epistolar, ignorasse seu caráter literário e, por conseguinte, a existência de seu paratexto: "Elle était, comme vous le savez déjà, sans rien savoir encore, LE LYS DE CETTE VALLÉE…" Percebe-se muito bem nesse torneio contraditório, ou degenerativo, o embaraço do autor em fazer com que o protagonista que escreve cartas cite seu título (em maiúsculas!). Sobre esse tipo de transgressão, ver Randa Sabry, "Quand le texte parle de son paratexte", *Poétique* 69, fev. de 1987.

31. De fato, Zola indica, em uma carta a Van Santen Kolff de 6 de outubro de 1889, a força semântica desse achado tardio: "Quanto ao título *Germinal*, só o adotei depois de muitas hesitações. Eu procurava um título que expressasse a força de homens novos, o esforço que os tra-

antífrase, ou ironia, seja porque o título faz antítese à obra (*La Joie de vivre* no romance mais sombrio de Zola, que, por sua vez, sublinha o caráter antifrásico: "No começo eu queria um título direto [literal] como *Le Mal de vivre*, e a ironia de *La Joie de vivre* me fez preferir este último" – mesmo efeito para *La Joie*, do qual o próprio Bernanos dizia: "Nele se encontra de tudo, menos alegria"), seja porque alardeia uma instigante ausência de pertinência temática: é (segundo o próprio Boris Vian) o caso já lembrado de *Automne à Pékin* ou de *J'irai cracher sur vos tombes*; é o caso da maioria dos títulos surrealistas; é o de *La Cantatrice chauve* e de muitos outros atualmente, como a *Histoire de la peinture en trois volumes* de Mathieu Bénézet, delgada brochura que não fala de pintura. A antífrase pode assumir a forma de uma negação formal, como o famoso *Ceci n'est pas une pipe* – que, a bem dizer, nem mesmo é um título. A não-pertinência pode ser apenas aparente, e revelar uma intenção metafórica: é evidentemente o papel de *Ulisses*, que funciona segundo um mecanismo figural muito bem descrito, aliás, por Jean Cohen: como ninguém nesse romance se chama Ulisses, é forçoso que o título, literalmente não-pertinente, tenha um valor simbólico – que o protagonista Leopold Bloom, por exemplo, seja uma figura odisseiana[32]. Ela pode também, de forma tortuosa, derivar de uma verdade literal: em um de Truffaut, um indivíduo pergunta a um autor embaraçado: "No seu livro há um tambor? Um trompete? Não? Então, o título se impõe: *Sem Tambor, nem Trompete*". Poder-se-ia, segundo esse princípio irrefutável, rebatizar alguns clássicos: assim, o próprio *Ulisses* de *Longe de Auckland*, ou *Le Roman de la Rose* de *A Ausência de d'Artagnan*.

A relação temática pode ser, é claro, ambígua e aberta à interpretação: encontramos dois ou três casos de encavalamento entre metáfora e metonímia, e nada pode impedir um crítico engenhoso (como todos são hoje em dia) de dar um sentido simbólico, por exemplo, às gomas de *Gommes* (já

---

balhadores fazem, mesmo sem consciência, para se livrar das névoas tão duramente laboriosas onde ainda se agitam. E um dia, por acaso, veio-me aos lábios a palavra Germinal. No começo eu não a queria, achava-a mística demais, simbólica demais; mas ela representava o que eu procurava, um abril revolucionário, um voo da sociedade enfraquecida na primavera. E, pouco a pouco, habituei-me a ela, de modo que nunca pude encontrar outra. Se ela permanece obscura para certos leitores, tornou-se para mim como um raio de sol que ilumina toda a obra" (citado por C. Becker, *La Fabrique de Germinal*, SEDES, 1986, p. 495).

32. Insisto veementemente: Ulisses é um nome totalmente aceito e, portanto, um romance psicológico do tipo *Adolphe* poderia muito bem, pelo nome de seu protagonista, intitular-se *Ulisses*, sem qualquer alusão homérica. O que no romance de Joyce causa impacto é que esse título não corresponde ao nome de nenhum personagem.

foi feito). Por outro lado, Proust achava que, à leitura, os títulos aparentemente simbólicos de Balzac devem ser reduzidos a uma significação literal: *Illusions perdues*, pelas ilusões de Lucien, "todas particulares, todas contingentes [...] que dão ao livro uma poderosa marca de realidade, mas que diminuem um pouco a poesia filosófica do título. Assim, cada título deve ser tomado ao pé da letra: *Un grand homme de province à Paris, Splendeurs et Misères des courtisanes, À combien l'amour revient aux vieillards* etc. Em *La Recherche de l'absolu*, o absoluto é antes uma fórmula, mais alquímica do que filosófica"[33]. A própria fórmula do título pode também ter em vista a ambiguidade, pela presença de uma ou mais palavras de duplo sentido: *Fils, L'Iris de Suse, Passage de Milan*; menos manifesta, alegada (e talvez descoberta) depois, a de *Communistes*, que Aragon declarou um dia ser de gênero feminino – o que seria antes, ao pé da letra, uma solução da ambiguidade, uma vez que se acreditava, até então, que fosse bissexuada. Outro fator de ambiguidade: a presença na obra de uma obra de segundo grau cujo título ela toma emprestado, de modo que não se pode dizer se este se refere tematicamente à diegese, ou, de modo puramente designativo, à obra *en abyme*: veja-se, entre muitos outros, *Le Roman de la momie, Les Faux-Monnayeurs, Doktor Faustus*[34], *Les Fruits d'or* ou *Pale Fire*.

EXAMINEI AQUI APENAS TÍTULOS simples, sem subtítulo. Mas, em caso de título duplo (duplamente temático), cada elemento pode desempenhar seu papel. Os títulos clássicos, de modo geral, organizavam essa divisão do trabalho segundo um princípio claro: no título, o nome do protagonista (ou, em Platão, o do interlocutor de Sócrates)[35]; no subtítulo, a indicação do tema (*Teêteto ou da Ciência, Candide ou l'Optimisme, Le Barbier de Séville ou la Précaution inutile*) – e ainda no século XX, por alusão arcaizante (*Geneviève ou la Confidence inachevée*). De maneira mais ampla e mais flexível, o subtítulo serve hoje muitas vezes para indicar de modo mais literal o tema evocado simbólica ou cripticamente pelo título. É um procedimento muito comum, e que se tornou quase ritual na intitulação das obras de conteúdo intelectual: *Les Sandales d'Empédocle, essai sur les limites de la littérature*;

---

33. *Contre Sainte-Beuve*, Pléiade, p. 269.

34. Aqui, trapaceio um pouco para incluir nessa lista mais um título: a obra *en abyme* de Leverkühn intitula-se, de fato, *Chant de douleur du Dr Faustus (Dr Fausti Wehklag)*.

35. Ignoro se os títulos de Platão são "autênticos", isto é, de escolha autoral. Acreditaria antes que são tardios, mas em todo caso anteriores a Diógenes Laércio que os cita.

Miroirs d'encre, rhétorique de l'autoportrait etc. Os editores norte-americanos têm um termo para distinguir o primeiro título: chamam-no de título *catchy* (que prende), ou mesmo *sexy*, o que diz tudo. Não sentiram necessidade de qualificar o subtítulo que muitas vezes tem tudo de um remédio para o amor. Mas a relação pode também inverter-se, conforme os gostos: se *Paludes* não é ruim, *Traité de la contingence* é soberbo.

Isso porque essa distribuição não é ignorada pela literatura de ficção. A ilustração mais característica disso é sem dúvida *Doktor Faustus*, título evidentemente simbólico (uma vez que o protagonista não é Fausto como tampouco Bloom é Ulisses, mas apenas uma espécie de avatar moderno da figura de Fausto) logo corrigido por um subtítulo literal: *A Vida do Compositor Alemão Adrian Leverkühn Contada por um Amigo*. O conjunto constitui um contrato genérico (do hipertexto à transposição) de perfeita exatidão. Mais ou menos como se *Ulisses* tivesse um subtítulo: *Vinte e quatro horas da vida de Leopold Bloom, viajante de comércio irlandês, contadas segundo diversos procedimentos narrativos mais ou menos inéditos*.

Títulos remáticos

AMBÍGUOS OU NÃO, os títulos temáticos dominam hoje a cena, em larga escala, mas não se deve esquecer que o uso clássico era totalmente diferente, se não inverso, mais dominado na poesia (com exceção das epopeias e dos grandes poemas didáticos com títulos temáticos) por coletâneas com títulos oficialmente genéricos: *Odes, Epigramas, Hinos, Elegias, Sátiras, Idílios, Epístolas, Fábulas, Poemas* etc. Essa prática vai muito além da poesia lírica e do classicismo, com numerosas coletâneas de *Contos, Novelas, Ensaios, Pensamentos, Máximas, Sermões, Orações Fúnebres, Diálogos, Entrevistas, Miscelâneas,* e obras mais unitárias batizadas de *Histórias, Anais, Memórias, Confissões, Lembranças* etc. Sem dúvida, o plural domina, mas encontram-se, ainda nessa área, títulos no singular, como *Diário, Autobiografia, Dicionário* ou *Glossário*. Tantos títulos em que o rematismo passa por uma designação genérica, mas outras intitulações, inevitavelmente menos clássicas, recorrem a um tipo de definição mais livre, exibindo uma espécie de inovação genérica, e que se poderia, por essa razão, qualificar de *paragenérica: Meditações, Harmonias, Recolhimentos*[36], *Considerações Inatuais,*

---

36. Os títulos exatos das coletâneas de Lamartine são, repito, *Méditations poétiques, Harmonies poétiques et religieuses* e *Recueillements poétiques*. No caso do segundo, o cará-

Divagações, Aproximações, Variedade, Tal Qual, Peças, Repertório, Microleituras. Se nossa época não fosse mais ávida por originalidade do que por tradição, cada um desses títulos, como o de Montaigne (que inovava), poderia ter dado origem a uma espécie de fórmula genérica, e a uma série de títulos homônimos. É talvez o caso de *Situations* (Péguy, Sartre): na terceira ocorrência, começar-se-ia a dizer "uma coletânea de situações", como se diz – o que provavelmente teria deixado Montaigne muito surpreso – "uma coletânea de ensaios".

Outros títulos remáticos estão um pouco mais longe de toda e qualquer qualificação genérica, designando a obra por uma característica mais puramente formal, ou mesmo mais acidental: *Decameron, Heptaméron, Enéadas, Noites Áticas, The Friday Book, En français dans le texte, Manuscrit trouvé à Saragosse* – de onde uma série não-fechada: *Manuscrit trouvé dans une bouteille* (Poe), *dans une cervelle* (Valéry), *dans un chapeau* (Salmon). Ou, de maneira ainda mais vaga, mas que tem em vista de forma cada vez mais clara o próprio texto, e não seu objeto: *Páginas, Escritos, Livro* (Barnes: *Un livre*, Guyotat: *Le Livre*). Ou este título ao mesmo tempo interrogativo e autorreferente: Raymond M. Smullyan, *What Is the Name of this Book?*

Acrescente-se que, se a imitação e a repetição tendem, como acabo de indicar no caso de *Situations*, a rematizar os títulos temáticos, ocorre o mesmo, e de maneira totalmente inevitável, com as práticas de sequência e continuação. *Le Menteur* era um título perfeitamente temático; em *La Suite du Menteur*, que é remático (esta peça é a continuação...), ele se torna, por sua vez, remático (esta peça é a continuação da peça intitulada...). Mesmo efeito no caso de muitas fórmulas sinônimas, como *La Nouvelle Justine* ou *Le Nouveau Crève-Cœur*, ou mesmo com um simples número de tomo, como *Situations 1*.

Não é o caso de todos os títulos em que aparece *Novo...*, nos quais o adjetivo pode ter um valor totalmente temático: veja *La Nouvelle Héloïse*, ou *Le Nouveau Robinson*. Mas pode-se jogar com a incerteza: Como ficam as *Nouvelles Nourritures*? Novos frutos ou novos *Frutos*? E as *Nouvelles Impressions d'Afrique*? Novas impressões ou novas *Impressões* (sem falar da erudita ambiguidade de *impressões*)? E *Die neuen Leiden des jungen Werther*? Novos sofrimentos ou novos *Sofrimentos*? E as *Nuevas andanzas y desventu-*

---

ter remático é atestado por essa frase da Advertência: "Estas Harmonias, tomadas separadamente, parecem não ter qualquer relação uma com a outra". Não ouso acrescentar a essa lista *Les Contemplations* de Hugo, que o artigo definido (voltarei a isso) leva para o temático. Quanto a *Recueillements poétiques*, pergunto-me se não é apenas uma elegante variação da forma literal: coletânea de poemas.

ras de *Lazarillo de Tormes*? E o *Nouveau Contrat social*? E o que seria uma *Nouvelle Vie de Marianne*? Um *Nouvel Amour de Swann*?

Outras ambiguidades possíveis com *Fim*… Como ler o *Fin de Chéri*? É o fim de Chéri ou o fim de *Chéri*? E *La Fin de Lamiel*, é o fim de Lamiel ou o fim de *Lamiel*? É evidente que *fim* pode também, corretamente, referir-se a uma pessoa ou a um livro. Não seria o caso de *sequência*, que não suporta complemento de nome animado: *Suite de Marianne* só pode ser remático, mas *Suite de la Vie de Marianne* seria ambíguo, de novo. Com efeito, alguns termos designam ao mesmo tempo o objeto de um discurso e o próprio discurso. Daí o equívoco de títulos como *História de…, Vida de…* Ou então a favor de uma polissemia: *Feuilles d'automne*. Mas o título de Hugo é, na verdade, *Les Feuilles d'automne*, o que reduz a ambiguidade em benefício do temático: *Feuilles d'automne* poderiam designar as páginas do livro, *Les Feuilles d'automne* podem designar quase somente as folhas mortas do outono. Mesmo efeito, já o disse, no caso de *Les Contemplations*, mas também de *Les Chants du crépuscule, Les Chansons des rues et des bois* etc. Lembro-me de sérios debates editoriais por ocasião da tradução francesa do livro de Wellek e Warren: *Théorie de la littérature* (tradução literal, mas já adotada) teria sido um título remático (este livro *é* uma teoria da literatura); *A Teoria Literária* é evidentemente um título temático: este livro *fala* da teoria literária. Mesma nuança entre *A Lógica da Narrativa*, temático (a narrativa tem sua lógica, que estudo neste livro) e *Lógica da Narrativa*, ambíguo. Mesma escolha para (*A*) *Gramática de…*, (*A*) *Retórica de…* etc. O inglês (ou o alemão), mais preciso, rematiza por meio de um artigo indefinido, pouco usado em francês: *The Rhetoric of Fiction* é a retórica própria da ficção, *A Rhetoric of Fiction* seria uma retórica aplicada à ficção. Aliás, as duas línguas recorrem ao artigo indefinido para introduzir a indicação genérica propriamente dita, que é por definição sempre remática por sua aplicação à obra (se não por seu conteúdo): *Ivanhoe, a Romance* ou *Lucinde, ein Roman*.

Isso nos leva aos títulos mistos, isto é, que trazem, claramente separados, um elemento remático (no mais das vezes genérico) e um elemento temático: *Tratado da Natureza Humana, Ensaios sobre o Entendimento Humano, Estudo de Mulher, Retrato de Mulher, Introdução ao Estudo da Medicina Experimental, Contribuição para a Economia Política, Olhares sobre o Mundo Atual* etc. Todos os títulos desse tipo começam por uma designação do gênero e, portanto, do texto, e continuam por uma designação do tema. Essa fórmula eminentemente clássica, e de grande precisão, era empregada sobretudo em obras teóricas. Para dizer a verdade, o uso truncou alguns, que perderam seu elemento remático. Assim, a obra de Copérnico, *De revolutionibus orbium cœlestium Libri sex* (1543), está hoje reduzida às suas quatro primeiras palavras e, portanto, a seu aspecto temático. É ocasião de assinalar que os títulos gregos em *Peri...*, latinos em *De...*, franceses em *De...* ou *Sur...* são sempre títulos mistos cuja parte remática está subentendida.

Conotações

A OPOSIÇÃO ENTRE OS DOIS TIPOS temático e remático não determina, portanto, ao que me parece finalmente, uma oposição paralela entre duas *funções*, uma das quais seria temática e a outra remática. Os dois procedimentos, antes, cumprem, de forma diferente e concorrente (salvo ambiguidade e sincretismo), a mesma função, que é descrever o texto por uma de suas características, temática (este livro fala de...) ou remática (este livro é...). Chamarei, pois, essa função comum de função *descritiva* do título. Mas até agora deixamos de lado outro tipo de efeitos semânticos, efeitos secundários que podem indiferentemente juntar-se ao caráter temático ou remático da descrição primária. São efeitos que se pode qualificar de *conotativos*, porque se referem à *maneira* pela qual o título, temático ou remático, exerce sua denotação.

Vejamos um título de romance de aventuras: *Déroute à Beyrouth*, ou *Banco à Bangkok*. Com certeza é temático e, como tal, nos anuncia uma aventura situada em uma dessas capitais exóticas e consideradas (diversamente) perigosas. Mas a maneira pela qual ele o anuncia, com base numa clara homofonia, acrescenta a esse valor denotativo outro valor, seja, para um leitor mal informado: o autor se diverte com seu título, seja, para um leitor mais competente: o autor só pode ser Jean Bruce, ou alguém que imita sua forma de intitular[37]. Vejamos agora um título remático: *Spicilège*; ele denota, segundo o dicionário, uma coletânea de textos ou de fragmentos inéditos "apanhados" (é a etimologia) tardiamente nas gavetas do autor por ele mesmo ou por seus herdeiros; mas também, e talvez sobretudo, conota um modo de intitulação antigo (Montesquieu)[38] ou, quando empregado em nossos dias (Marcel Schwob), de um arcaísmo voluntário. Para o público moderno, essa conotação estilística é provavelmente mais forte do que a denotação totalmente técnica de origem, cujo valor está quase totalmente perdido.

---

37. Sobre essa maneira, ver J. Molino, art. cit.
38. Editado somente em 1944, mas o título fora escolhido por Montesquieu.

Ora, as capacidades conotativas da intitulação são consideráveis e de todo o tipo. Há maneiras de intitular próprias de certos autores: o caso de Jean Bruce é exemplar, porque repousa num procedimento simples e quase mecânico, mas existem muitas outras. Um título como *La Double Méprise* lembra irresistivelmente Marivaux (é de Mérimée). Os títulos paragenéricos das coletâneas de Lamartine têm um ar familiar, e *Les Contemplations* devem ter tido para ele um efeito de pastiche. Existem conotações de ordem histórica: dignidade clássica dos títulos genéricos, romantismo (e pós-romantismo) dos títulos paragenéricos, cor do século XVIII dos longos títulos narrativos ao estilo de Defoe, tradição oitocentista dos nomes completos de protagonistas (*Eugénie Grandet, Ursule Mirouët, Jane Eyre, Thérèse Raquin, Thérèse Desqueyroux, Adrienne Mesurat*), títulos-clichês das coletâneas surrealistas: *Les Champs magnétiques, Le Mouvement perpétuel, Corps et Biens*. Existem ainda conotações genéricas: nome único do herói na tragédia (*Horácio, Fedra, Hernani, Calígula*), nome de personagem-tipo na comédia (*O Mentiroso, O Avarento, O Misantropo*), sufixo em *-ada* (*-ade* ou *-ide* em frâncesˆ) nos títulos das epopeias clássicas (*Ilíada, Eneida, Franciade, Henriade* etc.) que juntam de maneira muito econômica uma indicação temática (pelo nome) e uma remática (pelo sufixo), brutalidade trocista dos títulos de série *noire* etc. Mas outros valores conotativos são de definição individual mais sutil e de classificação coletiva mais difícil: vejam-se os efeitos culturais dos títulos-citações (*O Som e a Fúria, Poder e Glória, Suave É a Noite, As Vinhas da Ira, Por Quem os Sinos Dobram, Bom Dia Tristeza*), títulos-pastiches como já encontramos em Balzac, Dickens, Thackeray e outros, ou títulos paródicos: *La Comédie humaine, Le Génie du paganisme*[39] etc. Ecos que, com igual eficácia e mais economia que uma epígrafe (que vem, na verdade, com frequência completá-los, voltarei a isso), fornecem ao texto a garantia indireta de outro texto, e o prestígio de uma filiação cultural.

Essas poucas observações sobre os valores conotativos não aspiram a nenhuma ordem nem a qualquer exaustividade tipológica. A sequência dependeria, parece-me, de pesquisas históricas e críticas, porque o estudo de modos de intitular e de sua evolução passa sem dúvida essencialmente pelos estudos conotativos – os mais ricos de intenções, mas também talvez os mais cheios de efeitos involuntários, traços eventuais de um inconsciente, individual ou coletivo.

---

39. Sobre a prática dos títulos paródicos, ver *Palimpsestes*, p. 46. Uma variedade recente consiste em moldar o título de um estudo a partir daquele da obra estudada: veja J. Derrida, "Force et signification" (de *Forme et signification*), T. Todorov, "La quête du récit" (de *La Quête du Saint--Graal*), ou C. Brooke-Rose, "The Squirm of the True" (de *The Turn of the Screw*).

Sedução?

AO MESMO TEMPO demasiadamente evidente e inapreensível demais, a função de sedução, que incita à compra e/ou à leitura, não me inspira muitos comentários. Sua fórmula canônica foi dada há três séculos por Furetière: "Um belo título é o verdadeiro proxeneta de um livro"[40]. Não estou certo de que a eventual força aliciante de um título se relacione sempre com sua "beleza", se é que se pode definir de forma objetiva semelhante valor: Proust admirava o título *L'Éducation sentimentale* por sua "solidez" compacta e sem interstícios, apesar de sua "incorreção" gramatical[41]. Outro meio de sedução procura os lugares-comuns, pelo menos a partir de Lessing: "Um título não deve ser como um cardápio (*Küchenzettel*); quanto menos diz sobre o conteúdo, melhor"[42]. Tomado ao pé da letra, esse conselho colocaria em total oposição a função sedutora e a função descritiva. A vulgata entende aqui mais um elogio às virtudes estimulantes de uma certa dose de obscuridade, ou de ambiguidade: um bom título diria o suficiente para atiçar a curiosidade, mas pouco para não saturá-la. "Um título", diz Eco em uma fórmula que deve soar ainda melhor em italiano, "deve embaralhar as ideias e não organizá-las em brigada"[43]. Este embaralhamento depende, talvez, da habilidade própria de cada um e de cada objeto, que não é indicado por uma receita e nem garante coisa alguma. Todos os editores lhe dirão: jamais alguém conseguiu prever o sucesso ou o insucesso de um livro, nem medir-lhe *a fortiori* a parte de ação do título. Eu acreditaria antes em uma virtude mais indireta, que já vimos ser lembrada por Giono e que Tournier confirmava mais recentemente a propósito de sua *Goutte d'or*[44]: Acho que é um belo título, dizia ele mais ou menos, pois me inspirou durante toda a gestação do livro e, de maneira geral, só posso trabalhar com entusiasmo se for sustentado pela perspectiva de um título que me agrada. Pode-se, no caso, julgar de forma diversa o resultado, mas a força de incitação de semelhante fantasia não parece duvidosa: antecipar o "produto acabado" é sem

---

40. *Le Roman bourgeois*, Pléiade, p. 1084.
41. *Contre Sainte-Beuve*, Pléiade, p. 588.
42. *Dramaturgie de Hambourg*, Lettre XXI.
43. U. Eco, *Apostille au Nom de la rose*, Grasset, 1985, p. 511.
44. *Apostrophes*, 10 de janeiro de 1986. Observemos de passagem que a ambiguidade desse título, que é o essencial de sua "beleza", mal resiste ao nosso modo de transcrição. Para salvaguardá-lo, dever-se-ia conservar a grafia original, toda em letras maiúsculas, o que evita a escolha entre caixa-alta e caixa-baixa para a inicial de GOUTTE. A citação oral não tem esse problema.

dúvida um dos (raros) meios de conjurar a náusea da escrita, e a gratificação do título, provavelmente, contribui para isso. Mas essa função, como já se entendeu, não é exatamente da ordem do paratexto.

AQUI DEVEMOS COLOCAR um pouco de ordem em nossa lista, elaborada às cegas, das funções do título. A primeira, a única obrigatória, na prática e na instituição literária, é a função de designação, ou de identificação. Única obrigatória, mas impossível de separar das outras, já que, sob a pressão semântica ambiente, mesmo um simples número de *opus* pode revestir-se de sentido. A segunda é a função descritiva, por sua vez temática, remática, mista ou ambígua, de acordo com a escolha, inevitavelmente parcial e, portanto, seletiva, que o destinador faz do ou dos traços portadores dessa descrição, e segundo a interpretação dada pelo destinatário, que se apresenta no mais das vezes como uma hipótese sobre os motivos do destinador, isto é, para ele do autor; facultativa de direito, essa função é inevitável de fato: "Um título", diz Eco com correção, "já é – infelizmente – uma chave interpretativa. Não se pode fugir das sugestões geradas por *Le Rouge et Noir* ou por *Guerra e Paz*"[45]. A terceira é a função conotativa presa à segunda, voluntariamente ou não da parte do autor; ela também me parece inevitável, pois todo título, como todo enunciado em geral, tem sua maneira de ser, ou se se preferir, seu estilo – e mesmo o mais sóbrio, cuja conotação será pelo menos sobriedade (no melhor, ou no pior: afetação de sobriedade). Mas como talvez seja abusivo chamar de função um efeito que nem sempre é intencional, seria melhor falar aqui de *valor* conotativo. A quarta, de eficácia duvidosa, é a função chamada sedutora. Quando está presente, depende mais da terceira do que da segunda. Quando está ausente também, aliás. Digamos antes que ela está sempre presente, mas que pode revelar-se positiva, negativa ou nula segundo os receptores, que não se regem sempre pela ideia que o destinador faz de seu destinatário.

Mas o principal motivo de ceticismo a seu respeito seria talvez este: se o título é de fato o proxeneta do livro, e não de si próprio, deve-se temer e evitar que sua sedução atue demais em seu próprio benefício e em detrimento do texto. John Barth, cujos coquetismos de apresentação mal escondem um robusto bom senso, declara sabiamente que um livro mais sedutor do que seu título é melhor do que um título mais sedutor do que seu livro; ora, acaba-se sempre por saber das coisas (em geral e dessas em particular). O proxeneta

---

[45]. U. Eco, *Apostille au Nom de la rose*, Grasset, 1985, p. 510.

não deve fazer sombra a seu protegido, e conheço dois ou três livros (não os citarei) cujos títulos engenhosos demais sempre me afastaram de uma leitura eventualmente enganosa. À Madame Verdurin, que lhe perguntava se não lhe podia arranjar para porteiro algum barão empobrecido, Charlus respondeu que um porteiro demasiado distinto correria o risco de encantar os convidados, impedindo-os de ir além da portaria[46], e sabe-se por que ele mesmo preferia parar na loja de Jupien. Com esse *efeito Jupien* do título sedutor demais, chegamos a uma das ambiguidades, paradoxos ou efeitos perversos do paratexto em geral, a que voltaremos, por exemplo, quando analisarmos o prefácio: proxeneta ou não, o paratexto é um relé e, como todo relé, se o autor tiver a mão muito pesada, pode acontecer que dificulte e por fim impeça a recepção do texto. Moral da história: não cuidemos demais de nossos títulos – ou, como dizia belamente Cocteau, não perfumemos demais nossas rosas.

Indicações genéricas

COMO JÁ ENTREVIMOS, a indicação genérica é um anexo ao título, mais ou menos facultativa e mais ou menos autônoma, conforme as épocas ou os gêneros, e por definição remática, pois se destina a dar a conhecer o estatuto genérico intencional da obra que segue. Esse estatuto é oficial, no sentido de que é aquele que o autor e o editor querem atribuir ao texto, atribuição cuja legitimidade nenhum leitor pode ignorar ou negligenciar, mesmo que não se considere obrigado a aprová-la: de *Le Cid,* "tragédia"[47], a *Henri Matisse, roman,* não faltam exemplos de indicações genéricas oficiais que o leitor não pode aceitar sem reserva mental, lá, porque o *Cid* termina bem demais, aqui, porque *Henri Matisse* é claramente uma coletânea de ensaios cuja intenção ou pretensão romanesca apregoada não passa de um efeito de sentido entre outros, a compor-se com esses outros sem privilégio de intimação, nem de intimidação. Mas aqui deixaremos de lado esse caráter, no fim sempre contestável, do estatuto genérico oficial, para nos ocuparmos apenas da própria indicação, recebida ao menos pelo público mais relutante como informação sobre uma intenção (considero esta obra um romance) ou decisão (decido impor a esta obra o estatuto de romance).

---

46. *Recherche,* Pléiade, II, p. 967.

47. Indicação adotada em 1660 por submissão à norma clássica, que não admite o híbrido "tragicomédia", indicação original de *Le Cid* e de *Clitandre,* que sofreu o mesmo enquadramento.

A prática da indicação genérica autônoma parece remontar à época clássica francesa, reportando-se essencialmente aos "grandes gêneros" e, sobretudo, às peças de teatro, sempre rotuladas cuidadosamente de "tragédias" ou "comédias" por uma menção exterior ao título propriamente dito, contrariando as indicações integradas do tipo *The Tragedy of King Richard the Second* ou *The Comedy of Errors*. Os grandes poemas narrativos traziam igualmente a indicação "poema" (*Adone* de Marino, *Adonis* de La Fontaine), ou alguma variante mais precisa (*Le Lutrin*, "poema herói-cômico") ou mais sutil (*Moyse sauvé*, "idílio heroico"). As coletâneas de poemas curtos integravam, como vimos, a indicação com títulos exaustivamente genéricos (*Sátiras, Epístolas, Fábulas*) ou paragenéricos (*Amores*). Os outros gêneros, e em particular o romance, evitavam exibir um estatuto desconhecido ao batalhão de Aristóteles, e arrumavam uma forma de sugeri-lo de maneira mais indireta, por meio de títulos paragenéricos nos quais as palavras *história, vida, memórias, aventuras, viagens* e algumas outras tinham em geral sua parte; derivam daí claramente os subtítulos franceses do tipo *Chronique du XIX siècle* ou *Mœurs de province*. *Waverley Novels* é uma designação tardia, e a indicação "romance", que singulariza *Ivanhoé*, quer sem dúvida sublinhar seu caráter histórico, e mais precisamente medieval. Jane Austen, que inaugura com Scott a prática do título curto, também já não acredita que deva prové-lo de uma indicação genérica autônoma. Nenhum romance de Balzac[48], de Stendhal ou de Flaubert traz essa menção: o título é ou nu (*La Chartreuse de Parme, Illusions perdues, Salammbô*) ou provido de um subtítulo parcialmente genérico ou paragenérico, cuja prática tende a desaparecer, salvo alguma retomada arcaizante, durante a segunda metade do século. Assim, nenhum dos romances de Dumas, dos Goncourt, de Zola, de Huysmans, de Gobineau, de Barbey, de Dickens, de Dostoiévski, de Tolstói, de James, de Barrès ou de Anatole France traz indicação genérica. As exceções a essa norma de discrição se encontrariam antes, no fim do século XVIII e no início do século XIX, na Alemanha: *Anton Reiser*, de Moritz (1785), "romance psicológico", *Lucinde* (1799) e *As Afinidades Eletivas* (1809), "romance" (mas nenhuma indicação em *Wilhelm Meister*). Na Inglaterra, *Jane Eyre* aparecia em 1847 (sob o pseudônimo assexuado de Currer Bell) com esta indicação fantasiosa: "autobiografia". A primeira indicação "romance" proposta na França poderia ser esta, reticente segundo o desejo de cada um, de Nodier:

---

48. Que evitava sistematicamente esse termo, mesmo em sua Correspondência, em benefício de *œuvre*, de *ouvrage*, ou mais tecnicamente de *scène*. Voltarei a isso na análise de seus prefácios.

*Moi-même, roman qui n'en est pas un*⁴⁹. Durante mais de meio século ainda, em conformidade com essa fórmula exemplar, nenhum romance se confessará como tal. Essa persistente discrição semienvergonhada não significa, é claro, que os romancistas dos séculos XVIII e XIX, a não ser talvez Balzac, não considerassem suas obras como romances, e aliás esse estatuto lhes era amiúde reconhecido em outros elementos do paratexto: prefácio (Gautier, introdução de *Capitaine Fracasse*: "Eis um romance cujo anúncio..."; Goncourt, prefácio de *Germinie Lacerteux*: "Este romance é um romance verdadeiro"; Zola, prefácio de *Thérèse Raquin*: "Eu havia acreditado ingenuamente que este romance pudesse dispensar o prefácio"); epígrafe (conhece-se a do capítulo XIII de *Le Rouge et le Noir*: "Um romance: é um espelho..."), sobretítulo tardio (*Waverley Novels*, ou, na edição de 1910 de *Manette Salomon*: "Romances de E. e J. de Goncourt"), ou ainda, e voltarei a isso, lista de obras do mesmo autor: na edição original (1869) de *Madame Gervaisais*, essa lista se intitula "Romances dos mesmos autores". A verdade é, antes, que o tabu clássico ainda pesava sobre o gênero e que o autor e o editor não consideravam sua indicação como bastante fulgurante para dar-lhes destaque.

Sua promoção tardia parece datar do século XX, sobretudo a partir dos anos vinte, mesmo que *L'Immoraliste*, em 1902, e *La Porte étroite*, em 1909, já trouxessem a indicação "romance", retirada mais tarde em proveito exclusivo de *Les Faux-Monnayeurs* (1925; mas, a partir de 1910, Gide especificava, em um projeto de prefácio para *Isabelle*, que a categoria mais modesta, ou mais pura, da *narrativa* aplicava-se a esses dois supracitados "romances"). À *la recherche du Temps perdu*, como se sabe, não traz qualquer indicação genérica e essa discrição está de perfeito acordo com o estatuto demasiado ambíguo de uma obra a meio caminho entre a autobiografia e o romanesco⁵⁰.

SERIA PRECISO UMA LONGA e minuciosa pesquisa através das edições originais para determinar as etapas da evolução, sem dúvida variável segundo os países, que nos conduziu à situação atual, em que é vitoriosa, como se sabe, a indicação genérica autônoma, sobretudo para o gênero "romance", hoje purgado de todos os seus complexos e reconhecido universalmente como mais "vendável" do que qualquer outro. As coletâneas de novelas, por exemplo, escondem habitual-

---

49. [...] *pour servir de suite et de complément à toutes les platitudes littéraires du XVIIIᵉ siècle.* Mas esse texto ficou inédito até 1921, e sua primeira edição correta é a de D. Sangsue, Corti, 1985.

50. Voltaremos mais adiante à questão do estatuto genérico da *Recherche*, que Proust tomou tanto cuidado em manter aberta.

mente sua natureza sob a ausência de menção, ou sob a indicação supostamente mais atraente, ou menos repulsiva, de "narrativas", ou mesmo, em um singular mais ou menos enganador, "narrativa"; quanto às coletâneas de poemas, parecem às vezes declará-la apenas porque ela aparece desde que se abre o volume em qualquer página, e que de pecado logo confessado a metade é perdoado.

Poder-se-ia também ressaltar muitas incoerências, calculadas ou não, na inscrição editorial da indicação genérica: mudanças de uma edição para outra, é claro (exemplo: a menção "narrativa" da edição original, em 1957, de *Dernier Homme* de Blanchot, suprimida na seguinte), mas também discordâncias entre capa e página de rosto, ou entre sobrecapa e capa. Parece que hoje se prefere colocar a indicação genérica na capa em vez de fazê-lo na página de rosto, sobretudo na Gallimard, na Grasset ou na Minuit, mas a Seuil é na maioria das vezes mais completa, ou mesmo contra a corrente, indicando, por exemplo, "romance" apenas na página de rosto de *H*. É oportuno, sem dúvida, destacar aqui a estratégia de Sollers: *Paradis* traz o termo "romance" apenas na sobrecapa, como se essa menção aliciante devesse desaparecer tão logo cumprisse sua função: "Você disse romance... – Eu disse romance?" Garantem-me que, indagado sobre esse ponto capital, em um programa de literatura na televisão de sexta-feira à noite, o autor teria respondido que essa maneira de ser sem ser era um poderoso meio de subversão do gênero e, portanto, também da sociedade. Não garanto a exatidão literal dessas palavras relatadas, mas os arquivos dirão, e o teor exato, qualquer que seja ele, figura doravante no paratexto.

Outro traço característico de nossa época é a inovação, não tanto em termos de gênero (para isso, é preciso chamar-se Dante, Cervantes ou talvez Proust) quanto de nomeação genérica. Algumas dessas inovações são mascaradas por esses títulos paragenéricos lembrados acima, *Meditações, Divagações, Moralidades Lendárias* etc. De forma mais autônoma, conhece-se, em Lamartine, no caso de *Jocelyn*, "episódio" (a Advertência insiste, sem outra justificativa: "Isto não é um poema, é um episódio", depois especifica: "fragmento de epopeia íntima"), ou, em Gide, "narrativa" ou "farsa". Giono insiste em distinguir seus romances de suas "crônicas". Perec indica *La Vie mode d'emploi* como "romances", no plural, Laporte a série *Fugue* etc., como "biografia", Nancy Huston, *Les Variations Goldberg* como "canto", Ricardou *Le Théâtre des métamorphoses* como "misto" (de ficção e de teoria, suponho). Um autor como Jean Roudaut aparentemente criou um princípio de inovar a cada título: "parêntese", "paisagem de acompanhamento", "passagem", "proposição" "retomada crítica" (mas o mesmo texto, *Ce qui nous revient*, qualificado desse modo na capa, o é de "autobiografia" na página de rosto) etc.

Aconselham-me a remontar até *Vanity Fair*, "romance sem protagonista", ou a *Rebecca and Rowena*, continuação irônica de *Ivanhoé*, que se indica legitimamente como "A Romance upon Romance". Talvez Thackeray tivesse em vista, nos dois casos, uma verdadeira inovação genérica, como (continuemos a recuar) o drama romântico, o drama burguês, o gênero sério ou a comédia lacrimosa. É verdade que nenhuma dessas denominações é inteiramente oficial. Mas, com certeza, a de *Don Sanche d'Aragon, Pulchérie* ou *Tite et Bérénice:* "comédia heroica". Ainda (já) um "misto", e mesmo procedimento para "idílio heroico" de Saint-Amant. Inovar é muitas vezes casar duas velharias. Um filme recente, *A Honra dos Poderosos Prizzi* de John Huston, indica-se como "comédia sangrenta" e mantém essa dupla promessa.

O LUGAR NORMAL DA INDICAÇÃO genérica, já vimos, é ou a capa, ou a página de rosto, ou as duas. Mas essa indicação pode ser rememorada em outros lugares, do qual o mais vinculante, para quem se vincula com facilidade, é a lista das obras "Do mesmo autor", colocada em geral no começo (em frente da página de rosto) ou no fim do volume, quando se inclui nessa lista uma classificação genérica. Por definição, essa chamada só deveria ser colocada em outros livros, diversos daquele a que ela se refere, mas a negligência viola por vezes essa lógica: assim, a lista da edição Folio de *Les Beaux Quartiers* menciona o próprio *Les Beaux Quartiers*.

Pode-se considerar como o antepassado dessa rubrica os quatro primeiros versos que, segundo Donato e Sérvio, o manuscrito da *Eneida* trazia, e que Vário teria suprimido ao "editar" o poema:

Ille ego qui quondam gracili modulatus avena
Carmen et egressus silvis vicina coegi
Ut quamvis avido parerent arva colono,
Gratum opus agricolis, at nunc horrentia Martis
Arma virumque cano...

("Eu que cantava na delgada avena rudes canções [*Bucólicas*], e, egresso das florestas, fiz que as vizinhas lavras contentassem a avidez do colono, empresa grata aos aldeãos [*Geórgicas*], ora as horríveis armas canto e o varão etc.")[51].

---

51. Trad. de Manoel Odorico Mendes. Este *incipit* é em geral considerado apócrifo, ou enfim repudiado por Virgílio, mas não o *explicit* das *Geórgicas,* onde o autor não declina apenas, como eu disse, seu nome, mas lembra e cita sua obra anterior, as *Bucólicas:*

É talvez por imitação desse *incipit*, apócrifo ou não, que Chrétien de Troyes nos propõe, no começo de *Cligès*, esta lista, para nós bem nostálgica, uma vez que a maioria de seus títulos, ou, melhor, de seus textos, desapareceram: "Aquele que fez *Érec et Énide* e transformou em romance os *Commandements* de Ovídio e a *L'Art d'aimer*, aquele que escreveu *La Morsure de l'épaule, Le Roi Marc et Iseut la blonde, La Métamorphose de la huppe, de l'hirondelle et du rossignol*, começa aqui novo romance..."

É claro que a classificação genérica não é a função principal da lista e somente aparece em casos excepcionais. Sua função principal é dar a conhecer ao leitor, eventualmente para estimulá-lo à leitura, os títulos das outras obras do autor – ou, às vezes, somente obras publicadas na mesma editora. Essa lista é, portanto, como que um catálogo pessoal do autor, anunciando muitas vezes livros "a publicar", "no prelo", ou "em preparação" (nuanças que é melhor não tomar sempre ao pé da letra), a menção mais melancólica dos livros "esgotados", o que significa às vezes destruídos, omitindo, em alguns casos, aquelas de suas obras que o autor não quer, definitiva ou provisoriamente, que sejam mencionadas: acompanhamos com divertimento, por exemplo, as idas e vindas de *Une curieuse solitude* no cânone[52] de Sollers.

A classificação genérica é praticada pela Gallimard no caso dos grandes autores de seu acervo contemporâneo, como Gide, Cocteau, Aragon, Drieu, Giono, Sartre, Camus, Leiris ou Queneau. Não disponho de nenhuma informação acerca do papel desses autores em sua elaboração, mas nenhuma das listas que lembrei até agora me parece suficientemente neutra para ter sido decidida sem qualquer opinião, mesmo que superficial, autoral ou para-autoral. Assim, a lista de Gide, inaugurada, em 1914, em *Les Caves du Vatican*, traz uma

---

Illo Vergilium me tempore dulcis alebat
Parthenope studiis florentem ignobilis oti,
Carmina qui lusi pastorum audaxque juventa,
Tityre, te patulae cecini sub tegmine fagi.

("Na época [quando eu escrevia este poema], a doce Parténope me nutria, a mim Virgílio, todo feliz de entregar-me sem constrangimento a meus gostos, em um glorioso retiro, eu que cantei árias bucólicas, e que, com a audácia da juventude, cantei para ti, ó Títiro, sob a copa de uma vasta faia" – a partir da trad. para o francês de E. de Saint-Denis.)

52. Por esse termo, não quero sugerir de modo algum que esse livrinho seja um fardo para seu autor, que, já em 1974, declarava suprimi-lo de suas bibliografias e o reintroduziu, em 1983, no "Do mesmo autor" de *Femmes*. Cânone significa, entre outras coisas, "lista oficial das obras de um autor ou de um grupo". Uma obra renegada por seu autor, como *Inquisiciones* de Borges, sai do cânone – sem por isso, parece-me, deixar sua bibliografia.

distinção tipicamente gidiana entre "farsas", "narrativas" e "romance". A lista de Cocteau é quase totalmente regulada pela vontade de relacionar toda sua obra a uma criação poética: "poesia", "poesia de romance", "poesia crítica", "poesia de teatro" etc. A lista de Aragon, muito flutuante, classifica-se, em geral, em poemas (de *Feux de joie* a *Chambres*), romances (a série *Monde réel*), prosa (todo o resto), resultando, entre outras coisas, na exclusão, da categoria "romances", títulos como *Anicet ou le Panorama, roman* ou *Henri Matisse, roman*, ou obras como *La Semaine sainte* e *Blanche ou l'Oubli*, que, no entanto, são classificadas individualmente como "romances": sutil distinção entre qualificação singular e pertença a um gênero? Outras versões da mesma lista, porém, classificam como romances todos esses excluídos, e a lista impressa em 1961 em *La Semaine sainte* chegava a incluir esse texto na série *Monde réel*. Sabe-se que Giono faz uma distinção entre romances, narrativas, novelas e crônicas, mas o "Do mesmo autor", em *L'Iris de Suse*, mistura em uma única lista esses quatro gêneros, todos, porém, mencionados no topo dessa lista comum: sinal, pelo menos, de incerteza e de embaraço; os outros gêneros invocados são: ensaios, história, viagem, teatro, tradução. Sartre está classificado em romances, novelas, teatro, filosofia, ensaios políticos e literatura, esta última agrupando, muito significativamente, os ensaios críticos e *Les Mots*. Leiris inclui *L'Âge d'homme* e *La Règle du jeu* na classe "ensaios"; nesses dois casos, vê-se que a autobiografia cria alguma dificuldade genérica, quando não se quer declará-la francamente como tal: em Gide, *Si le grain ne meurt* está arrolado junto com o *Journal* na categoria "diversos". Queneau foge airosamente dessa dificuldade ao abster-se de nomeá-lo, daí a tríplice divisão: "poemas", "romances", *, onde o asterisco passa a ser um gênero – e não dos menores.

A indicação genérica pode ainda (enfim?) ser desdobrada ou complementada por um recurso propriamente editorial, que é a publicação da obra em uma coleção genericamente especializada, como, na Gallimard, a "Série Noire", os Essais, a "Bibliothèque des Idées", ou, na Seuil, as "Pierres Vives", a "Poétique", os "Travaux Linguistiques" etc. – embora haja nesses casos, em geral, a coexistência de categorias genéricas e disciplinares. "Fiction & Cie" exibe sua abertura com uma elegante desenvoltura, e já era o caso, mais discreto, da primorosa coleção "Métamorphoses", fundada há algum tempo, na Gallimard, por Jean Paulhan. Todas indicações, portanto, que se deve manipular com muito cuidado, como as das coleções de "bolso" especializadas (Idées, Poésie, Points Roman) e as diversas subclassificações em séries que são praticadas, há cerca de meio século, pelas grandes coleções de bolso de todos os países. Isso nos conduz à indicação genérica implícita (e como tal muito oficiosa) que, desde a era clássica, a escolha de um formato propiciava. Seguramente mais oficiais, quer sejam feitas pelo autor quer por um editor póstumo, são aquelas que produzem os agrupamentos tardios, do tipo *Waverley Novels* de Walter Scott, *Romans et contes* de Henry James etc. Mais oficiais, porém, a bem da verdade, às vezes muito vagas, como, na Pléiade, a de "obras romanescas", que termina por agrupar todo tipo de prosa mais ou menos ficcional. O volume dos *Romans* de Malraux, de agrupamento sem dúvida autoral, ou pelo menos ântumo (1969), compreendia na origem *Les Conquérants, La Condition humaine* e *L'Espoir* (dos quais pelo menos o segundo não trazia qualquer menção de sua primeira edição), mas nem *Le Temps du mépris* nem *Les Noyers de l'Altenburg*. Depois, juntou-se a eles *La Voie royale*: portanto, não se nasce romance, torna-se romance.

As *Œuvres romanesques croisées*, de Aragon e de Elsa Triolet, estabelecem com certeza a lista mais oficial (autoral) dos romances e das novelas de Aragon. É mais ampla do que são, na maioria das vezes, as menções "romances" de listas "Do mesmo autor", mas nem por isso é previsível, uma vez que inclui *Le Libertinage*, mas não *Les Aventures de Télémaque* nem *Le Paysan de Paris; Théâtre/Roman*, mas não *Henri Matisse, roman*. Todas essas indicações variáveis devem ser, seguramente e como se diz, "levadas em conta" pelo leitor atento, que não tem nada a perder nelas a não ser seu latim. E pelos futuros editores de eventuais *Obras Completas* – a não ser que se resignem prudentemente à ordem cronológica, sem distinção de gênero. É que desafio o "generólogo" mais determinado, se ainda existe um, a compulsar por muito tempo esse gênero de listas, ou essas listas de gêneros, sem nelas perder também não só seu latim, mas também seu grego, seu hebraico, seu chinês e o que lhe serve de razão.

ASSIM, DEPOIS DE TER EVOCADO a indicação genérica, anexa do título, e seus próprios anexos ou substitutos, não terminamos, porém, com os títulos: falei aqui apenas dos títulos gerais, aqueles que se encontram na frente de um livro, ou de um grupo de livros. Mas existem títulos também dentro dos livros: títulos de parte, de capítulo, de seção etc.: títulos internos, ou, como os batizaremos para ganhar tempo, *intertítulos*. Vamos estudá-los em seu lugar, isto é, um pouco mais à frente.

O *Release*

As quatro formas

O *RELEASE* (*PRIÈRE D'INSÉRER*)[1]* É COM CERTEZA, pelo menos na França, um dos elementos mais característicos do paratexto moderno. É também um dos mais difíceis de analisar com detalhe ao longo da história, porque algumas de suas formas revestem-se de um modo particularmente frágil, que, pelo que sei, nenhuma coleção pública recolheu e colocou à disposição da pesquisa. Sua definição clássica, que se encontra, por exemplo, no dicionário *Petit Robert*, é limitada e descreve apenas uma de suas formas, característica da primeira metade do século XX: "encarte impresso que contém indicações sobre uma obra e que é anexado aos exemplares destinados à crítica". O uso atual estende essa acepção a formas que já não correspondem a essa definição, porque já não consistem em um "encarte" e não se destinam apenas à crítica. Acrescentarei a essa ampliação outras formas, mais antigas, e que *ainda* não consistiam talvez nesse encarte. Mas, ao que parece, a todas essas diversas formas continua a aplicar-se a parte funcional (na verdade, mais vaga) da definição: "impresso que contém indicações sobre uma obra". Em outros termos, os que adotamos, trata-se de um texto curto (geralmente de meia a uma página) que descreve, à maneira de resumo ou de qualquer outro meio, e de modo normalmente elogioso, a obra a que se refere – e à qual é juntado, há mais de meio século, de uma maneira ou de outra.

Já causa surpresa, na definição do *Robert*, o fato de ser preciso acompanhar de "indicações" os exemplares de uma obra destinados à imprensa, de

---

1. Empregarei este termo no masculino, como convém a uma locução elíptica de valor verbal ("on est prié d'insérer" – roga-se que se insira). Como dizia um editor cujo nome esqueci, "não é um pedido", deixando subentendido que talvez se trate mais de uma ordem. Mas o seu uso é incerto e vários escritores empregam-no como feminino. Outra incerteza deriva do verbo *insérer* [inserir], que se relaciona, muitas vezes erroneamente, com o fato de encartar uma folha volante dentro do volume; trata-se, na verdade, da inserção de um texto na imprensa. Voltarei a isso.

* Neste capítulo, por razões óbvias, serão empregadas as expressões francesa e inglesa, quando couberem (N. da E.).

vez que a simples leitura dessa obra pelos críticos deveria dispensá-las, a não ser que fossem indicações complementares, como, por exemplo, sobre as circunstâncias de sua escrita, o que, sabemos de antemão, não é o caso geral. Parece, portanto, que a definição pressupõe ou que o *press-release* poderia, ao contrário, dispensar a crítica de ler a obra antes de falar dela, o que é uma suposição malévola para com os críticos, ou que a obra seria de tal natureza que somente a leitura do *release* poderia indicar em que ela consiste, suposição malévola para com a obra, salvo valorização, no final de século xix, do hermetismo. Evitaremos talvez essa aporia por meio de outra suposição mais generosa: a de que o *release* serve para "indicar" à crítica, antes de qualquer leitura eventualmente inútil, de que *espécie* de obra se trata e, portanto, para que espécie de crítica convém dirigir a leitura – para o uso, em suma, dos chefes de redação.

Nesse caso, resta explicar a estranha denominação: *prière d'insérer*. Aparentemente, *prière de rendre compte** seria mais apropriado, ainda que o fato por si só de encaminhar uma obra para a crítica já constitua um pedido. A explicação, sem dúvida, é de que a denominação, para o objeto descrito pelo *Robert*, é antiga e ultrapassada em relação a seu objeto – ou, se se preferir, que a definição é um pouco anacrônica (adiantada) em relação ao termo que define. *Prière d'insérer* refere-se, segundo parece, a uma prática anterior, mais característica do século xix, em que esse tipo de texto era endereçado não exatamente à "crítica", nem em forma de "encarte", mas à imprensa em geral (aos diretores de jornal), sob a forma de comunicado destinado a anunciar a publicação da obra. O antepassado desse *release* seria, portanto, o *prospecto*, do qual a história da edição clássica conservou alguns traços, por exemplo, no caso de *Essai sur les révolutions*, de *Atala*, ou de *La Comédie humaine*. Então, *prière d'insérer* era uma fórmula totalmente clara, e literal, que indicava aos diretores de jornal que o editor lhes pedia para inserir, integralmente ou não, esse pequeno texto em suas colunas, para informar ao público a publicação da obra. Ignoro se, na época, a prática era gratuita (provavelmente não), mas bem que poderia sê-lo, pois constituía uma troca de serviços, que fornecia ao jornal uma informação já redigida e ao editor um "reclame" por definição conforme a seus desejos.

Dessa primeira forma do *release*, o paratexto zoliano nos fornece valiosa ilustração. Na sua edição de *Les Rougon-Macquart* na Pléiade, Henri-Mitterand cita, por exemplo, uma frase publicada em *Le Bien public*, de 11 de outubro

---

* Em francês, o termo *compte rendu*, cunhado a partir de *rendre compte* ["prestar contas"], quer dizer "resenha" (N. da T.).

de 1877, anunciando a publicação em folhetim de *Une page d'amour*: "É uma página íntima endereçada, sobretudo, à sensibilidade das leitoras, em uma nota oposta àquela de *L'Assomoir*. Esse romance poderá ser deixado, sem medo, em cima da mesa de família", e o comentário, endereçado a Flaubert, sobre esse anúncio tranquilizador: "Têm estilo, esses gaiatos! Mas o reclame me pareceu bom, pois disseram que meu romance pode ser deixado na mesa de família". Esse reclame e outros de mesma disposição com relação a *Pot-Bouille* (publicado em *Le Gaulois* de 5 de janeiro de 1882), a *Au bonheur des dames* (em *Gil Blas*, 23 de novembro de 1882), a *L'Argent* (em *Gil Blas*, 16 de novembro de 1890), são todos anúncios de folhetins no próprio jornal, o que reduz um pouco o circuito descrito acima, mas não a destinação final desses textos. E se vimos o autor, talvez em função do julgamento presumido de seu correspondente, ironizar o reclame de *Une page d'amour*, Mitterand avalia que o anúncio de *L'Argent* é "sem dúvida do próprio Zola", o que demonstraria, se confirmado, que o *release* de redação autoral não é uma inovação do século XX. Mas estou falando de *redação* e não de *responsabilidade* autoral: esse texto está na terceira pessoa e o destinador putativo é, evidentemente, a redação do *Gil Blas*, o que explica sem dúvida que o historiador não dispõe de qualquer prova material de uma efetiva paternidade que ele está melhor qualificado para inferir da leitura do texto – que segue:

O novo romance de Émile Zola, *L'Argent*, é um estudo bastante dramático e vivo do mundo da Bolsa, no qual, usando dos direitos de historiador, o autor pintou um retrato de vários dos curiosíssimos personagens que toda Paris conhece. O autor relatou uma de nossas grandes catástrofes financeiras, a história de uma dessas casas de crédito que são fundadas, conquistam a realeza do ouro, em alguns anos, graças a um louco entusiasmo do público, e depois desabam, esmagando um mundo de acionistas, na lama e no sangue.

Para Émile Zola, o dinheiro é uma força cega, capaz de fazer o bem e o mal, a força mesma que ajuda a civilização, no meio das contínuas ruínas que a humanidade deixa atrás de si. E transmitiu sua ideia de maneira surpreendente, com a ajuda de um grande drama central, acompanhado e completado por toda uma série de dramas individuais. É uma das obras-primas do escritor.

Não esqueço, porém, que no caso ainda se trata de um anúncio de folhetim. Em contrapartida, Mitterand assinala, em relação à *L'Œuvre*, um anúncio de edição publicado, em abril de 1886, em diversos jornais, e que também atribui ao autor:

L'Œuvre, o romance de Émile Zola que a Bibliothèque Charpentier publica agora, é uma história simples e tocante, o drama de uma inteligência em luta com a natureza, o longo combate da paixão de uma mulher e da paixão de um pintor original, por sua arte, que traz uma fórmula nova.

O autor situou o drama no meio da juventude, retratou-se a si mesmo nele, contou quinze anos de sua vida e da vida de seus contemporâneos. É uma espécie de Memórias que vai do Salão dos Recusados, de 1863, até as exposições dos últimos anos, um quadro da arte moderna, capturado em plena Paris, com todos os episódios que comporta. Obra de artista, mas obra de romancista, e que apaixonará.

Como se pode notar, anúncio direto de folhetim pelo jornal ou comunicado inserido na imprensa a "pedido" do editor, os traços característicos são perfeitamente idênticos e, graças à competência profissional com que Zola tratava a menor de suas páginas, saltam aos olhos: um parágrafo descritivo tão factual quanto possível, um parágrafo de comentário temático e técnico, uma apreciação elogiosa nas últimas palavras: belo trabalho e, imagino, para a "crítica", mais um desafio do que uma incitação. Mas esses textos, compreende-se, não se destinavam (ainda) aos críticos. Destinavam-se, *via* imprensa, diretamente ao público, mais ou menos como fazem hoje os anúncios de "lançamento" que os jornais literários publicam, ou não, e que se inspiram, na maioria das vezes, em nossos atuais textos de quarta capa, condensando-os. Mas não pulemos a etapa intermediária, aquela descrita, de fato, pela definição do dicionário *Robert*.

A ESSA SEGUNDA ETAPA, atribuí, à primeira vista, um momento histórico: a primeira metade do século XX e, mais especificamente, o período do entre-guerras. O estado atual das informações de que disponho não me permite fixar um *terminus a quo*, que poderia ser um pouco anterior; o *terminus ad quem* está nas mãos do destino, e alguns editores, como Minuit, ainda praticam normalmente a folha encartada, prática que, contudo, não corresponde mais à definição do Robert, pois esses encartes já não são reservados aos exemplares enviados à imprensa, mas postos à disposição de todos os compradores. Trata-se, pois, a meu ver, de um fato remanente, um atraso da forma em relação à função[2], porque a

---

2. Mas a precariedade do encarte pode ter sua função, mesmo em relação ao leitor, como a da faixa: Alain Robbe-Grillet assinala que o *prière d'inserer* de *Projet pour une révolution* era impresso sobre uma "folha descartável", e se irritou um pouco com o fato de algumas pessoas terem acreditado que deveriam colá-lo no livro. Tratava-se da retomada de um artigo publicado

função característica do *prière d'insérer*, que justificava sua impressão em forma de encarte, era justamente sua destinação "à crítica". Esses encartes eram, pois, impressos em número restrito e já não eram – diferença capital – destinados à publicação, e seus destinatários, depois de qualquer uso que lhes dessem, já não tinham muitos motivos para conservá-los, daí a atual dificuldade de obtê-los: nesse caso, como em outros, os colecionadores particulares poderiam ajudar a pesquisa, pois, certamente, existem essas coleções.

De forma um tanto curiosa, se a mudança de destinação acarretou uma mudança de apresentação (o encarte), não parece ter acarretado uma alteração significativa na redação. Não cansarei o leitor com exemplos característicos do período anterior à guerra, seriam necessários uns cinquenta: prefiro pedir emprestado a Raymond Queneau uma versão de certa forma mais sintética, embora talvez ligeiramente exagerada pelo propósito paródico de *Exercices de Style*:

> Em seu novo romance, tratado com a virtuosidade que lhe é característica, o famoso romancista x, a quem já devemos tantas obras-primas, dedicou-se a colocar em cena apenas personagens bem definidos e que agem em uma atmosfera compreensível por todos, adultos e crianças. A intriga se dá em torno do encontro, em um ônibus, do herói da história com um personagem muito enigmático que discute com o primeiro que aparece. No episódio final, vemos esse misterioso indivíduo escutando com a maior atenção os conselhos de um amigo, mestre do dandismo. O conjunto cria uma atmosfera envolvente que o romancista x burilou com rara felicidade.

A função inspiradora do *release* dessa época intermediária não era seguramente tão clara, nem (portanto) muito fácil de garantir. Talvez fosse melhor se o próprio autor redigisse o artigo, como fez Stendhal outrora no caso de *Le Rouge et le Noir* para a editora Salvagnoli, que não o publicou. Um pouco absurdo também, pois correria o risco de engendrar, sob diversas assinaturas, um grande número de resenhas estranhamente parecidas umas com as outras. Por isso, os redatores de *release* continuaram durante esse período a escrever para "a crítica" nos mesmos termos que se fizera antes para "o público", afora a evolução estilística. Desde então (continuo a transitar livremente em terreno obscuro: hipótese de trabalho), instaurou-se, decerto aos poucos, o hábito de voltar ao destinatário inicial (o público), por este novo caminho,

---

antes em *Le Nouvel Observateur*, "dedicado, aliás, a outro assunto", e o autor acredita que "talvez não haja razão para se falar tanto a respeito" (Colloque Cerisy, I, p. 85).

que bastava ampliar com a inclusão do encarte em *todos* os exemplares: terceira etapa. Ao que parece, esta foi a prática comum logo após a Segunda Guerra Mundial, nos anos 1950, e, como disse, mantida ainda hoje por alguns editores. Mas razões econômicas só poderiam condená-la no final: é inutilmente caro colocar à mão encartes que se pode, a custos menores e com maior eficiência, imprimir em outro lugar, normalmente na quarta capa: é a etapa atual, a mais utilizada hoje na França e, ao que parece, no mundo. Essa substituição, aqui descrita de forma rudimentar, foi sem dúvida mais complexa e confusa: existem hoje não apenas *releases* ainda encartados, mas livros sem *release* nenhum, livros em que o *release* encartado repete o da capa, e até livros com dois *releases* diferentes, um encartado e outro impresso na capa (é caso frequente das edições Minuit, por exemplo, de Jean-François Lyotard, *Le Différend*, 1983). Mas dispomos pelo menos, nessa situação bastante diversa e flutuante, de uma data precisa: o *release* encartado teria sido suprimido, pela Gallimard, em 1969.

ESSA TRANSLAÇÃO DO EPITEXTO EXTRATEXTUAL (comunicado à imprensa) para o peritexto precário (encarte para a crítica e depois para todos) e enfim para o peritexto durável (capa) é com certeza e em si mesma uma promoção que suscita ou manifesta algumas outras. No que concerne ao destinatário, passamos de um "público", no sentido mais amplo e mais comercial, para a "crítica", considerada um intermediário entre o autor e o público, em seguida, para uma instância mais indecisa, que se refere tanto ao público quanto ao leitor: situado mais perto do texto, na capa ou na sobrecapa do livro, o *release* moderno tornou-se acessível quase que apenas ao segmento mais restrito daqueles que frequentam as livrarias e consultam as capas; ainda "público", se, depois de ler o *release*, a pessoa se contenta com essa informação aparentemente dissuasiva; leitor potencial, se essa leitura o leva à compra, ou a algum outro meio de apropriação: uma vez que se torna leitor efetivo, terá enfim talvez uma utilização mais prolongada e mais pertinente para sua compreensão do texto, utilização que pode ser prevista e privilegiada na redação do *release*.

Pode muito bem ser que o destinador também tenha mudado. No tempo de Zola, como vimos, o autor podia redigir alguns *releases*, mas não era usual que assumisse a responsabilidade pela redação. O destinador putativo do *release* era, em um primeiro momento (dirigindo-se à "imprensa"), o editor, e em um segundo momento (dirigindo-se ao público), o próprio jornal. A promoção do *release* a peritexto modificou progressivamente esses dados e já se pode ver alguns *releases* encartados claramente assumidos pelo autor, até assinados com suas iniciais. Assim são os *releases* assinados de *Gravitations* (1925), *Ecuador* (1929), *Un barbare en Asie* (1933), *Gilles* (1939)[3]. A prática se amplia quando o *release* passa para a capa, mas não dispomos de estatísticas e, muitas vezes, de nenhuma certeza, pois é bastante natural que um redator anônimo de *releases* imite mais ou menos o estilo do autor. A suposição autoral de um *release* não-assinado é, aliás, um gesto sutil e um tanto dissimulado, marcado por traços estilísticos *sui generis*: um tom habitualmente olímpico, que esteve muito em voga nos anos 1960 (voltarei ao assunto) e que manifesta em relação ao texto um pendor augusto, embora contido, que o leitor só pode, lógica ou verossimilmente, imputar ao autor, mas que este sempre pode negar. O *release* assinado tende, pelo simples fato de portar uma assinatura, a ser mais simples; a principal distinção formal é no caso o uso da primeira pessoa, mas há ainda situações mistas ou intermediárias: *releases* assinados na terceira pessoa (*Gilles, Un barbare en Asie*), *releases* não-assinados, mas redigidos na primeira pessoa (?).

Um caso mais raro, mas também sintomático de uma promoção literária desse elemento do paratexto, é o *release alógrafo*, aqui entendido como oficialmente alógrafo e assinado por seu autor[4]. Assim, *Dits et Récits du mortel*, de Mathieu Bénézet (Flammarion, 1977), traz, de um lado, um *release* anônimo, mas de caráter nitidamente autoral na capa e, de outro, um *release* encartado de quatro páginas, intitulado, de forma explícita, "Prière d'insérer", e assinado por Jacques Derrida. Essa prática aproxima-se daquela do *blurb*, já assinalada. Mas o *blurb* é, nos Estados Unidos, totalmente ritual e, por assim dizer, automático, o que tira muito de sua força. O *release* alógrafo é muito mais raro e, portanto, muito mais significativo. É um gesto comparável àquele do prefácio alógrafo, ao qual voltaremos, e talvez de caução mais marcada, porque o prefácio é também um tanto ritual. Escrever e assinar o *release* de outro autor significa: "Vejam, se chego a assumir em seu favor uma tarefa comumente subalterna, pode-se deduzir que importância dou a essa obra".

A idade de ouro (ou de cobre) do *prière d'insérer* de capa foi, muito provavelmente, no meio intelectual de vanguarda (em torno do Nouveau

---

3. Ver P. Enckell, "Des textes inconnus d'auteurs célèbres", *Les Nouvelles littéraires*, 14 de abril de 1983. O autor dessa pequena coletânea valiosa cita outros, não-assinados mas aparentemente autorais, de Cocteau, Bousquet, Paulhan, Jouhandeau, Queneau, Robin, Larbaud e Nabokov. E sabe-se por seu diário (18 de maio de 1926) que Julien Green redigiu o *release* de *Mont-Cinère*: "Se eu não o fizer, alguém o fará, e pior ainda do que eu".

4. Entendo também: para uma edição original; os *releases* alógrafos de traduções ou de reedições, sobretudo póstumas, são de natureza diferente, de que trataremos mais adiante.

Roman, de *Tel Quel*, de *Change*, de *Digraphe* e de outras paróquias parisienses), os anos 1960 e 1970. Os futuros historiadores vão com certeza divertir-se em medir, nesse valioso amontoado, o que havia de profundidade, simulação, megalomania e caricatura voluntária ou involuntária, mas ainda é muito cedo para se dedicar a essa tarefa: alguns dos culpados ainda estão circulando, e não muito longe daqui.

Viu-se até *releases* com título próprio: o de Jean-Claude Hémery para *Anamorphoses* (Denoël, 1970) é, aliás, bem escolhido: "Aviso Sem Custo" – contrariamente aos dos prefácios, pelos quais, em geral, nada se pode fazer. Há alguns providos de suas próprias epígrafes, como o de *Grammatologie* (Rousseau) ou de *Quinze Variations sur un thème biographique* (provérbio chinês). Isso atesta a importância que adquiriu essa prática, até há pouco considerada acessória, e todo o destaque que, de repente, se deu a ela. Viu-se *releases*, como o de *Dans le labyrinthe*[5] ou de *Passacaille*, encarregados de explicar e de justificar o título, ou, como o de *La Jalousie*, de dar a chave temática e narrativa do texto: "O narrador desta história – um marido que vigia sua mulher. […] O ciúme é uma paixão para a qual nada se apaga: cada visão, mesmo a mais inocente, fica inscrita nele, de uma vez por todas". Ou ainda, como o de *Fils*, incumbido de indicar seu estatuto genérico: "Autobiografia? Não, isso é um privilégio reservado aos importantes deste mundo, no crepúsculo de suas vidas, e em um belo estilo. Ficção de acontecimentos e de fatos estritamente reais; se quisermos, autoficção…" (Galilée, 1977). O mais saboroso, em seu tratamento irônico do *topos* da ampliação, poderia ser o de *Leçons des choses* (1975): "Sensível às críticas formuladas contra os escritores que negligenciam os 'grandes problemas', o autor tentou abordar aqui alguns deles, como os da moradia, do trabalho manual, da alimentação, do tempo, do espaço, da natureza, do lazer, do discurso, da instrução, da informação, do adultério, da destruição e da reprodução das espécies humanas e animais".

Talvez me engane ao utilizar o passado para designar funções que poderiam muito bem – e legitimamente – sobreviver à sua inflamada e movimentada fase inaugural. A quarta capa é, no fim das contas, um lugar bastante apropriado e estrategicamente bastante eficaz para uma espécie de breve prefácio, de leitura, como sugere Hémery, pouco onerosa para quem sabe flanar por entre as estantes e, em geral, suficiente. Alguns *releases*, aliás, insistem em seu estatuto quase prefacial, como já faziam Aymé e Drieu na época dos

---

5. Este é assinado, fórmula rara que é, ao mesmo tempo, bastante marcada e ambígua, "Os editores" – plural que, nas edições Minuit, só poderia englobar jocosamente o próprio autor.

encartes. "No momento de redigir meu *release*, afirma o primeiro, lamentei não ter escrito um prefácio para *Bœuf clandestin…*" Segue um resumo do prefácio que faltava, que não faltará mais. E o de *Gilles* apresenta-se, ao mesmo tempo, como se preterisse o *release* e o prefácio. Só me resta agora reproduzi-lo aqui, acrescentando apenas, para temperar a coisa, que, na segunda edição, de 1942, se encontra um prefácio (de resposta aos críticos):

> Um *release* é algo difícil de ser redigido pelo romancista se ele sabe que a crítica vai lê-lo como um prefácio. Com efeito, um romance não aceita prefácio. Deve bastar-se a si mesmo.
>
> De que falaria o romancista em seu prefácio? De suas intenções. Mas ou teve cem ou nenhuma.
>
> Um romance é apenas uma história, eis tudo. Nem mesmo o título deve significar algo. Não deve indicar um sentido, uma vez que a obra é escrita em todos os sentidos.
>
> Não cabe ao autor esquartejar seu livro, mas aos críticos.
>
> Para estes, é talvez um dever, sem dúvida o último, reduzir a ideias certas imagens, o arabesco da narrativa, ou a súbita imobilidade de um personagem ou o humor que envolve o todo. Mas, para o artista, pintar paixões, humores, nunca será o mesmo que emitir uma opinião, um julgamento, ou formar um sistema.
>
> Dito isto, o mais simples, para preencher um *release*, seria resumir a história, a única coisa que importa.
>
> Mas então, que falsa modéstia da parte do autor. Pode ele ter medo de não ser lido? Ou quanta descortesia para com os críticos.

Derivas e anexos

TUDO O QUE FOI DITO ACIMA diz respeito ao *release original*, ou seja, anexado à primeira publicação, ou mesmo, como em Zola, à pré-publicação em folhetim. Mas, como vários outros elementos do paratexto, o *release*, mesmo impresso na capa, tem forte vocação transitória: pode desaparecer no momento de uma reimpressão, de uma mudança de coleção, de uma passagem para formato de bolso. Em cada uma dessas ocasiões, pode também ser substituído por um novo "recheio", ou ainda aparecer apenas em uma dessas ocasiões: a edição original do *Bavard* (Gallimard, 1946) não era acompanhada de nenhum *release*; sua republicação na coleção 10/18 (1963) é acompanhada de um, anônimo; e a republicação na coleção L'Imaginaire (1983) é acompanhada de um outro, assinado por Pascal Quignard.

A republicação de obras clássicas em coleções de bolso é também acompanhada de grande atividade paratextual, da qual faz parte a produção de *releases*, tão diversos em seu princípio quanto as próprias coleções – em seu princípio e em seu lugar, porque algumas coleções, como a Livre de poche, preferem geralmente deixar intacta a ilustração da capa e colocar o *release* na folha de guarda, e outras utilizam esses dois lugares para dois paratextos com funções um pouco diferentes. Trata-se, como ocorre nas reedições póstumas, seja de um texto alógrafo, assinado (L'Imaginaire, GF) ou não, seja (com frequência na coleção Folio) de um trecho significativo, ou mesmo, feliz iniciativa em *Moll Flanders*, do título original completo, perfeito *release avant la lettre*[6], seja uma citação elogiosa tirada da crítica, *blurb* mais tarde, seja... mas não seria muito útil recensear práticas tão mutáveis (porque uma coleção pode a qualquer momento mudar de política), e cujo inventário só seria significativo em escala mundial.

NÃO SE DEVE CONFUNDIR com o *release*, embora possam estar lado a lado em um encarte ou em uma capa, o eventual resumo biográfico e/ou bibliográfico, que (ao contrário do *release*) não diz respeito especificamente ao texto que acompanha, mas tem em vista, sobretudo, situá-lo no campo mais amplo de uma obra ou de uma vida. O estudo do paratexto não é, provalmente, o lugar mais oportuno para tratar do assunto, mas seu tratamento, aos cuidados de outros, será muito bem-vindo.

Tampouco se deve confundir com o *release* de uma obra alguns elementos que se deve considerar, de preferência, como o programa ou o manifesto da coleção em que aparece a obra, e que, pelo menos durante algum tempo, se encontram nas capas de todas as obras publicadas na mesma coleção. Assim acontece, entre outras, nas coleções Écriture da PUF, ou La Philosophie en Effet da Galilée. A coleção Métamorphoses, fundada em 1936 por Paulhan, teve seu *release*, mas não figurava nos livros[7]. Há também os manifestos de revistas, que se mantêm durante anos em suas capas. Só recentemente é que *Communications* abriu mão do seu, já que não correspondia mais à sua prática.

Não se deve, por fim, acreditar que o *release*, ou melhor, que determinado *release*, ocupe um único lugar, encarte ou capa. Já assinalei a possibili-

---

6. Reciprocamente, Queneau redigia, em 1936, o *release* de *Derniers Jours* em forma de série de títulos à moda antiga: "Como dois velhos se encontraram na esquina da rua Dante e morreram duzentas e cinquenta páginas depois; como Vincent Tuquedenne, de tomista ateu tornou-se hipocondríaco e depois bilionário etc.".

7. Ver P. Enckell, art. citado.

dade de ser repetido nesses dois lugares. Além disso, o boletim periódico de algumas grandes editoras frequentemente reproduz o todo ou parte dos *releases* das obras publicadas durante o período. A coleção desses boletins poderia ser, nesse sentido, valiosa para os paratextólogos de todo tipo e de toda pena. Enfim, os *releases* de um autor (sejam eles ou não oficialmente de sua responsabilidade) podem ser recolhidos por ele próprio em uma obra posterior (ver Char, *Recherche de la base e du sommet*, ou Jabès, *Le Livre des ressemblances* – que contém os sete *releases* do *Livre des questions*), ou por um crítico em uma obra dedicada ao autor (ver o número especial consagrado a Blanchot pela revista *Exercices de la patience*, ou o estudo de Pol Vandromme sobre Marcel Aymé, Gallimard, 1970), ou ainda por um responsável pela edição crítica, como as de Zola, de Giono ou de Sartre na Pléiade. Não preciso dizer aqui o quanto tais publicações me parecem felizes, quando são fiéis[8]. O *release* é um elemento paratextual eminentemente frágil e precário, obra-prima em perigo, bebê-foca da edição, em relação ao qual nenhum cuidado será supérfluo. Trata-se precisamente aqui de um apelo a todos.

Não me resta por ora, como dizia Marcel Aymé[9], senão pedir que se publique [*prier qu'on insère*].

---

8. Não é, infelizmente, o caso da de Vandromme, que reconhece ter forjado os *releases* que não pôde recuperar, e que os mistura, sem distinção, aos autênticos. Assim, podemos confiar apenas naqueles (da sua coletânea) que Aymé assinou oficialmente.

9. *Release* assinado de *Contes du chat perché*.

As Dedicatórias

A palavra dedicatória designa duas práticas evidentemente aparentadas, mas que é importante diferenciar. Ambas consistem em prestar uma homenagem, em uma obra, a uma pessoa, a um grupo real ou ideal, ou a alguma entidade de outro tipo. No entanto, uma diz respeito à realidade material de um exemplar singular, a quem ela consagra em princípio a doação ou a venda efetiva; a outra diz respeito à realidade ideal da própria obra, cuja posse (e portanto cessão, gratuita ou não) só pode ser evidentemente simbólica. Separam essas práticas alguns outros traços, aos quais voltaremos adiante*. Começarei pela primeira, não sem antes excluir da definição as obras *endereçadas* inteiramente a um destinatário específico, como as epístolas, algumas odes, alguns hinos, as elegias e outros poemas da lírica amorosa, ou ainda o *Prelúdio* de Wordsworth (endereçado a Coleridge), gêneros todos em que o texto e sua dedicatória são inevitavelmente consubstanciais. Não conheço exemplo de obra endereçada a uma pessoa e dedicada a outra – mas talvez eu não tenha procurado com a devida paciência. Em todo caso, na lírica amorosa isso poderia provocar efeitos belíssimos.

A dedicatória de obra

As origens da dedicatória de obra remontam, pelo menos, à Roma antiga. Sabemos que o poema de Lucrécio era dedicado a Memmius Gemellus, a *Arte Poética* (que é de fato uma epístola) aos Pisões, as *Geórgicas* a Mecenas. Já estávamos no regime clássico da dedicatória como homenagem a um protetor e/ou benfeitor (adquirido ou esperado e que se tenta conquistar pela própria homenagem), função à qual exatamente Mecenas vinculará seu nome. De maneira mais privada, amigável ou familiar, Cícero dedica *Acadêmicas* a Varrão, *De officiis* a seu filho e *De oratore* a seu irmão.

---

* O autor observa, no entanto, que o duplo sentido do substantivo *dédicace* se desfaz em sua forma verbal, que é duplicada: *dédier,* usado para a dedicatória de obra, e *dédicacer*, para a dedicatória de exemplares (N. da R.).

Mas eu disse "sabemos": no campo histórico, a inscrição da dedicatória não é codificada como o será mais tarde, e sua existência é, portanto, de ordem mais factual do que textual, a não ser que o nome do dedicatário seja mencionado no próprio texto, e mais exatamente em seus preâmbulos, antepassados sob muitos aspectos do peritexto, onde já encontramos alguns nomes de autores e alguns títulos, e onde encontraremos ainda alguns tipos de prefácio: o nome de Gemellus figura no verso 42 de *De rerum natura*, e muitos *incipits* de romances ou de crônicas da Idade Média atestam, como veremos ao estudar a pré-história do prefácio, uma encomenda principesca cuja menção equivale a uma dedicatória de obra. Ainda nas primeiras estrofes, após a exposição do assunto, é que figuram, no século XVI, as dedicatórias de *Orlando Furioso* a Hipólito d'Este, considerado descendente do herói Rogério, e de *Jerusalém Libertada* a Alfonso d'Este, digno "êmulo de Godofredo".

Na era clássica, a dedicatória de uma obra a um rico e poderoso protetor faz parte dos costumes, desde *La Franciade* (1572), dedicada a Carlos IX, até *Emma* de Jane Austen (1816), dedicada ao príncipe regente. Em relação ao uso romano e medieval, a novidade consiste, uma vez mais, na inscrição oficial e formal no peritexto, que consagra o sentido moderno (e atual) do termo: a dedicatória torna-se um enunciado autônomo, seja sob a forma breve de uma simples menção do dedicatário, seja sob a forma mais desenvolvida de um discurso dirigido a este, e geralmente batizada de *epístola dedicatória*, seja ainda as duas ao mesmo tempo, ficando a primeira na página de rosto. A segunda forma é, na verdade, obrigatória até o fim do século XVIII, por razões que veremos, tanto assim que dedicatória e epístola são na época dois termos perfeitamente sinônimos.

Nesses tempos em que a literatura não é considerada uma verdadeira profissão, e quando a prática dos direitos autorais com porcentagem sobre as vendas é quase totalmente desconhecida[1] (isto será, repito, uma conquista do final do século XVIII, graças à ação de Beaumarchais), a epístola dedicatória faz parte, muito regularmente, das fontes de renda do escritor. Existem três outras, que são a negociação direta de algumas dezenas de exemplares de autor (voltarei a isso, quando estudarmos a dedicatória privada), a venda a preço fixo da obra ao "livreiro", que cumpria então a função de editor (dizem que Scarron vendeu *Le Roman comique* por mil libras, e *Virgile travesti* por dez mil, e Corneille, Molière ou Racine vendiam regularmente suas obras, mas outros, como Boileau, consideravam indigna tal prática), e, por fim, a remuneração por empreitada, como

---

[1]. A. Viala cita, porém, entre os autores dramáticos que obtiveram uma porcentagem sobre as receitas, o exemplo de Tristan L'Hermite, em 1653 (*Naissance de l'écrivain*, Minuit, 1985, p. 111).

a *Encyclopédie*, que valeu a Diderot uma renda vitalícia. Menciono, apenas para registrar, uma quarta, que não está ligada à produção específica de uma obra, e que consiste no ingresso do escritor para o serviço (ou "clientela") de um grande personagem, uma semissinecura: Chapelain intendente do Marquês de La Trousse, Racine e Boileau historiógrafos do rei.

Assim, a dedicatória é geralmente uma homenagem remunerada, seja em proteção de tipo feudal, seja, de forma mais burguesa (ou proletária), em moedas sonantes. O exemplo clássico do segundo caso é a epístola, um tanto bajuladora, no começo de *Cinna*, a M. de Montoron, financista. O tema da bajulação era simples e prático: era uma comparação entre a generosidade de Augusto e… a do dedicatário. Valeu a Corneille uma gratificação de duzentas pistolas ou dois mil escudos (não garanto a convertibilidade) e uma reputação de autor mais flexível em sua conduta do que em sua obra ou, como dirá mais ou menos Voltaire, mais sublime em verso que em prosa; vem daí a locução irônica que ficou por muito tempo: "dedicatória à la Montoron", que dispensa exegese. Mas esse tipo de comparação era um *topos* quase inevitável da dedicatória, um efeito quase mecânico da pressão do contexto: Saint-Amant, ao dedicar seu *Moyse sauvé* à Rainha Maria da Polônia e jogar com uma metonímia do poema a seu herói, pede-lhe que "o salve ainda de todos os ultrajes da Maledicência e da Inveja, que são Monstros não menos temíveis do que aqueles que o atacaram no Berço".

De forma muito significativa, Corneille abandonará a prática depois de *Don Sanche d'Aragon* (1650), isto é, nos dois terços de sua obra, e a edição de seu *Théâtre* "completo", em 1660, suprimirá quase todas as epístolas dedicatórias em favor de "exames" mais técnicos. Racine abster-se-á depois de *Bérénice* (1670). Se se puder construir uma curva a partir de dois pontos, parece que a epístola dedicatória já então é considerada um expediente um tanto degradante, que um autor que atingiu o ápice da glória, ou está garantido por outros recursos, apressa-se a esquecer. Molière, de sua parte, dedicou apenas três de suas peças: *L'École des maris*, *L'École des femmes* e *Amphitryon*. La Fontaine, como todos sabem, dedica a primeira coletânea de suas *Fables* ao Monseigneur le Dauphin, a segunda a Madame de Montespan, e o décimo-segundo Livro ao Duque de Borgonha. Não apresento isso como uma estatística.

NO CATÁLOGO DOS LIVROS de Mythophilacte, que se encontra no fim do *Roman bourgeois* (1666), figura uma *Súmula Dedicatória, ou Exame Geral de Todas as Perguntas que se Pode Fazer no Tocante à Dedicatória dos Livros*. Dessa obra imaginária em quatro tomos e setenta e quatro capítulos, Furetière dá (isto é, inventa) apenas o índice, lista de títulos de capítulos em *se* e em *que*, isto é, em forma de perguntas mais do que de respostas, mas de intenção claramente satírica. Nela, os generosos dedicatários são qualificados como mecenas, e o exemplar Montoron figura em lugar de destaque, mas o autor deplora acidamente seu desaparecimento progressivo. O tomo III é dedicado a estudar a remuneração das dedicatórias, segundo a qualidade do autor, da obra, e de sua realização material. Entre outros pontos de direito, examina os recursos dos autores contra os mecenas distraídos ou recalcitrantes. O tomo IV discute a relação entre os elogios (*incenso*) contidos na dedicatória e, eventualmente (e com mais sutileza), ao longo da obra, e o montante da remuneração. Sustenta não sem razão que os elogios imerecidos devem custar mais do que os outros, não tanto pelo esforço de imaginação que exigem, quanto pela compensação do descrédito a que se arrisca o adulador. Coloca, enfim, uma questão muito pertinente e sempre atual – dedicatória ou não: se o mecenas pode retribuir os elogios na mesma moeda, ou com fumaça, isto é, com cumprimentos de volta. Ainda que esses cumprimentos sejam tão públicos quanto os elogios que recompensam, a resposta parece evidente. Mas a chamada vaidade de autor contenta-se muitas vezes com adulações mais privadas, das quais nada o impede de se gabar.

Em anexo, uma "paródia", isto é, um pastiche satírico do gênero – pois trata-se de um: uma epístola dedicatória ao carrasco, adornada de diversos elogios burlescos a esse notório benfeitor da humanidade.

Essa *Súmula Dedicatória* deve ter contribuído um pouco para o descrédito – que ela já reflete – da dedicatória clássica, e para seu desaparecimento progressivo. A progressão (ou antes, no caso, a *regressão*) é, na verdade, inapreensível, visto que, de um lado, a epístola dedicatória pode estiolar-se gradativamente até tornar-se simples menção à maneira moderna sem perder sua função captadora de benevolência, e que, inversamente, certas dedicatórias desenvolvidas podem cumprir uma função diferente, e que, enfim, muitas remunerações, mesmo propriamente financeiras, permaneceram demasiado discretas para que se possa fazer uma história econômica e social da bajulação. As opiniões são, no caso, mais perceptíveis do que os fatos – mas talvez também sejam, como acontece, mais significativas. Como ponto de referência, cito a de Montesquieu, registrada em *Pensées*: "Não farei epístola dedicatória: aqueles que fazem profissão de dizer a verdade não devem esperar qualquer proteção na Terra". Trata-se aparentemente de um projeto de história dos jesuítas (a quem dedicar isso?), mas, de fato, não existe dedicatória no início de qualquer obra de Montesquieu (a introdução de *Lettres persanes* começa assim: "Não faço aqui epístola dedicatória, e não peço nenhuma proteção para este livro") e, aparentemente, pouquíssimas em toda a produção do Século das Luzes, exceto em romances como *Tom Jones* ou *Tristram Shandy*. E, em uma reviravolta cuja significação sociopolítica é muito evidente, Rousseau dedicará o segundo *Discours* "à República de Genebra".

EMBORA NÃO SEJA COM CERTEZA a última dedicatória a um grande (muito grande) deste mundo, estou bastante tentado a atribuir seu papel simbólico à de *Génie du christianisme*, ou mais exatamente de sua segunda edição, em março de 1803. Essa particularidade editorial já não é frequente, vamos dizer logo: a dedicatória figura comumente na edição original, mas chega a desaparecer nas seguintes, se, nesse meio tempo, o dedicatário perdeu o mérito. A edição original de *Génie* não trazia dedicatória de obra, mas dizem que um exemplar dedicado a Luís XVIII rendeu ao autor uma gratificação de trezentas libras[2]. A segunda edição traz uma epístola dedicatória ao Primeiro Cônsul Bonaparte: "Cidadão Primeiro Cônsul, quisestes tomar sob vossa proteção esta edição de *Génie du christianisme*; é um novo atestado do favor que dedicais à augusta causa que triunfa ao abrigo de vosso poder. Não se pode deixar de reconhecer em vossos destinos a mão da Providência que vos marcara de longe para o cumprimento de seus desígnios prodigiosos. Os povos olham para vós [...] Sou, com profundo respeito, cidadão Primeiro Cônsul, vosso muito humilde e muito obediente servidor". Aliás, Chateaubriand teve a elegância de incluir essa dedicatória na edição definitiva de 1826, acompanhada, é verdade, desta escusa: "Nenhum livro poderia aparecer sem estar marcado com o elogio a Buonaparte [sic], como o timbre da escravidão"[3]. Isto mereceria talvez uma contraprova, mas sabe-se também que essa segunda edição de *Le Génie*, com sua dedicatória, participava de uma ativa campanha orquestrada por Fontanes para obter para o autor algum cargo oficial – que foi, em 4 de maio de 1803, um posto de secretário da legação de Roma. O que permitiu a Peltier anotar, em seu diário, que, se a dedicatória a Luís XVIII valera a Chateaubriand uma gratificação de trezentas libras, a dedicatória a Napoleão lhe rendeu um "emprego de quinze mil francos". O leitor escrupuloso fará a conversão – mais uma.

Sobre a "morte" da dedicatória clássica, um testemunho póstumo: o de Balzac, em um inédito que deve datar de 1843 ou 1844. É uma dedicató-

---

2. A. Maurois, *René ou la Vie de Chateaubriand*, Grasset, 1938, pp. 160 e ss.

3. No Aviso de *La Vie de Rancé*, Chateaubriand volta a essa dedicatória em termos mais favoráveis: "Fiz apenas duas dedicatórias em minha vida: uma a Napoleão [e não mais 'Buonaparte'], outra ao abade Séguin. Admiro tanto o padre obscuro... quanto o homem que conquistava vitórias".

ria por preterição a Madame Hanska, intitulada "Envoi", de *Prêtre catholique*, romance que permaneceria inacabado. Começa nos seguintes termos: "Senhora, o tempo das dedicatórias acabou". Uma afirmação como essa pode surpreender, vindo da parte de tão grande dedicador, mas a sequência mostra que aqui Balzac dá à palavra sua acepção clássica. O escritor moderno, investido de imenso poder sobre a opinião pública, "não depende nem dos reis nem dos grandes, recebe sua missão de Deus..."[4]. Eis uma certidão de óbito bem balzaquiana: o escritor não se dirige mais aos reis nem aos grandes, não porque despreze a grandeza, mas porque ele próprio a detém. Recebendo sua missão de Deus, não pode mais dedicar senão a Ele – ou a Ela, sua mais digna emanação: "Não vos fiz, portanto, dedicatória, mas vos obedeci".

O que tende a desaparecer, no início do século XIX, são, portanto, dois traços ao mesmo tempo, evidentemente ligados entre si: a função social mais direta (econômica) da dedicatória e sua forma desenvolvida de epístola elogiosa. Ligados, mas não inteiramente inseparáveis: uma simples menção bem colocada na página de rosto podia ser bastante gratificante em si mesma e, inversamente, pelo próprio desenvolvimento textual, a epístola dedicatória clássica podia abrigar outras mensagens além do elogio, como, por exemplo, informações sobre as fontes e a gênese da obra ou comentários sobre sua forma ou sua significação, levando a função da dedicatória a invadir claramente a do prefácio. Essa passagem de função é quase inevitável, por menos que o autor queira justificar a escolha do dedicatário por uma relação pertinente à obra: viu-se que Corneille, para justificar a dedicatória de *Cinna*, mencionou o tema da generosidade. Do mesmo modo, para motivar a de *Pompée* a Mazarin, mencionará a qualidade de seu protagonista: "Apresento [...] o maior personagem da antiga Roma ao mais ilustre da nova". Enfim, o século XVIII apresenta pelo menos um caso de epístola dedicatória de função totalmente privada: homenagem respeitosa e terna de um filho a seu pai, na abertura de *Égarements du cœur et de l'esprit*. É verdade que, nesse caso, o pai era um confrade mais velho e, portanto, em certa medida, um mestre.

A FUNÇÃO PREFACIAL DA EPÍSTOLA dedicatória a um grande nome é muito sensível, e aliás declarada, no caso de *Tom Jones*, dedicado ao "honorável George Lyttleton, um dos Lordes comissários da Tesouraria". Aliás, a epístola é dedicatória apenas por preterição, porque Lyttleton recusou a dedicatória oficial. Fielding contorna a recusa mencionando-a na primeira linha e con-

---

4. Pléiade, XII, p. 802.

tinuando como se nada houvesse, o que ele não poderia ter-se permitido se a oposição tivesse sido muito séria. Como no caso de *Cinna* ou de *La Place Royale*, o tema da dedicatória é a semelhança, o papel de modelo atribuído ao dedicatário, considerado o inspirador da personagem de perfeito homem de bem que é Allworthy. Daí a passagem para uma definição do propósito da obra: "Louvar a inocência e a bondade […], obrigar pelo riso os homens a abandonarem suas loucuras e seus vícios favoritos. Até que ponto consegui, deixo isso ao julgamento do leitor sincero…". Vê-se que aqui o autor esquece seu compelido dedicatário para dirigir-se, por cima do ombro, ao "leitor sincero" em geral. Essa substituição de destinatário assinala a passagem de um gênero para outro, o que Fielding, sempre sensível a essas características genéricas, não deixa de observar imediatamente, e de justificar: "Na verdade, deixei-me levar a um prefácio, quando pretendia apenas escrever uma dedicatória. Mas como poderia ser de outra forma? Não ouso louvar-vos, e o único meio que conheço de evitá-lo, quando ocupais meu pensamento, seria continuar totalmente mudo ou dirigir meu pensamento para outro objeto".

A partir do século XIX, a epístola dedicatória quase não se mantém a não ser por sua função prefacial, e, assim sendo, o destinatário passa a ser mais naturalmente um confrade ou um mestre capaz de apreciar-lhe a mensagem. Feliz transição em Balzac, que, em 1846, dedica *Les Parents pauvres* ao Príncipe de Teano, mas especifica: "Não é ao príncipe romano, nem ao herdeiro da ilustre casa de Cajatani que deu papas à cristandade, é ao sábio conhecedor de Dante que dedico este pequeno fragmento de uma longa história". Seguem-se um paralelo implícito entre *La Comédie humaine* e a *Divina Comédia*, do qual é sem dúvida uma das primeiras versões, e a exposição da relação entre os dois romances (*Cousine Bette* e *Cousin Pons*): "Minhas duas novelas são colocadas em comparação, como dois gêmeos de sexo diferente". No mesmo ano, Michelet dedica *Le Peuple* a Quinet; em 1854, Nerval, *Les Filles du Feu* a Dumas; em 1862, Baudelaire, os (futuros) *Petits Poèmes en prose* a Houssaye, epístolas-prefácios que voltaremos a analisar talvez com essa qualidade. E, ainda em 1889, Barrès oferece *Un homme libre* "a alguns colegiais de Paris e da província"; seguem-se duas páginas de comentário sobre o mal da adolescência e o remédio proposto nesse romance[5].

---

5. Deve-se certamente distinguir epístolas-dedicatórias com função de prefácio de certas cartas de acompanhamento que preenchem a mesma função sem valor de dedicatória: assim, a "Carta a M. Léon Bruys d'Ouilly servindo de prefácio" aos *Recueillements poétiques* de Lamartine. Nela, o destinatário é designado como um simples encarregado de levar o volume

Mas não se deve abruptamente opor à forma clássica da epístola-dedicatória a forma moderna de uma simples menção do dedicatário. O século XIX (pelo menos) conheceu uma forma intermediária, epístola dedicatória atrofiada se se quiser, mas, eu diria antes, dedicatória motivada – onde a motivação toma geralmente a forma de uma breve caracterização do dedicatário e/ou da obra dedicada. Assim, Balzac dedica *Les Chouans* a Théodore Dablin, nesta forma muito juvenil: "Ao primeiro amigo, a primeira obra", ou Baudelaire, *Les Fleurs du mal* a Théophile Gautier: "Ao poeta impecável, ao perfeito mágico em língua francesa"; mas sabe-se que Gautier havia recusado uma primeira versão mais desenvolvida, objetando que "uma dedicatória não deve ser uma profissão de fé" – que correria o risco, com efeito, de relegar o dedicatário a segundo plano ou, pior, a comprometê-lo.

Essa fórmula parece hoje cair cada vez mais em desuso, mas ainda se encontra vestígio dela em Proust, que faz da dedicatória *in memoriam* de *Les Plaisirs et les Jours* a seu amigo Willie Heath um verdadeiro pequeno prefácio, e que, não sem alguma intenção restritiva, dedica *Swann* "A M. Gaston Calmette, como testemunho de profundo e afetuoso reconhecimento" (por ter participado na procura de um editor), e *Guermantes* "A Léon Daudet, ao autor de *Voyage de Shakespeare* [...], ao incomparável amigo" (subentendido talvez: e não ao político); ou em Gide, que dedica, entre outros, *Les Caves du Vatican* a Jacques Copeau, com uma epístola que é mais ou menos o manifesto do gênero da *farsa* como tipo de "livro irônico ou crítico", e *Les Faux-Monnayeurs*, seu "primeiro [e último] romance", a Roger Martin du Gard, que fora, durante a gênese dessa obra, ao mesmo tempo seu mentor e seu contraste na aprendizagem do gênero; ou, em Aragon, *Les Cloches de Bâle*, "A Elsa Triolet, sem quem eu teria ficado calado". E, sobretudo, ela ainda domina a prática da dedicatória de exemplar, na qual a fórmula mínima ("A X, Y") teria um pouco demais o caráter de "assinatura" automatizada. Voltaremos ao assunto.

Lugar

ONDE COLOCAR A DEDICATÓRIA? O lugar canônico da dedicatória de obra, a partir do final do século XVI, é evidentemente no começo do livro, e, com

---

ao editor. O volume que transportará "entre suas bagagens" não lhe é evidentemente dedicado. Prática rara, e (por quê?) pouco elegante. Mas Lamartine voltaria a ela, em 1849, com uma carta a M. d'Esgrigny, que serve de prefácio tardio a *Harmonies poétiques et religieuses*.

mais exatidão, atualmente na primeira página ímpar depois da página de rosto. Mas, como vimos, a época clássica frequentemente acolhia, na própria página de rosto, uma primeira menção ao destinatário, que se sobrepunha, por assim dizer, à epístola que geralmente se seguia. Na página de rosto de *Dom Quixote*, a menção ao Duque de Bejar, Marquês de Gibraleon, Conde de Benalcaçar e Banares, Visconde da Puebla de Alcozer, Senhor das cidades de Capilla, Curiel e Burguillos ocupa muito mais espaço do que o nome do autor.

A dedicatória terminal é muito mais rara, mas tem seus momentos de nobreza: assim, em *Waverley* (a "nosso Addison escocês, Henry Mackenzie"), ou, em um gênero um pouco diferente, em *Le Rouge et le Noir*, *Promenades dans Rome* e *Chartreuse*: "To the happy few"[6] – de onde, por retorno paródico, no começo (em 1908) de *Poèmes de Barnabooth*: "To the unhappy many" e, de forma mais ampla, em *Blanche ou l'Oubli:* "To the unhappy crowd". O mesmo Aragon já tinha, em 1936, colocado em posfácio a dedicatória de *Beaux Quartiers* a Elsa, é claro. A dedicatória de *Mémoires d'Hadrien* ao próprio Adriano (voltarei a isso) está também no fim do volume.

Outros lugares? Dentro do livro, e no alto de divisão, quando uma ou várias divisões têm uma dedicatória particular: assim, *Tristram* é dedicado a Pitt, mas os livros V e VI a Spencer, e o livro IX "a um grande homem", que continua sem identificação. E sem falar no grande número de coletâneas de poemas, de novelas ou de ensaios nas quais quase cada elemento traz sua dedicatória particular – além, às vezes, de uma dedicatória geral da coletânea, que já não se vê bem a que se refere.

Momento

QUANDO SE DEDICA? Fiz um breve comentário a respeito quando comentei a segunda edição de *Génie du christianisme*, que é exceção à regra, porque o momento canônico do aparecimento da dedicatória é evidentemente a edição original. Qualquer outra escolha, salvo eventual antecipação em folhetim (não procurei exemplos), é inevitavelmente uma retomada canhestra, afetação tardia

---

6. A fórmula provém de Shakespeare (*Henrique V*, IV-3, v. 60), mas, aparentemente, foi em Goldsmith, *The Vicar of Wakefield*, que Stendhal encontrou sua aplicação a uma elite de leitores: "O pastor também escrevia com a ideia de que um dia seria lido por *happy few*". Trata-se mais de uma escolha de público, como voltaremos a ver em certos prefácios, do que de uma dedicatória no sentido estrito.

e, portanto, suspeita, porque a convenção da dedicatória quer que a obra tenha sido escrita para seu dedicatário, ou pelo menos que a homenagem tenha-se imposto ao término da redação. No entanto, *Génie* não é certamente a única exceção. Vamo-nos contentar com ela, porém, sem procurar ilustrações fáceis demais nas coletâneas nas quais um elemento só encontra sua dedicatória na hora do agrupamento.

Mais frequente, com certeza, e mais explicável, é a supressão posterior: antes de encontrar um lugar final nos anexos documentais da edição Ladvocat, a dedicatória de *Génie* a Bonaparte havia desaparecido das edições intermediárias após o assassinato do Duque d'Enghien; aconteceu o mesmo com a de *Symphonie héroïque* após a sagração. A maioria das epístolas de Corneille, como já disse, foram retiradas em 1660, e vamos encontrar, com certeza, muitos outros exemplos, de ordem mais privada, se examinarmos as sucessivas edições de coletâneas de poemas, *genus irritabile*. Essa prática é suficientemente comum para que Aragon possa comentar *a contrario*, no prefácio tardio de *Libertinage*, a manutenção de uma dedicatória a Drieu: "Julgar-se-á talvez singular que eu tenha deixado no início deste livro uma dedicatória a um homem cujo comportamento final podia justificar que eu rasgasse esta página do livro. Não posso decidir-me a fazê-lo: aquele cujo nome escrevi então no início de *Libertinage* era meu amigo, não aceito que o fascista que ele se tornou possa hoje apagar o rosto de nossa juventude".

Supressão + adição posterior: é evidentemente a fórmula da substituição de dedicatário, operação mais rara do que a supressão simples, uma vez que agrava o abandono de uma infidelidade positiva. Seria necessário um pouco mais de gosto do que temos por minudências para empreender a busca de exemplos, mas assinalaram-me dois casos em que a traição se cobre de um véu de quase-anonimato. *Les Chansons de Bilitis*, primeiramente dedicado a Gide, o foi, em seguida (após a desavença), "às moças da sociedade futura", e certo poema de Borges, que no começo trazia as iniciais I.J., substituídas por um não menos misterioso (para nós) S.D. Fiquemos por aí.

Dedicadores

QUEM DEDICA? A bem dizer, pode-se entender essa pergunta pelo menos em dois sentidos. O primeiro, exterior à obra, é de ordem histórica e talvez genérica, digamos amplamente tipológica e distribucional: algumas épocas, alguns gêneros, alguns autores praticam mais do que outros a dedicatória de obra. A invenção, como eu disse, parece latina, o que exclui algumas culturas anteriores e talvez paralelas. Nenhuma distribuição genérica me parece *a priori* pertinente, a não ser talvez (exceto a tragédia clássica) uma reserva marcante do teatro, que se poderia atribuir à possível dificuldade de manifestar a dedicatória na representação. A essa explicação totalmente hipotética vincular-se-ia uma sensível diferença de atitude entre nossos grandes clássicos: o mais propriamente "homem de teatro", Molière, é claro, é o que menos dedica.

Parece-me também perceber, aqui como alhures, uma certa discrição, por razões muito evidentes, entre os escritores representantes do que Auerbach chamava "realismo sério". Balzac acha-se aqui mais próximo de atitudes autorais espontaneamente exibicionistas, mas Stendhal (mais pudico?) quase não dedica, se é dedicar, e vimos em que lugar mais discreto, aos anônimos *happy few*. Flaubert dedica apenas *Bovary* a Bouilhet[7] e *Tentation* (que escapa ao registro acima mencionado) a Le Poitevin *in memoriam*. Zola, salvo omissão, dedicou apenas *Madeleine Férat* a Manet e, *in extremis* e como que por remorso, *Le Docteur Pascal*, último volume dos *Rougon-Macquart*, a sua mãe (*in memoriam*) e a sua mulher. Creio perceber em James uma reserva significativa, mas ainda seria preciso verificar nas edições originais.

A OUTRA QUESTÃO pode parecer desnecessária, mesmo assim a formulo: em um livro, quem assume a dedicatória? (Saber eventualmente quem a *redige* seria outra questão, esta verdadeiramente inútil.) A resposta parece decerto evidente: o dedicador é sempre o autor. Resposta errada: certas traduções são dedicadas pelo tradutor; atenho-me às traduções francesas de Conrad, vejo que a de *Typhon* é dedicada por Gide a A. Ruyters, e a de *Jeunesse*, por G.-J. Aubry a Valéry. Mas, sobretudo, a noção de "autor" nem sempre é clara e unívoca. Para nós, o autor de *Viagens de Gulliver* é evidentemente Swift, mas veremos que, em certos elementos de paratexto, esse termo designa o herói. Herói-narrador, bem entendido, e é aqui que se pode insinuar uma salutar incerteza. No início de uma narrativa de ficção na primeira pessoa, o que impediria o herói-narrador de endossar uma dedicatória? Ou, falando de maneira mais precisa e mais realista, o que impediria o autor (digamos Swift) de atribuir ao narrador (Gulliver) a responsabilidade por uma dedicatória? Dedicatória a outra perso-

---

7. E além disso, e por razões de gratidão excepcional, a seu advogado M. Senard: "Permita-me inscrever seu nome à testa deste livro e acima de sua dedicatória; pois é ao senhor, sobretudo, que devo sua publicação". A dedicatória propriamente dita permanece pois a Bouilhet.

nagem da (mesma) ficção, por exemplo: "A meus amigos de Lilliput" – ou, para mudar de *corpus*: "A Monsenhor Arcebispo de Granada", "A meu mestre Bergotte". Ou a uma pessoa real, que poderia até ser o autor: visto que alguns romancistas se dirigem aqui a suas criaturas (voltarei a isso), por que não o inverso: "A Daniel Defoe, assinado Crusoé", "A M. Proust, sem quem etc., assinado Marcel". Mas não insistamos no exame do dedicatário. A dificuldade (de acolhida) de uma prática como essa dever-se-ia evidentemente a seu caráter mais ou menos metaléptico, constituindo o narrador em "autor suposto", como Clara Gazul ou Sally Mara, dotado de todas as funções e prerrogativas de autor – que este prefere no mais das vezes guardar para si. Assim, Walter Scott, muito decidido, de seu lado, a permanecer escondido atrás da cortina, dedicou *Ivanhoé*, por meio de seu pretenso autor Laurence Templeton, ao reverendo doutor Dryasdust.

De fato, parece-me significativo que as dedicatórias de narrativas homodiegéticas sejam muitíssimas vezes, ao contrário, assinadas com o nome ou as iniciais do autor (real), como que para evitar qualquer equívoco: assim, as de *Le Lys dans la vallée* (assinada De Balzac), de *Henry Esmond* (assinada W. M. Thackeray), de *Swann* (assinada Marcel Proust) e de *Guermantes* (M. P.). Não-assinadas, as de *La Symphonie pastorale*, de *Thésée*, de *La Nausée* são facilmente atribuíveis graças à identidade do destinatário (Schlumberger, Heurgon e Amrouche, o Castor), mas enfim essa atribuição não passa de uma verossimilhança. Um dedicatário mais neutro ou mais universal, como "À música" de *Mythologiques*, nos deixaria, no início de uma ficção na primeira pessoa, em total incerteza.

Assinalei as múltiplas dedicatórias de *Tristram Shandy*, todas reivindicadas por Laurence Sterne. Mas ainda existe uma, no capítulo VIII, assinada Tristram Shandy, que insiste em afirmar que se trata mesmo de uma dedicatória, "apesar de sua singularidade nos três pontos essenciais da matéria, da forma e do lugar". Singular ainda por seu destinador fictício, portanto, e por seu destinatário... em branco: é oferecida a quem quer que ofereça a soma exata (e substancial) de cinquenta guinéus.

Dedicatários

A QUEM SE DEDICA? No caso de considerarmos obsoleta a prática antiga da dedicatória de solicitação, subsistem dois tipos distintos de dedicatário: os privados e os públicos. Entendo por dedicatário privado uma pessoa, conhecida ou não do público, a quem uma obra[8] é dedicada em nome de uma relação pessoal: de amigo, de família ou outra. Desse modo, Balzac oferece (entre outros) *Le Médecin de campagne* a sua mãe, *Louis Lambert* a Madame de Berny, *Séraphîta* a Madame Hanska, *La Maison Nucingen* a Zulma Carraud. O dedicatário público é uma pessoa mais ou menos conhecida, mas com quem o autor expressa, através de sua dedicatória, uma relação de ordem pública: intelectual, artística, política ou outra. Assim, o mesmo Balzac dedica (sempre entre outros) *Birotteau* a Lamartine, *Ferragus* a Berlioz, *La Duchesse de Langeais* a Liszt, *La Fille aux yeux d'or* a Delacroix, *Le Père Goriot* a Geoffroy Saint-Hilaire, *Le Curé de Tours* a David d'Angers, ou *Illusions perdues* a Victor Hugo. Evidentemente, os dois tipos de relação não são mutuamente exclusivos, visto que o autor pode ter uma relação privada com um dedicatário público: Crébillon filho com o pai, Melville (em *Moby Dick*) com Hawthorne, Aragon com Elsa Triolet etc. E não tentarei separar, na lista das dedicatórias públicas de Balzac, a parte do profissional da do amigo.

Em princípio, a dedicatória de obra não ocorre sem a concordância prévia do dedicatário, mas, naturalmente, existem muitos desvios nessa regra de cortesia que, como vimos, foi contornada por Fielding sob a capa da preterição. Outro desvio é a dedicatória *in memoriam*, como aquelas, já mencionadas, de Flaubert a Le Poitevin ou de Zola a sua mãe; ou, ainda, de Hugo, em *Les Voix intérieures*, a seu pai. São dedicatórias privadas, mas a dedicatória a título póstumo também permite mostrar uma filiação intelectual sem consultar o antecessor de cujo patrocínio se vale desse modo o dedicador. Dujardin dedica *Les lauriers sont coupés* a Racine, "em homenagem ao supremo romancista de almas"; pode-se perguntar o que Racine teria pensado de tal definição – e de tal legado. Borges, em 1960, dedica *El Hacedor* a Lugones, morto em 1938, mas não sem a sutilíssima precaução de uma espécie de narrativa de sonho: ele visita, em seu escritório da Biblioteca Nacional, o mestre que, uma única vez, lhe manifesta aqui e ali alguma parcimoniosa aprovação. É apenas um sonho, por certo, "mas quando, por minha vez, estiver morto e toda cronologia se tiver fundido em um mundo de símbolos [...], será justo afirmar que eu lhe trouxe esta obra e que o senhor a aceitou".

A dedicatória a um grupo dispensa *a fortiori* autorização, em Stendhal, Barrès, Larbaud ou Aragon já citados, e em muitos outros ainda: *Essai sur les révolutions* (na página de rosto) "a todos os partidos"; *Le Bachelier* "àqueles

---

8. Empregarei sistematicamente aqui a palavra *obra* para evitar o equívoco de *livro*, que nem sempre se sabe se designa uma obra ou um exemplar.

que, alimentados com grego e com latim, morreram de fome"; *Jeanne d'Arc* de Péguy a todos aqueles que lutam contra o mal universal e pela república socialista universal[9]; *S/Z* aos participantes de dois anos de seminário. Ou a dedicatória a entidades coletivas: *Conte du tonneau* "a Sua Alteza Real o Príncipe Posteridade", *La Légende des siècles* "à França". Ou mesmo a seres exteriores à espécie humana: *Pierre* ao monte Greylock, *Le Mouvement perpétuel* à poesia[10], *Mythologiques* à música, *Lord B* "à urtiga e à música de Klaus Schultze". São incontáveis as dedicatórias a Deus, a seus santos, à Virgem[11] – e suponho que se deva incluir indiretamente nessa classe, se é que é uma classe, a dedicatória preteritiva de *Diaboliques*: "A quem dedicar isto?" Pode-se também dedicar, simplesmente (ou simplesmente demais, talvez), ao leitor, e sem dúvida certas advertências "ao leitor" deveriam ser lidas tanto como epístolas dedicatórias quanto como prefácios: vejam as de *Essais*, de *Buscon*, ou de *L'Élixir de longue vie*. Certas obras de ficção são dedicadas, por metalepse, a uma de suas personagens: a primeira parte de *L'Astrée* traz uma epístola dedicatória à heroína; a segunda, ao herói Céladon; e a terceira, ao rio Lignon, que os une e os separa. Na verdade, essas são mais prefácios em forma de epístola, sendo os verdadeiros dedicatários, em 1607, o rei Henrique IV como restaurador da paz na Europa, e, em 1619, Luís XIII como digno sucessor. Mas a terceira edição de *Francion*[12] traz uma verdadeira dedicatória ao herói: "A Francion. Caro Francion, a quem poderia eu dedicar sua história senão a você mesmo?" Mesmo tipo de destinatário, como eu disse, na dedicatória terminal de *Mémoires d'Hadrien*.

---

9. Não coloco aspas nesta fórmula, breve resumo de uma dedicatória mais longa e complexa de uma página, que termina com uma frase de aplicação bastante liberal: "Tome agora sua parte da dedicatória quem quiser".

10. Em termos exatos: "Dedico este poema à poesia, e merda para aqueles que o lerem". A segunda frase não pertence exatamente à dedicatória, mas talvez a uma advertência ao leitor. Colocava em todo caso delicados problemas de relação com a dedicatória de exemplar. J. Ristat detalha (*Œuvre poétique*, t. 11) que Aragon a riscava nos exemplares dos amigos, o que não atesta um grande rigor de espírito. Acrescenta que a quarta capa dos exemplares destinados aos jornalistas trazia frases eróticas manuscritas. A edição corrente traz, impressa, esta advertência retrospectiva: "Tinha posto aqui algumas obscenidades para os senhores jornalistas: eles não se mostraram agradecidos".

11. J. Delteil, *Sur le fleuve Amour*: "A Mamãe, à Virgem Maria e ao general Bonaparte"; Chateaubriand não teria ousado estabelecer uma aproximação desse tipo.

12. A segunda (1626) trazia uma dedicatória igualmente fantasiosa, por preterição: "Aos grandes: não é para lhes dedicar este livro que faço esta epístola, mas para dizer-lhes que de modo algum lhes dedico".

Dedicatória ao leitor, isto é, ao verdadeiro destinatário da obra, dedicatória ao herói, isto é, a seu principal objeto: vejo que, nesse conjunto um tanto divergente e sem dúvida lúdico, falta apenas a autodedicatória, ou dedicatória ao autor pelo próprio autor. Seria muitas vezes a fórmula mais sincera, e é mais ou menos a de Joyce, em sua primeira obra, a peça intitulada *A Brilliant Career*, e dedicada desta maneira: "À minha própria alma dedico a primeira obra de minha vida"[13]. Seria a de *Mémoires d'Hadrien*, se se tomasse ao pé da letra o estatuto autobiográfico – o que, bem entendido, o autor não quer de maneira nenhuma.

Poder-se-ia também dedicar a obra a ela mesma, se se achar que ela merece, em outras palavras: se ela *se* merece – e como poderia ser de outra forma? Sempre se merece, infelizmente! É mais ou menos o que faz Horácio: *Ad librum suum*. Mas sejamos honestos: não é uma dedicatória, mas uma epístola (a vigésima).

Alguns romances de Walter Scott apresentam a particularidade de serem dedicados a uma personagem imaginária: o reverendo doutor Dryasdust ("Seco-como-a-poeira"), membro da Sociedade dos Antiquários em *Ivanhoé* e *The Fortunes of Nigel*; o capitão Clutterbuck, em *Peveril of the Peak*. Mas é que a dedicatória, ou a epístola dedicatória que faz a função de prefácio, ou prefácio dedicado (*dedicatory epistle, prefatory letter*), faz parte do jogo pseudonímico substituído ou sobreposto, depois de 1816, ao anonimato das primeiras *Waverley Novels*. O principal testa de ferro, Jedediah Cleishbotham, endossaria, por exemplo, o capítulo preliminar de *Puritanos da Escócia*, a dedicatória ao leitor da introdução de *The Heart of Midlothian*, a dedicatória "a seus caros concidadãos" de *The Bride of Lammermoor*. As dedicatórias de *Ivanhoe* e de *Nigel* a Dryasdust são assinadas, respectivamente, por Laurence Templeton e Clutterbuck, o que faz supô-los indiretamente autores desses romances. Depois, o jogo irá complicar-se com inversões e outros divertimentos que evocaremos com mais legitimidade no capítulo do prefácio.

SEJA QUEM FOR O DEDICATÁRIO oficial, sempre existe uma ambiguidade na destinação de uma dedicatória de obra, que sempre tem em vista pelo menos dois destinatários: o dedicatário, é claro, mas também o leitor, já que se trata de um ato público no qual o leitor é de algum modo chamado a testemunhar. Tipicamente performativa, como já disse, pois *constitui* por si só o ato que se supõe descrever, a fórmula, portanto, não é apenas: "Dedico este livro a Fulano" (isto é: "Digo a Fulano que lhe dedico este livro"), mas também e às vezes muito mais: "Digo ao leitor que dedico este livro a Fulano". Mas, por isso,

---

[13]. R. Ellman, *James Joyce*, Gallimard, 1962, p. 94.

igualmente: "Digo a Fulano que digo ao leitor que dedico este livro a Fulano" (em outras palavras: "Digo a Fulano que lhe faço uma dedicatória pública"). E com isso, não menos: "Digo ao leitor que digo a Fulano etc." – até o infinito, é claro. A dedicatória de obra vincula-se sempre à demonstração, à ostentação, à exibição: mostra uma relação intelectual ou privada, real ou simbólica, e essa mostra está sempre a serviço da obra, como argumento de valorização ou tema de comentário (evidentemente, não é indiferente, no plano temático, que *Langeais* tenha sido dedicado a Liszt e *La Fille aux yeux d'or* a Delacroix, e não o inverso). Há nisto algo de fundamentalmente oblíquo, que Proust chamava a "linguagem insincera" (dos prefácios e) das dedicatórias, e da qual talvez não se possa escapar evitando a dedicatória: é que a falta de dedicatória, em um sistema que comporta sua possibilidade, é significativa como um grau zero. "Este livro não é dedicado a ninguém": uma mensagem implícita assim não está cheia de sentido? – Com liberdade de escolha, aliás: seja "Não vejo ninguém que mereça este livro", seja "Não vejo ninguém que este livro mereça".

Funções

APÓS ESSAS POUCAS OBSERVAÇÕES sobre a relação entre a dedicatória e seus atores, pensava em dedicar uma seção às funções semânticas e pragmáticas da própria dedicatória. Percebo que não me resta nada a dizer sobre isso que já não tenha dito ou feito entender, e, feitas as contas, não é por acaso: a dedicatória de obra, como dizia eu, é a mostra (sincera ou não) de uma relação (de um tipo ou de outro) entre o autor e alguma pessoa, grupo ou entidade. Salvo invasões eventuais das funções do prefácio, sua função própria – que nem por isso se pode desprezar – esgota-se nessa mostra, explícita ou não, isto é, detalhando a natureza dessa relação, como nas epístolas dedicatórias clássicas ou nas fórmulas especificadoras, ou mesmo restritivas, do tipo "A Fulano, por essa razão [e não por aquela outra]", ou preferindo deixá-la em uma indefinição flutuante, deixando assim a cargo do leitor (e talvez do próprio dedicatário) tentar reduzi-la. Incontestavelmente, se hoje desapareceu a função diretamente econômica da dedicatória, seu papel de patrocínio, ou de caução moral, intelectual ou estético se manteve no essencial: não se pode, no limiar ou no término de uma obra, mencionar uma pessoa ou uma coisa como destinatário privilegiado sem invocá-la de alguma maneira, como outrora o bardo invocava sua musa (que não era responsável) e, portanto, implicá-la como uma espécie de inspirador ideal. "Para Fulano" comporta sempre uma parte de "Por Fulano". O dedicatário é sempre, de alguma maneira, responsável pela obra que lhe é dedicada, e à qual ele leva, *volens nolens*, um pouco de seu apoio e, portanto, de sua participação. Este pouco não é nada: ainda será preciso lembrar que, em latim, para designar fiador se dizia *auctor*?

A dedicatória de exemplar

A DISTINÇÃO ENTRE DEDICATÓRIA de obra e dedicatória de exemplar está ligada, evidentemente, à possibilidade de distinguir essas duas realidades que são a obra e o exemplar. Aqui não é o lugar de abordar as vastas questões levantadas por esta segunda distinção, mas apenas de lembrar que o modo de existência de uma obra única como *Gezicht go Delft* ou *A Vista de Delft* não é o de uma obra de múltiplos exemplares como a *Recherche*. No caso de uma obra única, como o é em geral a obra pictórica, a eventual dedicatória (pouco sei desta prática) só pode ser ao mesmo tempo de obra e de exemplar. Uma obra de exemplares múltiplos, digamos generosamente três mil, pode ser, enquanto obra, dedicada a uma pessoa, e cada um de seus exemplares dedicado a três mil outras, ou pelo menos a duas mil e novecentas e noventa e nove. Na verdade, o número não vem ao caso, e mesmo a reprodução manuscrita que se conheceu antes de Gutenberg, com suas dezenas ou centenas de exemplares não rigorosamente idênticos, não podia excluir a distinção fundamental: Virgílio podia dedicar as *Geórgicas*, como obra, a Mecenas, e cada uma de suas cópias manuscritas a seu comprador singular. Pouco sei também sobre esta outra prática; imagino apenas que a parte do escriba, não talvez mais ativa, mas com certeza mais singular do que a do impressor moderno, na confecção de cada exemplar, poderia ter-lhe propiciado algum direito à dedicatória – quero dizer dedicar o exemplar pelo qual era responsável, se ao menos cada manuscrito tivesse sido obra de um único copista, o que, já sabemos, parou bem depressa de ser o caso. Imagino também (a ignorância estimulando muito a imaginação) que o nascimento da impressão, ao multiplicar os exemplares (quase) idênticos, deve ter multiplicado, ao mesmo tempo, para compensar esta uniformização do produto, a demanda por dedicatórias de exemplares: em suma, esse tipo de dedicatória, tal qual a conhecemos ainda hoje, constitui a única parte autografada, e portanto, de certa maneira, singular ("única") de um livro impresso. Daí seu preço. Sabe-se também, e já mencionei isto, que a venda de exemplares de autor, também chamados, com razão, "exemplares de dedicatória", fazia parte, no século

XVI, dos recursos legítimos dos autores. Dizem que Erasmo, por exemplo, dispunha de "uma verdadeira rede de agentes que os iam distribuindo e recolhendo as recompensas"[14]. Imagino ainda que esse negócio da dedicatória deve também ter desaparecido progressivamente no fim da era clássica, com a instauração dos direitos autorais. Nesse ponto como em outros, faz-nos muita falta uma história da dedicatória de exemplar. Por uma razão evidente, que é a dificuldade de reunir os materiais, essa não seria uma tarefa fácil, mas me parece que o ganho – melhor conhecimento dos costumes e da instituição literária – compensaria o grandíssimo esforço. É claro, em todo caso, que esse antigo negócio nos deixou dois sobreviventes: a assinatura dos exemplares de imprensa (faço-lhe uma bela dedicatória para que você me faça um belo artigo) e as sessões de autógrafo em livraria, onde a presença de uma dedicatória autografada é com certeza um argumento de venda.

Lugar, momento

NADA ALÉM DO ÓBVIO a dizer sobre o lugar da dedicatória de exemplar, hoje na página de guarda, ou, melhor, na página de anterrosto, o que permite às vezes integrar o título, com ou sem floreios, à fórmula dedicatória. Nada também sobre o momento, essencialmente a "saída" do livro, isto é, sua primeira edição (serviço de imprensa e exemplares de autor), mas eventualmente mais tarde, por ocasião de uma sessão de autógrafos ou de um pedido eventual de autógrafo. A duração da dedicatória de exemplar é, paradoxalmente, mais garantida – salvo desgaste ou acidente: ilimitada – do que a dedicatória de obra. Com efeito, um autor sempre pode, como Chateaubriand em 1804, suprimir ou modificar uma dedicatória de obra, em uma nova edição. Supressão certamente não retroativa, a menos que se possa encontrar e destruir todos os exemplares anteriores (e ainda: podem subsistir testemunhas indiretas e suficientes), mas que reduz pelo menos a aplicação da dedicatória primitiva: diremos, então, que Chateaubriand dedicou a Bonaparte apenas a segunda e a terceira edição de *Génie du christianisme*. Mas, salvo concordância do dedicatário, nada se pode fazer contra uma dedicatória de exemplar; é tarde demais para um eventual arrependimento ou remorso, o que está assinado está assinado. Conheço (e ignoro) mais de um que roem as unhas por mais de uma.

A biografia de Gide é rica em episódios dedicatórios diversos, autênti-

---

14. L. Febvre e H.-J. Martin, *L'Apparition du livre*, Albin Michel, 1958, p. 235.

cos ou apócrifos, que podem ilustrar esse gênero de embaraço ou de conflitos. Assim, brigado com André Ruyters, ele lhe dedica seu *Voyage au Congo* com uma única expressão: "Não obstante". Ou ainda, quando Claudel dedicou um volume de sua correspondência com Gide a seu neto nestes termos: "Com meu pesar por me encontrar em tão má companhia", e esse dedicatário teve o bom gosto de levar esse volume a Gide para que ele também o assinasse, Gide teria simplesmente acrescentado esta réplica lapidar: *Idem*. É verdade que Claudel já o havia provocado bastante, ao enviar-lhe um exemplar do que era, portanto, obra comum, com esta dedicatória muito insolente: "Homenagem do autor" – ocasião para que Gide se sentisse, segundo seu dizer, "suprimido". Sabe-se também que Gide tinha feito, em 1922, uma venda pública de parte de sua biblioteca e, em particular, de todos os livros com dedicatórias de antigos amigos com os quais tinha brigado nesse meio tempo. Um deles, Henri de Régnier, vingou-se ao enviar-lhe, *não obstante*, seu livro seguinte, mas com essa picante fórmula: "A André Gide, para sua próxima venda"[15].

Dedicador, dedicatário

CONTRARIAMENTE À DEDICATÓRIA de obra, a dedicatória de exemplar (salvo falsificação) não dá lugar a qualquer incerteza sobre a identidade de seu emissor, porque tem como característica – evidente, portanto mal conhecida ou negligenciada – ser sempre assinada, ou, mais exatamente, conter sempre e pelo menos uma assinatura. – Sempre? – Nunca se deve dizer nunca, mas parece-me que não se pode colocar as únicas exceções na conta do esquecimento ou de uma simulação malévola de esquecimento. – Pelo menos? – Sim, porque o grau mínimo do autógrafo é justamente, não uma fórmula não-assinada, mas uma simples assinatura sem fórmula. Imediatamente abaixo, na hierarquia, a fórmula assinada sem menção do dedicatário: "Com amizade, Fulano". Não muito gratificante. A fórmula canônica contém, evidentemente, o nome do dedicatário (à falta de quem é melhor falar de autógrafo

---

15. Cito essas historinhas a partir de J. Lambert, *Gide familier*, Julliard, 1958. Naturalmente circulam outras versões delas: em R. Mallet, *Une mort ambiguë*, Gallimard, 1955, o neto de Claudel é uma moça, e a réplica de Gide é mais frouxa: "Com as desculpas de Gide". Em suas conversas com Amrouche, Gide esclarece que a venda desses exemplares tinha por objetivo principal tornar públicas (por sua inscrição no catálogo) essas dedicatórias privadas de antigos amigos que o haviam renegado por razões de costumes e de religião.

do que de verdadeira dedicatória), variações infinitas do esquema: "A x, y", onde x pode ser um indivíduo ou uma coletividade (um casal, um grupo, uma biblioteca), porém, mais dificilmente do que em dedicatória de obra, uma entidade inumana, ou mesmo um indivíduo falecido: nada de dedicatória de exemplar a Deus, ao monte Greylock, à música, à França, a Joana d'Arc, a meu avô *in memoriam*, nem mesmo de verdade a meu gato, que, no entanto, saberia o que fazer com isso. O que prova, mais uma vez, que é possível poder o mais (dedicar uma obra) sem poder o menos (dedicar um exemplar). Ao contrário do dedicatário de obra, o dedicatário de exemplar deve ser humano e vivo, porque, ao contrário da dedicatória de obra, a dedicatória de exemplar não é apenas um ato simbólico, mas também um ato efetivo, acompanhado, em princípio, de uma doação efetiva, ou pelo menos de uma venda presente ou anterior. Isto é, de uma posse, que a dedicatória, exatamente, assina e consagra. Não se dedica (sabendo) a alguém um livro que não lhe pertence; daí a fórmula frequente e muito exata: "Exemplar de x". Ao contrário, decerto, a dedicatória de obra não vem acompanhada, de maneira nenhuma, da doação ou da venda do conjunto dos exemplares impressos: é, como a própria obra, de ordem diferente, ideal e simbólica. Daí a estranha fórmula de dedicatória de obra em *Elegias de Duíno*: "Propriedade da princesa de Tour e Taxis". Estranha por hipérbole, como em "Sou todo seu (sua)", ou por litotes: ser dedicatário de uma obra literária não é de modo algum ser seu proprietário – o que não é possível. É ao mesmo tempo muito mais, e muito menos. É de ordem diferente etc.

Funções

POR FALTA DA PESQUISA CITADA acima, e que persisto em preconizar, não formularei aqui nenhuma "teoria" da dedicatória de exemplar considerada em sua forma ou sua função: o material disponível seria por demais errático e contingente. Lembro apenas uma ideia que arrisquei declarar acima: que hoje ela parece, salvo situações puramente comerciais ou profissionais (serviço de imprensa), resignar-se, com menor facilidade do que a dedicatória de obra, à fórmula mínima "A x, y"[16], que, nessa relação efetiva, sempre parece mínima *demais*. Assim, a dedicatória de exemplar amigável, e *a fortiori* de homenagem

---

16. Como se sabe, o uso moderno introduz nessa fórmula (sem dúvida com mais frequência em dedicatória de exemplar do que em dedicatória de obra), a variação "*Para* x, y".

a um mestre, sempre exige mais ou menos uma especificação: quer (seja um simples advérbio) da relação entre dedicador e dedicatário, quer (melhor) da relação entre o homenageado e a própria obra, quer (melhor ainda) das duas ao mesmo tempo. Assim, de Zola a Flaubert em *L'Assomoir*: "A meu grande amigo Gustave Flaubert, com ódio ao gosto". Clara e necessariamente, essas especificações por motivação ("A X, por tal razão") comportam um comentário (autoral) da obra e entram, assim, legitimamente e no mesmo nível, no campo do paratexto. Inútil acrescentar quão valioso seria, para cada obra, um levantamento do conjunto de suas dedicatórias de exemplares. Levantamento decerto impossível de ser esgotado, mas, segundo me parece, a história literária não fez nesse sentido todos os esforços que se poderiam esperar dela. Aguardemos[17], portanto.

A modéstia é, certamente, uma das atitudes requeridas e, por consequência, a desculpa é um dos *topoi* constantes da dedicatória de exemplar. Existem também autores com modéstia sincera, ou de forma mais exata talvez: autores particularmente atentos ao interesse que tal leitor pode ter, ou não ter, acerca de tal obra. É que o dedicatário de exemplar, ao contrário do dedicatário de obra, é sempre um leitor potencial ao mesmo tempo que uma pessoa real, e um dos pressupostos da dedicatória é que o autor espera dele, como retorno pelo pranto, uma leitura. Seria, aliás, inconveniente, mesmo por modéstia, dar a entender em uma dedicatória que nada se espera dele: seria tratá-lo como um beócio, ou como um vulgar caçador de autógrafos.

Roland Barthes era um desses autores atentos, sempre pronto a se desculpar por oferecer um livro que talvez nada tivesse que pudesse interessar de forma muito específica a seu dedicatário. Uma de suas dedicatórias em forma de desculpa foi comentada com muita sutileza e (o que vale mais) com muita correção por seu dedicatário, Eliseo Veron. Eu também gostaria de dizer algo sobre esse comentário, mas convido o leitor a reportar-se a ele, interrompendo todo o resto: Eliseo Veron, "Qui sait?", *Communications*, 36, 1982.

COMO TODOS ENTENDERAM – e como já sabiam – a função de uma dedicatória de exemplar é mais ou menos diferente da função da dedicatória de obra.

---

17. Sobre o caso particular da longa dedicatória de *Swann* a Madame Scheikevitch, escrita em 1915, para dar à dedicatária um resumo parcial da sequência da *Recherche*, ver *Palimpsestes*, p. 291 e ss. Esse texto, escrito dois anos após a publicação do livro, tem um estatuto intermediário entre o de uma dedicatória e o de uma carta (encontra-se, aliás, nas edições da Correspondência). Para maiores detalhes sobre a dedicatória de exemplares e suas franjas, cf. J.-B. Puech e J. Couratier, "Dédicaces exemplaires", *Poétique* 69, fev. 1987.

A principal razão dessa diferença, ou dessas diferenças, é o caráter privado, não só da relação, mas também da instância de comunicação, em princípio confidencial, da dedicatória de exemplar. Nada existe aqui (esperando a eventual publicação póstuma) do movimento oblíquo assinalado acima ("Informo ao leitor que dedico..."). Supõe-se que ninguém além do dedicatário sabe que ele é dedicatário, e em que termos; e, em contrapartida, cada dedicatário sabe muito bem que não é o único a sê-lo. Nada, portanto, aqui do efeito de caução pública vinculada à dedicatória de obra. Caução privada? Duvido que, no caso, essa locução tenha algum sentido. O que se pede, já dissemos – porque, aqui como alhures, existe de fato um pedido –, é mais simples e mais diretamente a leitura, e, no fim das contas, essa relação é sadia. Resta saber se não é mais difícil encontrar um leitor do que um mecenas.

Resta também, acerca desse ponto, um paradoxo bastante divertido: acompanhando a doação de um exemplar, a dedicatória motiva essa doação por meio de um comentário, não, decerto, do exemplar, mas da própria obra. Esse paradoxo pode chegar até a uma espécie de falta de tato (quando o dedicatário exige: "Já que esta obra me convém tão bem, por que não dedicá-la a mim, em vez de apenas me dedicar este exemplar?"; ou, inversamente, o dedicatário de obra desdenhoso: "Um exemplar me teria bastado!"), sem contar o embaraço que sempre existe em dedicar a Y um exemplar de uma obra já dedicada a X. Tem, pelo menos, o mérito de ressaltar a relação muito particular do exemplar com a obra, da qual tira não todo seu valor (afinal, não há na livraria dois exemplares absolutamente idênticos de uma mesma obra), mas, literalmente, o essencial desse valor. Ou, melhor, pelo fato de representá-lo, o exemplar vale ao mesmo tempo *por* e *para* a obra. Assim, a dedicatória de exemplar, justificando-se com uma referência à obra, insiste ao mesmo tempo em seus dois aspectos, o material ("Eis um livro"), que ela valoriza ao singularizá-lo (sabemos que somente a numeração dos exemplares de luxo pode fazer-lhe – pobre – concorrência): "Eis o exemplar único do Sr. Fulano"; e o ideal, que ela designa ao mesmo tempo para todos os fins úteis: "Eis, de tal obra, um exemplar que vale sobretudo pelo que *ela* vale". Em outras palavras: "Apesar das aparências e na medida das possibilidades humanas, o que lhe ofereço não é apenas um livro, mas realmente uma obra". Em outras palavras ainda: "A posse deste livro é apenas um meio, porque este livro não é somente um objeto, mas também um signo. O propósito é uma posse diferente, que não é de modo nenhum uma posse, e cujo único caminho é a leitura". Finalmente, em outras palavras, tentativa às vezes de conjurar o desdém do texto tão frequente entre os bibliófilos: "Não vá acreditar que a posse deste livro o dispense de sua leitura".

As Epígrafes

DEFINIREI *GROSSO MODO* A EPÍGRAFE COMO uma citação colocada em exergo, em destaque, geralmente no início de obra ou de parte de obra: "em exergo" significa literalmente *fora* da obra, o que é uma coisa exagerada: no caso, o exergo é mais uma *borda* da obra, geralmente mais perto do texto, portanto depois da dedicatória, se houver uma. Daí essa metonímia frequente hoje: "exergo" para epígrafe, que não me parece muito feliz, pois confunde uma coisa e seu lugar. Voltarei, porém, a essa questão de lugar, após o sobrevoo histórico que se impõe. Voltarei também ao termo *citação*, que exige algumas precisões, ou antes algumas ampliações.

Histórico

À PRIMEIRA VISTA, a epígrafe parece uma prática mais recente do que a dedicatória. Não encontro traços dela, pelo menos de acordo com a definição acima, antes do século XVII. Mas talvez se deva ver seu antepassado em uma prática mais antiga, que seria a divisa de autor. O texto da divisa pode muito bem ser uma citação, como o *Ab insidiis non est prudentia,* tirado de Plínio, que Mateo Aleman integrou ao frontispício de pelo menos duas de suas obras: *Guzmán d'Alfarache* e seu *Ortografía Castellana*. O que distingue a divisa não é, portanto, forçosamente o caráter autógrafo, mas sua independência em relação ao texto singular, o fato de que ela pode encontrar-se na abertura de várias obras do mesmo autor, que a coloca por assim dizer como destaque de sua carreira, ou sua vida inteira. É, evidentemente, o caso de *Vitam impendere vero* de Rousseau, que, pelo que sei, não figura em nenhuma de suas obras, e que, segundo explicação constante no prefácio de *Julie,* ele não permitiu que o editor colocasse no início desse romance.

Não conheço exemplo mais recente da divisa de autor, mas com certeza existe algum, e todo o mundo conhece a divisa de editor, ou de coleção, que ainda hoje orna certas capas: "Rien de commun" (Corti), "Je sème à tous vents" (Larousse), "Je ne bastis que pierres vives, ce sont hommes" (coleção

Pierres Vives, da Seuil) – esta última, tirada de Rabelais, que comenta e justifica o título da coleção, função que voltaremos a ver em ação com respeito à epígrafe. Uma situação intermediária seria a da epígrafe, renovada a cada número, que acompanhava, na segunda capa, o título da revista *Tel Quel*: uma citação, autêntica ou não, que continha sempre a locução "*tel quel*".

Ao que eu saiba, portanto, a primeira[1] epígrafe de obra seria, na França pelo menos, a de *Maximes* de La Rochefoucauld, ou, melhor, de *Réflexions morales*, edição de 1678 (não creio que figure nas anteriores): "Nossas virtudes não passam, na maioria das vezes, de vícios disfarçados". Mas esse primeiro exemplo ainda, ou já, foge da norma, porque a frase colocada em destaque não é dada como uma citação (alógrafa, com menção de seu autor), e soa mais como uma máxima do próprio La Rochefoucauld, e constituiria muito bem a máxima-modelo, emblema e resumo de toda a sua doutrina. Epígrafe autógrafa, portanto, ou autoepígrafe: é uma variante que voltaremos a estudar com as questões que ela levanta. A primeira epígrafe ilustre, no sentido corrente do termo, seria, então, a de *Caractères* (1688). É uma citação de Erasmo, devidamente atribuída a seu autor: *Admonere voluimus, non mordere; prodesse, non laedere; consulere moribus hominum, non officere* ("Nosso propósito foi advertir, e não morder; melhorar, e não ferir; corrigir os erros dos homens, e não prejudicá-los").

A prática da epígrafe difunde-se no transcorrer do século XVIII, quando a encontramos (geralmente latina) no início de algumas grandes obras, como *L'Esprit des lois*: *Prolem sine matre creatam* ("Filho gerado sem mãe"), citação de Ovídio, mas sem menção do autor[2]; *Histoire naturelle* de Buffon: *Naturam amplectimur omnem* ("Abraçamos toda a natureza"), sem menção de autor; *La Nouvelle Héloïse*: dois versos italianos de Petrarca, *Non la connobe il mondo, mentre l'ebbe: / Connobill'io ch'a pianger qui rimasi* (tradução de Rousseau: "O mundo a possuiu sem conhecê-la, / E eu, que a conheci, fico aqui embaixo a chorar"); *Le Neveu de Rameau*: *Vertumnis, quotquot sunt, natus iniquis* ("Nascido sob a influência maligna de todos os Vertumnos reunidos"), tirada de Horácio, *Sátiras* II, 7; ou *Confessions*: *Intus et in cute* ("Interiormente e sob

---

1. Pelo menos no começo de uma obra famosa; mas me indicaram uma, tirada de Horácio, em *Lycée du sieur Bardin* (1632). A pesquisa continua aberta.

2. O sentido *ad hoc* dessa citação não é evidente. Obra sem modelo, interpreta-se às vezes. Mas dizem também que Montesquieu a glosava dessa forma: para fazer uma grande obra, precisa-se de um pai, o gênio, e de uma mãe, a liberdade: "Minha obra não teve esta última" (Madame Necker, *Nouveaux Mélanges*). Esse paratexto de paratexto projeta uma estranha luz (ou sombra) sobre o texto.

a pele"), tirado, sem menção de autor, de Pérsio, *Sátiras*, III, 30. O costume da epígrafe latina mantém-se no regime pós-clássico, pelo menos até *Mémoires d'outre tombe: Sicut nubes* [...] *quasi naves* [...] *velut umbra*, que é uma miscelânea de Jó, 30:15, 9:26, 14:2: "Como uma nuvem [passou minha salvação]; [meus dias passam] como barcos [de junco]; [o homem foge] como a sombra".

Prática um pouco tardia, portanto, que é aos poucos substituída pela da epístola dedicatória clássica, e que parece em seus primórdios um pouco mais característica das obras de ideias do que da poesia ou do romance. Entre os grandes romances do século XVIII, quase não se encontra uma, fora a de *La Nouvelle Héloïse*, a não ser a da abertura de *Tom Jones (Mores hominum multorum vindit:* "Observou os costumes de muitos homens", sem indicação de fonte) e a de *Tristram Shandy*: "Não são as ações, mas as opiniões sobre as ações, que perturbam os homens" (Epicteto). Aparentemente, é através do romance "gótico", gênero ao mesmo tempo popular (por sua temática) e erudito (por seus ornatos), que ela é introduzida maciçamente na prosa narrativa: *The Misteries of Udolpho* (1794), *The Monk* (1795) e *Melmoth* (1820) trazem uma epígrafe em cada capítulo[3]. Walter Scott segue a onda com a mesma frequência: epígrafes geralmente atribuídas a um autor real, o que não garante automaticamente sua exatidão ou sua autenticidade – mesmo que não se deva confiar totalmente nesta "confissão" da introdução de *Chronicles of the Canongate:*

> Os trechos de poemas colocados no começo dos capítulos destes romances são às vezes extratos de autores, alguns dos quais são até citados de memória; mas em geral são pura invenção. Tive muito trabalho em pesquisar a coleção dos poetas ingleses para descobrir epígrafes convenientes; e, vendo-me na situação do contrarregra que, após ter esgotado o papel branco que tinha para representar a neve caindo, continuou a fazer neve com papel pardo, recorri à minha memória pelo tempo que me foi possível e, quando ela se esgotou, complementei-a com a invenção. Acho que, em certos locais onde os nomes dos autores aparecem embaixo das supostas citações, seria de todo inútil procurá-las nas obras dos escritores aos quais são atribuídas essas passagens.

Essa moda inglesa da epígrafe romanesca passa para a França no início do século XIX, *via* Nodier e outros adeptos do gênero *noir*, "frenético" ou fantasioso, de que é uma boa testemunha *Han d'Islande*, com seus cinquenta

---

[3]. O romance gótico mais antigo, *The Castle of Otranto*, de Walpole (1764), ainda não continha epígrafe.

e um capítulos devidamente adornados, cada um, com pelo menos uma epígrafe (o recorde é quatro), todas muito características pela escolha dos autores: Maturin, nove vezes citado salvo erro, vem à frente, seguido de Shakespeare e Lessing, cada um sete vezes. Segundo um princípio que voltaremos a ver, essas escolhas de autores são mais significativas do que os próprios textos de epígrafes, aparentemente distribuídos sem preocupar-se com a relação com os conteúdos dos respectivos capítulos. Aliás, Hugo não deixa de indicá-lo, elogiando em seu prefácio as "epígrafes estranhas e misteriosas, que singularmente acrescem interesse e dão mais fisionomia a cada parte da composição".

Também Stendhal toma de Scott o hábito das epígrafes de capítulo: em quase todos os de *Armance* (exceto quatro); em todos os de *Le Rouge*, salvo os quatro últimos, mais uma em cada um dos dois Livros ("A verdade, a áspera verdade", Danton; e "Ela não é bonita, ela não tem batom"*, atribuição sem dúvida fantasiosa a Sainte-Beuve); aos dois Livros da *Chartreuse*, mais uma no capítulo 2 do primeiro Livro, sem contar as das obras não-romanescas, e aquelas que os manuscritos dos romances inacabados, *Leuwen* e *Lamiel*, parecem prever. A atitude de Balzac parece mais reservada[4]. Suas obras de juventude (*Jean-Louis, L'Héritière de Birague* etc.) trazem muitas epígrafes, às vezes várias, por capítulo – muitas vezes anônimas ou de atribuição fantasiosa. Obras depois agrupadas em *La Comédie humaine*, vinte e três, segundo Lucienne Frappier-Mazur, traziam epígrafes em sua edição pré-original, sobretudo as narrativas históricas do tipo scottiano (*Les Chouans*[5], *Le Martyr calviniste*) ou fantástico-"filosóficas" (*Sarrasine, L'Histoire des Treize, Louis Lambert, L'Envers de l'histoire contemporaine*). Dos grandes romances de costumes, somente *Le Père Goriot* segue o ritual, mas com uma fórmula que acentua a intenção realista da narrativa: *All is true* (Shakespeare – epígrafe prevista inicialmente para *Birotteau*). Mas, acima de tudo, essas epígrafes são amiúde suprimidas a partir da edição original e, no mais tardar, na edição Furne de *La Comédie humaine* (únicas exceções: a de *La Peau de chagrin* é mantida e a de *Réquisitionnaire* acrescentada, na edição Furne). Parece,

---

* *Rouge*, em francês (N. da T.).

4. Ver L. Frappier-Mazur, "Parodie, imitation et circularité: les épigraphes dans les romans de Balzac", em *Le Roman de Balzac*, ed. R. Le Huenen et P. Perron, Didier, Montreal, 1980.

5. Na Advertência de *Gars* (primeiro título, me lembro, de *Dernier Chouan*, primeira versão dos *Chouans*), Balzac põe na boca do autor suposto Victor Morillon: "Abomino as epígrafes. Elas me cortam a satisfação, para usar uma expressão parisiense, mas quis desafiar a imitação e, tomando cuidado para não anunciá-las ao leitor, levei o luxo ao ridículo; elas são as primeiras e as últimas com as quais obstruirei minhas narrações".

portanto, que Balzac repudia a epígrafe à medida que abandona o propósito da narrativa histórica, fantástica ou "filosófica", em proveito do grande romance – ou, melhor, corrigiria ele, do grande *estudo* de costumes. Como no caso da dedicatória, e sem dúvida mais, essa reserva da epígrafe marcará a grande tradição realista moderna: a epígrafe está mais ou menos ausente em Flaubert, Zola, James, como já estava em Fielding ou Jane Austen, e o parêntese aberto por Ann Radcliffe e Walter Scott fecha-se mais ou menos em meados do século XIX.

Lugar, momento

O LOCAL COMUM DA EPÍGRAFE de obra, como eu disse, é o mais próximo do texto, geralmente na primeira página par após a dedicatória, mas antes do prefácio. A prática antiga, porém, ainda admitia uma epígrafe na página de rosto: é o que ocorre nas edições originais de *La Nouvelle Héloïse* ou de *Oberman* ("Estuda o homem, e não os homens", Pitágoras), e essa prática não foi totalmente abandonada em nossos dias: vejam *Le Fou d'Elsa* ("Pratico com seu nome o jogo do amor", Djâmî). Outro lugar possível, como a dedicatória, é o fim do livro: última linha do texto, separada por um espaço branco, como a citação de Marx colocada por Perec no fim de *Choses* (além de uma epígrafe preliminar tirada de Malcom Lowry) – aliás, Perec chamava de "metágrafes" (*meta* = "depois") essas citações terminais, e inclui uma dezena delas no fim de *La Disparition*. É óbvio que essa mudança de lugar pode acarretar uma mudança de função; com relação ao leitor, a epígrafe no início está no aguardo de sua relação com o texto; a epígrafe no fim, depois da leitura do texto, tem em princípio uma significação evidente e mais autoritariamente conclusiva: é a palavra final, mesmo que se finja deixá-la para outro. As de *La Disparition* não poderiam figurar no início sem correr o risco de revelar o enredo cedo demais, mas a de *Choses* é de fato uma conclusão, ou, como se diz de uma fábula, a moral da história. E, melhor ainda, a de *Un roi sans divertissement*, que se apresenta, na verdade, como parte integrante do texto, citação (de Pascal, é claro, e justificativa do título) na boca do narrador que se vangloria de ignorar seu autor: "Quem disse: Um rei sem divertimento é um homem cheio de misérias?"

As epígrafes de capítulos, ou de partes, ou de obras singulares reunidas em coletâneas, localizam-se regularmente ainda no início de seção, e feito o giro completo, ou mais ou menos: é lógico que se poderia encontrar ainda dois ou três locais mais ou menos eficazes. Já mencionei a citação de Sartre na cinta de *Politique de la prose*; essa prática da epígrafe em cinta, local muito exposto (em todos os sentidos) e, portanto, muito estratégico, remonta a pelo menos 1929, quando Julien Green, em *Léviathan*, colocava nesse lugar a famosa frase de *Pelléas*: "Se eu fosse Deus, teria piedade do coração dos homens". Viu-se que um excelente confrade (Mauriac, se não me engano) denunciou essa epígrafe sacrílega[6].

GERALMENTE, A EPÍGRAFE é original, no sentido aqui convencionado, isto é, adotada, e de forma definitiva, desde a primeira edição. No entanto, Balzac já nos forneceu uma exceção para cada uma dessas normas, e sem dúvida seria fácil encontrar outros casos de epígrafe tardia, ou suprimida, por decisão do autor ou negligência editorial (sem contar os deslocamentos de uma edição para outra). Tenho uma edição de bolso de *Por Quem os Sinos Dobram*, em tradução francesa, onde falta a epígrafe, no entanto fundamental, de John Donne, que voltaremos a encontrar – porque não está realmente perdida.

Já que a epígrafe é uma citação, segue-se quase necessariamente que consista em um texto. Mas, no fim das contas, pode-se citar – reproduzir – com função de epígrafe produções não-verbais, como um desenho ou uma partitura. É o caso da rubrica da bengala do cabo Trim, no capítulo IV do Livro IX de *Tristram Shandy*, colocada mais ou menos fielmente no exergo de *La Peau de chagrin*, ou do trecho de *Sagração da Primavera*, citado no início do romance de Alejo Carpentier, ou da canção de marinheiros, *Hear us, ô Lord*, que justifica o título de uma coletânea de novelas de Lowry.

Epigrafados

DESSE MESMO FATO (de que a epígrafe é uma citação) decorre que sua atribuição propõe duas perguntas em princípio distintas, mas nenhuma das quais é tão simples quanto parece: quem é o autor, real ou putativo, do texto citado? Quem escolhe e propõe a dita citação? O primeiro chamarei de *epigrafado*, o segundo de *epigrafador*, ou destinador da epígrafe (sendo seu destinatário – sem dúvida, o leitor do texto – se fizerem questão, o *epigrafário*).

Na maioria das vezes, a epígrafe é alógrafa, isto é, de acordo com nossas convenções, atribuída a um autor que não é o da obra, digamos Erasmo em La

---

6. *Journal*, *Œuvres*, Pléiade, IV, p. 46.

Bruyère: é por isso que é citação, e mesmo, como diz Antoine Compagnon com correção, "citação por excelência"[7]. Se essa atribuição for verídica, a epígrafe é autêntica; mas a atribuição pode ser falsa, e de muitas maneiras: ou porque o epigrafador apenas, como vimos Scott gabar-se disso, forjou a citação para atribuí-la, com ou sem verossimilhança, a um autor real ou imaginário; desconfia-se, por exemplo, como já disse, que a epígrafe da segunda parte de *Le Rouge* é apócrifa, e falsamente atribuída a Sainte-Beuve. Seria igualmente falsa, ou fictícia, se, sempre forjada por Stendhal, fosse atribuída a um autor imaginário ou "suposto". Ela o seria ainda, mas de maneira mais sutil, se, atribuída a Sainte-Beuve, fosse de fato tirada de outro autor, digamos Byron. Pode ainda ser autêntica mas inexata (caso muito frequente), se o epigrafador, ou porque cita erroneamente de memória, ou porque deseja adaptar melhor a citação a seu contexto, ou por outra razão qualquer, como um intermediário infiel, atribui corretamente uma epígrafe inexata, isto é, não-literal: como se Sainte-Beuve tivesse na realidade escrito: "Ela não é bonita, não usa preto". Pode sempre ser autêntica e exata, mas situada incorretamente pela referência, quando houver.

É que os modos habituais de apresentar uma epígrafe são muito variáveis. No entanto, parece que o mais frequente consiste em nomear o autor sem precisar a referência – salvo se a identidade do epigrafado for óbvia, como na abertura de um estudo crítico ou biográfico, em que a epígrafe anônima só pode ser atribuída ao autor-objeto: nesse caso, é elegante omitir o nome e dar a referência (mais ou menos precisa): é o que faz Jean-Pierre Richard no início de *Proust et le Monde sensible*, referindo simplesmente a *La Prisonnière* a citação do início: "Uma frase [...] tão profunda, tão vaga, tão interna, quase tão orgânica e visceral, que não se sabia, a cada uma de suas repetições, se eram as de um tema ou de uma nevralgia".

Por outro lado, a epígrafe pode ser impressa entre aspas, em itálico ou em romano, o nome do epigrafado pode vir entre parênteses, em maiúsculas etc., com todas as combinações possíveis dessas variáveis: não creio que o código tipográfico tenha fixado uma norma a esse respeito, pelo menos na França.

A ALTERNATIVA TEÓRICA à epígrafe alógrafa é, evidentemente, a epígrafe autógrafa, atribuída de maneira explícita ao próprio epigrafador, isto é, *grosso modo*, ao autor do livro. Não sei de nenhuma ilustração perfeita desse tipo de autoatribuição, que revelaria total falta de modéstia. A mais aproximada seria talvez a página de *Fragments d'un "Déluge"*, que Giono coloca em exergo de *Noé*, ou a citação inexata, ou aproximada, do capítulo XXIII da *Chartreuse*,

---

7. *La Seconde Main*, Ed. du Seuil, 1979, p. 30.

que abre seu Livro II[8]. No mais das vezes, a autoepígrafe é disfarçada com mais discrição, seja, como vimos, como epígrafe apócrifa ou fictícia (como a de *O Grande Gatsby*, atribuída a Thomas Parke d'Invilliers, personagem de um romance anterior de Fitzgerald, *Este Lado do Paraíso*), seja como epígrafe anônima. A verdadeira alternativa à epígrafe alógrafa é, portanto, a epígrafe anônima, isto é, não-atribuída, categoria artificial em que se reúnem realidades empíricas tão diferentes quanto a epígrafe das *Maximes* (que atribuímos a La Rochefoucauld), a de *L'Esprit des lois* (que sabemos ter sido tirada de Ovídio), a de um livro que traria em destaque um provérbio bem conhecido cujo autor ninguém conhece, ou Deus sabe qual outra ainda.

Aqui, portanto, o anonimato cobre citações de fato muito diversas, que a notoriedade pública ou a erudição paciente podem eventualmente rastrear e identificar. O simples leitor, quando não é ajudado por alguma nota editorial, permanece, o mais das vezes, na incerteza desejada pelo epigrafador e entregue a suas conjecturas, ou a sua indiferença. Estou, por exemplo, diante da epígrafe de *Drame*, "O sangue que banha o coração é pensamento", cujas aspas (de origem) indicam verossimilmente ser uma citação alógrafa, incapaz no momento de identificar-lhe o autor. Essa epígrafe, diz Sollers em uma entrevista dada a *Le Monde* em 12 de agosto de 1984, "é uma fórmula de Heráclito". Seria o caso, para maior garantia, de verificar essa fonte, mas, de todo modo, a atribuição figura doravante no paratexto. Espera-se, seguindo o mesmo caminho ou outro, desvendar as epígrafes de *Nombres* ("*Seminaque innumero numero summaque profunda*") e de *Logiques*: "É de todas as partes e de todas as maneiras que um mundo em movimento quer ser mudado".

Uma última palavra sobre a epígrafe oficialmente anônima, mas claramente autógrafa, do tipo La Rochefoucauld – ou Ducasse, na abertura de *Poésies*: "Substituo a melancolia pela coragem, a dúvida pela certeza...". Seu caráter autógrafo pouco dissimulado (uma assinatura de fantasia já seria testemunho de um esforço de simulação) confere-lhe, a meu ver, um valor de engajamento pessoal muito superior ao da epígrafe comum, à qual voltarei adiante. A epígrafe assim (quase) assumida procede mais do discurso autoral e, por essa razão, eu diria sem hesitar que sua função é a de um prefácio lapidar.

---

8. Não incluo nesta categoria as duas "epígrafes" de John Barth em *The Friday Book*, que são, na verdade, duas declarações de Barth sobre (contra) a prática da epígrafe, dadas como tendo sido extraídas das próprias epígrafes do *Friday Book*, isto é, como se entendeu, delas mesmas: não são, portanto, apenas autoepígrafes, mas epígrafes rigorosamente autorreferenciais e circulares, bem à maneira, tão simples, desse autor.

Epigrafadores

A SEGUNDA QUESTÃO de atribuição é de ordem totalmente diferente, mas com que já nos deparamos atrás: é a identificação, não mais do epigrafado, mas do epigrafador. Trata-se no caso, mais uma vez, de uma questão de direito e não de fato. Se uma epígrafe foi encontrada ou escolhida para o autor por uma terceira pessoa, nem por isso alguém deve atribuir-lhe a responsabilidade por ela: o epigrafador é neste caso o autor do livro, que aceitou a sugestão e que a assume plenamente – salvo reserva explícita, da qual não conheço nenhum exemplo, do tipo: "Meu editor, ou minha priminha, me propõe esta epígrafe, que não ouso recusar, mas que me parece pouco pertinente"; mas essa frase correria o risco de passar por uma brincadeira um tanto ambígua.

Nem por isso vamos concluir que o epigrafador (de direito) é sempre o autor, porque no caso, como na dedicatória, convém reservar, em uma narrativa homodiegética, pelo menos a possibilidade de uma epígrafe proposta pelo herói-narrador. Mas, ao contrário da dedicatória, no caso o autor não tem meios de afastar todo e qualquer mal-entendido assinando sua epígrafe – quero dizer, acrescentando sua assinatura de epigrafador à de seu epigrafado. Em outros termos, nada proíbe, por exemplo, de supor que o epigrafador do verso de Vigny que abre *Sodoma e Gomorra* ("A mulher terá Gomorra e o homem terá Sodoma") não seja Marcel Proust, mas o herói-narrador da *Recherche*.

Isso é, quanto a mim, pura hipótese escolar. Mas outras situações podem, conforme os leitores, levantar questões mais pertinentes, e confesso, por exemplo, que me parece mais interessante atribuir a epígrafe do *Doktor Faustus* (nove versos de Dante) ao narrador Serenus Zeitblom do que ao autor Thomas Mann. Quanto a este último, o duplo mérito de tê-la "realmente" escolhido e de algum modo oferecido a seu narrador-testemunha já me parece suficiente. Aplicação, entre outras, de um princípio narratológico mais geral: atribuir (em ficção, é claro) ao autor apenas o que é materialmente impossível atribuir ao narrador – admitindo-se que, na verdade, tudo retorna ao autor, uma vez que ele é também o *autor do narrador*.

Aliás, não sou o primeiro a formular essas questões. É fato que o próprio Rousseau se perguntava, ou, melhor, convidava o leitor de *Julie* – romance epistolar e portanto poli-homodiegético – a se perguntar quem era seu epigrafador: "Quem pode saber, pergunta ele, com efeito, em seu prefácio em forma de diálogo, quem pode saber se já encontrei essa epígrafe no manuscrito ou se fui eu que a coloquei?" O que, dado o teor dos versos de Petrarca citados anteriormente, sugere com muita clareza a possibilidade de atribuir sua escolha a Saint-Preux. O mesmo comentário com relação ao *Doktor Faustus*.

Epigrafários

A DETERMINAÇÃO DO EPIGRAFADOR define mais ou menos a do epigrafário, ou destinatário da epígrafe. Mais ou menos, isto é, quando o destinador é o autor do livro, é natural que o destinatário seja, para ele, o leitor virtual e, na prática, cada leitor real; poder-se-ia imaginar casos em que a epígrafe estaria, por alguma razão, tão intimamente ligada à dedicatória que ela seria clara e exclusivamente destinada ao dedicatário, mas não conheço nenhum caso. Se uma epígrafe fosse claramente atribuída ao narrador, seu destinatário seria não menos claramente o narratário, isto é, ainda o leitor, porque o ato tipicamente literário de assumir a escolha e a proposição de uma epígrafe (como uma dedicatória, e de modo mais geral todo elemento do paratexto) constituiria automaticamente o narrador em autor (o que não significa identificá-lo ao autor real, mas antes torná-lo, como Clara Gazul, um autor suposto), um autor que estaria sempre em busca e à espera de leitor: atribuir a Zeitblom a epígrafe de *Doktor Faustus* colocá-lo-ia como autor suposto de um manuscrito destinado à publicação, do qual Thomas Mann fingiria ser, como Sainte-Beuve em relação a *Joseph Delorme*, apenas o editor. Nesse caso de narração em primeiro grau (extradiegética), o leitor virtual seria, por sua vez, extradiegético e, portanto, de novo proposto à identificação com o leitor real. Dos casos de narração intradiegética (em segundo grau), deve-se seguramente excluir as narrações orais, que pouco se prestam à epígrafe – mas, em todo caso, suponhamos que Des Grieux abra sua narrativa com um enunciado do tipo: "Como exergo de minha história, proponho esta epígrafe..."; seu destinatário seria evidentemente seu narratário M. de Renoncour. Restam as narrações intradiegéticas escritas, e, com mais exatidão, escritas na forma e na qualidade de obras literárias, como o inesquecível *Curioso Impertinente* contido no *Dom Quixote*, ou *L'Ambitieux par amour* contido em *Albert Savarus*. Uma epígrafe na abertura dessas obras-dentro-da-obra teria por destinatário, de novo, um leitor virtual, mas intradiegético, como o autor dessa obra, espanhol do Século de Ouro, ou um contribuinte de Besançon, com quem o leitor real de *Dom Quixote* ou de *Savarus* só poderia identificar-se se atravessasse o espaço da narrativa primária, onde está representada uma situação literária (fictícia) completa, com seu autor, seu texto e seu público fictícios: em outras palavras, ao ler essa epígrafe, como a narrativa que ela encabeçaria, *por cima do ombro* dos leitores intradiegéticos. Em suma, o destinatário da epígrafe é sempre o da obra, que nem sempre é seu receptor de fato.

Funções

SEM DÚVIDA POR NÃO TER AMPLIADO minha pesquisa, vejo quatro funções da epígrafe, nenhuma das quais é explícita, já que epigrafar é sempre um gesto mudo cuja interpretação fica a cargo do leitor. As duas primeiras são mais ou menos diretas, as outras duas mais oblíquas.

A mais direta não é certamente a mais antiga: todos os exemplos que encontrei datam do século XX. É uma função de comentário, às vezes decisivo – de esclarecimento, portanto, e como tal de justificativa, não do texto, mas do *título*. É desse modo que *Sodome et Gomorrhe* encontra um eco e, para os menos informados, uma explicação no verso de Vigny já lembrado. Explicação: não só através da útil distribuição de papéis, mas também e sobretudo por meio da indicação preliminar de que esse volume não será um romance histórico ou um relato de viagem ao longo do Mar Morto, mas uma evocação da homossexualidade contemporânea – em outras palavras, que seu título deve ser tomado no sentido figurado. Essa função foi muito ilustrada na década de 1960, quando os artigos do *Littré* (no pior dos casos de *Le Robert*, raramente do *Larousse*, por não ser suficientemente chique) foram abundantemente solicitados para dar a alguns títulos um sentido mais preciso, ou mais profundo, ou mais ambíguo: vejam *Le Parc, Analogues, Fugue,* e muitos outros que esqueço.

Um efeito mais raro é aquele, inverso, em que o título modifica o sentido da epígrafe. Desse caso encontra-se uma ilustração particularmente saborosa, se ouso dizer, em *L'Intermédiaire,* no qual uma novela traz em exergo o famoso preceito de Santa Teresa d'Ávila, "Faça o que está em você": a novela intitula-se *Introduction aux lieux d'aisance* ("Entrada no Banheiro"). Gide tinha imaginado um efeito desse tipo para um capítulo de *Les Faux-Monnayeurs,* que deveria ter como epígrafe uma frase atribuída a Paul Bourget: "A família [...] essa célula social", que o título desse capítulo, "Le régime cellulaire", teria interpretado com muita brutalidade.

A prática da epígrafe como anexo justificativo do título praticamente se impõe quando o próprio título é constituído de um empréstimo, de uma alusão ou de uma deformação paródica (era, claramente, o caso de *Sodome et Gomorrhe*). Assim, *Le Voleur d'étincelles* de Brasillach traz em exergo o verso de Tristan Corbière do qual empresta seu título; *Por Quem os Sinos Dobram*, sua citação de Donne; *Le Dimanche de la vie*, de Hegel; *Les Merveilleux Nuages*, de Baudelaire; *Bonjour tristesse*, de Eluard etc. Alguns a dispensam, como *The Sound and the Fury*, *Suave É a Noite* ou *O Poder e a Glória*, e essas abstenções têm quase o efeito de uma elipse elegante. O exemplo mais bonito é, talvez, o de *Rendez-vous à Samarra*, que explicita seu título mediante a citação de uma página – soberba – de Somerset Maugham.

A SEGUNDA FUNÇÃO possível da epígrafe é, certamente, a mais canônica: consiste em um comentário do *texto*, cujo significado ela precisa ou ressalta indiretamente. Esse comentário pode ser claríssimo, como na autoepígrafe de *Maximes*, ou na citação de Píndaro que abre *Le Cimetière Marin* ("Minha alma, não aspire à vida eterna, mas esgote o campo do possível"), como na epígrafe de *La Nausée* tirada de Céline ("É um rapaz sem importância coletiva, é no máximo um indivíduo"), ou a de *Bavard*, atribuída a Rivarol ("Ele tem uma furiosa necessidade de falar, sufoca, rebenta se não falar"). É na maioria das vezes enigmático, de um significado que somente se esclarecerá, ou confirmará, com a plena leitura do texto; é o caso, evidentemente, das duas epígrafes do *Soulier de satin*: *Deus escreve direito por linhas tortas* e *Etiam peccata*. Essa atribuição de pertinência fica a cargo do leitor, cuja capacidade hermenêutica é não raro colocada à prova, e isso desde as origens da epígrafe de romance, em Scott, Nodier, Hugo ou Stendhal, que parecem ter desenvolvido o encanto por epígrafes decididamente enigmáticas, ou, como dizia Hugo, "estranhas e misteriosas". "A função do exergo", escreve Michel Charles[9], "é em grande parte fazer pensar, sem que se saiba o quê". Stendhal anotava, de maneira menos abrupta, na margem de *Armance*, mas tendo em vista *Le Rouge*: "A epígrafe deve aumentar a sensação, a emoção do leitor, se puder haver emoção, e não apresentar um julgamento mais ou menos filosófico sobre a situação"[10]. Essa função evasiva, mais afetiva do que intelectual e às vezes mais decorativa do que afetiva, pode muito bem ser atribuída à maioria das epígrafes do tipo, digamos logo, romântico. Ainda é, a meu ver, a função da já citada epígrafe de *Drame*. Muitas vezes, a pertinência semântica da epígrafe é de algum modo aleatória e podemos suspeitar, sem a menor maledicência, de que alguns autores colocam algumas ao acaso, persuadidos com

---

9. *L'Arbre et la Source*, Ed. du Seuil, 1985, p. 185.
10. *Œuvres intimes*, Pléiade, II, p. 129. Sobre a prática da epígrafe por Stendhal, cf. M. Abrioux, "Intertitres et épigraphes chez Stendhal", *Poétique* 69, fev. de 1987.

razão de que toda e qualquer comparação faz sentido, e que mesmo a ausência de sentido é um efeito de sentido, amiúde o mais estimulante ou o mais gratificante: pensar sem saber o quê não é um dos mais puros prazeres do espírito?

QUANTO À TERCEIRA FUNÇÃO, já disse que era a mais oblíqua. Com isso entendo, é claro, que a mensagem essencial não é aquela que se apresenta como tal. Se digo: "Ontem à noite, no jantar, Fulano me pareceu em plena forma" e se Fulano é um personagem ilustre e uma companhia lisonjeira, fica claro que, aqui, a informação principal não é sua aparente boa saúde, mas o fato de que jantei com ele. Da mesma forma, em uma epígrafe, o essencial muitíssimas vezes não é o que ela diz, mas a identidade de seu autor e o efeito de caução indireta que sua presença determina à margem de um texto – garantia menos onerosa em geral do que a de um prefácio, e mesmo do que a de uma dedicatória, visto que é possível obtê-la sem pedir-lhe autorização[11]. Por isso, a coisa importante em um grande número de epígrafes é apenas o nome do autor citado. Quando John Fowles coloca em exergo de *The French Lieutenant's Woman* esta frase exemplarmente insignificante: "A emancipação é sempre a volta do próprio homem a um mundo humano e a um sistema de relações humanas", compreendemos que uma citação como essa vale apenas pelo nome do autor: Karl Marx, que funciona aqui mais ou menos como uma dedicatória *in memoriam*. O livro de Blanchot, *L'Amitié*, não é dedicado a Georges Bataille, mas começa com uma frase sua, cuja função é análoga. Poder-se-ia, portanto, fazer interessantes estatísticas individuais ou históricas, não mais sobre o teor das epígrafes, mas sobre a identidade de seus autores[12]. A época romântica usou muita coisa de Scott, de Byron e, sobretudo, de Shakespeare; e Nodier colocou uma frase deste último autor (provável recor-

---

11. Existe, no entanto, pelo menos um caso notório de protesto, que acarretou uma supressão. *Les Caves du Vatican* começou a aparecer, na NRF, com uma epígrafe tirada, com a autorização de Claudel, de *L'Annonce faite à Marie* ("Mas de que Rei você fala e de que Papa? Pois existem dois e não se sabe quem é o bom"). No curso da publicação, Claudel manifestou um crescente embaraço por ver-se associado a semelhante obra e, quando uma página, confirmada por uma confidência epistolar, revelou-lhe a homossexualidade de Gide, ele exigiu a supressão da epígrafe da publicação em volume.

12. Em um exemplo mais técnico, nota-se, na abertura de *Gommes*, uma epígrafe cujo teor ("O tempo, que vigia tudo, deu a solução apesar de ti") importa menos do que o autor: Sófocles. Assim, a epígrafe pode, tanto quanto o título, carregar o contrato genérico (aqui, de hipertextualidade).

dista universal das epígrafes) no início de cada parte de *Smarra*. Mais perto de nós, Hemingway tira do prefácio de *Joseph Andrews* a epígrafe de cada uma das quatro partes de *The Torrents of Spring*. Tais gestos são evidentemente deliberados, e tenho lembrança de uma época em que um jovem escritor se acreditaria desonrado por não usar uma epígrafe de Mallarmé (de preferência de *Crise de vers*), de Lautréamont (preferentemente de *Poésies*), de Hölderlin, de Joyce, de Blanchot, de Bataille, de Artaud, de Lacan (preferencialmente de qualquer obra), até mesmo acumular cinco ou seis, para maior segurança, na abertura do mesmo capítulo. Essa moda hoje passou, o que ontem era muito elegante, hoje é muito cafona, mas a roda gira, e o que hoje nos aborrece certamente nos sensibilizará amanhã ou depois de amanhã. Não jogue fora suas velhas epígrafes: elas poderão servir para seus netos, se ainda souberem ler.

O efeito oblíquo mais poderoso da epígrafe deve-se talvez a sua simples presença, qualquer que seja ela: é o efeito-epígrafe. A presença ou a ausência de epígrafe assinala por si só, afora pequena margem de erro, a época, o gênero ou a tendência de um escrito. Já lembrei a discrição relativa, a esse respeito, da época clássica e da realista. Por contraste, a época romântica, sobretudo na ficção em prosa, se destaca por um grande consumo (não digo "produção") de epígrafes, que só se iguala decerto à pequena fase, da qual acabamos de sair, de vanguarda com pretensões intelectuais, e reciprocamente. Tem-se observado com razão, no excesso epigráfico do início do século XIX, um desejo de integrar o romance, e em particular o romance histórico ou "filosófico", em uma tradição cultural. Os jovens escritores dos anos 1960 e 1970 atribuíam-se pelo mesmo meio a sagração e a unção de uma (outra) filiação de prestígio. A epígrafe é por si só um sinal (que se quer *índice*) de cultura, uma senha para a intelectualidade. No aguardo de hipotéticas resenhas nos jornais, de prêmios literários e de outras consagrações oficiais, ela já é um pouco a sagração do escritor, que por meio dela escolheu seus pares e, portanto, seu lugar no Panteão.

A Instância Prefacial

Definição

CHAMAREI AQUI DE *PREFÁCIO* TODA ESPÉCIE de texto liminar (preliminar ou pós-liminar), autoral ou alógrafo, que consiste em um discurso produzido a propósito do texto que segue ou que antecede. Assim, o "posfácio" será considerado uma variedade de prefácio, cujos traços específicos, incontestáveis, me parecem menos importantes do que aqueles que ele tem em comum com o tipo geral.

A lista de seus parassinônimos é muito longa, ao sabor das modas e inovações diversas, como esta amostra desordenada e nada exaustiva pode sugerir: *introdução, prolegômenos, prólogo, nota, notícia, aviso, apresentação, exame, preâmbulo, advertência, prelúdio, discurso preliminar, exórdio, proêmio* – e, para o posfácio: *epílogo, pós-escrito, remate, fecho* e outros. Muitas nuanças distinguem naturalmente esses termos, sobretudo em situação de copresença, como nas obras de tipo didático, onde o prefácio assume uma função ao mesmo tempo protocolar e mais circunstancial, precedendo uma introdução ligada mais estreitamente ao objetivo do texto – o que Jacques Derrida indica muito bem ao falar do paratexto hegeliano: "Deve-se distinguir o *prefácio* da *introdução*. Não têm a mesma função nem a mesma dignidade aos olhos de Hegel, embora coloquem um problema análogo em sua relação com o corpo da exposição. A introdução (*Einleitung*) tem uma ligação mais sistemática, menos histórica, menos circunstancial com a lógica do livro. É *única*, trata de problemas arquitetônicos, gerais e essenciais, apresenta o conceito geral na sua diversidade e sua autodiferenciação. Os prefácios, ao contrário, multiplicam-se de edição para edição e levam em conta uma historicidade mais empírica; respondem a uma necessidade de circunstância..."[1]. Mas os textos didáticos não são os únicos que podem conter diversos discursos liminares: prefácio e posfácio, ou dois prefácios com esta-

---

[1]. *La Dissémination*, Éd. du Seuil, 1972, p. 23. Cf. J.-M. Schaeffer, "Note sur la préface philosophique", *Poétique* 69, fev. de 1987.

tutos de enunciação diferentes: um alógrafo, o outro autoral, como em *Les Plaisirs et les Jours*, ou um autoral e o outro atribuído a um personagem-narrador, como em *Gil Blas*. Voltarei, certamente, a essa questão.

Afora esses casos de copresenças, as nuanças são mais de ordem conotativa: *exórdio, preâmbulo* ou *proêmio* são mais rebuscados, pedantes ou preciosos, *introdução, nota* ou *notícia* mais modestas – de uma modéstia sincera ou fingida conforme o caso. Mas um texto liminar não é obrigatoriamente qualificado: o que por comodidade chamamos "prefácio" de *Caractères* não contém outra marca senão a repetição do título, e muitos prefácios modernos distinguem-se apenas pelo emprego de algarismos romanos nos números de página (procedimento surgido em meados do século XVIII e ainda usado para o paratexto crítico de algumas edições eruditas) e/ou, com mais frequência atualmente, pelo uso do itálico: como em *L'Espace littéraire* ou *Le Degré zéro de l'écriture*[2]. A um prefácio pode-se também dar um título, não genérico, como todas as designações mencionadas até agora, mas temático: o texto (pré)liminar de *Faux Pas* intitula-se "Da Angústia à Linguagem", o (pós-liminar) de *La Part du Feu*, "A Literatura e o Direito à Morte"; sua função paratextual é indicada, ou melhor, sugerida, apenas por itálicos, sem os quais apareceriam como simples capítulos. Para concluir estas questões de definição e de terminologia, lembro que muitas dedicatórias extensas podem, como a de *Les Plaisirs et les Jours,* citada há pouco, desempenhar o papel de prefácio (mencionaremos algumas desse tipo), e que a recente valorização do *release* permite a este, muitas vezes, fazer o mesmo.

Pré-história

AO CONTRÁRIO DO TÍTULO e do nome de autor, hoje praticamente indispensáveis, o prefácio, certamente, nunca é obrigatório, e as considerações que seguem não deverão ocultar os casos de ausência, inumeráveis por falta de estatísticas que nos esclareceriam, talvez utilmente, acerca da aplicação dessa prática segundo as épocas, os gêneros, os autores e as tradições nacionais. Não está pois a meu alcance, nem aliás é meu propósito, esboçar aqui uma história do prefácio. Ademais, e não para fazer da necessidade uma virtude,

---

2. Em sua edição original, de 1953, e em sua reedição em Points, de 1972, onde o título corrente indica, porém, "Introdução". Na edição Méditations, de 1965, este texto liminar intitulava-se de fato "Introdução". Aqui como alhures, o estatuto pode variar de uma edição para outra.

não me parece, de acordo com minhas leituras, que semelhante história fosse muito importante: após uma (longuíssima) fase de pré-história de que vou falar um pouco, a maioria dos temas e dos procedimentos do prefácio existem desde meados do século XVI, e as variações posteriores não se devem a verdadeira evolução, mas a uma série de escolhas diversas num repertório muito mais estável do que se acreditaria *a priori,* e que sobretudo os próprios autores desconhecem (e recorrem, muitas vezes, sem saber, a receitas já bem testadas).

Entendo aqui por "pré-história" todo o período que vai, digamos, de Homero a Rabelais, e durante o qual, por razões materiais evidentes, a função prefacial é assumida pelas primeiras linhas ou pelas primeiras páginas do texto. Como todos os outros elementos do paratexto, o prefácio separado do texto pelos meios de apresentação que hoje conhecemos, alguns dos quais já mencionei, é uma prática ligada à existência do livro, isto é, do texto impresso. A era dos manuscritos caracteriza-se, ainda aqui, por uma economia de meios facilmente compreensível. Mas, diferentemente de outros elementos como o título e o nome de autor, não se pode dizer que essa pobreza da apresentação (ilustrações à parte) tenha sufocado inteiramente a prática prefacial: dir-se-ia com mais correção que a dissimula ao privá-la dos meios de se assinalar por uma colocação em destaque. Deve-se, portanto, procurar nos inícios (e eventualmente nos fins) de texto essas declarações pelas quais o autor apresenta e às vezes comenta sua obra.

Os primeiros versos da *Ilíada* ou da *Odisseia* ilustram desse modo essa prática do *prefácio integrado*: invocação à musa, anúncio do assunto (cólera de Achille, andanças de Ulisses) e determinação do ponto de partida narrativo: querela entre Achille e Agamemnon na *Ilíada* e, na *Odisseia,* esta fórmula talvez indicativa de uma estrutura sabidamente mais complexa: "Conte estas aventuras começando onde você quiser (*amothèn*)". Essa atitude se tornará naturalmente a norma do *incipit* épico, e conhece-se o primeiro verso da *Eneida*, de uma sobriedade monumental: *Arma virumque cano, Trojæ qui primus ab oris*, que, como lembrei acima, talvez viesse, originalmente, antecedido de uma espécie de lista, também integrada ao texto, das obras anteriores "do mesmo autor". Ainda no século XVI, as primeiras estrofes de *Orlando Furioso* e de *Jerusalém Libertada* contêm estas exposições do assunto, combinadas, como vimos, com justificativas da dedicatória.

A transmissão oral pelos rapsodos também continua certamente essas espécies de preâmbulos, e talvez outros elementos de apresentação que não chegaram até nós. A eloquência clássica tinha o seu, chamado ritualmente *exórdio,* que, entre outros lugares-comuns, continha os tipicamente prefaciais: dificuldade do assunto, anúncio das intenções e do desenvolvimento do discurso. Em *Sobre a Mudança,* arrazoado fictício, Isócrates coloca antes de seu exórdio uma verdadeira advertência ao leitor-recitador sobre a natureza do texto, que, sem dúvida, não era destinado à leitura pública: diferença de registro que antecipa nossos limiares de apresentação escrita.

As primeiras páginas da *História* de Heródoto, batizadas tradicionalmente de "proêmio", constituem na verdade um prefácio com exposição de intenção e de método, que se inicia, contrariando a prática épica, com o nome do autor e uma espécie de enunciado do título: "Heródoto de Túrio expõe aqui suas investigações, para impedir que aquilo que os homens fizeram não se apague, com o tempo, da memória, e que grandes e maravilhosos feitos, realizados tanto pelos Bárbaros quanto pelos Gregos, não cessem de ser lembrados". Tucídides faz o mesmo no início da famosa "introdução" constituída pelos vinte e dois primeiros capítulos de sua *Guerra do Peloponeso*: "Tucídides de Atenas contou como se desenvolveu a guerra entre os peloponeses e os atenienses…". Segue-se uma justificativa da obra pela importância de seu assunto, e uma exposição do método; Tito Lívio ampliará essa prática, aqui batizada pela tradição de *præfatio* (é evidentemente a origem de nosso termo), na abertura de vários livros de sua *História Romana*, textos em que comenta sua obra na primeira pessoa, atitude de discurso já característica do prefácio moderno.

Encontra-se talvez uma imitação desses *incipits* históricos, e até na declinação de identidade, no primeiro romancista conhecido, Cariton, que começa assim seu *Quéreas e Calírroe*: "Eu, Cariton de Afrodísia, secretário do retor Atenágoras, vou contar uma história de amor que aconteceu em Siracusa". Os outros romances antigos parecem, em geral, menos dados a preâmbulos: *As Etiópicas, Leucipo e Clitofonte* e *A Vida de Apolônio* começam sua narrativa *ex abrupto*. Mas o primeiro parágrafo de *Uma História Verdadeira* de Luciano constituía uma espécie de prefácio polêmico, acusando de mentirosos todos os relatos anteriores de viagens, a começar pelo de Ulisses entre os feácios, e reivindicando o mérito ambíguo de uma fabulação explícita. O primeiro parágrafo das *Metamorfoses* de Apuleu contém uma espécie de definição genérica ("prosa milesiana") e termina em uma demarcação muito explícita e mesmo educada entre prefácio e narrativa: "Eu começo". A primeira página de *Dafne e Cloé* justifica a continuação pelo desejo de rivalizar com certo quadro que representa uma cena de amor.

O estatuto eventual do prefácio no teatro é constitutivamente muito diferente, visto que consideramos hoje como tal um texto que não era destinado à representação³, e que se encontra apenas no início de uma edição, na maioria das vezes (pelo menos na era clássica) posterior à encenação. O teatro antigo e medieval não conhecia, portanto, nada parecido. O termo *prólogo*, que no teatro antigo designa tudo o que, na própria peça, antecede a entrada do coro, não deve induzir a erro: sua função, mais que de apresentação e menos ainda de comentário, é de exposição, no sentido dramático da palavra, na maioria dos casos (como em Ésquilo e Sófocles) sob a forma de cena dialogada, às vezes (em Eurípides), como monólogo de personagem. Aparentemente, apenas a comédia pode revestir esse monólogo de uma função de advertência ao público, comentário falacioso e eventualmente polêmico ou satírico em relação aos confrades, no qual se deve ver um verdadeiro paratexto cênico, antecipando por necessidade uma das formas mais ardilosas do prefácio moderno: o prefácio actoral, de ator, cujo enunciador suposto é uma das personagens da ação. É o caso do monólogo de Xântias no início (ou quase) de *As Vespas*, e dos numerosos prólogos polêmico-teóricos de Plauto e de Terêncio. O que nos resta do de *Pseudolus* fornece o nome do autor; o de *Asinaria* indica o título, as fontes e o estatuto genérico; o de *Anfitrião* é o mais famoso, porque nele Mercúrio define a peça, grande inovação, como "tragicomédia"; o de *Fórmion* responde às críticas de um concorrente, e o do *Heautontimorouménos* reage à crítica de "contaminação" (misturar as intrigas de duas peças anteriores para produzir uma terceira mais complexa) invocando o exemplo dado por outros; nesses dois últimos casos, o prólogo termina com um apelo à calma e à atenção do público, que mostra muito bem, se fosse necessário, que a peça propriamente dita começa ali.

Essa função parcialmente paratextual do prólogo quase não sobrevive à Antiguidade clássica a não ser de maneira esporádica e muitas vezes lúdica. Dela Shakespeare oferece apenas traços em *Romeu e Julieta* e em *Henrique IV*; dos diversos tipos de prelúdio praticados pelo teatro espanhol (o *entremés*, o *introito*, o *paso*, a *loa*), somente o *paso* parece ter cumprido uma função comparável à dos prólogos de Plauto⁴. A edição das peças logo irá oferecer aos autores uma ocasião menos... espetacular, mas talvez mais eficaz, de acertar

---

3. De maneira excepcional e um tanto lúdica, a encenação de *Le Cid* por Francis Huster (novembro de 1985) faz subir ao palco um Corneille de roupa moderna para ler seu prefácio.

4. Sobre esses prólogos espanhóis, ver A. Porqueras Mayo, *El Prólogo como Género Literario. Su estudio en el Siglo de Oro*, Madri, 1957, e seus trabalhos ulteriores: *El prólogo en el Renacimiento Español*, Madrid, 1965; *El Prólogo en el Manierismo y el Barroco Españoles*, Madrid, 1968; *Ensayo Bibliográfico del Prólogo en la Literatura*, Madrid, 1971.

suas contas com a crítica ou a cabala, mas já estaremos então em pleno regime moderno do prefácio. Os dois traços mais característicos do regime antigo são, de acordo com meu conhecimento (muito lacunar), o primeiro prólogo do *Fausto* de Goethe, "Prólogo sobre o Teatro", discussão totalmente profissional entre o diretor, o poeta e o bufão sobre o que convém levar à cena hoje (o segundo prólogo, "No Céu", sobre a aposta entre Deus e o Diabo acerca do destino de Fausto, já faz parte da ação); e o monólogo do Anunciante do *Soulier de satin*, que, como vimos, declina o título completo da peça e termina com esta saborosa paródia de antigos chamados ao público: "Escutem bem, não tussam e tentem compreender um pouco. O que os senhores não compreendem é que é o mais belo, o que é mais longo é o que é mais interessante, e o que os senhores não acharem divertido é que é o mais engraçado". Isso, talvez, só é verdadeiro no teatro. Mas voltemos à nossa pré-história, ou, para falar como Tucídides, à nossa arqueologia do prefácio.

A EPOPEIA E O ROMANCE medievais parecem praticar, indiferentemente, o prólogo integrado e o começo *ex abrupto* – mais abrupto no caso do que o da epopeia antiga, que sempre continha pelo menos uma invocação à musa e uma indicação do assunto. *La Chanson de Roland* começa sem preâmbulos: "Carlos o rei, nosso grande imperador, ficou sete anos completos na Espanha…", mas, inversamente, *La Prise d'Orange* abre-se com um prólogo[5] de regime tipicamente oral:

> Escutem, senhores, a fim de que Deus os abençoe, o glorioso, o filho de Santa Maria, escutem a canção exemplar que vou narrar-lhes! Ela não tem por tema uma ação insensata ou sem propósito, não saiu de fontes mentirosas nem foi feita pelo gosto da mentira, mas trata de valentes cavaleiros que conquistaram a Espanha…

A segunda tirada inicia o relato de um modo narrativo bem contrastante: "Estava-se em maio, na volta da bela estação…". Mesmo ecletismo em Chrétien de Troyes, que aborda *ex abrupto* o relato de *Érec et Énide* e de *Yvain*, mas começa *Cligès* com o prólogo já citado por sua lista de obras do mesmo autor, e que contém uma indicação de fonte característica da maneira como os romancistas da Idade Média se abonavam: "Esta história que lhes quero contar encontramo-la escrita em um dos livros da biblioteca de monsenhor

---

5. A edição Régnier (Klincksieck, 1983) dá na verdade dois à escolha, o segundo dos quais é mais sóbrio, mas igualmente de tipo oral: "Escutem, senhores, nobres cavaleiros honrados!"

Saint Pierre em Beauvais. Ele atesta-lhe a verdade, por isso deve ser acreditada". *Lancelot* começa com a invocação de um pedido de "madame de Champagne", que vale evidentemente por uma dedicatória, mas também por um reconhecimento de gratidão quanto ao assunto: "Chrétien começa portanto a escrever seu livro do Cavaleiro na charrete. A condessa lhe dá a matéria e o sentido…". Mesmo efeito no início de *Perceval*, encomendado por Philippe de Flandres: "Chrétien, por encomenda do conde, aplica-se a rimar a melhor história jamais escrita em corte real. É o conto do Graal, cujo livro o conde lhe entregou. Vejam como ele cumpriu a tarefa"[6]. Diante da escolha entre os dois tipos de *incipit*, sabe-se como a mais ilustre narrativa (não ouso dizer romance) da Idade Média se comporta, um século e meio depois: "*Nel mezzo del camin…*". Não direi que esse *mezzo* deriva do *in media res* da epopeia antiga, pois ali é o começo da história, mas eis, pelo menos, uma narrativa sem prólogo, embora essa ausência possa estar ligada a algo inacabado. Quanto ao *Decamerone*, contém uma espécie de prefácio geral, onde o autor expõe os motivos pessoais de sua empresa (lembrança de uma aventura amorosa) e sua escolha do público feminino: dois temas que prometem vasta posteridade; a introdução à primeira Jornada confirma essa orientação para as "amáveis leitoras", de acordo com uma distribuição secular: aos homens o heroico, às mulheres o romanesco.

Os historiadores medievais também parecem hesitar entre o prólogo integrado e o começo abrupto, a menos que não se veja aqui uma evolução significativa: Villehardouin se abstém, Clari indica com uma palavra seu assunto, Joinville começa com uma dedicatória a Luís X e um anúncio de seu plano, Froissart se nomeia e justifica sua empresa à maneira de Heródoto: "A fim de que as grandes maravilhas e os belos feitos de armas, que aconteceram nas guerras de França e de Inglaterra…", Commynes dedica suas Memórias sobre Luís XI a Monsenhor Arcebispo de Viena, que lhas havia encomendado.

---

6. Sobre esses prólogos de romances medievais, ver P.-Y. Badel, "Rhétorique et polémique dans les romans du moyen âge", *Littérature*, 20 dez. 1975. Neste estudo, o autor dirige-se sobretudo "aos modernistas, com quem gostaria de determinar se [esses prólogos] manifestam-se a longo prazo e se, quando e em que condições houve ruptura nesse domínio". Se o simples generalista pode propor uma resposta, já se sabe que, e se verá cada vez melhor o porquê, a minha pende em favor da primeira hipótese. As únicas rupturas, no caso, entre o arquiprefácio medieval (e antigo) e os prefácios modernos devem-se à mudança de regime (do oral e do manuscrito para o livro impresso), e de atitudes do poeta diante de seu texto: o romancista moderno não se protege mais, como Chrétien e tantos outros (até Cervantes, talvez por imitação satírica), atrás de um "conto" preexistente que ele apenas "rimaria". Mas as funções do prólogo antigo e medieval já são tipicamente prefaciais.

PARECE-ME JUSTO CONCLUIR este sobrevoo com o que, já em plena era do livro impresso, proclama da maneira mais brilhante e mais representativa o advento do prefácio moderno[7]: os prólogos de Rabelais. O de *Pantagruel* praticamente não passa de uma espécie de contrato de continuação em relação às *Grandes Chroniques*, pelo que nos oferece "um outro livro do mesmo tipo, somente um pouco mais justo e digno de fé". O de *Gargantua* é muito mais ambicioso, embora ambíguo (voltarei a essa questão): é, como se sabe, o convite semibufão a uma leitura interpretativa no "mais alto sentido". Após esse lance brilhante, a sequência será mais difícil de negociar, pois seria necessário renovar indefinidamente esse convite. Rabelais resolve a questão com um virtuosismo que será, ele também, muito imitado, senão igualado: no início do *Tiers Livre*, uma espécie de embuste um tanto evasivo do tema: no cerco de Corinto, em que todos se movimentavam, Diógenes, para não ficar em dívida, rolava seu barril para todo lado; assim faço aqui, durante a presente guerra, por não combater (já é o argumento da utilidade paradoxal da obra inútil). Para o *Quart Livre*, um "prólogo aos leitores benevolentes" leva ainda mais longe a impertinência: longa amplificação a partir da velha fábula das três machadinhas, seguida dessa transição simplíssima: e agora, tussa de uma vez, beba três goles e ouça o que segue. Em outras palavras: é preciso um prefácio, mas já não tenho nenhuma mensagem prefacial para dirigir-lhes; eis, pois, uma história sem relação com a continuação. Sem relação? Imagino que inúmeros exegetas mais engenhosos do que eu (não é mais Rabelais quem fala) encontraram relações não menos numerosas e não menos engenhosas, mas prefiro antes lê-lo aqui como o primeiro exemplar de um tipo funcional que voltaremos a encontrar: o do prefácio elusivo.

Forma

OS PREFÁCIOS INTEGRADOS da era pré-gutenberguiana, que na verdade eram seções de texto com função prefacial, não levantavam, por esse mesmo fato, qualquer problema sobre a sua localização (inevitavelmente, nas primeiras, ou às vezes, nas últimas[8] linhas do texto), sua data de aparecimento (a da primeira

---

7. Não quero dizer com isso que esses "prólogos" sejam cronologicamente os primeiros prefácios separados da história do livro, cuja data exata de aparecimento ignoro. Seu valor inaugural é evidentemente simbólico.

8. Como o célebre *explicit* de *La Chanson de Roland*: "Ci falt la geste que Turoldus declinet", paratexto tão característico quanto enigmático.

"publicação" do texto), seu estatuto formal (é o do texto), a determinação do seu destinador (é o autor real ou suposto do texto) e a do seu destinatário (evidentemente, ainda é o do texto, reserva feita aos segmentos invocatórios ou dedicatórios, em que um destinatário-relé – a musa, o dedicatário – pode interpor-se momentaneamente entre o autor e o leitor). Mas, desde que o prefácio se emancipa para ascender a um estatuto textual relativamente autônomo, essas questões vão começar a surgir, e devemos lembrá-las mais ou menos rapidamente, antes de abordar o ponto essencial, que será, aqui como alhures, o da função.

O estatuto formal (e modal) mais frequente é, evidentemente, o de um discurso em prosa, que pode contrastar, por seus traços discursivos[9], com o modo narrativo ou dramático do texto (prólogo de *Gargantua*, prefácio de *Britannicus*), e, por sua forma prosaica, com a forma poética do texto: prefácio de *Feuilles d'automne*. Mas certos prefácios podem, excepcionalmente, assumir a forma dramática de um diálogo (*Entretiens sur le Fils naturel*, prefácio de *La Nouvelle Héloïse*), ou mesmo de uma pequena peça de teatro: vejam a "comédia a propósito de uma tragédia" colocada na abertura da segunda edição de *Le Dernier Jour d'un condamné*. Outros podem, no todo ou em parte, valer-se do modo narrativo, por exemplo, para fazer o relato, verídico ou não, das circunstâncias da redação (prefácios de Scott, de Chateaubriand, de James, de Aragon) ou da descoberta do texto, quando é atribuído a um autor fictício (*Viagens de Gulliver, Adolphe, O Nome da Rosa*), e é, na verdade, raríssimo que um prefácio não contenha aqui ou ali tais fundamentos narrativos. Se o texto é ele próprio de tipo discursivo, o prefácio pode até incluir os únicos elementos narrativos do livro, como os de *Essai sur les révolutions* ou de *Génie du christianisme*. Nada enfim proíbe de investir com uma função prefacial o poema inicial de uma coletânea, como acontece com frequência em Hugo: "Prelúdio" (após o prefácio em prosa) de *Chants du crépuscule*, "Função do Poeta" no início de *Rayons et les Ombres*, "Nox" e "Lux" no início e no fim de *Châtiments*, "Visão de Onde Saiu Este Livro" no início de *La Légende des siècles*, entre outros. É também o estatuto de "Ao Leitor" de *Fleurs du mal*. A coletânea em prosa de Huysmans, *Le Drageoir aux épices*, é até dotada de um "soneto liminar" com função tipi-

---

9. Sobre os aspectos propriamente linguísticos desta discursividade, ver H. Mitterand, "La préface et ses lois: avant-propos romantiques" (1975), *Le Discours du roman*, PUF, 1980. Esse estudo, baseado nas categorias de Benveniste, examina três prefácios do século XIX: os de Bignan, para *L'Échafaud*, de Balzac para *La Comédie humaine*, e de Zola para *Thérèse Raquin*.

camente prefacial[10], que inverte o contraste habitual – e esse caso não é único: encontra-se uma espécie de prefácio em verso no início de *A Ilha do Tesouro*.

Lugar

A ESCOLHA ENTRE OS DOIS LOCAIS, preliminar ou pós-liminar, evidentemente não é neutra, mas levaremos em conta a importância do lugar em razão das funções. Apenas observemos por ora que muitos autores consideram a localização terminal mais discreta e mais modesta. Balzac qualifica a nota final da edição de 1830 de *Scènes de la vie privée* como "nota imodesta mas em lugar humilde". Walter Scott, dando ao último capítulo de *Waverley* o título de "Pós-escrito que Deveria Ter Sido um Prefácio", joga de maneira mais ambígua com esse efeito de lugar: Como um cocheiro que pede uma gorjeta, peço aqui, diz ele mais ou menos, um último instante de atenção. Mas, acrescenta, as pessoas raramente leem os prefácios, e começam um livro muitas vezes pelo fim. Por isso, este pós-escrito servirá muito bem, para esses leitores, como um prefácio. De resto, muitas obras contêm os dois, como *Les Lois de l'hospitalité*, e obras monumentais, e do tipo didático, como *Le Génie du christianisme* ou *L'Esprit des lois*, contêm frequentemente um prefácio ("Ideia Deste Livro", "Objeto Deste Livro") no início de cada grande seção. Mas é o caso também de uma obra de ficção como *Tom Jones*, na qual cada "livro" abre-se com um capítulo-ensaio com função diversamente prefacial: são, no caso e de certa maneira, prefácios internos, justificados pela extensão e pela divisão do texto. Mais gratuitamente e por divertimento, Sterne insere um prefácio entre os capítulos XX e XXI de *Tristram Shandy*, e, em alguma parte de *A Sentimental Jorney*, um "Prefácio [escrito] na Distração" (num carro de posta). Pode-se ainda, mais indiretamente, dar um estatuto metatextual a semelhante seção do texto, como faz Blanchot ao designar, com uma nota liminar em *L'Espace littéraire*, o capítulo "Le regard d'Orphee" como o "centro" dessa obra; ou ainda, dando ao conjunto o título de uma de suas partes, inicial ou não, que é colocada indiretamente em destaque; veja-se, do mesmo Blanchot, *Le Livre à venir*.

Quem diz lugar diz possibilidade, no tempo, e em particular de uma edição para outra, de troca de lugar, que acarreta às vezes uma mudança de estatuto; um prefácio, autoral ou alógrafo, pode tornar-se capítulo de uma cole-

---

10. Raramente era o caso dos poemas liminares, que eram mais dedicatórias, protocolares ou ornamentais, dos romances da época clássica.

tânea de ensaios: vejam os de Valéry em *Variété*, de Gide em *Incidences*, de Sartre em *Situations* ou de Barthes em *Essais critiques*; ou mesmo uma coletânea de prefácios, todos autógrafos como os de James em *The Art of the Novel* (coletânea póstuma de 1934), ou todos alógrafos como os de Borges em seu *Prólogos*, de 1975. Em todos esses casos, o prefácio tem duas localizações, a original e a da coletânea: mas a original pode ser desalojda de uma edição posterior, como a reimpressão de 1968 de *Damnés de la terre*, de Frantz Fanon, que suprime o prefácio de Sartre (1961) por motivo de discordância posterior entre o prefaciador e a viúva do autor – entrementes, esse ex--prefácio encontrara um asilo antecipado em *Situations v*. Inversamente, um ensaio originalmente autônomo pode ser adotado mais tarde como prefácio: um artigo de Gilles Deleuze sobre *Vendredi* de Michel Tournier, publicado primeiramente em revista (1967), depois retomado em *Logique du sens* (1969), torna-se, em 1972, posfácio na edição de bolso desse romance. "A Defesa de *L'Esprit des lois*" ou o de *Génie du christianisme*, inicialmente publicados à parte, tornam-se, na primeira ocasião, espécies de posfácios posteriores. O mesmo processo em Rousseau ou Tolstói, impedidos por razões diversas de publicar, na abertura da primeira edição, um o "Prefácio de *Julie* ou Conversa sobre os Romances", outro "Algumas Palavras a Propósito de *Guerra e Paz*"[11], que depois se juntaram ao peritexto oficial dessas duas obras. Alguns prefácios, enfim, são suficientemente longos para constituir um volume autônomo, seja no começo (o *Saint Genet* de Sartre, de 1952, apresentado como primeiro volume das *Obras Completas* de Genet), seja posteriormente: a "Introdução" do mesmo Sartre para *Écrits intimes* de Baudelaire[12], que um ano depois virou um livro, também ele provido de um prefácio de Leiris. É provável que outros tipos de avatares me escaparam.

Momento

É LUGAR-COMUM OBSERVAR que os prefácios, assim como os posfácios, são em geral escritos após o texto a que se referem (existem talvez exceções a essa norma de bom senso, mas não conheço nenhuma que seja formalmente

---

11. O primeiro havia aparecido separadamente, em 1761, na editora Rey, o outro, em 1868, na revista *Archives russes*.

12. Coleção Incidences, ed. du Point du jour, 1946. A apresentação em livro aparece na Gallimard, em 1947.

confirmada); este não é, no entanto, nosso objetivo, já que a função prefacial se exerce sobre o leitor e que, sob tal aspecto, o momento pertinente é o da publicação. Entre a data da edição original e o lapso indefinido de tempo subsequente, a hora de aparecimento de um prefácio pode ocupar uma infinidade de momentos, mas me parece realmente que essa indeterminação se concentra, como indiquei na introdução, em certas funções típicas e funcionalmente significativas. O caso mais frequente é, sem dúvida, o do prefácio *original*: assim, o prefácio autoral de *La Peau de chagrin*, agosto de 1831. O segundo momento típico é aquele que, na falta de nome melhor, chamarei prefácio *posterior*; sua ocasião canônica é a segunda edição, que pode seguir de muito perto a original, mas que muitas vezes oferece uma ocasião pragmática muito específica (voltarei a essa questão): assim, o prefácio da segunda edição (abril de 1868) de *Thérèse Raquin* (edição original: dezembro de 1867), ou a da primeira edição corrente (novembro de 1902) de *L'Immoraliste* (edição original: maio de 1902); ou, ainda, uma tradução: prefácio da edição francesa (1948) de *Au-dessous du volcan* (1947), ou da edição americana (1982) de *La Plaisanterie* (1967). Mas certas edições originais podem ser posteriores à primeira aparição pública de um texto: é o caso das peças de teatro encenadas antes de serem impressas; de romances primeiro pré-publicados em folhetins (jornal ou revista); das coletâneas de ensaios, de poemas, de novelas, cujos elementos apareceram primeiro em periódicos. Em todos esses casos, a edição original pode ser, paradoxalmente, a ocasião de um prefácio tipicamente posterior.

O terceiro momento pertinente é o do prefácio *tardio*, seja para a reedição tardia de uma obra isolada (*Lettres persanes* em 1754, *Les Nourritures terrestres* em 1927, *Adrienne Mesurat* em 1973), seja para a edição original tardia de uma obra que tenha ficado inédita por muito tempo (*Les Natchez* em 1826), seja para a conclusão tardia de uma obra de longo fôlego e de publicação escalonada (*L'Histoire de France* de Michelet, em 1869), seja, enfim, e talvez seja o caso mais frequente e mais significativo, para uma coletânea tardia de obras completas ou escolhidas: como nos "exames" da edição de 1660 do teatro de Corneille, os prefácios de Chateaubriand para a edição Ladvocat (de 1826 a 1832) de suas obras "completas", de Scott (de 1829 a 1832) para seus romances, de Nodier para a edição de Renduel (1832-1837), de Balzac para *La Comédie humaine* em 1842, de James para a edição de New York (1907-1909), de Aragon para suas obras romanescas (1964-1974) e para o início de sua obra poética (1974-1981). Ao contrário dos prefácios posteriores, que se referem a um "depois" tão imediato quanto possível, os prefácios tardios são geralmente o lugar de uma reflexão mais "madura", que não raro tem certo tom testamentário, ou, como dizia Musil, *pré-póstumo*: último "exame" de sua obra por um autor que não terá talvez ocasião de voltar a ela. O pré-póstumo é evidentemente uma antecipação do póstumo, uma atitude diante da posteridade. Scott diz, de forma bastante jocosa, que a coletânea de suas obras romanescas deveria ter sido póstuma, mas que circunstâncias (jurídicas e financeiras) não o permitiram. Sabe-se que esse foi também o desejo de Chateaubriand para *Mémoires d'outre-tombe*, de cujo prefácio uma parte é com razão chamada "testamentária". Alguns prefácios tardios ilustram, pois, uma variedade que é a do prefácio póstumo; póstumo quanto à publicação, não se precisa dizer, e é aliás, tanto para o paratexto quanto para o próprio texto, o sentido corrente desse adjetivo, salvo auxílio do espiritismo. Mas, ao contráro do texto, um prefácio pode ser de *produção* póstuma, se for alógrafo: voltaremos a esse caso. Por agora retenhamos apenas que o prefácio alógrafo pode também ser original (Anatole France para *Les Plaisirs et les Jours*), posterior (Malraux para *Sanctuaire*), tardio ântumo (Larbaud para *Les lauriers sont coupés*), e pode-se acrescentar-lhe o privilégio de uma produção póstuma, próxima (Flaubert para *Dernières Chansons* de Louis Bouilhet) ou distante (Valéry para *Lettres persanes*), ou melhor – quero dizer mais distante – (Pierre Vidal-Naquet para a *Ilíada*).

ESSES ESCALONAMENTOS NOS INSTANTES em que aparece o prefácio podem acarretar problemas de duração, pois um prefácio produzido para uma edição pode desaparecer, definitivamente ou não, em outra posterior, se o autor julgar que já desempenhou sua função: desaparecimento simples, ou substituição. O recorde de brevidade cabe, como já disse, a *La Peau de chagrin*[13], publicado no início da edição original, em agosto de 1831, e suprimido um mês depois na republicação dessa obra na coletânea *Romans et Contes philosophiques*. Todos os prefácios originais de Balzac são, aliás, por uma razão que voltaremos a discutir, destinados a desaparecer, e desaparecerão efetivamente na edição de *La Comédie humaine*, em favor do famoso Prólogo de 1842; caso típico de substituição, mas que não era inédito: as advertências originais de Corneille dão lugar, em 1660, a uma série de "exames" tardios, e Racine efetua, em 1676, para a primeira edição coletiva de suas obras, uma substituição análoga em *Alexandre, Andromaque, Britannicus* e *Bajazet*: em todos esses casos, podemos divertir-nos, em um dia de greve ou de chuva, a medir as respectivas durações. Mas alguns autores preferem acrescentar um novo prefácio

---

13. Ver a esse respeito N. Mozet, "La préface de l'édition originale [de *la Peau de chagrin*]. Une poétique de la transgression", em C. Duchet (ed.), *Balzac et la Peau de chagrin*, CDU-SEDES, 1979.

sem suprimir o antigo: é o que fazem, por razões diversas, Scott, Chateaubriand, Nodier, Hugo (em *Odes et Ballades*), Sand (em *Indiana*). Esses casos de coexistência acarretam, por sua vez, escolhas de locais relativos e, portanto, de disposição; de edição em edição, Hugo dispõe seus prefácios em sequência, em ordem cronológica (1822, 1823, 1824, 1826, 1828, 1853), para permitir que o leitor, diz ele em 1828, "observe, nas ideias que ali estão, uma progressão de liberdade não desprovida de significação nem de ensinamento"; essa significação, então de ordem mais estética (passagem do classicismo ao romantismo), será por sua vez revisada, em 1853, em um sentido político: evolução da monarquia para a democracia. Outros, como Scott ou Nodier, colocam no início o prefácio mais recente, como que exprimindo o estado presente de seu pensamento sobre a obra, e os anteriores em seguida, o que, ao mesmo tempo, os recua para o passado e os aproxima do texto até quase reabsorvê-los, ilustrando o princípio geral de que, com o tempo e perdendo sua função pragmática original, o paratexto, salvo desaparecimento, se "textualiza" e se integra à obra. Outros ainda, como Chateaubriand, preferem descartar para um apêndice o paratexto anterior, o que lhe atribui um valor mais documental; nos dois casos, porém, trata-se (também) de nada perder.

Mantidos ou suprimidos pelo autor em vida, é um (saudável) costume que os diversos prefácios (pelo menos os autógrafos) sejam mantidos ou restabelecidos nas edições póstumas eruditas. Aqui também, impõe-se ao editor crítico uma escolha de disposição, variável segundo as situações e determinada geralmente pela escolha do texto. Quando se adota o texto da última edição revista pelo autor, é mais ou menos natural que se adote sua disposição, ou mesmo que se respeite sua vontade última de supressão. As edições de Chateaubriand feitas por Maurice Regard para a Pléiade respeitam a ordem de 1826, o Balzac de Marcel Bouteron (primeira Pléiade, 1935-1937) suprimia coerentemente, senão com muita felicidade, todos os prefácios originais – que se teve, arrependimento imposto pela exigência de integralidade, de restabelecer, em 1959, em um volume complementar aos cuidados de Roger Pierrot. Com isso, a nova Pléiade dirigida por Pierre-Georges Castex, embora baseada também no texto de Furne, restabeleceu os prefácios originais no início de cada obra, colocando em apêndice apenas os prefácios, autorais ou alógrafos, das coletâneas intermediárias que se tornaram obsoletas pela arquitetura final de *La Comédie humaine* (*Scènes de la vie privée, Romans et Contes philosophiques, Études philosophiques* e *Études de mœurs au XIXe siècle*), que já não conseguiam encontrar um local pertinente em outra parte.

Insistir aqui nesses detalhes filológicos pode parecer preciosismo, mas o crescente sucesso das edições eruditas e das coleções integrais justifica que nos preocupemos com seus efeitos de leitura, e a experiência prova que esses efeitos são largamente influenciados pelas escolhas de local. O que faço é apenas tocar de leve em questões bem mais complexas, que constituem o tormento cotidiano dos editores críticos. O prefácio de *Caractères*, apresentado já na edição original de 1688, sofreu, quase tanto quanto o próprio texto, diversos acréscimos (sem prejuízo das variantes) sucessivos em 1689, 1690, 1691 e 1694, ou seja, na quarta, quinta, sexta e oitava edição da obra. Esse caso talvez não seja único, mas é suficiente, de todo modo, para destruir nossa classificação: é um prefácio que, da forma que vimos lendo desde 1694, é ao mesmo tempo, ou melhor, segundo seus segmentos, original, posterior e tardio. Tudo isso, é verdade, num lapso de seis anos, mas não é menos verdade que, nesses seis anos, La Bruyère sentiu por quatro vezes a necessidade de enriquecer, ou pelo menos de ampliar, seu discurso prefacial. Isso se chama consciência profissional, e deveria convidar-nos a ter uma consciência de igual teor.

Destinadores

A DETERMINAÇÃO DO DESTINADOR do prefácio é um objeto delicado, primeiro porque os tipos de prefaciadores, reais ou outros, são numerosos, em seguida porque algumas situações assim criadas são complexas, ou mesmo ambíguas ou indefiníveis. Daí a necessidade de uma tipologia abundante, que exigirá, para maior clareza, uma apresentação sob a forma de quadro. Mas deve-se ter em mente, para o exame dos exemplos propostos, que o aparato prefacial de uma obra pode variar de uma edição para a outra e também que um mesmo texto pode conter, na mesma edição, dois ou mais prefácios devidos ou atribuídos a destinadores diferentes. E, enfim, que o destinador que nos interessa aqui (como alhures) não é, salvo exceções futuras, o redator efetivo do prefácio, cuja identidade é às vezes menos conhecida do que supomos, mas seu pretenso autor, identificado por menção explícita (assinatura completa ou por iniciais, fórmula "prefácio do autor" etc.) ou por indícios diversamente indiretos.

O autor suposto de um prefácio pode ser o autor (real ou pretenso, donde certas trapaças em perspectiva) do texto: chamaremos essa situação muito comum de prefácio *autoral* ou *autógrafo*; pode ser uma das personagens da ação, quando existem ação e personagens: prefácio de *ator* (actoral); pode ser uma outra (terceira) pessoa[14]: prefácio *alógrafo*. Mas falei há pouco de prefa-

---

14. Não estou, na verdade, absolutamente seguro de que deva ser uma "pessoa", isto é, sem dúvida, um ser humano, para que se lhe atribua um prefácio. Nada proibiria, em princípio, de

ciadores "reais ou outros", e agora devo honrar essa frase. Um prefácio pode ser atribuído a uma pessoa real ou fictícia; se a atribuição a uma pessoa real for confirmada por outra, e se possível por *todos* os outros indícios paratextuais, chamar-se-á *autêntica*; se for invalidada por algum indício da mesma ordem, *apócrifa*; se a pessoa investida dessa atribuição for fictícia, essa atribuição, e portanto esse prefácio, chamar-se-á *fictícia*. Não estou certo de que a distinção entre o fictício e o apócrifo seja de pertinência universal, mas me parece útil no campo que nos ocupa no momento, e vamos utilizá-la doravante nesse sentido: é fictício um prefácio atribuído a uma pessoa imaginária, é apócrifo um prefácio falsamente atribuído a uma pessoa real. O cruzamento dessas duas categorias, a do papel do prefaciador em relação ao texto (autor, ator ou terceira pessoa), e a de seu regime, digamos ingenuamente, de "verdade", determina um quadro com duas entradas, contendo cada uma três possibilidades, donde (no momento) nove tipos de prefácio segundo o estatuto de seu destinador, que disponho no quadro que segue em ordem de canonicidade, ou mais simplesmente de banalidade decrescente, atribuindo a cada tipo um exemplo ilustrativo que, em certos casos, se revelará rapidamente insuficiente: para o prefácio autoral autêntico, sejamos simples: Hugo prefaciando *Cromwell*; para o alógrafo autêntico, Sartre prefaciando *Portrait d'un inconnu* de Nathalie Sarraute; para o actoral autêntico, na falta de uma pessoa real prefaciando sua própria (hetero)biografia[15], invoquemos o prefácio de Valéry para um livro em que ele é de certa maneira o protagonista: *Commentaire de Charmes* de Alain. Para o prefácio autoral fictício, o[16] de "Laurence Templeton" (aqui as aspas de incredulidade tornam-se necessárias) para *Ivanhoe*, romance do qual afirma, por meio desse mesmo prefácio, ser o autor; para o alógrafo fictício, "Richard Sympson", pretenso primo do herói, prefaciando o relato das *Viagens de Gulliver*; para o actoral fictício, citemos o segundo prefácio de *Gil Blas*, chamado "Gil Blas ao Leitor". Para o auto-

---

investir dessa função um animal, por exemplo Moby Dick (mas seria uma variedade do prefácio fictício de ator) ou um objeto "inanimado", por exemplo o navio "Pequod" (mesma observação) ou, para ficar decididamente no mesmo autor, o monte Greylock (seria um prefácio alógrafo um tanto apócrifo). Mas ainda não conheço exemplos desses, e não pretendo complicar além da conta uma situação já difícil.

15. Talvez existam belos exemplos ainda desconhecidos por mim: basta que a biografia seja parcial, isto é, publicada antes da morte de seu protagonista, mas é um subgênero cada vez mais difundido; isso pressupõe também boas relações entre o biografado e o biógrafo. Citarei a propósito de funções dois ou três casos algo brilhantes.

16. Sob a forma, recordo, de "epístola dedicatória" ao não menos fictício Dr. Dryasdust.

ral apócrifo, imaginemos o que seria um prefácio atribuído indevidamente a Rimbaud no início do apócrifo *Chasse spirituelle*, ou, mais simplesmente, que qualquer autor tenha um dia "assinado" um prefácio escrito de fato por um de seus amigos ou um de seus *ghost writers*; não conheço exemplo real, mas é impossível que não existam alguns, encobertos pelo segredo profissional; é, em todo caso, o que Balzac imagina em *Illusions perdues*, quando d'Arthez escreve para Lucien, no início de *L'Archer de Charles IX*, "o magnífico prefácio que talvez domine o livro, e que lançou tantas luzes sobre a jovem literatura"[17]. Para o alógrafo apócrifo, imaginemos que a mesma *Chasse spirituelle* tenha tido um prefácio atribuído, sempre indevidamente, a Verlaine; ou, mais simplesmente, que o prefácio de *Portrait d'un inconnu*, assinado por Sartre, tenha sido, de fato, redigido por Nathalie Sarraute, ou por outra pessoa de boa vontade, como se afirma às vezes que Madame de Caillavet redigiu para Anatole France o de *Les Plaisirs et les Jours*; mas dispomos aqui de um exemplo real, ou quase: o dos prefácios para duas coletâneas de Balzac, *Études philosophiques* e *Études de mœurs*, assinados por Félix Davin, de quem sabemos hoje de fonte mais ou menos segura, e por meio de paratexto, que não passou de um testa de ferro para o próprio Balzac[18]: situação pseudoalógrafa e criptoautoral, inversa à de *L'Archer de Charles IX*, que era pseudoautoral e criptoalógrafa. No caso da actoral apócrifa, devo ainda imaginar uma situação sem exemplo, mas perfeitamente concebível: se se provasse que o prefácio de Valéry para *Commentaire de Charmes* era uma falsificação, de Alain ou de outrem, aceita, por preguiça ou descuido, pelo autor de *Charmes*. Aí está, portanto, o quadro anunciado, onde marco cada célula com uma letra que servirá depois para lembrá-la, os nomes de prefaciadores

---

17. Pléiade, v, p. 335. Que não se trata de um prefácio alógrafo assinado por d'Arthez é o que prova esta frase de Petit-Claud, p. 661: "O prefácio só pode ter sido escrito por dois homens: Chateaubriand ou pelo senhor! – Lucien aceitou esse elogio, sem dizer que o prefácio era de d'Arthez. Em cem autores franceses, noventa e nove teriam agido como ele". Outro caso, este real, de autoral apócrifo é o da terceira edição de *Francion* (1633), cujos texto e prefácio (sob a forma de uma epístola-dedicatória a Francion, já identificada como tal) são atribuídos por Sorel ao obscuro e falecido Moulinet du Parc.

18. É o que diz a carta de Balzac a Madame Hanska de 4 de janeiro de 1835: "A senhora pode adivinhar facilmente que a Introdução [aos *Études philosophiques*] custou-me tanto quanto a Monsieur Davin, pois tive de repisá-la e corrigi-la até que ele conseguisse expressar de modo conveniente meu pensamento" (R. Pierrot (ed.), Delta, 1967, t. I, p. 293; o editor detalha que o manuscrito de Davin dessa introdução se perdeu, mas o da introdução de *Études de mœurs* é muito mais curto do que o texto final, o que indica que Balzac deve ter ampliado nas provas o texto de seu testa de ferro).

PAPEL / REGIME	autoral	alógrafo	actoral
autêntico	**A** Hugo para *Cromwel*	**B** Sartre para *Portrait d'un inconnu*	**C** Valéry para *Commentaire de Charmes*
fictício	**D** "Laurence Templeton" para *Ivanhoe*	**E** "Richard Sympson" para *Gulliver*	**F** "Gil Blas" para *Gil Blas*
apócrifo	**G** * "Rimbaud" para *La Chasse spirituelle*	**H** * "Verlaine" para *La Chasse spirituelle*	**I** * "Valéry" para *Commentaire de Charmes*

fictícios ou apócrifos com aspas de incredulidade, e os exemplos forjados por mim com asteriscos de precaução.

Mas o quadro da página seguinte exige ainda algumas observações, complementos e talvez correções. Para começar, a presença de destinadores qualificados como "fictícios" ou como "apócrifos" pode parecer contrária ao princípio geral, que determina que se tome o paratexto ao pé da letra, suspensas toda incredulidade, ou mesmo toda aptidão hermenêutica, e que seja tomado como se apresenta: segundo essa regra, "Laurence Templeton", dado como autor-dedicador-prefaciador de *Ivanhoe*, deveria ser tomado como tal, sem reserva nem aspas, e toda e qualquer questão sobre esse ponto estaria tão fora de lugar quanto uma investigação sobre a verdadeira identidade, digamos, do redator do prefácio de *Cromwell*. De fato, essas duas interrogações não são da mesma ordem: o prefácio de *Cromwell* é, de uma maneira ou de outra, reivindicado sem objeção notória por Hugo, e isso nos deve bastar; em contrapartida, a paternidade de "Templeton" é refutada formalmente pelas reivindicações – deveria dizer pelas confissões tardias – de Scott, e poucos leitores, a partir de 1820, a levavam a sério. Quanto à paternidade de "Gil Blas", é desde o início contraditada pela presença, diante de seu Aviso ao Leitor, de uma "declaração do autor", autor identificado como Lesage, a partir da edição original, na página de rosto – mas o anonimato, no caso, não diminuiria em nada sua força. Em todos esses casos, pois, e em todos os outros parecidos, o paratexto – e por isso o estatuto do prefácio – é contraditório: em diacronia (por evolução) no caso de "Templeton", em sincronia no de "Gil Blas". Em outras palavras, a tese oficial que determina o estatuto do paratexto se apresenta, em certos casos, como uma *ficção* oficial que o leitor não é mais (e sem dúvida ainda menos) convidado a levar a sério do que, por exemplo, um certo pretexto "diplomático" destinado por consenso a cobrir uma verdade que todo mundo percebe ou adivinha, mas que ninguém tem interesse em revelar. O estatuto de apócrifo está ligado, por definição, à descoberta ou à confissão posterior do forjamento. O estatuto da ficção, que rege claramente os *textos* romanescos (ninguém é seriamente convidado a acreditar na existência histórica de Tom Jones ou Emma Bovary, e o leitor que se atrevesse a fazê-lo seria com toda a certeza um "mau" leitor, pouco afinado com a expectativa do autor e infiel ao que se deve chamar contrato – bilateral – de ficção), rege igualmente certos elementos do paratexto, de maneira muitas vezes implícita e entregue à sagacidade do leitor, que irá encontrar, por exemplo, no próprio texto da epístola-prefácio de "Templeton", indícios de seu caráter fictício, mas não menos frequentemente explícita, pelo fato, por exemplo, da clara contradição entre um prefácio (como o de "Gil Blas") e outro (como o de Lesage), ou entre um prefácio (digamos, o original de *Lolita,* assinado por "John Ray" e que atribui a Humbert Humbert a paternidade do texto) e algum outro elemento do paratexto: nesse caso, a presença do nome do autor Vladimir Nabokov, na capa e na página de rosto. O que um elemento de paratexto levanta, um outro elemento de paratexto, posterior ou simultâneo, pode sempre tirar, e aqui como alhures, o leitor deve compor o conjunto e tentar (o que não é sempre simples) explicitar-lhe a resultante. E a própria maneira pela qual um elemento de paratexto coloca o que coloca pode sempre dar a entender que nada daquilo é crível.

PARA ILUSTRAR ESTE PONTO, darei alguns outros exemplos de atribuições fictícias em diversos contextos, mas convém primeiro, urgência maior, introduzir uma distinção capital na própria categoria do prefácio autoral autêntico, isto é, reivindicado, de uma maneira ou de outra, pelo autor real do texto: é nosso caso A. O caso de *Cromwell* (e de milhares de outros: é, de muito longe, o mais comum; tão comum que não cansarei inutilmente o leitor citando aqui outros exemplos) é inequívoco e uniforme: o autor anônimo desse prefácio, que seria inútil e, portanto, estúpido assinar, apresenta-se implícita mas claramente como o autor da peça, que sabemos ser Victor Hugo. Assinalo desde já algumas variantes dessa situação, as quais não lhe modificam fundamentalmente o estatuto. O texto pode ser anônimo, o prefácio também, mas claramente do mesmo autor: sabemos que é o caso das primeiras edições de *Caractères* ou, por exemplo, de *Waverley* e de todos os romances anônimos de Walter Scott[19].

---

19. O original de *Lyrical Ballads* (1798) de Wordsworth e Coleridge mostra uma variante curiosa, mas perfeitamente lógica, desse tipo: nele o prefaciador apresenta-se como o autor

O texto pode ser pseudônimo, o prefácio anônimo mas implicitamente autoral: como em *La Chartreuse de Parme*[20]. O texto pode ser ônimo, como o de *Cromwell*, mas constituído de uma narrativa homodiegética, com herói ou testemunha-narrador: é o caso típico em que, para evitar qualquer confusão, isto é, qualquer atribuição do prefácio ao narrador, o autor assina seu prefácio, mais ou menos como faz Proust, que assina as dedicatórias de *La Recherche*, com seu nome ou suas iniciais: veja-se o posfácio da segunda edição de *Lolita* (o verbo *assinar* é aqui muito mais apropriado do que quando se trata do nome de autor na página de rosto). O texto pode, enfim (salvo omissões da minha parte), ser reivindicado por duas ou várias pessoas, e o prefácio por apenas uma delas: é o caso da edição de 1800 de *Lyrical Ballads*, prefácio (que voltaremos a ver) assinado apenas por Wordsworth e, portanto, por essa razão, se se quiser, semiautoral. É também o caso do prefácio assinado, em 1875, apenas por Edmond de Goncourt, para a obra dos dois irmãos *Renée Mauperin* (1864), mas este é semiautoral porque posterior e semipóstumo, já que Jules tinha falecido nesse meio tempo, enquanto, em 1800, Coleridge, embora posto de lado firmemente por seu excelente colega, ainda estivesse bem vivo. Em todos esses casos, e talvez um ou dois outros que me tenham escapado, o autor real, em seu prefácio, reivindica ou, mais simplesmente, assume a responsabilidade do texto, e isto constitui, é claro, uma das funções desse tipo de prefácio – tão evidente que não voltaremos a ele, salvo por acaso. O termo *função* é, talvez, forte demais para designar o que não passa aqui de um *efeito*: o autor não sente de modo algum a necessidade de afirmar o óbvio, basta que fale implicitamente do texto como seu[21]. A esse tipo de prefácio autoral autêntico chamarei *assuntivo*, e batizarei de A₁ a metade da célula A, com a qual ele deverá doravante se contentar.

Existe mais um tipo de prefácio autoral, igualmente autêntico em seu estatuto de atribuição, visto que seu autor declarado é o autor real do texto, porém

---

(único) dos poemas que seguem: ficção prefacial evidentemente acarretada pela ficção textual do anonimato.

20. Outra variante lógica: George Sand, assinando com um nome de homem, sempre redige seus prefácios no masculino.

21. Conheço apenas um caso de prefácio *explicitamente* assuntivo, isto é, em que o autor sente a necessidade de *declarar* no prefácio que é o autor do texto, mas esse caso é claramente lúdico: é o prefácio de *Jean Sbogar* de Nodier: "O que resultará de mais essencial dessas longas e tediosas elucubrações [sobre os plágios] é que *Jean Sbogar* não é nem de Zchoke, nem de Byron, nem de Benjamin Constant, nem de Madame de Krudener; ele é meu. E era muito essencial que eu dissesse isso para a honra de Madame de Krudener, de Benjamin Constant, de Byron e de Zchoke".

muito mais ficcional em seu discurso, porque o autor real afirma nele – aqui também, sem insistir demais em que acreditemos nele – não ser o autor *do texto*. Ele não nega a paternidade do próprio prefácio, é claro, o que seria logicamente absurdo ("Não enuncio a presente frase"), mas do texto que introduz. É o caso, por exemplo, do prefácio original de *Lettres persanes*, em que o autor (então anônimo) do prefácio afirma não ser o do texto, atribuído a seus diversos enunciadores epistolares. Ou, se se preferir uma situação menos nebulosa, o de *La Vie de Marianne*, em que Marivaux, "signatário" do texto pela presença de seu nome na página de rosto, afirma na "advertência" inicial tomá-lo como de um amigo que o teria encontrado. Esse segundo tipo de prefácio autoral autêntico, qualificá-lo-emos de prefácio *denegativo* (subentendido: do texto) e lhe daremos a semicélula A₂, como está expresso nesta ampliação da nossa célula A:

Esse tipo de prefácio poderia também ser batizado de *criptoautoral*, visto que o autor nele esconde (ou se defende de) sê-lo; ou ainda *pseudoalógrafo*, uma vez que o autor se apresenta nele como um prefaciador alógrafo, reivindicando, de toda obra, apenas o prefácio. É óbvio que essa manobra denegativa é a primeira, a principal e às vezes a única função (desta vez no sentido forte do termo) desse tipo, mas voltaremos a ela. O autor pretende ser prefaciador alógrafo, mas geralmente se considera que essa função pretendida decorre de outra, cuja possível diversidade determina ainda algumas variantes. O autor (ônimo, anônimo ou pseudônimo) pode apresentar-se como simples "editor" (no sentido crítico do termo) de uma narrativa homodiegética (autobiografia ou diário) cuja paternidade atribui naturalmente a seu narrador: como em *Robinson Crusoé*, *Moll Flanders*, *Adolphe*, *Volupté*, *Jocelyn*[22], *Thomas Graindorge* (prefácio assinado por H. Taine), *Treasure's*

---

22. A denegação autoral assume, nesse "episódio", um caminho tortuoso, pois o paratexto é complexo: o subtítulo (*Journal trouvé chez un curé de village*) é denegativo, e também o prólogo em versos, que desenvolve essa fórmula contando as circunstâncias da descoberta: mas entre esses dois interpõe-se uma advertência em prosa mais ou menos claramente assuntiva. Sobre o caso específico do "romance diário", ver Yasusuke Oura, "Roman journal et mise en scène éditoriale", *Poétique* 69, fev. 1987.

Island (por meio de dedicatória denegativa assinada "o autor"), *Journal d'une femme de chambre* (prefácio assinado O. M.), *Barnabooth* em seu estado de 1913 ("advertência" assinada V. L.), *Geneviève* de Gide, *La Nausée* (mas aqui a advertência denegativa é assinada "os editores", portanto mais alógrafo apócrifo), ou *O Nome da Rosa*; pode igualmente assumir esse papel com relação a um romance epistolar, afirmando ter descoberto e ordenado uma correspondência real: como em *Lettres persanes*, já citadas, *Pamela*, *La Nouvelle Héloïse* (cujo contrato é na verdade ambíguo, já que o prefácio confunde deliberadamente a menção titular "Cartas [...] recolhidas e publicadas por Jean-Jacques Rousseau": "Embora eu use aqui apenas o título de editor, eu trabalhei neste livro, e não me escondo. Fiz tudo, e toda a correspondência é uma ficção? Pessoas do mundo, o que lhes importa? É para os senhores com certeza uma ficção") ou *As Ligações Perigosas* (onde é gritante a contradição entre o "prefácio do redator" – no sentido de editor – que afirma ter apenas desbastado e ordenado essa correspondência, e a "advertência do editor" – sem dúvida no sentido comercial – que declara não lhe dar crédito e ver ali apenas pura ficção), *Werther*, *Oberman* e certamente muitos outros, alguns dos quais voltaremos a analisar. Pode ainda, porém mais raramente, atribuir o texto a um escritor anônimo, mais ou menos amador, que lhe teria pedido conselho e ajuda: é o caso de *Armance* (situação da edição original de 1827: texto anônimo, "Preâmbulo" assinado Stendhal: "Uma mulher talentosa pediu-me para corrigir o estilo deste romance"), ou ainda de *Gars*, primeira versão (1828) de *Chouans*, em que a "advertência", que continua inédita, atribuía com riqueza de detalhes ao nomeado Victor Morillon. Pode, enfim, atribuí-lo a um autor estrangeiro do qual se diz ser o tradutor: como Macpherson para "Ossian", Nodier para *Smarra*, Pierre Louÿs para "Bilitis". Aqui, o caso de *Madame Edwarda* é duplamente excepcional, porque o prefácio denegativo de Georges Bataille é posterior (1956 para um texto lançado em 1941) e porque o autor suposto, "Pierre Angélique", não é dado como estrangeiro: nele Bataille não se apresenta nem como tradutor nem como editor, mas como um simples prefaciador alógrafo.

Vê-se, certamente, melhor agora porque dividi a célula A com uma barra diagonal: essa disposição quer indicar o quanto o prefácio denegativo, embora autêntico, pende para a ficção (por sua denegação ficcional do texto), e também para a alografia, que ele simula ao afirmar, sempre de maneira ficcional, não ser da pena do autor do texto. Mas essa ficcionalidade tem graus de intensidade: mais fraca, no caso de anonimato inicial (como em *Lettres persanes*), e revelando-se plenamente apenas no momento em que o texto e seu prefácio são enfim atribuídos de maneira oficial (embora póstuma muitas vezes) a seu autor real; mais forte, e absolutamente irrefutável, quando o nome do autor, como em *Marianne, Volupté* ou *La Nausée*, desmente calmamente, na página de rosto, a atribuição fictícia do texto a seu narrador[23]. Por isso, quando voltar ao assunto sob a ótica funcional, classificarei os prefácios denegativos junto com os prefácios fictícios e apócrifos. Mas não vamos antecipar.

PARA ENCERRAR O TÓPICO sobre os destinadores de prefácio, resta-me dizer algo sobre os outros tipos. O prefácio *alógrafo autêntico* (célula B), pelo qual um escritor apresenta ao público a obra de outro escritor, não oferece nenhum mistério, já que sua atribuição oficial é sempre explícita, seja sua ocasião original, posterior ou tardia, ou mesmo póstuma. Um caso particular é o das advertências "editoriais" – de autenticidade amiúde suspeita –, como a do "livreiro ao leitor" no início de *La Princesse de Clèves*, para justificar seu anonimato, ou a "advertência do editor" no início do *Le Rouge et le Noir,* atestando falsamente que esse romance, publicado em 1830, estava escrito desde 1827. Neste último caso pelo menos, a transferência para a célula H (alógrafo apócrifo) nada teria de abusivo, se não nos tivéssemos proibido por princípio toda e qualquer intervenção baseada em simples suspeita. Sobre o prefácio *actoral autêntico* (célula C), também tenho pouco a acrescentar, além de deplorar a falta ou a pobreza de exemplos de biografados que prefaciam sua heterobiografia. Evidentemente, o caso da autobiografia é diferente, porque aqui, se por definição o biógrafo e o biografado são uma única e mesma pessoa que assume dois papéis, na verdade é sempre o primeiro que se arroga o direito ao discurso e, portanto, ao prefácio, como na narrativa: vejam a advertência inicial das *Confessions* de Rousseau e o prefácio de *Mémoires d'outre--tombe*. De fato é uma pena, pois às vezes gostaríamos de saber a opinião do jovem protagonista sobre o modo como o trata o homem maduro, ou mesmo o velho, que usa abusivamente da pena para retratá-lo; um autobiógrafo escrupuloso, ou particularmente astuto, poderia muito bem forjar semelhante paratexto, mas então estaríamos, inevitavelmente, na ordem da ficção, ou,

---

23. O caso de *La Nouvelle Héloïse* é evidentemente diferente, pois o título traz "Cartas recolhidas por Jean-Jacques Rousseau", o que pretende, ao contrário, confirmar de antemão as negações (parciais) do prefácio. Mesmo efeito em *Oberman*, "Cartas publicadas por M. de Senancour", e em *Adolphe*, "Anedota encontrada nos papéis de um desconhecido, e publicada por M. Benjamin de Constant". Mais (porém pouco) críptico, o título de *Les Liaisons*: "Cartas recolhidas numa sociedade e publicadas para a instrução de alguns outros por M. C... D. L. C."

melhor, do apócrifo, como na novela *El Libro de Arena*, onde Borges velho dialoga com Borges jovem às margens do Ródano ou do rio Charles. Como diz mais ou menos o primeiro desses escribas autofágicos, Santo Agostinho: "A criança que eu era morreu, e eu, existo". Não se pode ser mais cruel, nem mais verídico.

No prefácio *autoral fictício*, o autor pretendido e seu prefaciador são a mesma personagem fictícia. Essa célula D é ilustrada, eminentemente, por Walter Scott, a partir dos *Tales of my Landlord* (primeira série, a partir de 1816, de que faz parte *The Bride of Lammermoor*, de 1819), atribuídos a "Jedediah Cleishbotham", que cederá a pena ao "Templeton" de *Ivanhoé*, ao "Clutterbuck" de *The Fortunes of Nigel* e ao "Dryasdust" de *Peveril of the Peak*. No prefácio *alógrafo fictício* (célula E), o prefaciador é fictício como o autor pretendido do texto, mas são duas pessoas distintas. Esse prefaciador fictício pode ser anônimo (mas provido de traços biográficos distintos) como o oficial francês dado como autor da "advertência" do *Manuscrit trouvé à Saragosse*, o apresentador dálmata de *La Guzla*, ou o tradutor masculino das *Portes de Gubbio*. Mas esses casos são mais raros: em vez de inventar um prefaciador alógrafo, prefere-se geralmente conceder-lhe a identidade explícita conferida pelo nome: "Richard Sympson" para *Gulliver*, "Joseph l'Estrange" para *Le Théâtre de Clara Gazul*, "Marius Tapora" para *Les Déliquescences d'Adoré Floupette*, "Tournier de Zemble" para *Barnabooth*, em 1908, "Gervasio Montenegro" para *Crónicas de Bustos Domecq*, "Michel Presle" para *On est toujours trop bon avec les femmes* etc. Uma variante possível desse tipo daria um prefaciador fictício a um autor real, como se *Le Père Goriot*, devidamente assumido por Balzac, fosse não obstante prefaciado por "Victor Morillon". É de algum modo o caso de *Lolita*, que trazia, na edição original, o nome de seu autor real, mas que era prefaciado por "John Ray". Mas este último abstém-se de atribuir a obra a Nabokov: ele a atribui a seu protagonista-narrador Humbert Humbert, assim como "Richard Sympson" atribui *Gulliver* a Gulliver. Minha variante por ora continua, portanto, sem ilustração e por motivo óbvio: a atribuição fictícia de um prefácio é uma manobra derivada, como que por contágio lúdico, da atribuição fictícia do texto. Na situação séria em que um autor assume totalmente seu texto, praticamente não lhe ocorre forjar um prefaciador fictício: ele mesmo escreve e assina seu prefácio, pede um a algum alógrafo autêntico ou fica sem ele.

A célula F é a do prefácio *actoral fictício*, tipo relativamente clássico. Nada impediria, em princípio, que uma narrativa heterodiegética, ou mesmo uma peça de teatro, fosse prefaciada por uma de suas personagens: *Dom Quixote* por Dom Quixote (ou Sancho Pança), *O Misantropo* por Alceste (ou Filinto): belas lições de férias para Gisele e Albertine. De maneira certamente menos notável, porém mais bem provida do famoso "mérito de existir", *La Coscienza di Zeno* é prefaciada pelo "médico de quem se falou em termos às vezes pouco lisonjeiros na narrativa que vai seguir-se", narrativa na primeira pessoa, mas da qual não é nem o protagonista nem o narrador[24], e *Seis Problemas para don Isidro Parodi* pelo já citado "Gervasio Montenegro", uma das personagens menos importantes da narrativa. Mas esses casos ainda são excepcionais: na maioria das vezes, a personagem promovida ao papel de prefaciador é o protagonista-narrador de um relato na primeira pessoa, cuja paternidade, por isso mesmo, reivindica . É o caso de *Lazarillo*, cujo caráter fictício, no final, na falta de uma atribuição sólida, nada prova de maneira absoluta, e de *Marcos de Obregón* de Vicente Espinel. É evidentemente o de *Gil Blas*, epônimo dessa célula, para seu segundo prefácio; de *Gulliver* para o posfácio de 1735, atribuído ao herói-narrador sob a forma de uma carta a "seu primo Sympson"; de *Tristram Shandy* para seu prefácio interno; de *Gordon Pym*; do *Brás Cubas* de Machado de Assis; de *Les œuvres complètes de Sally Mara*.

Na falta de exemplos reais bem comprovados, não volto à categoria dos prefácios *apócrifos* (células G, H, I), que só aparece aqui por razões teóricas (para uma sadia distinção entre fictício e apócrifo) e provisória (no aguardo das descobertas futuras, ou obras ainda inéditas). Digo "na falta de exemplos reais bem comprovados", porque o caso Davin é constituído como apócrifo apenas por meio de confidências privadas e, sem dúvida, a título parcial*. Na mesma coluna dos alógrafos suspeitos, colocar-se-ão naturalmente "advertências do editor", como as já citadas de *La Princesse de Clèves* e de *Le Rouge et le Noir*, ou a de *Provincial à Paris*, que voltaremos a ver, e que temos todos os motivos para atribuir *in petto* (mas apenas *in petto*) ao autor, como tantos *releases* em princípio editoriais. Henri Mondor encontrou, nos papéis de Mallarmé, a prova de um prefácio, afinal não-publicado, para *Mots anglais*, assinado "Os Editores", mas cujo estilo não deixa ao crítico qualquer dúvida sobre a paternidade real. A presença dessa página no atual peritexto mallarmeano (Pléiade, p. 1329), abonada por essa espécie de certidão editorial, vale sem dúvida, para o leitor de hoje, como um atestado de peça apócrifa. Mas

---

24. Estatuto comparável para o prefácio de *Henry Esmond* (1842), assinado pela filha do protagonista, Rachel Esmond Warrington: uma personagem apenas mencionada na última página do romance. Não fosse essa tardia e modesta menção, a prefaciadora, estranha à diegese, seria perfeitamente alógrafa.

* Felix Dasin teria assinado por Balzac os prefácios de *Études philosophiques* e *Études de moeurs* (N. da T.).

encontramo-nos aqui no terreno escorregadio da pesquisa de paternidade (real), que não é nem da nossa competência, nem de nosso gosto. Mais legítimo, em contrapartida, o exame dos casos abertamente ambíguos ou indefiníveis, aos quais seria tentado a consagrar, fora do quadro, uma espécie de célula (J) complementar.

JÁ LEMBREI OS PREFÁCIOS de autobiografias, ao mesmo tempo autorais e actorais (A + C) por identidade de pessoa, senão de papel. Os prefácios em diálogo, como o de *La Nouvelle Héloïse*, sempre são ao mesmo tempo autorais e alógrafos, porque o autor finge nele partilhar o discurso com um interlocutor imaginário (A + E), ou mesmo real (A + H), como faz Nodier no início de *Dernier Chapitre de mon roman*, dialogando com seu "livreiro". *Entretiens sur le Fils naturel* (ou *Dorval et Moi*) tem um estatuto mais complexo ainda, pois nele o autor real denegativo ("Moi") discute com o autor suposto, que se revela além disso uma das personagens ("Dorval"); sua fórmula seria $A_2 + D/F$.

Esses são casos de prefácios com atribuições múltiplas, ambíguas devido a essa própria multiplicidade. Outros (autorais autênticos) o são porque o autor, voluntariamente ou não, parece flutuar entre a assunção e a negação. É o caso de *La Nouvelle Héloïse* e de *Liaisons dangereuses*, já citadas. É o do prólogo de *Dom Quixote*, em que Cervantes, pensando aparentemente em sua pretensa fonte Cid Hamet, declara ser apenas o "padrasto" de seu herói e, portanto, de sua obra, que reivindica, no entanto, claramente em outras frases, como veremos. É o de *Guzmán d'Alfarache*, cujo paratexto múltiplo é de sábia ambiguidade: uma dedicatória assinada Mateo Aleman assume implicitamente o texto; duas advertências – "ao vulgo" e "ao prudente leitor" – permanecem bastante vagas para que o leitor, prudente ou vulgar, possa atribuir-lhes um autor; enfim, uma "breve declaração para o entendimento deste livro", assumida pelo autor, fala do herói na terceira pessoa (não é ele, portanto), mas atribuindo-lhe a paternidade do texto. É o de *Crusoé*, em que o "Prefácio do Autor" ao mesmo tempo declara que o texto é "uma narração exata dos fatos" sem "qualquer aparência de ficção" e evita atribuir explicitamente sua responsabilidade a Robinson, o redator desse prefácio qualificando-se ora como "autor da presente obra" ora como "editor". Mesmo equívoco no "Prefácio do Autor" de *Moll Flanders*, em que o "autor" descreve (na terceira pessoa) seu trabalho como o de um simples *rewriter* encarregado de tornar a narrativa mais decente e seu estilo mais polido, e qualifica a heroína como "autor", mas em uma frase tortuosa: "Considera-se que o autor escreveu aqui sua própria história; ora, desde o início de sua narrativa, fornece os motivos pelos quais julga que é bom dissimular seu nome verdadeiro ['Moll Flanders' é, portanto, um nome emprestado]; não há mais nada a acrescentar"; tudo isso lança, no mínimo, alguma obscuridade sobre o sentido da palavra *author*. É ainda o caso de *Dernier Jour d'un condamné*, cujo prefácio original trazia este contrato, em todos os sentidos, tão deliberadamente alternativo quanto o de *La Nouvelle Héloïse*: "Há duas maneiras de dar-se conta da existência deste livro. Ou houve, com efeito, um maço de papéis amarelos e desiguais nos quais se encontraram, registrados um a um, os últimos pensamentos de um indigente; ou encontrou-se um homem, um sonhador ocupado em observar a natureza em proveito da arte, um filósofo, um poeta, que sei eu?, que fez dessa ideia uma fantasia, que a prendeu ou se deixou prender por ela, e da qual só se pôde livrar lançando-a num livro. Dessas duas explicações, o leitor escolherá aquela que quiser". É o de *La Chartreuse de Parme*, em que Stendhal, em sua Advertência, ao se colocar como autor, afirma transcrever, como o oficial de Saragossa, uma narrativa feita por um sobrinho do cônego de Pádua. É ainda o de *Storia e cronistoria del Canzionere*, de Umberto Saba, ensaio do poeta sobre sua obra atribuído a um crítico anônimo, e provido de um prefácio em princípio alógrafo, portanto atribuído a uma terceira pessoa, que pouco a pouco se identifica com o autor do ensaio. Não sei bem se a certeza, para o leitor, de que isso foi realmente escrito pelo próprio Saba vem simplificar ou embaralhar tudo.

A incerteza pode também dever-se ao anonimato do prefaciador denegativo, quando não existe nenhum traço biográfico (como a nacionalidade francesa do de *Saragosse* ou o sexo masculino do de *Gubbio*) que permita distingui-lo seguramente do autor (real) do texto e, portanto, considerá-lo com certeza como alógrafo fictício. O de *Joseph Delorme*, por exemplo, ou o de *Jean Santeuil* parecem hesitar entre esse estatuto e o de autoral denegativo, ou antes permanecer aquém da própria ideia de semelhante escolha, de vez que nada os identifica com Sainte-Beuve ou Proust, e nada diz que seja alguma outra pessoa. É, portanto, apenas o princípio metodológico de economia que nos fará decidir a favor do autoral denegativo, isto é, da hipótese menos onerosa, já que nos poupa uma instância inútil. Mais sutil, sem dúvida, ou mais complexa: no início de *La Bibliothèque d'un amateur*, de Jean-Benoît Puech, um prefácio anônimo declara mais ou menos: o texto que se segue é obra de um de meus amigos, cujo nome não vou declarar. Aí será Puech que nega a paternidade de seu texto (A_2), ou um prefaciador alógrafo fictício (ou mesmo autêntico) (E ou B) que se esquece simplesmente de assinar seu nome, e de nomear o autor real?

Um texto posterior do mesmo autor[25] tira essa dúvida ao declarar que o prefaciador era Puech, e que o autor do texto era seu amigo Benjamin Jordane. Mais um caso em que um paratexto vem corrigir outro – fica a cargo do leitor decidir qual irá considerar.

Penúltimo quebra-cabeça para os classificadores implacáveis – entre os quais certamente não estamos: o romance de Cécil Saint-Laurent, *Clotilde Jolivet*, é prefaciado (tinha de ser assim) por... Jacques Laurent. É alógrafo ou autoral, esse prefácio por sinal muito erudito, que defende o gênero romance histórico? Algo me diz que essa incerteza já pesava no prefácio de *Madame Edwarda*, mas não estou tão certo disso, porque o estatuto de autor suposto de "Pierre Angélique" não é exatamente o de "Cécil Saint-Laurent". É verdade que este, com o passar do tempo, tende a se fortalecer: não se trata mais de um simples pseudônimo, e Jacques Laurent chega a perguntar a seus entrevistadores: "Com qual de nós dois os senhores querem falar?" No final das contas, parece-me de boa poética jogar no mesmo saco dois autores, ou se se preferir quatro autores, de estatuto crítico tão diferente.

Eu não saberia tampouco como qualificar o prefácio escrito por Prévost para seu *Cleveland* (1735): ele se apresenta como um autoral denegativo, em que o autor afirma ser apenas o tradutor-editor das Memórias de Cleveland. Mas ele não foi assumido por Prévost, porém atribuído implicitamente a M. de Renoncour, autor (suposto) das *Mémoires d'un homme de qualité* (1728). Alógrafo fictício, portanto, como no caso de *Clara Gazul*; mas como Renoncour era, por definição, o herói-narrador dessas pseudomemórias e, portanto, personagem fictícia dessa obra, há qualquer coisa de obliquamente *actoral* em seu prefácio de *Cleveland*: uma personagem fictícia de uma obra torna-se o prefaciador fictício de outra obra do mesmo autor, mais ou menos como se Robinson Crusoé prefaciasse *Moll Flanders*, ou Félix Krull, *Doutor Fausto*. – Mais ou menos? – Totalmente.

Destinatários

A DETERMINAÇÃO DO DESTINATÁRIO de prefácio é felizmente muito mais simples do que a do destinador; reduz-se praticamente a este truísmo: o destinatário do prefácio é o leitor do texto. Leitor, e não simples membro do público, como (com algumas nuanças já assinaladas) o do título ou do *release*. E isso,

---

25. "Du même auteur", NRF, nov. de 1979.

não somente *de facto*, porque o leitor de prefácio já é necessariamente dono do livro (lê-se menos facilmente um prefácio do que um *release* em uma estante de livraria), mesmo que Stevenson intitule o prefácio em versos de *Treasure's Island* "Ao Comprador Hesitante". Mas também, e sobretudo, *de jure,* porque o prefácio, em sua própria mensagem, postula de seu leitor uma leitura iminente, ou mesmo (posfácio) anterior, do texto, sem a qual seus comentários preparatórios ou retrospectivos seriam em grande parte desprovidos de sentido e naturalmente de utilidade. Voltaremos a analisar esse traço por assim dizer em cada página de nosso estudo das funções.

Mas esse destinatário último é, às vezes, substituído por um destinatário-relé que lhe é de algum modo o representante. É o caso evidente das epístolas dedicatórias (autênticas ou fictícias) com função prefacial, já lembradas, como as de Corneille, de *Tom Jones*, de Walter Scott, de *Filles du feu*, ou de *Petits Poèmes en prose*, e sabe-se que o conjunto dos prefácios de Aragon para sua parte das *Œuvres romanesques croisées* dirige-se a um leitor privilegiado, que é uma leitora, ao mesmo tempo que inspiradora e algo como uma diretora de consciência. A esses dedicatários identificados ou (*La Suivante, La Place Royale, Le Menteur*) anônimos, pode-se acrescentar os destinatários coletivos ou simbólicos, como o de *Un homme libre*, cujo prefácio se intitula: "A Alguns Colegiais de Paris e da Província Ofereço Este Livro", ou o de *Disciple*: "A um Jovem". Mas os dedicatários imaginários de Scott, de d'Urfé e muitos outros, quando o texto da dedicatória amplia-se até chegar às dimensões e às funções de um prefácio, desempenham também sem dificuldade o papel de mediador: coexistem no mesmo texto mensagens destinadas somente a eles, como quando d'Urfé censura Céladon (prefácio da segunda parte) por sua conduta paradoxal – ainda é uma maneira indireta de desculpá-lo junto ao leitor – e mensagens destinadas, por seu intermediário, apenas ao leitor, como quando o mesmo d'Urfé, no mesmo prefácio, o dissuade de procurar chaves em seu romance, ou explica por que seus pastores conservam a linguagem refinada de um homem culto. Em todos esses casos, o leitor, principal destinatário do prefácio, não sente qualquer dificuldade em identificar e receber o que, evidentemente, seja por meio de um terceiro ou por cima do ombro, lhe cabe.

As Funções do Prefácio Original

"AFINAL DE CONTAS, O QUE FAZEM OS PREFÁCIOS?" É a essa pergunta diabolicamente simples[1] que vamos agora tentar responder. Uma pesquisa prévia, de cujos meandros e hesitações pouparei o leitor, convenceu-me da questão, aliás altamente previsível, de que todos os prefácios não "fazem" a mesma coisa – em outras palavras, as funções prefaciais diferem conforme os tipos de prefácio. Esses tipos funcionais parecem-me no essencial determinados, ao mesmo tempo, por considerações de lugar, de momento e de natureza do destinador. Tomando por base o quadro dos tipos de destinadores, que continua sendo a distinção fundamental, e modulando-o segundo parâmetros de lugar e de tempo, obtemos uma nova tipologia, propriamente funcional, dividida em seis tipos fundamentais. Nossa célula A_1, sobre a qual já disse que era a mais populosa, nos fornecerá sozinha as quatro primeiras: *1. o prefácio autoral* (subentendido, doravante, autêntico e assuntivo) *original*; 2. o *posfácio autoral original*; 3. o *prefácio* (ou posfácio: nessa fase, a distinção tem pouca pertinência) *autoral posterior*; 4. o *prefácio ou posfácio autoral tardio*. As células B e, muito acessoriamente, C nos fornecem o tipo 5, o do *prefácio alógrafo* (e *actoral*) *autêntico*, no qual o personagem-prefaciador não passa de uma variante do prefaciador alógrafo. Todas as outras células (A_2, D, E, F e, em princípio, G, H e I) reagrupam-se, tirando algumas nuanças, para constituir o sexto e último tipo funcional, o dos *prefácios ficcionais*.

A partir de agora, não enfatizarei os motivos dessa distribuição que, segundo espero, o uso irá justificar. Devo apenas esclarecer, primeiramente, que essa tipologia totalmente operante será, às vezes, transgredida, porque as distinções funcionais são, por natureza, menos rigorosas e menos estanques do que as outras: a data, a localização, o destinador de um prefácio geralmente se prestam a uma determinação simples e certa, ao passo que seu funcionamento é muitas vezes caso de interpretação, e muitas funções podem aqui e ali deslocar-se de um tipo para outro. Por exemplo, e por simples necessidade de retomada, um prefácio posterior pode assumir uma função desprezada

---

1. J. Derrida, *La Dissémination*, Ed. du Seuil, 1972, p. 14

pelo prefácio original, ou, *a fortiori*, por uma falta de prefácio original. Em seguida, não se deverá considerar a lista de funções abaixo como uma lista de prefácios com funções únicas: cada prefácio cumpre no mais das vezes diversas funções sucessivas ou simultâneas, e ninguém se espante ao ver algumas delas invocadas diversas vezes por diversas razões. Acrescento, finalmente, que, entre nossos seis tipos funcionais, alguns são mais importantes do que outros, devido ao caráter mais fundamental de suas funções. É o caso em particular do primeiro, que se pode considerar *o* tipo básico, o prefácio por excelência. Os outros, como tantas variedades, serão definidos por diferença, em relação a ele, e de uma maneira mais rápida.

O PREFÁCIO AUTORAL ASSUNTIVO ORIGINAL, que abreviaremos, portanto, para *prefácio original*, tem por função principal *garantir ao texto uma boa leitura*. Essa fórmula simplista é mais complexa do que pode parecer, porque compreende duas ações, a primeira das quais condiciona, sem de modo algum garanti-la, a segunda como uma condição necessária e não suficiente: *1. obter uma leitura* e *2. conseguir que essa leitura seja boa*. Esses dois objetivos, que se pode qualificar, o primeiro, de mínimo (ser lido), e o segundo, de máximo (... e se possível, bem lido) estão ligados, evidentemente, ao caráter autoral desse tipo de prefácio (sendo o autor o principal e, na verdade, o único interessado em uma boa leitura), a seu caráter original (mais tarde, corre o risco de ser tarde demais: um livro mal lido e, *a fortiori*, não lido, em sua primeira edição, corre o risco de não conhecer outras) e a sua localização preliminar e, portanto, monitória: eis *por que* e eis *como* você deve ler este livro. Implicam, portanto, e apesar de todas as negações de uso, que o leitor comece a leitura pelo prefácio. Determinam dois grupos de funções, ligadas uma ao porquê e a outra ao como, as quais examinaremos em sucessão, embora elas estejam, muitas vezes, misturadas de uma maneira que mal se pode destrinchar no texto real dos prefácios singulares.

Os temas do porquê

TRATA-SE AQUI NÃO MAIS exatamente de atrair o leitor, que já fez o grande esforço de obter o livro por compra, empréstimo ou roubo, mas de retê-lo por um processo tipicamente retórico de persuasão. Esse processo tange ao que a retórica latina chamava *captatio benevolentiæ*, e cuja dificuldade ela de modo algum desconhecia: isto porque se trata mais ou menos, diríamos em termos mais modernos, de *valorizar o texto* sem indispor o leitor com uma valorização imodesta demais, ou apenas visível demais, de seu autor. Valorizar o texto sem (parecer) valorizar seu autor implica alguns sacrifícios dolorosos para o amor-próprio, mas geralmente rentáveis. Evita-se, por exemplo, insistir no que poderia parecer uma exibição do *talento* do autor. Entre os numerosos prefácios que tive ocasião de ler para este estudo, não encontrei nenhum que fizesse esta abordagem: "admire meu estilo", ou esta outra: "admire a habilidade de minha composição". De modo geral, a palavra talento é tabu. A palavra gênio também, é claro. Montesquieu emprega-a uma vez, como logo veremos, mas com uma simplicidade tão desarmante que compensa tudo.

Como, então, valorizar a obra sem parecer implicar seu autor? A resposta é evidente, mesmo que abale um pouco nosso credo crítico moderno, de que tudo está em tudo e de que a forma é o fundo: deve-se valorizar o *assunto*, admitindo-se mesmo escusar quase sinceramente a insuficiência da *forma como foi tratado*: se não estou (e quem estaria?) à altura de meu assunto, você deve mesmo assim ler meu livro, por sua "matéria"; La Fontaine, prefácio das *Fables*: "Não é tanto pela forma que dei a esta obra que se deve medir seu valor, mas por sua utilidade e sua matéria". Semelhante dicotomia é, por certo, mais adequada a obras estranhas à ordem da ficção; portanto, iremos encontrar com mais frequência essa retórica nos prefácios de obras históricas e teóricas.

Importância

PODE-SE VALORIZAR UM TEMA tornando perceptível sua importância e, portanto, indissociavelmente a utilidade de sua consideração. É a prática, muito conhecida dos oradores antigos, da *auxesis* ou *amplificatio*: "Este caso é mais grave do que parece, é exemplar, põe em evidência os grandes princípios, é bastante justo etc.". Vejam Tucídides, que mostra que a guerra do Peloponeso (ou Tito Lívio, as guerras púnicas) é o maior conflito da história humana, ou Montesquieu, que declara no início de *L'Esprit des lois*: "Se esta obra tiver sucesso, devê-lo-ei sobretudo à majestade de meu tema"[2]. *Utilidade documental*, conservar a lembrança dos feitos passados (Heródoto, Tucídides, Tito Lívio, Froissart). *Utilidade intelectual*, Tucídides: "Se se quiser ver com clareza nos fatos passados e naqueles que, no futuro, por força do caráter humano

---

2. É aqui que, transgredindo humildemente a regra da modéstia, ele acrescenta: "... todavia, creio que não me faltou gênio".

que têm, apresentarão semelhanças…"; Montesquieu: "[…] que os homens possam curar-se de seus preconceitos. Chamo aqui de preconceitos, não o que faz com que se ignorem certas coisas, mas o que faz com que se ignore a si mesmo"; Rousseau (preâmbulo do manuscrito de Neuchâtel): Eu me retrato para que "se possa ter pelo menos uma peça de comparação; que cada um possa conhecer a si e a outro, e esse outro serei eu". *Utilidade moral*, é todo o imenso *topos* do papel moralizador da ficção dramática; veja-se o prefácio de *Phèdre*: "Não fiz [tragédia] onde a virtude seja mais posta às claras do que nesta. Nela os menores erros são punidos severamente, […] É esse propriamente o objetivo que todo erudito que trabalha para o público se deve propor"; o de *Tartuffe*: "Se a função da comédia é corrigir os vícios dos homens…"; o dos *Caractères*: "Não se deve falar, não se deve escrever senão para instruir…"; ou mesmo, paradoxalmente ou não, o de *Égarements du cœur et de l'esprit*: o romance deve tornar-se "quadro da vida humana" para "censurar os vícios e os ridículos"; voltaremos a esse tema quando falarmos dos prefácios posteriores, onde ele tem muito mais importância, e até em pleno século XIX. *Utilidade religiosa*, como, é inevitável, a introdução de *Génie du christianisme*. *Utilidade social e política*, de novo *L'Esprit des lois*: "Que todo o mundo tenha novas razões para amar seus deveres, seu príncipe, sua pátria, suas leis […], que aqueles que mandam aumentem seus conhecimentos sobre o que devem prescrever, e que aqueles que obedecem encontrem um novo prazer em obedecer"; Tocqueville: sendo os progressos da democracia irresistíveis, o exemplo americano nos ajudará a prevê-los e a suportá-los etc. Esse argumento de utilidade é tão poderoso que foi utilizado *a contrario*: Hugo, no prefácio das *Feuilles d'automne*, defende paradoxalmente "a oportunidade de um volume de verdadeira poesia em um momento [1831] em que há tanta prosa nos espíritos"; e Montaigne, por uma ousada manobra de provocação: "Não me propus nele nenhum fim, senão doméstico e privado […] Não há razão [pois] para que você empregue seu lazer em assunto tão frívolo e tão fútil" (sabe-se como ele se desmentirá mais tarde, ao defender que "cada homem apresenta a forma inteira da humana condição").

Novidade, tradição

ESSA EXPOSIÇÃO DA IMPORTÂNCIA do tema constitui, sem dúvida, o principal argumento de valorização do texto. Frequentemente vem acompanhada, desde Rousseau, de uma insistência em sua originalidade, ou pelo menos sua novidade: "Eis o único retrato de homem, pintado exatamente ao natural e em toda a sua verdade, que não existe e provavelmente nunca existirá… Crio um empreendimento de que nunca houve exemplo e cuja execução não terá imitador". Mas esse motivo é recente, pois a era clássica preferia, como se sabe, insistir no caráter tradicional de seus temas, caução evidente de qualidade, chegando até a exigir para a tragédia uma antiguidade temática manifesta ou demonstrável: e, como não havia qualquer preocupação, no teatro, em remontar às obras antigas, cada geração, cada autor empenhava-se em propor sua nova versão de um tema experimentado. Voltaremos a ver esse argumento em favor da antiguidade tratado de forma indireta, nos prefácios clássicos, sob a forma de uma indicação das fontes, exibidas como precedentes.

Unidade

UM TEMA DE VALORIZAÇÃO própria, por uma razão evidente, nos prefácios de coletâneas (de poemas, de novelas, de ensaios) consiste em mostrar a unidade, formal ou mais frequentemente temática, daquilo que corre o risco *a priori* de aparecer como um amontoado artificial e contingente, determinado acima de tudo pela necessidade muito natural e pelo desejo legítimo de esvaziar uma gaveta. Victor Hugo pratica esse exercício com grande maestria, pelo menos desde o prefácio original (janeiro de 1829) de *Les Orientales*, no qual, comparando a literatura a uma velha cidade espanhola, com seus bairros e monumentos de todos os estilos e de todas as épocas, lembrava "na outra extremidade da cidade, escondida entre os sicômoros e as palmeiras, a mesquita oriental, com domos de cobre e de estanho, portas pintadas, divisórias envernizadas, altas claraboias, suas delgadas arcadas, seus defumadores que soltam fumaça dia e noite, seus versículos do Alcorão em cada porta, seus santuários deslumbrantes, e o mosaico do pavimento e o mosaico das paredes; desabrochada ao sol como uma grande flor cheia de perfumes"; por meio de algumas denegações de modéstia, seguia-se claramente que *Les Orientales* eram, ou queriam ser, essa mesquita. No caso, a causa não era muito difícil de defender, porque a unidade de cor dessa coletânea é evidente. Menos homogêneas, as quatro grandes coletâneas líricas de antes do exílio encontrarão, porém, sua nota fundamental, dada pelo título e confirmada pelo prefácio. Já lembrei o caso de *Feuilles d'automne*; para *Les Chants du crépuscule*, "o estado crepuscular da alma e da sociedade no século em que vivemos"; para *Les Voix intérieures*, o triplo aspecto da vida: o lar (o coração), o campo (a natureza), a rua (a sociedade), uma trindade bem organizada que vale, como se sabe, por uma (misteriosa) unidade; para *Les Rayons et les Ombres*, o retrato falado de um não menos misterioso "poeta completo... suma das ideias de seu tempo" – ou a unidade pela totalidade. *Les Contemplations*, "memórias de uma alma", organizam-se, como se sabe, em um outrora e um hoje separados, e, portanto, unidos pelo abismo de um túmulo. A unidade histórica e polêmica dos *Châtiments* é evidente, mas *Les Chansons des rues et des bois* organizam-se ainda em díptico: no reto, juventude, no verso, sabedoria, ainda consolidado pelo duplo arcobotante simétrico dos dois poemas preliminares: *Le Cheval / Au Cheval*.

A epístola dedicatória de *Petits Poèmes en prose* testemunha uma retórica unificadora ao mesmo tempo mais complexa e mais atormentada. Baudelaire apresenta, primeiramente, essa coletânea como uma obra "sem pé nem cabeça", onde tudo é ao mesmo tempo cabeça e pé, e que se poderia cortar em qualquer lugar que fosse: é a própria definição de agregado inorgânico. Mas, depois dessa negação vem a reivindicação de uma dupla unidade, formal ("prosa poética, musical, sem ritmo e sem rima, bastante flexível para se adaptar aos movimentos líricos da alma") e temática: coletânea nascida do "contato com as cidades enormes" – onde se encontra, como prefácio, o duplo motivo do duplo título.

Balzac, muito preocupado em unificar (posteriormente, dizia Proust com uma meia injustiça) sua obra multiforme de romancista e de novelista, encarrega seus porta-vozes de indicar o tom de suas primeiras coletâneas. A introdução assinada por Philarète Chasles em *Romans et Contes philosophiques* de 1831 insiste no propósito de pintar nela "a desorganização produzida pelo pensamento". Davin, em *Études philosophiques* de 1835, ampliação da anterior, acrescenta a ambição de ser o Walter Scott da era moderna. Para *Études de mœurs* (mesmo ano), dá os motivos da distribuição interna por meio de uma série temática muito ligada, e sobredeterminada: cenas da vida privada, frescor da juventude; vida de província, maturidade; vida parisiense, corrupção e decrepitude; vida do campo, quietude e serenidade (as cenas da vida política não encontraram sua função simbólica na sucessão, deploravelmente limitada, das idades da vida). Balzac acabará endossando esse tema organizador, em seu prefácio de *Scènes de la vie de province* (mesmo ano), e na introdução de 1842, que voltaremos a analisar.

Sem dúvida, a coletânea de ensaios ou de estudos é o gênero que exige com mais força o prefácio unificador, porque é muitas vezes o mais marcado pela diversidade de seus objetos e, ao mesmo tempo, o mais desejoso, por uma espécie de ponto de honra teórico, de negá-lo ou de compensá-lo. Sabe-se como Montaigne logo de início associa a dispersão de seus interesses à unidade (fugidia) de sua pessoa. Já mencionei a maneira muito indireta pela qual Blanchot coloca cada uma de suas coletâneas sob a invocação, liminar ou central, de um ensaio encarregado de indicar sua nota mais forte, ou mais grave. Precisaríamos de um capítulo inteiro para estudar o funcionamento dessa técnica, por exemplo, na crítica contemporânea. Parece-me que a versão mais típica, por seu classicismo, é dada pelas primeiras coletâneas de Jean-Pierre Richard, *Littérature et Sensation*, série de quatro estudos que o autor reduz à unidade de sua visada crítica (temática e existencial); e *Poésie et Profondeur*, de novo quatro estudos cujo traço metodológico comum é aqui, ao mesmo tempo, coeso (tema da profundidade) e diversificado, em que cada um dos quatro autores estudados ilustra uma atitude típica a esse respeito. No outro extremo, teremos Roland Barthes, que foi constantemente obsedado pela consciência, primeiro infeliz, depois assumida, do caráter heteróclito (*poïkilos*, matizado, dizia ele em grego) de sua obra, e cujas tentativas de auto-"recuperação" eram marcadas por uma atitude mais inquieta e uma prática mais sinuosa. O prefácio de *Sade Fourier Loyola* insiste indiretamente ("Eis, pois, reunidos") na aparência incongruente, e mesmo provocante, de semelhante agrupamento, antes de pôr em evidência alguns traços comuns mais formais do que temáticos: três logotetas, mas não da mesma linguagem; três fetichistas, mas não do mesmo objeto. Mas já o prefácio de *Essais critiques*, texto premonitório sob muitos aspectos, em plena fase "semiológica", do "último" Barthes, esquivava-se sutilmente do dever (do castigo?) de justificar: o autor, dizia ele, "gostaria muito de se explicar… mas não pode fazê-lo", farejando alguma má-fé em toda e qualquer atitude retrospectiva, achando ao se reler apenas o "senso de uma infidelidade", e preferindo reivindicar, como "escritor em *sursis*", a incapacidade característica de todo escritor, de "ter a última palavra". Em entrevista de 1º de abril de 1964, Barthes volta, aliás, a esse ponto que visivelmente o incomoda, mas de maneira um tanto contraditória: "Expliquei em meu prefácio por que não queria dar a estes textos, escritos em momentos diferentes, uma unidade retrospectiva: não sinto necessidade de *arrumar* os tateios ou as contradições do passado. A unidade desta coletânea só pode ser uma pergunta: O que é escrever? Como escrever? Para essa pergunta única, tentei respostas diversas, linguagens que podem ter variado ao longo de dez anos; meu livro é, ao pé da letra, uma coletânea de *ensaios*, de experiências diferentes, relativas, porém, à mesma questão". A unidade retrospectiva virtuosamente repelida pela porta volta subrepticiamente pela janela sob a forma de "pergunta"[3].

Evidente mal-estar, aqui, diante do chavão ideológico que faz da unidade (de objeto, de método ou de forma) uma espécie de valor dominante *a priori*, tão imperioso quanto impensado, quase nunca submetido a exame, recebido vitaliciamente como algo que prescinde de explicações. Por que a unidade seria por princípio superior à multiplicidade? Creio entrever nesse monismo irrefletido, para além de automatismos retóricos antes superficiais, alguns motivos de ordem metafísica, ou mesmo religiosa. Mas posso estar errado ao opor uns aos outros: nada é mais revelador do que os estereótipos culturais.

Gostaríamos, enfim, de poder opor a essa valorização quase universal da unidade um tema inverso de valorização da diversidade. O que mais se assemelha a isso me parece encontrar-se, discretamente, nos prefácios de Borges – Borges cujas obras, como se sabe, são coletâneas. Nos "prólogos" ou "epílogos", originais ou mais ou menos tardios, que as acompanham, sua atitude mais frequente consiste em comentar com uma palavra muito específica esse ou aquele dos ensaios ou das novelas que as compõem (os poemas exigem dele menos glosas). Alguns desses comentários são muito problemáticos, e voltarei a isso, mas Borges abstém-se quase sempre de pôr em evidência uma característica geral. Por vezes, um agrupamento parcial que acusa por contraste a heterogeneidade do resto (*Discusiones, El Jardín de los Senderos que se Bifurcan, El Aleph*). Ou a ênfase colocada sobre *dois* aspectos (*Inquisiciones*: "Descobri duas tendências, corrigindo as provas, nos trabalhos misturados [*miscelaneos trabajos*] deste volume..."). Mais amiúde, ele ressalta a diversidade, para desculpar-se (*El Otro, el Mismo*: "Este livro não é outra coisa senão uma compilação. As peças foram escritas segundo diversos *moods* e momentos, não para justificar um volume") ou para reivindicá-la (*El Hacedor*: "Queira Deus que a monotonia essencial desta miscelânea (que o tempo compilou, e não eu [...]) seja menos evidente do que a diversidade geográfica e histórica dos temas"). Monotonia é o nome, para ele pejorativo (contrariando o emprego proustiano), que ele frequentemente dá a uma eventual unidade, que seria pobreza (*Informe de Brodie*: "Uns poucos argumentos me fustigaram ao longo do tempo; sou decididamente monótono"; *El Oro de los Tigres*: "Para eludir, ou talvez atenuar essa monotonia, optei por aceitar, com talvez temerária hospitalidade,

---

3. *Le Grain de la voix*, p. 31.

variados [*miscelaneos*] temas que se oferecerem a minha rotina de escrever"; *Libro de los Prefacios*: Larbaud exaltava minha primeira coletânea de ensaios por sua variedade de temas; este será "também eclético"; *Los Conjurados*: "Não professo nenhuma estética. Cada obra confia a seu escritor a forma que procura: o verso, a prosa, o estilo barroco ou o despojado"). Essa atitude cria um contraste exemplar com a maneira pela qual um prefaciador alógrafo, Roger Caillois, acreditava dever qualificar *El Hacedor* como um "conjunto em que não está ausente a preocupação com a composição". Temos aqui, é claro, de descontar a retórica, às vezes um tanto sedutora, da modéstia – o interessado, modesto demais ou sedutor demais para usar esse termo, dizia "timidez" –, que leva Borges a depreciar constantemente sua obra e, aliás, negar-lhe sistematicamente o estatuto de obra. Mas quem diz obra diz unidade e acabamento. "Os senhores, leitores", não cessa de dizer Borges, "veem unidade e acabamento porque ignoram as inúmeras variantes e hesitações que se escondem por trás de uma versão decidida como final após um dia de fadiga ou de distração; mas eu sei o que é". Insistir na diversidade é, portanto, sob certos aspectos, recusar o cumprimento (banal e angustiante) do leitor, como "erro generoso". Mas vimos o que há de ambíguo nessa diminuição e de (tímido) orgulho nessa espetacular humildade.

A armadilha, ou a astúcia, dessa reivindicação da diversidade poderia, aliás, manter-se aquém ou além de toda consideração psicologizante: lá onde a própria palavra *diversidade* se tornaria, pela ação inevitavelmente unificadora do discurso e da língua, um tema de unificação. Era o que indicava muito simplesmente e com muito vigor Lamartine na advertência de *Harmonies poétiques et religieuses*: "Aí estão quatro livros de poesias escritas como foram sentidas, sem ligação, sem sequência, sem transição aparente. […] Essas Harmonias, tomadas separadamente, parecem não ter qualquer relação entre si; consideradas em conjunto, poder-se-ia encontrar nelas um princípio de unidade *em sua própria diversidade*..."[4].

---

4. Sublinhando essa fórmula e cortando aqui a citação, puxo talvez o texto de Lamartine para meu sentido. Eis a continuação: "Isso porque elas eram destinadas, no pensamento do autor, a reproduzir um grande número das impressões da natureza e da vida sobre a alma humana; impressões variadas em sua essência, uniformes em seu objeto, pois que iriam todas perder-se e descansar na contemplação de Deus". Volta-se a encontrar aqui o motivo habitual de toda valorização monista: a alma, Deus.

Veracidade

PELAS RAZÕES CITADAS ACIMA, diante dessas valorizações do tema, as valorizações do tratamento são raras ou discretas. O único mérito que um autor pode atribuir-se por meio do prefácio, provavelmente porque depende mais da consciência do que do talento, é o de veracidade ou, pelo menos, de sinceridade, isto é, de esforço no sentido da veracidade. É, desde Heródoto e Tucídides, um lugar-comum do prefácio histórico e, desde Montaigne, do prefácio de autobiografia ou de autorretrato: "Este é um livro de boa-fé". Já entrevimos a forma que Rousseau dava ao que podia ser tido por um verdadeiro compromisso. Entre os historiadores, ele se reafirma com uma exposição de método que vale por uma garantia (através dos meios). Assim, Tucídides garante ter-se fiado apenas na observação direta, ou em testemunhos devidamente confirmados e, nos discursos cujo texto literal não pode reproduzir, procura ater-se apenas a seu teor de conjunto e a sua verossimilhança.

A própria ficção não ignora totalmente esse contrato de veracidade. Lembrem-se de que o primeiro romance grego começava com a afirmação, talvez exata, de que essa história de amor se passara realmente em Siracusa. Em uma "nota", no apêndice de *La Fille aux yeux d'or*, Balzac atesta que esse episódio "é verdadeiro na maioria de seus detalhes" e acrescenta, de maneira mais geral: "Os escritores nunca inventam nada, confissão que o grande Walter Scott fez humildemente no prefácio onde rasgou o véu em que há muito tempo estava envolto. Os detalhes raramente pertencem ao escritor, que é apenas um copista [Proust dirá "tradutor"] mais ou menos feliz. A única coisa que vem dele, a combinação dos acontecimentos, sua disposição literária...". E já se conhece a fórmula dos Goncourt, no início de *Germinie Lacerteux*: "Este romance é um romance verdadeiro". Mesmo o mérito de realismo é reivindicado aqui sob a forma denegativa de pretensa desculpa: "Devemos pedir perdão ao público por lhe dar este livro, e adverti-lo do que nele encontrará. O público gosta de romances falsos: este romance é um romance verdadeiro". O romancista Édouard de *Les Faux-Monnayeurs* confessa ou, antes, proclama: "Nunca pude inventar algo" e, mesmo que Gide se queixasse em seguida de que essa frase fora utilizada contra ele, é certo que ela exprimia sua condição de escritor, que Julien Green assumia com mais orgulho, ou mais habilidade, ao afirmar: "O romancista não inventa nada, ele adivinha" (*Journal*, 5 de fevereiro de 1933).

Contrariando a afirmação dos Goncourt, não é tão fácil saber que espécie de romances o público prefere, e, diante do contrato de verdade, encontraremos mais adiante um contrato inverso, de ficção, e algumas variações mais ou menos canônicas sobre a inevitável mistura dos dois. Mas lá já não estaremos, em princípio, na ordem do mérito.

Para-raios

O DISCURSO AUTORAL de valorização detém-se, portanto, aqui, ou quase. Quando o autor quer valorizar seu mérito, talento ou gênio, prefere geralmente, não sem razão, confiar essa tarefa a outra pessoa, por meio de prefácio alógrafo, às vezes bastante suspeito: voltaremos a essa questão mais adiante. Mais de acordo com o *topos* da modéstia, e mais eficaz sob muitos aspectos, é a atitude inversa, codificada pela retórica sob o termo *excusatio propter infirmitatem*. Era, na eloquência clássica, a contrapartida inevitável da *amplificatio* do assunto. Em face da importância de seu tema, às vezes exagerada além de toda medida, o orador queixava-se de sua incapacidade de tratá-lo com todo o talento necessário, contando aparentemente com o público para estabelecer uma justa medida. Mas essa era, sobretudo, a maneira mais segura de prevenir as críticas, isto é, de neutralizá-las, ou mesmo, tomando a dianteira, de impedi-las. Essa função paradoxalmente valorizadora é expressa por Lichtenberg, à sua maneira, com uma única palavra: "Um prefácio poderia ser intitulado: para-raios"[5]. Cervantes, no prólogo de *Dom Quixote*, desculpa-se profusamente por não ter produzido a obra-prima que desejava: "Mas, queixa-se ele, não pude violar a ordem da natureza, segundo a qual cada coisa engendra seu semelhante"; seu espírito "estéril e mal cultivado" só podia engendrar um "filho seco, endurecido, excêntrico". Rousseau, apresentando *Émile*, anuncia que o tema da educação das crianças, que era "ainda novo depois de Locke", continuará sendo depois dele, e denuncia, por sua vez, uma obra "grande demais pelo que contém, mas pequena demais pela matéria de que trata". Ele já havia recorrido, no prefácio de *Julie*, a esse tipo de autocrítica preventiva de forma talvez mais eficaz: o diálogo imaginário, que nos permite responder a objeções escolhidas por nós mesmos. Para o prefácio de *Proscrits*, Nodier produziu um diálogo mais desenvolto, onde à defesa hábil mistura a recusa, mais hábil ainda, de se defender: "Sua obra não terá o sufrágio das pessoas de bom gosto. – É o que receio. – Você procurou ser novo. – Isso é verdade. – E foi apenas estranho. – É possível. – Achou-se seu estilo desigual. – As paixões o são também. – E cheio de repetições. – A língua do coração não é rica [...] – Enfim, seus per-

---

[5]. *Aphorismes*, trad. fr., Club français du livre, 1947, p. 19.

sonagens são mal escolhidos. – Não os escolhi. – Seus incidentes mal inventados. – Não inventei nada. – E você fez um mau romance. – Não é de maneira nenhuma um romance".

A palavra mais justa e a mais eficaz está talvez em Balzac, no prefácio de *Cabinet des antiques*. Ele também, como Cervantes, sonhara com outro livro, e depois o assunto derivou e o livro tornou-se, como todos os livros, o que pôde tornar-se. "É tão fácil sonhar com um livro quanto é difícil fazê-lo." O que responder a isso, senão talvez que ninguém é obrigado a fazer livros? Conhece-se de antemão a resposta de Balzac: "Eu sim". Mas receio que isso não seja um argumento de prefácio.

Os temas do como

POR MAIS TORTUOSA e paradoxal que possa então ter-se mostrado, essa retórica de valorização, pela dissociação que supõe entre o assunto (sempre louvável) e seu tratamento (sempre indigno), praticamente não é mais usada hoje em dia, pela razão indicada acima. Daí um relativo desaparecimento, desde o século XIX, das funções de valorização (argumentos do porquê, que aliás encontraram, nesse meio tempo, outros suportes além do prefácio) em proveito das funções de informação e de orientação da leitura: temas do como, que apresentam a vantagem de *pressupor* o porquê e, portanto, pela virtude bastante conhecida da pressuposição, de impô-lo de maneira imperceptível. Quando um autor explica com cortesia *como* se deve ler seu livro, você já não tem tanta condição para responder, seja ainda *in petto*, que você *não* o lerá. O como é, portanto, sob certos aspectos, um modo indireto do porquê, que pode sem perda substituir os modos diretos – com os quais a princípio coexistiu.

"O prefácio", dizia Novalis, "fornece o modo de usar o livro"[6]. A fórmula é correta, mas bruta. Orientar a leitura, tentar conseguir uma boa leitura, não passa apenas por instruções diretas. Consiste igualmente, e talvez em primeiro lugar, em colocar o leitor – definitivamente suposto – de posse de informações que o autor julga necessárias a essa boa leitura. E os próprios conselhos têm todo o interesse de apresentar-se sob o aspecto de informações: informações, por exemplo – no caso em que isso lhe possa interessar – sobre a maneira pela qual o autor quer ser lido. Desse modo, Hugo apresentava as coisas com todas as precauções necessárias, mas também com toda a clareza possível, no prefá-

---

6. *Encyclopédie*, trad. fr., Minuit, 1966, p. 40.

cio de *Contemplations*: "Se um autor pudesse ter algum direito de influir na disposição de espírito dos leitores que abrem seu livro, o autor de *Contemplations* limitar-se-ia a dizer o seguinte: este livro deve ser lido como se leria o livro de um morto". É essa, sem dúvida, a informação suprema, mas existem outras, mais humildes, que podem contribuir para guiar um leitor dócil. *Roland Barthes par Roland Barthes*, não exatamente em prefácio, mas, como vimos, chavão de autógrafo na quarta capa: "Tudo isso deve ser considerado como dito por uma personagem de romance". Para quem tinha decretado, depois de muitos outros, a "morte do autor", eis uma instrução bem autoral – para não dizer bem autoritária. Ninguém, na verdade, levou-a ao pé da letra.

Gênese

O PREFÁCIO ORIGINAL pode informar o leitor sobre a origem da obra, sobre as circunstâncias de sua redação, sobre as etapas de sua gênese. "Esta coletânea de reflexões e de observações", nos diz Jean-Jacques no prefácio de *Émile*, "foi iniciada para agradar a uma boa mãe que sabe pensar." Todos se lembram aqui dos romances e crônicas da Idade Média que indicavam logo de saída a encomenda e (ao contrário de Rousseau) davam o nome de quem a tinha feito. A advertência original de *Vie de Rancé* informa-nos que essa última obra-prima fora encomendada ao autor por seu diretor, o abade Séguin – a cuja memória é inevitavelmente dedicada. O prefácio original de *Génie du christianisme* contém talvez a mais famosa e a mais dramática (mas também a mais contestada) das informações desse tipo: é a morte de sua mãe, reforçada pela de sua irmã ("do que a Providência se serviu para me lembrar de meus deveres"), que reconduziu Chateaubriand ao caminho da fé. "Não cedi, confesso, a grandes luzes sobrenaturais; minha convicção saiu do coração: chorei e acreditei". O projeto de *Génie* proveio dessa conversão do coração, que ilumina evidentemente o espírito. É também Chateaubriand que, na introdução de 1846 de *Mémoires d'outre-tombe*, indica as circunstâncias, mais profanas, dessa obra de longo fôlego, escrita em diversos lugares, em diversos tempos, e na qual se misturam sem cessar (é o autor que o diz) as épocas da vida e as da redação, o Eu narrado e o Eu que narra. Os prefácios da edição das *Œuvres complètes* já insistiam no contexto biográfico das obras, mas esses eram prefácios tardios. A parte de autobiografia que se vincula a semelhante função é, com efeito, mais típica desse paratexto retrospectivo, e voltaremos a vê-lo quando falarmos deles, sempre em Chateaubriand e em alguns outros.

Um aspecto particular (e que já não está ligado tão diretamente à biografia) dessa informação genética é a indicação das fontes. É característica das obras de ficção de tema histórico ou lendário, já que a "pura" ficção é, em princípio, desprovida de fontes, e que as obras propriamente históricas as indicam no próprio texto ou em suas notas. É encontrada, portanto, sobretudo nos prefácios de tragédias clássicas e de romances históricos. Corneille e Racine nunca deixam de citar suas fontes, e *Tite et Bérénice*, por exemplo, não contém outro paratexto a não ser os extratos de Dion Cássio sobre os quais a peça se apoia. Quando, por exceção, o autor teve de fornecer uma personagem estranha à ação original, pede desculpas (Corneille em *Sertorius*: "Fui obrigado a recorrer à invenção para introduzir duas [mulheres]"), ou alega uma fonte lateral: Racine no caso de Aricie de *Phèdre*, que ele declara ter encontrado em Virgílio, ou de Ériphile de *Iphigénie*, em Pausânias. O anonimato inicial e as suposições de autores posteriores são talvez o que impede Walter Scott de indicar suas fontes em seus prefácios originais, mas preencherá essa lacuna, em 1828: exemplo típico de recuperação. O prefácio original de *Bug-Jargal* considera testemunhos e documentos nos quais se baseia essa história da revolta de São Domingos. Tolstói, em *Guerra e Paz*, não cita nem menciona com exatidão suas fontes, mas lembra-as de uma maneira pretensamente intimidante e declara-se pronto a produzi-las em caso de contestação: "Em toda parte de meu romance em que personagens históricas falam e agem, não inventei nada, mas me servi de materiais que encontrei e que, reunidos ao longo de meu trabalho, constituem toda uma biblioteca; não julgo útil dar aqui os títulos dessas obras cujas referências sempre posso dar".

Talvez seja oportuno considerar também, como caso particular de indicação de fontes, os agradecimentos dirigidos às pessoas e instituições que, por razões diversas, ajudaram o autor na preparação, na redação ou na fabricação de seu livro; muito diversas: suas informações, seus conselhos, suas críticas, sua ajuda na datilografia ou na tipografia, seu apoio moral, afetivo ou financeiro, sua paciência ou sua impaciência, sua lucidez ou sua falta de visão, sua presença discreta ou sua grande ausência. Esqueço algumas sem dúvida e não gostaria de ser rude em matéria tão delicada, mas me parece inegável que informá-las ao público diz respeito, como no caso da dedicatória de obra, à informação do leitor, e também talvez a uma forma oblíqua de valorização: um autor que tem tantos amigos e colegas não pode ser absolutamente ruim. Mas eu deveria acrescentar, para ser honesto, que essa rubrica tocante e, Deus sabe por quê, tipicamente universitária é objeto, às vezes, sobretudo em inglês sob o título de *acknowledgements*, de um elemento separado do paratexto, que anexo um pouco cavalheirescamente ao prefácio.

Escolha de um público

ORIENTAR O LEITOR é também e antes de tudo situá-lo e, portanto, determiná-lo. Nem sempre é prudente pretender demais, e os autores têm muitas vezes uma ideia bastante precisa do tipo de leitor que querem, ou sabem poder tocar; mas também daquele que querem evitar: assim, para Spinoza, os não-filósofos[7]. Sabe-se (sabia-se sobretudo em seu tempo) que Balzac tinha por alvo particular o público feminino, de quem queria ser o analista mais competente, mesmo que não o apregoasse por meio de prefácio. Esse alvo, que é sob muitos aspectos tão antigo quanto o romance (para os homens o épico, para as mulheres o romanesco), já vimos expresso por Boccaccio, que se dirigia a suas "amáveis leitoras", e pode-se lê-lo como paródia, no discurso do prólogo de *Gargantua* aos bêbados e sifilíticos, emblema e porção não desprezível do outro sexo. Já mencionei, ao tratar do destinatário, a escolha do público adolescente por Barrès e Bourget, assim explicitado no prefácio de *Un homme libre*: "Escrevo para crianças e jovens. Se eu contentasse os adultos, teria vaidade disso, mas é pouco útil que me leiam. Eles mesmos já tiveram as experiências que vou narrar". Essas determinações de público, ou mais exatamente de leitores, não devem, necessariamente, ser sempre tomadas ao pé da letra: às vezes elas visam outros indiretamente, esperando, com isso, tocar um nervo exposto ("Por que não eu?"), como certas publicidades esnobes, ou como fazia decerto o *slogan* clássico: escrever para o público ideal, ou simbólico, dos mestres desaparecidos: "O que diriam Homero e Virgílio se lessem estes versos? O que diria Sófocles, se visse a representação desta cena?... Isso porque, para usar o pensamento de um Antigo, eis os verdadeiros espectadores que devemos nos propor" (prefácio de *Britannicus*). *Slogan* invertido por Stendhal, quando afirmava (*passim*, mas na verdade não por meio de prefácio) ter como alvo o público de 1880, ou de 1950. E soberbamente renovado, *via* Stendhal, por Pascal Quignard[8]: "Espero ser lido em 1640".

---

7. Prefácio de *Traité des autorités théologique et politique*, citado por J.-M. Schaeffer, art. cit.
8. "Noèsis", *Furor* 1, 1980.

Comentário do título

"UM PREFÁCIO", dizia Jean Paul no próprio prefácio de seu *Doyen jubilaire*, "não deveria ser outra coisa senão uma página de rosto mais longa [mas sabe-se que as páginas de rosto do século XVIII eram às vezes muito longas]. Esse tem por única tarefa explicar a palavra *apêndice* que figura em meu título". Tratava-se então, à sua maneira, de indicar uma nova função do prefácio, se possível original: o comentário justificativo do título, tanto mais necessário quanto o título, longo ou curto, é mais alusivo, e mesmo enigmático. Já Aulo Gélio, no preâmbulo de *Noites Áticas*, explicava esse título pelas circunstâncias em que se tinha "divertido em redigir estes ensaios". Li em algum lugar que um romance de Paul de Kock intitulado *Le Cocu* [*O Corno*] continha um "prefácio para explicar o título"; impedido de ir conferir, já que a Biblioteca Nacional está fechada aos domingos, ignoro em que esse título aparentemente límpido exigia uma explicação, que talvez fosse uma desculpa. Cervantes também subestimava a capacidade hermenêutica de seus leitores ao explicar no caso de suas *Novelas Exemplares*: "Dei-lhes o nome de exemplares, porque, se as olhares bem, não há nenhuma da qual não se possa tirar algum exemplo proveitoso". Mais necessária, sem dúvida, essa glosa de Swift, em *A Tale of a Tube*: para impedir as baleias de atacarem seu navio, os marinheiros têm o hábito de jogar ao mar um tonel que as engana e afasta; assim é este livro, mandado para contrapor-se ao *Leviatã* de Hobbes. Na introdução (primeiro capítulo) de *Waverley*, Scott dá longa justificativa de seu subtítulo *Há Sessenta Anos*, que atesta com aguda consciência conotações genéricas de época: se eu tivesse escolhido *Histórias de Outrora*, os leitores teriam esperado um romance gótico no estilo da Sra. Radcliffe; *Romance Traduzido do Alemão*, uma história de iluminados; *História Sentimental*, uma jovem heroína de longos cabelos; *História Desta Época*, uma pessoa da alta roda em evidência; preferi *Há Sessenta Anos* para anunciar um assunto que não é antigo nem contemporâneo, pois "meu objetivo primeiro era retratar homens e não costumes".

O comentário do título pode ser uma defesa contra as críticas sofridas ou antecipadas. Assim, Corneille desculpa-se por haver intitulado *Rodogune* uma peça cuja heroína se chama Cleópatra (poderia ter sido confundida com a rainha do Egito), e Racine por haver intitulado *Alexandre* uma peça cujo verdadeiro herói seus críticos afirmam (não é opinião do autor) ser Porus. Pode ser a justificativa de uma mudança de título em relação aos anúncios ou à antecipação de uma pré-publicação: na "Advertência

Quase Literária" (seguida de uma "nota eminentemente comercial") de *Cousin Pons*, Balzac explica esse novo título (o anúncio dizia: *Les Deux Musiciens*) pelo desejo de sublinhar uma simetria com *La Cousine Bette*, e de tornar assim "muito visível o antagonismo das duas partes da *Histoire des parents pauvres*". Pode ser ainda a indicação de uma espécie de arrependimento tardio: no prefácio de *Volupté*, Sainte-Beuve desculpa-se de um título atraente demais, mas que não pôde ser corrigido a tempo; no prefácio (posterior) de *Renée Mauperin*, Edmond de Goncourt pergunta-se: "*Renée Mauperin* é o verdadeiro, é o melhor título deste livro? *La Jeune Bourgeoise*, título sob o qual meu irmão e eu anunciamos o romance antes de estar terminado, não definia melhor a análise psicológica que tentávamos, em 1864, da juventude contemporânea? Mas agora é tarde demais para rebatizar este volume". E Hugo, em *L'Homme qui rit*: "O verdadeiro título deste livro seria *Aristocratie*"; e Bourget, em *La Terre promise*: "Se semelhante título não tivesse parecido ambicioso demais, este livro seria chamado de *Le Droit de l'enfant*". Tais confissões de hesitação têm, evidentemente, por efeito – e sem dúvida por fim – sugerir uma espécie de subtítulo oficioso. Ou, mais sutilmente, indicar uma nuança de intenção em relação a uma abordagem mais banal concebida de início: "Falando de uma *Poétique de la rêverie*", escreve Bachelard, "quando o título simples de *La rêverie poétique* me tentou por muito tempo, quis assinalar a força de coerência que um sonhador recebe quando é verdadeiramente fiel a seus sonhos e que seus sonhos assumem precisamente uma coerência por causa de seus valores poéticos". E Northrop Frye, no início de *The Great Code*: "O subtítulo de meu livro não é exatamente *A Bíblia Enquanto Literatura*"[9]. Pode ser enfim uma cautela contra as sugestões enganosas e, portanto, uma espécie de correção parcial do título: todos sabem como Rabelais, no início de *Gargantua*, afasta a desconfiança de "zombaria, brincadeiras e mentiras alegres" que "o emblema exterior [isto é, o título]" de seu livro pode engendrar.

Como vimos, essa função de comentário do título é atribuída hoje mais ao *press-release*, cuja ação é evidentemente mais próxima e mais imediata; ou, mais obliquamente, e vimos isso também, à epígrafe.

---

9. É, com efeito, *A Bíblia e a Literatura*. Quanto ao título, Frye o justifica, em seu prefácio, por uma espécie de epígrafe integrada que fornece sua fonte: "Blake dizia: o Antigo e o Novo Testamento são o Grande Código da Arte, expressão que utilizei depois de ter meditado por vários anos sobre o que ela queria dizer".

Contratos de ficção

UMA FUNÇÃO RESERVADA quase inevitavelmente para as obras de ficção, e sobretudo de ficção romanesca, consiste no que chamarei (com o matiz de suspeita que está ligado a esse termo) de declaração de ficcionalidade. São inumeráveis as obras clássicas cujo prefácio contém uma precaução contra qualquer tentação a procurar, nas pessoas e nas situações, chaves, ou, como se dizia frequentemente então, "aplicações". Mencionei a da primeira parte de *L'Astrée*. A advertência do livreiro em *La Princesse de Montpensier* insiste no caráter "efetivamente fabuloso" dessa narrativa. La Bruyère (fora da ficção?) acredita "poder protestar contra [...] qualquer falsa aplicação" de seus retratos. *Gil Blas* ("Declaração do Autor"): "Como existem pessoas que não saberiam ler sem fazer aplicações dos caracteres viciosos ou ridículos que encontram nas obras, declaro a esses leitores malignos que cometerão um erro em aplicar os retratos que estão neste livro. Faço uma confissão pública: propus-me tão somente representar a vida dos homens como ela é; longe de mim ter tido a intenção de designar alguém em particular!" *Les Égarements du cœur et de l'esprit*: "Há leitores finos que somente leem para fazer aplicações. [...] As aplicações têm apenas um tempo: ou se cansa de fazê-las, ou são tão fúteis que caem por si só". *Adolphe*, prefácio da segunda edição: "Já protestei contra as alusões que uma malignidade que aspira ao mérito da penetração, por absurdas conjecturas, acreditou encontrar nele. Se eu tivesse dado lugar realmente a tais interpretações [...], eu me consideraria digno de uma censura rigorosa... Procurar alusões em um romance é preferir a intriga à natureza e substituir a observação do coração humano pelo mexerico". A forma mais ingênua de "aplicação" consiste em atribuir ao autor as opiniões ou os sentimentos de suas personagens: há "leitores finos" demasiadamente finos para ler as aspas, e não falo das sutilezas do estilo indireto livre, das quais se diz às vezes, não sem alguma verdade, que valeram a *Madame Bovary* seu processo: ou amálgamas entre pensamento do autor e opiniões atribuídas ao narrador: "Apesar da autoridade da coisa julgada, muitas pessoas se prestam ao ridículo de tornar um escritor cúmplice dos sentimentos que ele atribui às personagens; e, se ele emprega o *eu*, quase todas são tentadas a confundi-lo com o narrador" (prefácio de *Le Lys dans la vallée*).

Encontram-se ainda esses protestos em prefácios modernos, como o de *Gilles*[10], em que Drieu explica ao mesmo tempo que não existe chave nesse romance e que "todos os romances têm uma chave", e os de Aragon, que

---

10. Prefácio da nova edição, integral, de 1942 (edição original: 1939).

explora, por sua vez, esse fácil paradoxo de uma maneira que voltaremos a ver. Mas a forma mais frequente hoje, tirada talvez de uma prática familiar do cinema, é a de um aviso separado do tipo: "*As personagens e as situações desta narrativa são puramente fictícias e qualquer semelhança com pessoas ou situações existentes é mera coincidência*". Sabe-se que essa fórmula tem função jurídica, pois tem em vista evitar processos de difamação, o que nem sempre consegue. Trata-se, então, de um verdadeiro contrato de ficção. Já encontrei, por acaso, alguns com diversas variantes no início, por exemplo, de *Aurélien*, de *Voyageurs de l'impériale*, de *La Semaine sainte*, de *Féerie pour une autre fois*, de *L'Antiquaire* de Henri Bosco, de *Sot-Weed Factor* de John Barth, de *Boulevards de ceinture* de Modiano, ou de *Bal des débutantes* de Catherine Rihoit. A fórmula pode também ser comicamente invertida (*Green Hills of Africa*: "Ao contrário de muitos romances, nenhuma das personagens ou incidentes deste livro é imaginário"; *Le Dimanche de la vie*: "Sendo as personagens deste romance reais, qualquer semelhança com indivíduos imaginários seria fortuita"), ou subvertida de modo diverso (*La Vie mode d'emploi*: "A amizade, a história e a literatura me forneceram algumas das personagens deste livro. Qualquer outra semelhança com indivíduos vivos ou que existiram real ou ficticiamente só poderia ser coincidência". Alain Jouffroy, *Le Roman vécu*: "Todos os fatos, todos os sentimentos, todas as personagens, todos os documentos que serviram a este romance, que consagrei a todas e a todos que tornaram minha vida possível, têm a exatidão rigorosa de minha imaginação. Peço perdão à realidade"). *La Maison de rendez-vous* contém duas, rigorosamente contraditórias. Francis Jeanson coloca uma, deliberadamente inapropriada, no começo de seu *Sartre dans sa vie*: "A personagem central desta história é totalmente imaginária. Não poderíamos, porém, subestimar o risco de ver estabelecerem-se certas correlações entre os comportamentos de um chamado *Jean-Paul Sartre* e a pura ficção que apresento: o autor insiste em todo caso em assinalar que dificilmente admitiria ser responsável por acidentes desse tipo". E já citei uma ou duas vezes a fórmula denegativa que abre *Roland Barthes par Roland Barthes*.

Compreende-se assim por que anexei ao prefácio essas formulações autônomas do contrato de ficção, que só recentemente parecem ter-se destacado dele. Mas certamente pode-se considerá-las também anexos da indicação genérica, que repetem muitíssimas vezes, quando não a contradizem deliberadamente. Confirmações e desmentidos que convém, bem entendido, manejar com extremo cuidado, ou absorver *cum grano salis*, pois, desde a origem, a negação de "qualquer semelhança" tem por dupla função proteger o autor contra eventuais consequências das "aplicações" e lançar os leitores, com toda certeza, à sua procura.

Ordem de leitura

ÀS VEZES É ÚTIL advertir o leitor, sempre por meio de prefácio e como que por explicitação do índice, sobre a ordem adotada no livro que tem em mãos. É, por exemplo, o que Bachelard fazia de forma quase sistemática, e é uma atitude didática, ou mesmo pedagógica, que um prefácio de ficção ou de poema não pode adotar. Pode-se também indicar ao leitor apressado quais capítulos pode eventualmente ignorar, ou mesmo sugerir percursos diferentes, como faz Aragon em *Henri Matisse, roman,* ou Cortázar em *O Jogo da Amarelinha.* Ou, ao contrário, exigir uma leitura integral e na ordem: Max Frisch, em seu aviso ao leitor do *Journal 1946-1949*. É a forma mais bruta da retórica do como: "Leia este livro como está escrito".

Indicações de contexto

ÀS VEZES, UM AUTOR, por uma razão ou por outra, publica uma obra que, em sua mente, faz parte de um conjunto *in progress* e somente encontrará sua plena, e mesmo verdadeira significação, no contexto futuro ainda insuspeitado do público. Situação tipicamente balzaquiana[11], e que exige a produção não menos balzaquiana que é o prefácio original provisório, encarregado unicamente de advertir o leitor dessa situação de espera e de lhe dar alguma ideia da sequência. "Essas advertências e esses prefácios devem desaparecer totalmente, assim que a obra estiver terminada e apareça em sua forma verdadeira e completa", lê-se no início de *Cabinet des antiques* (1839). Mas, já em 1833 Balzac dava um prefácio a *Ferragus*, apesar de sua "aversão" por esse gênero, porque essa narrativa era apenas um fragmento extraído de sua sequência. A publicação de *Illusions perdues* é toda balizada por advertências semelhantes: para *Les Deux Poètes* (1837), esperem a segunda parte; para *Un grand homme de province à Paris* (1839), esperem a terceira; e *Les Souffrances de l'inventeur* (1843, sob o título de *David Séchard*) são cercadas do anúncio de outras "cenas" que esclarecerão esta. No início de *César Birotteau*, o leitor era convi-

---

11. A solução, que chamarei "flaubertiana", por referência a um sonho de Gustave jovem, seria "a do sujeito que até os cinquenta anos não tivesse publicado nada, e que, de repente, um belo dia, imprimisse suas obras completas, e que depois ficasse nisso" (em *Du Camp*, maio de 1846, Pléiade, I, p. 265). Esse propósito fascinava Gide (*Journal*, 12 de julho de 1914), mas não sei se algum dia foi realizado por alguém.

dado a fazer um paralelo com *La Maison Nucingen*, como de *Curé de village* com *Le Médecin de campagne*, e de *Cousin Pons* com *Cousine Bette*. No início de *Pierrette*, o autor queixa-se ainda dessa publicação separada que esconde a relação da parte com o todo; mas é, com certeza, o prefácio de *Une fille d'Ève*, o mais importante antes da introdução de 1842 (que ele antecipa sob muitos aspectos), que ilustra melhor essa compensação de uma publicação escalonada mediante "prefácios explicativos" nos quais o autor deve fazer-se (bela metáfora para a função de guia) de "cicerone de sua obra" – uma obra em que tudo se mantém, em que tudo, como na vida, é "mosaico": de onde a lembrança da estrutura de conjunto já anunciada nos prefácios das primeiras coletâneas; de onde a ideia, que Balzac tira de seu editor e que a posteridade crítica se encarregará de executar, da utilidade de um dicionário biográfico de *Études des mœurs*: "RASTIGNAC (Eugène-Louis), filho mais velho do Barão e da Baronesa de Rastignac etc.".

Sabe-se, porém, que Balzac não confiava inteiramente na virtude monitória dos prefácios e que ele multiplicava no próprio texto, paratexto integrado, parênteses remetendo um romance a outro. Proust, que zomba desse procedimento em seu pastiche, fazia-o talvez tão bem apenas porque também ia sujeitar-se a uma publicação dilatada. E, se ele se abstém, em 1913, de qualquer prefácio monitório, é em proveito de outro meio, menos oficial, mas talvez mais eficaz: o de uma entrevista publicada às vésperas do lançamento de *Swann*, e cuja mensagem era exatamente dessa ordem. Voltaremos a vê-lo em seu lugar.

Essas injunções a esperar o todo para julgar o fragmento comportam um risco manifesto: afastar o público de uma leitura imediata e induzi-lo a esperar efetivamente a publicação completa para fazer uma compra, como se diz, agrupada. Por isso, vê-se que alguns autores as acompanham de uma retórica muito equilibrada, como faz Hugo no início da primeira série (1859) de *Légende des siècles*. Esse volume, diz ele, é apenas um começo, mas é autossuficiente, como um peristilo já é um monumento: "Existe solitariamente e forma um todo; existe solidariamente e faz parte de um conjunto". Convite, de antemão, para ler duas vezes: uma primeira vez, desde já, como um "todo", uma segunda mais tarde, como "parte de um conjunto". Zola, em *Les Rougon-Macquart*, usará uma estratégia diferente, colocando, no começo de *La Fortune des Rougon*, um prefácio que se antecipa ao conjunto. Assim o leitor já se sente obrigado, afora este primeiro episódio, a uma leitura mais vasta. É mais ou menos a mesma atitude de Frye na introdução de *The Great Code*: "Depois de ter refletido muito, decidi tirar da página de rosto a menção ameaçadora *Volume 1*, porque gostaria que cada um dos livros que publico seja uma unidade completa em si mesmo. Mas um segundo volume está, porém, em ativa preparação, e esta Introdução também lhe diz respeito um pouco".

Outros, enfim, aproveitam simplesmente o prefácio de um livro para anunciar o seguinte. Assim, Cervantes, no prólogo de *Novelas Exemplares*, promete a publicação de *Persiles* e do segundo *Quixote*. Depois, no prólogo do segundo *Quixote*, de novo *Persiles* e a segunda parte de *Galatea*. E *Paludes* teve, em 1897, um efêmero posfácio posterior cujo título dizia: "Posfácio para a segunda edição de *Paludes* e para anunciar *Les Nourritures terrestres*". Promessa mantida, missão cumprida. Nem sempre é assim que acontece, e é esse o perigo maior desses "efeitos de anúncio". Não se deve ser supersticioso.

Declarações de intenção

A MAIS IMPORTANTE, talvez, das funções do prefácio original consiste em uma interpretação do texto pelo autor, ou, se se preferir, em uma declaração de intenção. Semelhante abordagem é aparentemente contrária a certa vulgata moderna, formulada em particular por Valéry, e que recusa ao autor qualquer controle sobre o "verdadeiro sentido", ou mesmo que nega absolutamente a existência de semelhante sentido. Digo "certa" vulgata, porque não é compartilhada claramente por todos – sem contar aqueles que a professam apenas da boca para fora, por ponto de honra modernista, sem acreditar nela em seu foro íntimo e sem se abster de ridicularizá-la sem cessar, senão em prefácios, pelo menos em entrevistas, em conversas e em jantares na cidade. Imagine-se de qualquer modo como Proust – grande inimigo de toda crítica biográfica – acolheria uma interpretação da *Recherche* discordante da teoria peculiar desenvolvida em *Le Temps retrouvé* e cuidadosamente antecipada, desde 1913, na entrevista já mencionada. Sabe-se que o que Proust criticava em Sainte-Beuve não era o recurso à intenção profunda do autor, mas o esquecimento ou o desconhecimento desta em proveito de uma tagarelice superficial sobre as circunstâncias exteriores da criação. Digo também "aparentemente", porque mesmo Valéry não afirmava não ter de sua obra nenhuma interpretação pessoal: apenas evitava impô-la a seus leitores, porque não lhe parecia certo que fosse a mais justa. Mas voltaremos a esse ponto.

Curiosamente, o primeiro prefácio moderno no sentido amplo do termo – ou pelo menos no que consagramos simbolicamente como tal –, o prólogo de *Gargantua*, já adotava uma posição do mesmo gênero, que ele tornava seu argumento principal. Não retomarei aqui a longuíssima e enredada controvérsia suscitada por esse texto deliberadamente ambíguo, controvérsia que um de seus mais recentes participantes qualificou com razão de "algazarra crítica"[12]. Lembro apenas que Rabelais, após ter convidado seu leitor a superar as promessas desarrazoadas do título em proveito de uma interpretação "no mais alto sentido" e de uma "doutrina obscura", acrescenta imediatamente que essas profundezas hermenêuticas correm bastante o risco, como em Homero ou Ovídio, de ter escapado ao autor. O fato de existir aí uma sátira aos excessos interpretativos da escolástica, e também uma manobra para atrair um novo público mais exigente do que o de *Pantagruel*, prometendo-lhe tesouros escondidos com os quais ele mesmo, como o lavrador de La Fontaine, não se preocupava de modo algum, não muda nada na estratégia de conjunto, que consiste em sugerir ao leitor uma abordagem interpretativa, convidando-o, mesmo que fosse totalmente por acaso, a "quebrar os ossos" ["pular de cabeça"].

Entre Rabelais e Valéry (e além deles, é claro), a prática autoral é geralmente menos sutil ou menos equívoca: consiste em impor ao leitor uma teoria particular definida pela *intenção* do autor, apresentada como a chave interpretativa mais segura, e, desse ponto de vista, o prefácio constitui realmente um dos instrumentos do controle autoral. Que essa teoria não é sempre sincera é o que salta aos olhos nos inúmeros protestos edificantes com que se cercam os romances mais libertinos e os ensaios mais subversivos do século XVIII, e cuja hipocrisia inevitável deixou muitos vestígios nos prefácios do século XIX, e mesmo do século XX. Paul Morand queixava-se disso recentemente em seu próprio prefácio de *Nouvelles des yeux*: "Uma recente coletânea dos mais famosos prefácios do século XIX[13] acaba de manifestar sua inanidade. Sua única e comum justificativa: provar que a obra oferecida não é imoral e que o autor não merece a prisão. Hoje, já não tem razão de ser essa preocupação" (trata-se talvez de diminuir alguns riscos reais). Que não é tampouco sempre lúcida, foi o que mostrou desde Zola a crítica balzaquiana a respeito do famoso divórcio entre as proclamações ideológicas da introdução de 1842 e as informações históricas de *La Comédie humaine*. O fato é, não menos evidente, que essas declarações de intenção paratextual estão presentes, e que ninguém – defenda-se disso ou não – pode deixar de levá-las em conta.

---

12. G. Defaux, "D'un problème l'autre…", RHLF, março de 1985.

13. Trata-se certamente da *Anthologie des préfaces de romans français du XIXe siècle*, organizada, em 1962, por H. S. Gershman e K. B. Whitworth e publicada na França, Julliard, 1964.

Portanto, seu tema comum é mais ou menos: "Vejam o que eu quis fazer", e o breve prefácio de *A Montanha Mágica* intitula-se, como poderia ser o caso de todos, "Propósito"[14]. Sabe-se que Cervantes definiu a intenção do *Quixote* como a de uma "invectiva contra os romances de cavalaria", apesar de algumas dúvidas que podem ter sido lançadas sobre esse propósito por longa tradição de exegese cervantina. A dedicatória de *Tom Jones* afirma que o autor "esforçou-se sinceramente nessa narrativa para exaltar a bondade e a inocência, para acautelar-se contra a imprudência e para, através do riso, impelir os homens a abandonarem suas loucuras e seus vícios prediletos". *Le Génie du christianisme* quer provar "que a religião cristã é a mais poética, a mais humana, a mais favorável à liberdade, às artes e às letras" e, por seu episódio de *René*, "denunciar essa espécie de vício novo [a onda das paixões] e pintar as funestas consequências do amor exagerado pela solidão". Constant, no prefácio de 1824 de *Adolphe*, declara: "Quis pintar o mal que causam mesmo nos corações áridos os sofrimentos, e a ilusão que os leva a acreditar-se mais levianos e mais corrompidos do que são". Em 1842, Balzac coloca, sob a invocação da filosofia política de Bossuet e de Bonald, uma obra escrita: "ao resplendor de duas verdades eternas: a Religião, a Monarquia". Zola retoma a fórmula volitiva no começo de *Thérèse Raquin*: "Eu *quis* estudar temperamentos e não caracteres", ou dos *Rougon-Macquart*: "*Quero* explicar como uma família [...] se comporta numa sociedade. [...] *Tentarei* achar e seguir [...] o fio que conduz matematicamente de um homem para outro". E todo o mundo sabe o que Proust *quis* mostrar na *Recherche*; mas todo o mundo sabe também que ele não se dignou a confiar sua profissão de fé a um simples prefácio.

Vou buscar em dois escritores contemporâneos duas fórmulas de interpretação autoral que me parecem as mais categóricas, as menos inibidas pelo escrúpulo valéryano. A primeira encontra-se, é verdade, em um prefácio tardio, o de 1966 para *Aurélien*: "A impossibilidade do casal é o próprio tema de *Aurélien*". Tanto pior para os que acreditavam perceber também outros dois ou três: deverão doravante esforçar-se para contornar esse incômodo poste indicador, e isso não será fácil[15]. A segunda é, provavelmente, ainda mais inti-

---

14. O termo alemão (*Dassein*) é, na verdade, mais ambíguo: *Vorsatz* emprega-se também para designar uma página de guarda.

15. *Entretiens avec F. Crémieux*, gravadas de outubro de 1963 a janeiro de 1964, eram um pouco menos intimidantes, porque aplicavam a mesma fórmula igualmente aos *Voyageurs de l'impériale* (Gallimard, pp. 95-96). Nesse meio tempo, Aragon deve ter considerado oportuno "mirar" melhor sua fórmula.

midadora, porque se oferece um pouco como a chave de um enigma ou, pelo menos, como a tradução de uma figura: é Borges que revela, no prólogo de *Artifícios: "Funes el Memorioso* é uma longa metáfora da insônia". Impossível, depois disso, ler o conto sem que essa interpretação autoral pese sobre a leitura e a force a determinar-se, positiva ou negativamente, em relação a ela.

Definições genéricas

NOSSA ÚLTIMA FUNÇÃO poderia muito bem passar por uma variante da anterior, que ela prolonga rumo a uma caracterização mais institucional, ou mais preocupada com o campo, temático ou formal, no qual se inscreve a obra singular. Essa preocupação com a definição genérica novamente aparece em zonas bem balizadas e codificadas como a do teatro clássico, onde se considera uma simples indicação paratitular (*tragédia, comédia*) suficiente, mas desponta nas franjas indecisas onde se exerce uma parte de inovação e, em particular, nas épocas de "transição", como a era barroca ou os inícios do romantismo, onde se procura definir esses desvios em relação a uma norma anterior ainda sentida como tal. Vemos assim Ronsard, que ressuscita a epopeia antiga, declarar um pouco canhestramente, no prefácio de *La Franciade*, que "este livro é um romance como a *Ilíada* e a *Eneida*"[16]. Vemos Saint-Amand justificar a indicação genérica paradoxal de *Moyse sauvé* ("idílio heroico") – pela ausência do "herói atuante", de batalhas ou de cerco, e pela predominância do "alaúde" sobre a "trombeta", em outras palavras, do lírico sobre o épico. Ou La Fontaine a de *Adonis* ("poema") pelo enquadramento, no gênero heroico, de uma peça cujo assunto e dimensões fariam pender antes para o lado do idílio[17]; ou Corneille, a de *Don Sanche d'Aragon* ("comédia heroica"), por uma intriga cômica situada no meio dos grandes – em outras palavras, pelo cruzamento dos dois critérios aristotélicos da qualidade da ação e da das personagens.

---

16. Edição original de 1572. Mas o prefácio tardio, editado postumamente em 1587 (e que foi talvez terminado por Claude Binet), será uma verdadeira arte poética do "poema heroico", de espírito bastante aristotélico: respeitar a unidade de tempo de um ano, buscar não a verdade histórica, mas o possível e o verossímil, forjar palavras novas e preferir o decassílabo ao alexandrino, "que tem demasiado sabor de prosa". Sobre essa série de prefácios de *La Franciade*, ver F. Rigolot, "L'imaginaire du discours préfaciel", *Studi di letteratura francese*, Florença, 1986.

17. Chapelain já havia justificado semelhante indicação genérica em seu prefácio para o *Adone* de Marino, que voltaremos a ver, mas La Fontaine parece tê-lo esquecido.

Bernardin de Saint-Pierre qualifica laconicamente *Paul et Virginie* de "espécie de pastoral"; Chateaubriand, *Atala* de "tipo de poema, metade descritivo, metade dramático", *Les Martyrs* de "epopeia em prosa", e *Les Natchez* de texto épico em sua primeira parte, romanesco na segunda. Mas o sentimento da inovação genérica pode ser mais forte e dar ao prefácio o tom de verdadeiro manifesto. Os textos fundadores são muito conhecidos, e aqui vou apenas lembrá-los. É o prefácio de *Joseph Andrews*, no qual Fielding define o novo romance como uma "epopeia cômica em prosa" (cômica à moda de Hogarth e não burlesca como seus predecessores franceses: crítica da afetação e da hipocrisia). São os *Entretiens sur le Fils naturel*, nos quais Diderot, dialogando com o protagonista Dorval, esboça uma "poética do gênero sério", categoria dramática a meio caminho do cômico e do trágico, mas que ele quer totalmente diferente do tragicômico corneliano, que "confunde dois gêneros afastados e separados por uma barreira intransponível"; depois, *Discours sur la poésie dramatique*, posfácio de *Père de famille*, nova variedade do drama burguês, que se coloca entre o gênero sério e a comédia; e ainda, *Essai sur le genre dramatique sérieux*, prefácio de *Eugénie*, no qual Beaumarchais, seguindo os passos de Diderot, insiste na diferença com a tragédia clássica (abandonemos o terror e mantenhamos apenas a piedade) e na necessidade de uma escrita em prosa. É o prefácio de Wordsworth, para a segunda edição de *Lyrical Ballads*, verdadeiro manifesto do lirismo romântico, poesia definida como "efusão espontânea de sentimentos poderosos", rejeição da "dicção poética" clássica em proveito de uma linguagem tão simples quanto a da prosa, e se distinguindo dela apenas pelo prazer da métrica, jogo inesgotável da semelhança e da diferença. É ainda, o mais ilustre sem dúvida, o prefácio de *Cromwell*, manifesto do drama romântico, definido, como se sabe, pelo sentimento cristão do conflito entre o corpo e a alma, pela mistura do sublime e do grotesco (aquela mesma que Diderot condenava) e pela rejeição das unidades de tempo e de lugar; aos tempos primitivos a expressão lírica, aos tempos antigos a épica, aos tempos modernos a dramática: toda uma filosofia da História a serviço da invenção, ou antes (Shakespeare), da ressurreição de um gênero[18].

Pelas razões expostas acima, a invenção (relativa) do romance histórico não se fazia notar, em Walter Scott, por nenhum manifesto em forma de prefácio original, a não ser algumas inflexões da dedicatória de *Ivanhoé*, que voltaremos a analisar; e mesmo os prefácios tardios continuarão muito modes-

---

18. "Os prefácios, como os manifestos, não param de escrever a história da literatura – sob a forma de narrativa mítica" (J.-M. Gleizes, "Manifestes, préfaces", *Litterature*, 39, out. 1980).

tos quanto ao alcance de uma inovação que foi sentida tão fortemente em toda a Europa[19]. O que poderia cumprir tal papel seria talvez o prefácio posterior (1827) de *Cinq-Mars* (cuja primeira edição data do ano anterior), mesmo que nele Vigny se mostre preocupado sobretudo em acentuar sua originalidade em relação ao modelo escocês, insistindo na presença, em primeiro plano, de personagens históricas reais (de fato, já era o que acontecia em *Quentin Durward*). Mas o importante aqui é a distinção proposta entre o "verdadeiro" dos fatos e a "verdade" da arte, onde os homens, maiores e mais realizados, no bem e no mal, veem-se elevados "a uma potência superior e ideal que concentra todas as forças", e a fórmula célebre (e amiúde mal compreendida): "A História é um romance cujo autor é o povo" – grau intermediário entre o verdadeiro e a verdade de ficção, na maneira pela qual a posteridade atribui aos heróis da História palavras e ações amplamente imaginárias que nem os atores nem, em sua sequência, os historiadores podem mais desarraigar da crença popular. Igualmente preocupado em livrar-se de um tipo genérico tão incômodo quanto fantasmagórico, Tolstói recusa-se a definir positivamente *Guerra e Paz* como um romance histórico. Mas talvez redija a carta (tardia) definindo o desacordo importante entre o romancista e o historiador: o primeiro deve continuar fiel à confusão dos fatos tais como seus atores os viveram (modelo implícito, é claro: o Waterloo da *Chartreuse*), afastado das construções artificiais elaboradas em retrospecto pelos Estados-maiores, e ingenuamente endossadas pelo segundo. Pode ser, em suma, que o romance histórico tenha vulgarmente dado lugar a atitudes denegativas, a começar pelos incógnitos scottianos, e cuja fórmula característica é dada por Aragon, com relação a *La Semaine sainte*[20]: isto "não é um romance histórico, é um romance" – declaração, na verdade, matizada pelo que segue: "Todos os meus romances são *históricos*, embora não estejam *a caráter*. La Semaine sainte*, contrariamente à aparência, é *menos* um romance histórico".

Sob esse prisma, é claro, nenhum romance é histórico, porque todo romance é histórico. Sem dúvida o via dessa forma Balzac, que queria ser o Walter Scott da realidade contemporânea, o secretário da historiadora "Société française", decidido a "escrever a história esquecida por tantos his-

---

19. Ver o número especial "Le roman historique" da RHLF, mar. 1975, e, particularmente, sobre o acompanhamento prefacial de um gênero que foi especialmente pródigo de prefácios, C. Duchet, "L'illusion historique: l'enseignement des préfaces (1815-1832)".

20. Entrevista à revista *Two Cities*, 1959, retomada em prefácio para os ORC e edições posteriores.

toriadores, a dos costumes". Mas sabe-se que ele não gostava muito de definir suas obras como romances[21]. Por isso, não dá de sua empresa uma característica explicitamente genérica (mas, antes, epistemológica e ideológica). O manifesto do romance "realista", se houver um depois do de *Joseph Andrews*, seria antes, mas de maneira bem lacônica, o prefácio de *Germinie Lacerteux*, esse "romance verdadeiro": "O Romance [note-se a maiúscula] começa a ser a grande forma séria [já era o que dizia Diderot], apaixonada, viva [...], a História moral contemporânea" (a última fórmula é perfeitamente balzaquiana). Ou, mais loquaz, o de *Pierre et Jean*, o mais fiel ao espírito do manifesto, uma vez que não quer "defender o pequeno romance que segue", mas ocupar-se "do Romance em geral"*. É um elogio ao realismo, oposto ao romance de aventuras e definido pela substituição de mil "fios tão finos, tão secretos, quase invisíveis [...] no lugar do fio único que tinha um nome: a intriga". Mas essa técnica realista que pretende dar "a ilusão completa do verdadeiro" deve escolher entre dois caminhos: o da análise psicológica e o da "objetividade", que se priva de todo tipo de "dissertação sobre os motivos" e se limita, por decisão de método, "a fazer passar sob nossos olhos as personagens e os acontecimentos", deixando a psicologia "escondida no livro como está escondida na realidade sob os fatos da existência". Vê-se que esse manifesto tardio do romance realista ou naturalista[22] é também um manifesto muito precoce do chamado romance "behaviorista".

O PREFÁCIO-MANIFESTO PODE, enfim, militar a favor de uma causa mais ampla do que a de um gênero literário. O de *Mademoiselle de Maupin* é uma crítica à hipocrisia moral, ao utilitarismo progressista, à imprensa, e uma profissão de fé em favor da "arte pela arte": "Só há beleza naquilo que não serve de nada; tudo o que é útil é feio". O de *The Picture of Dorian Gray* bate na mesma tecla: "Não existe livro moral ou imoral. Os livros são bem ou mal escritos. É tudo. [...] Toda arte é perfeitamente inútil". Mais engajado, o de *The Nigger of the "Narcissus"* é um mapa apaixonado, e um tanto grandiloquente, da missão do escritor, e do artista em geral ("O artista, tanto quanto o pensador ou o

---

21. Ele quase nunca emprega esse termo, a não ser para designar o subgênero histórico à maneira de Scott ("Quando *Les Vendéens* tiverem tirado de W. S. a láurea de romance", a Mme Hanska, 26 de janeiro de 1835), ou para uma obra filosófico-fantástica como *La Peau de chagrin*, integrada, em 1831, à coletânea intitulada *Romans et Contes philosophiques*.

* "Do Romance em geral" – ele intitula-se, atrás, "Estudo do Romance". (N. da R.)

22. Sabe-se que os manifestos naturalistas de Zola não tomaram a forma de prefácios. São encontrados principalmente nos artigos recolhidos, em 1880, sob o título de *Le Roman naturaliste*.

homem de ciência, busca a verdade para trazê-la à luz"), que não menciona em nenhum momento o texto que segue e que poderia muito bem ter por objeto o conjunto da obra de Conrad: uma espécie de Discurso de Estocolmo sem a ocasião[23]. Quanto ao prefácio de 1832, para *Le Dernier jour d'un condamné*, sabe-se que é um manifesto contra a pena de morte, que certamente não deixa de ter relação com o assunto do romance, mas que supera de longe toda consideração literária. Hugo também projetava, em 1860, para *Les Misérables* um "prefácio filosófico" que permaneceu inacabado, o qual devia ser uma defesa da religião, e mais precisamente um desenvolvimento do que se poderia chamar "argumento democrático": "O homem é solidário com o planeta, o planeta é solidário com o sol, o sol é solidário com a estrela, a estrela é solidária com a nebulosa, a nebulosa, grupo estelar, é solidária com o infinito. Tire um termo dessa fórmula e o polinômio se desorganiza, a equação cambaleia, a criação não tem mais sentido no cosmo e a democracia não tem mais sentido na Terra"[24]. Nada menos.

Esquivas

ESTE INVENTÁRIO POR DEMAIS longo (embora lacunar e ilustrado de maneira um tanto aleatória) das funções do prefácio original poderia fazer pensar que sua necessidade se impõe de modo igual a todos os autores. Felizmente não é o que acontece, e cabe aqui lembrar a existência de inúmeras obras sem prefácio – e a existência, menos numerosa porém mais significativa, de autores que recusam o máximo possível essa forma de paratexto: Michaux, Beckett, e já Flaubert, que se explica com muita clareza sobre essa recusa em uma carta a Zola, de 1º de dezembro de 1871, sobre *La Fortune des Rougon*: "Reprovo nela apenas o prefácio. A meu ver, ele estraga sua obra que é tão imparcial e tão elevada. Nele você conta seu segredo, o que é cândido demais, e exprime sua opinião, coisa que, em minha poética (para mim), um romancista não tem o direito de fazer". Cabe também notar – e terminarei este capítulo com a evocação dessa função paradoxal – a significativa frequência da manifes-

---

23. Publicado como "Nota do Autor" junto com a última seção do romance na *New Review* de dezembro de 1897, não foi, aliás, retomado nas primeiras edições em volume; publicado à parte em 1902, serviu de prefácio para o terceiro volume de *Works of J. C.* em 1921.

24. Cf. P. Albouy, "La 'préface philosophique' des *Misérables*" (1962), *Mythographies*, Corti, 1976.

tação, em muitos prefácios, de uma espécie de reserva, sincera ou fingida, diante de semelhante obrigação, frequentemente solicitada pelo editor, e que o autor sente ser um dever difícil de cumprir[25], ou resultar um texto cansativo para o leitor, mesmo quando o autor, como é sem dúvida o que acontece com Fielding, Scott ou Nodier, se entregou a ele, ao contrário, com um prazer manifesto, mas que reputa perverso. Em todos esses casos (e talvez alguns outros) de consciência culpada, o compromisso mais adequado, e mais produtivo, consiste em exprimir o mal-estar no próprio prefácio, sob a forma de desculpas ou de protesto. Desculpas sobre o tamanho: "Deus o poupe, leitor, de longos prefácios!" (dito atribuído a Quevedo por Borges, no de *Informe a Brodie*); "prefácio longo demais" (*Essai sur les révolutions*), "nota longa demais" (*Han d'Islande*). Sobre seu fastio, na introdução de *Lettres persanes*, Montesquieu declara eximir-se de um elogio ao texto: "Isso seria uma coisa muito aborrecida, colocada em um lugar já muito tedioso por si mesmo: quero dizer um prefácio"; no início do Livro v de *Tom Jones*, Fielding explica a presença desses dezoito prefácios, ou capítulos preliminares, ou "ensaios em forma de digressão", que ele quis que fossem "laboriosamente tediosos": estão ali para fazer com que a sequência pareça por contraste mais divertida, como as elegantes de Bath, que "se esforçam para parecer tão feias quanto possível de manhã a fim de valorizar a beleza que pretendem mostrar-lhes à noite". Sobre sua impertinência: meus prefácios, diz ainda Fielding (xvi-1), são intercambiáveis como prólogos de teatro, mas há vantagens nisso: o público ganha um quarto de hora à mesa, os críticos afinam seus apitos, e o leitor pode, sem remorso, pular algumas páginas, "o que não deixa de ser bastante útil às pessoas que leem um livro apenas para poderem dizer que o leram". Sobre sua inutilidade: "Há muito que se grita sobre a inutilidade dos prefácios – e, no entanto, continua-se a fazer prefácios", escreveu Théophile Gautier[26]. Nodier intitula, preventivamente, "prefácio inútil" o de *Quatre Talismans* e o de *La Fée aux miettes*: "Ao leitor que lê os prefácios"; mas nele o tema da inutilidade estende-se ao próprio texto, o que revaloriza paradoxal e ironicamente o prefácio: "Não posso justificar-me por ter feito tantos romances inúteis senão repetindo muitas vezes que eles são como meus prefácios, uma espécie de romance de minha vida, que também não passa de

---

25. "Estas vinte e seis páginas", diz Balzac, "sobre a introdução de 1842, fizeram-me mais mal do que uma obra" (a Madame Hanska, 13 de julho de 1842).

26. Citado por Derrida, *La Dissémination*, p. 33; como não encontrei a origem dessa citação, ignoro se ela se encontra em um prefácio.

um prefácio inútil..."²⁷. Sobre sua pretensão: "Creio ter dito em algum lugar que um prefácio era um monumento de orgulho; repito-o de bom grado"²⁸. Sobre sua hipocrisia: é o momento de lembrar a famosa frase de Proust sobre "a linguagem insincera dos prefácios e das dedicatórias" – mas esta (Pléiade, III, p. 911) não se encontra em um prefácio. Protestos diversos: Cervantes teria pretendido entregar seu *Dom Quixote* nu, "sem ornamento de prólogo"; Marivaux consagra quase todo o prefácio de *La Voiture embourbée* a uma diatribe muito bem-humorada e muito ambígua contra a obrigação de prefácio e contra os lugares-comuns do gênero, que merece uma longa citação:

> As primeiras linhas que dirijo a meu amigo ao começar esta história deveriam poupar-me de um prefácio, mas precisa-se de um: um livro impresso, encadernado sem prefácio, é um livro? Não, com certeza, ainda não merece esse nome; é um tipo de livro, livro sem patente, obra da espécie daquelas que são livros, obra candidata, aspirante a sê-lo no futuro, e que não é digna de usar verdadeiramente esse nome se não se revestir dessa última formalidade. Então ei-lo completo: seja fraco, medíocre, bom ou mau, ele carrega, com seu prefácio, o nome de livro em todos os lugares por onde passa. [...] Ora, pois, leitor, já que se precisa de um prefácio, aí está um.
>
> Não sei se este romance agradará, a expressão parece-me agradável, o cômico divertido, o maravilhoso bastante novo, as transições bastante naturais, e a estranha mistura de todos esses diferentes gostos dá-lhe um ar totalmente extraordinário, de que se deve esperar que mais irá divertir do que aborrecer e... Mas parece-me que começo muito mal meu prefácio: precisa-se apenas seguir minhas conclusões, é um livro onde o cômico é agradável, as transições naturais, o novo maravilhoso; se assim for, a obra é bela: mas quem o diz? sou eu, seu autor. Ah, irão dizer, como esses autores são cômicos com seus prefácios cheios de elogios de seus livros! Mas o senhor mesmo, leitor, como o senhor é estranho! Quer de todo jeito um prefácio e se revolta porque o autor diz de seu livro o que pensa; você deve achar que, se este livro não lhe parecesse *bom*, ele não o produziria. [...] Mas chega, irá gritar talvez um triste misantropo; se você sabe que ao oferecer seu livro não está oferecendo nada de belo, por que produzi-lo? Amigos bajuladores forçaram-no a isso, o senhor

---

27. "Prefácio novo" (tardio) de *Thérèse Aubert*. Balzac coloca, no início do *Vicaire des Ardennes* (1822), um "Prefácio que se Lerá se For Possível".

28. "Préliminaires" em *Jean Sbogar*; aqui ainda uma modalização autoirônica: "Orgulho inocente, de resto, e quase digno de uma terna compaixão, este que se funda no barulho de um pequeno livro que dura apenas o tempo de escoltá-lo da loja até sua destruição". Sobre os prefácios de Nodier, ver o artigo de J. Neefs que aparecerá em *Le Discours préfaciel*, C. Duchet ed., PUG-PUV, 1987.

diz; bem, deveria romper com eles, são seus inimigos; ou então, já que o pressionavam tanto, não tinha o senhor a ajuda do fogo que poderia fazer desaparecer a má razão de suas importunações? Bela desculpa são essas instâncias! Não posso suportar essa humildade fingida, essa mistura ridícula de hipocrisia e de orgulho de quase todos os Senhores autores; aos desvios da má-fé eu preferiria um sentimento de presunção declarada.

E eu, Senhor misantropo, a suar para não contentar ninguém prefiro fazer um livro sem prefácio. Sem o embaraçoso desígnio de fazer esse prefácio, teria falado de meu livro em termos mais naturais, mais justos, nem humildes nem vãos; teria dito que havia imaginação, que não ousava decidir se ela era boa; que aliás eu me tinha realmente divertido em compô-lo, e que eu desejava que ele divertisse também os outros; mas o desígnio do prefácio veio elevar meu espírito, de maneira que rompi os obstáculos comuns.

Deus seja abençoado, estou livre de um grande fardo, e ainda rio da personagem que eu ia fazer, se fosse obrigado a sustentar meu prefácio. Adeus, prefiro mil vezes abreviar a aborrecer por demasiada extensão. Passemos à obra.

E ainda, este projeto de prefácio para *Lucien Leuwen*: "Que triste tempo este quando o editor de um romance frívolo pede insistentemente ao autor um prefácio do gênero deste!" (sendo *Leuwen* póstumo, vê-se que Stendhal antecipa o pedido editorial e grita antes que o esfolem). Prefácio posterior de *Thérèse Raquin*: "Precisa-se da mais completa parcialidade cega de uma certa crítica para forçar um romancista a fazer um prefácio. Já que, por amor à clareza, cometi o erro de escrever um, rogo o perdão das pessoas inteligentes, que não têm necessidade, para ver claro, que se lhes acenda uma lanterna em pleno dia". Prefácio tardio de *Portrait de femme*: "É terrível precisar, em toda demonstração artística, pôr tantos pingos nos ii e detalhar suas intenções, e não tenho vontade de fazê-lo agora". Prefácio tardio ainda (chamado "Retrospecto") de *Ressassement éternel* (em 1951, para dois textos de 1935 e 1936), onde, após ter citado Mallarmé ("Abomino os prefácios escritos pelo próprio autor, e por mais forte razão acho pior aquele escrito por outrem. Meu caro, um verdadeiro livro dispensa apresentação..."), Blanchot argumenta que o escritor, que não existe antes de seu livro, deixa de existir depois dele: "Então, como ele poderá voltar-se (ah, o culpado Orfeu) para aquilo que pensa trazer à luz, apreciá-lo, considerá-lo, reconhecer-se nele e, para terminar, tornar-se seu leitor privilegiado, o comentador principal ou apenas o auxiliar zeloso que dá ou impõe sua versão, resolve o enigma, revela o segredo e interrompe autoritariamente (é de fato do autor que se trata) a cadeia hermenêutica, uma vez que pretende ser o intérprete suficiente, primeiro e último? *Noli me legere...*". No entanto, ele continua, até mesmo Mallarmé, e Kafka, e Bataille comentaram, por meios diversos, suas obras. E, seguindo esses exemplos próprios para referendar a inconsequência ("Sei muito bem, mas mesmo assim"), segue um comentário autoral do texto assim prefaciado.

Julgaremos, não sem razão, um pouco indiscretas e algo suspeitas essas formas de protesto, em que a precaução oratória e o coquetismo literário[29] se expõem, com certeza, mais do que queriam. Preferiremos, sem dúvida, a maneira mais amena, embora tão (ou mais) negativa no fundo, de Malcom Lowry, no início da tradução francesa de *Under the Volcano*: "Gosto dos prefácios. Eu os leio. Às vezes, não vou mais longe, e é possível que, aqui, tampouco os senhores seguirão adiante. Nesse caso, o prefácio teria falhado em seu objetivo, que é tornar o acesso ao livro um pouco mais fácil". O *topos* "odeio os prefácios e você também" encontra-se aqui invertido, mas o efeito presumido é pior, porque o chamariz do prefácio impede de ler a continuação. A atitude mais simples é, no final, a de Dickens, que, no prefácio original de *David Copperfield*, declara simplesmente que disse em seu livro tudo o que tinha a dizer, e que nada tem a acrescentar senão o pesar de se separar de companheiros tão caros, e de uma "tarefa de imaginação" tão absorvente. O mais simples, e talvez o mais sincero.

OUTRA EVASIVA ELEGANTE: a preterição. É a arte de escrever um prefácio explicando que não o fará, ou lembrando todos aqueles que se poderia ter feito. Marivaux tinha um pouco disso. Cervantes abre-se a um amigo sobre seu desprazer com relação aos prefácios, o amigo responde com eloquência, e Cervantes acha seu discurso tão correto que faz dele... o prefácio de *Dom Quixote*. Mesmo procedimento em *La Nouvelle Héloïse*: "Escreva essa conversa como único prefácio", sugere o interlocutor de Jean-Jacques, no fim de sua conversação; ou em *L'Âne morte et la Femme guillotinée* de Jules Janin,

---

29. Já denunciados por Prevost, no prefácio de *Cleveland*: "Não imitarei absolutamente a afetação de inúmeros autores modernos que parecem ter medo de ofender o público ou pelo menos importuná-lo com um prefácio, e que fazem parecer que têm repugnância e dificuldade quando têm de escrever um, como se temessem efetivamente o pesar e o desgosto de seus leitores... É-me difícil conceber o que pode causar seus alarmes e suas dificuldades. É que, se suas obras não exigem os esclarecimentos preliminares de um prefácio, quem os obriga ao cuidado inútil de escrevê-los? E, se acreditam, ao contrário, que seus leitores precisam de alguma explicação do que lhes é apresentado, por que temer desagradar-lhes oferecendo-lhes um auxílio que não poderiam deixar de achar agradável tão logo tenham reconhecido que ele é necessário?"

cujo prefácio resume uma conversa entre o autor e "a Crítica" ("Ela me escutou com muito esforço e, quando terminei, acrescentou que eu era terrivelmente obscuro. – É o belo de um prefácio, respondi com impudência"). No prefácio da segunda edição de *Han d'Islande*, Hugo enumera diversos projetos abortados: uma dissertação sobre o romance em geral (prefácio-manifesto), uma nota elogiosa assinada pelo editor (alógrafo apócrifo) e outros. Finalmente, contenta-se em assinalar algumas correções e termina com algumas piruetas que justificam esse julgamento tardio (prefácio de 1833): "*Han d'Islande* é um livro de rapaz, e de rapaz muito jovem"[30].

A última é realmente uma escapatória: consiste em falar francamente de outra coisa. Prefácio elusivo, já era, vale lembrar, o escrito por Rabelais no início do *Quart Livre*. É mais ou menos o que fez Nerval na dedicatória (a Dumas) de *Les Filles du feu*, que contém um fragmento de romance abandonado (mas também um comentário, ou recusa de comentário, de *Chimères*, juntada ao volume: "perderiam seu encanto se fossem explicadas"). É também o mesmo de Aragon em *Le Libertinage*, longo manifesto, intitulado "O Escândalo Pelo Escândalo", ruidoso e incoerente, que termina com essa anódina provocação: "Não se deixará de dizer que há alguma desproporção entre este prefácio e o livro que segue. Não estou nem aí". Livro de rapaz, ainda, e de rapaz muito jovem.

Outra coisa pode ser também o prefácio como gênero; passa-se aqui do prefácio elusivo para o prefácio autológico: prefácio sobre prefácios: veja-se "Fora-do-livro", de *La Dissémination*, já lembrado, ou os três prefácios de *Friday Book*, perfeitas ilustrações do coquetismo paratextual, sobre o tema evidentemente necessário da crítica a qualquer coquetismo paratextual. Veja-se ainda, ou, melhor, já, o "Prefácio ao Leitor" de Pierre Leroux para *La Grève de Samarez* (1836): este pretende ser uma história do prefácio. História, no meu entender, incorreta, porque nela se lê que os antigos não faziam prefácios porque não pensavam na posteridade! Mas encontro nela um belo conselho, embora de difícil aplicação: "Um bom prefácio deve ser como a abertura de uma ópera". Esse longo prefácio é, por sua vez, precedido de um "prólogo", no qual só encontro para relatar esta sábia observa-

---

30. Mais curto, o prefácio original já era agradavelmente preteritivo: relendo seu romance, o autor dava-se conta de sua "insignificância" e de sua "frivolidade"; renunciava, portanto, a "elaborar um longo prefácio que fosse como que o escudo de sua obra" e se resignava, "após ter reconhecido seus erros, a nada dizer nessa espécie de prefácio, que o senhor editor zelará, em consequência, para que seja impresso em grandes caracteres".

ção: "Voltaire não queria que se servisse desta expressão: *pôr a mão na pena*. Ele achava bárbara essa locução. No entanto, para escrever, deve-se realmente pôr a mão em algum lugar".

Não se deve, todavia, fazer como alguns, e enganar-se de lugar[31].

---

31. Depois de ter rendido uma ou duas homenagens às obras sem prefácio, eu deveria talvez mencionar o caso inverso, e naturalmente paradoxal, dos prefácios sem obras. Sabe-se que as *Poésies* de Ducasse foram, às vezes, de maneira um tanto apócrifa, apresentadas como "um prefácio para um livro futuro"; e que Nietzsche dedicou, no Natal de 1872, a Cosima Wagner *Cinco Prefácios de Cinco Livros que Não Foram Escritos*. Dizem que a carta de acompanhamento acrescentava: "e a não escrever", o que lança uma dúvida sobre seu caráter prefacial. A emancipação total do prefácio fica, sem dúvida, por ser ilustrada, e, de todo modo, tange a esfera do jogo ou do desafio.

Outros Prefácios, Outras Funções

Posfácios

O MAIOR INCONVENIENTE DO PREFÁCIO É o fato de que ele constitui uma instância de comunicação desigual, e até mesmo desequilibrada, pois nele o autor propõe ao leitor o comentário antecipado de um texto que este ainda não conhece. Por isso se diz que muitos leitores preferem ler o prefácio depois do texto, quando souberem "do que se trata". A lógica dessa situação deveria, então, levar a constatar semelhante movimento e propor antes (isto é, mais tarde) um posfácio, no qual o autor poderia epilogar, quando ambas as partes tivessem conhecimento de causa: "Agora os senhores sabem tanto quanto eu, vamos então conversar". Confesso aliás que, no início desta pesquisa, esperava encontrar um *corpus* de posfácios originais quase tão copioso quanto o dos prefácios. Não foi o que aconteceu: mesmo levando em conta o caráter artesanal dessa pesquisa, a exiguidade desse *corpus* é suficientemente notória para não ser considerada. Já mencionei o "pós-escrito" de *Waverley*, alguns "epílogos" de Borges – entre eles o de *El Libro de Arena*, que invoca, aliás, um novo tema próprio desse gênero: "Escrever um prefácio para contos que ainda não foram lidos é tarefa quase impossível, pois obriga a analisar situações cuja trama convém não revelar. Prefiro, pois, ater-me a um epílogo". Acrescentemos a esses o posfácio de *Lolita*, que primeiro fora publicado em 1956 como artigo, e que veio juntar-se a seu texto somente na primeira edição americana de 1958 (edição original: Paris, 1955); trata-se, pois, tipicamente de um posfácio posterior, que estudaremos como tal mais adiante. Podemos dizer mais ou menos o mesmo de dois paratextos já mencionados, e hoje impressos frequentemente como posfácios: *Entretien sur les romans ou Préface de Julie*, que problemas técnicos tinham impedido de vir à frente da edição original, e "Algumas Palavras a Respeito de *Guerra e Paz*", aparecidas primeiramente em revista durante a publicação do folhetim e mais tarde recuperadas em forma de "apêndice". Estes três últimos casos são, portanto, exemplos de falsos posfácios originais: prefácios não-impressos, ou posfácios posteriores. O famoso "Posfácio à Segunda Edição de *Capital*" é também posterior, como indica seu título, e, da mesma forma, o texto final de *Lois de l'hospitalité* (1965) é, como a "advertência" do início, um paratexto posterior das três narrativas reunidas sob esse título (1953-1960), e seu discurso é tipicamente retrospectivo. Ainda posso citar, ao lado de Borges, Severo Sarduy por sua "nota" final de *De Donde Son los Cantantes*, cujo caráter terminal tem, aliás, a mesma justificativa que a de *El Libro de Arena*. Continuemos com Borges, apontando o "epílogo" do volume de suas *Obras Completas* (1974), raro exemplo de paratexto apócrifo (como pseudoalógrafo póstumo): é um pretendido artigo "Borges" em uma enciclopédia do século XXI, com seu inevitável quinhão de erros de fato e de julgamento.

Eu deveria, por certo, insistir com mais força na busca dos dois ou três espécimes notáveis de posfácio original que até agora me escaparam. Mas seria ceder a uma mania de colecionador sem alcance teórico, porque, nesse nível, a causa me parece entendida: o posfácio original é uma raridade e, em vez de tentar reduzir artificialmente essa penúria, convém explicá-la.

Sua razão essencial me parece, finalmente, claríssima: colocado no final do livro e dirigindo-se a um leitor não mais potencial mas efetivo, o posfácio é, para ele, certamente de leitura mais lógica e mais pertinente. Mas, para o autor, e de um ponto de vista pragmático, é não obstante de eficácia muito menor, porque não pode mais exercer os dois tipos de funções essenciais que encontramos no prefácio: reter e guiar o leitor explicando-lhe por que e como se deve ler o texto. Faltando a primeira ação, talvez ele nunca mais terá a ocasião de chegar até a um eventual posfácio; faltando a segunda, será talvez tarde demais para consertar *in extremis* a má leitura já feita. Por sua localização e seu tipo de discurso, o posfácio pode pretender exercer apenas uma função curativa ou corretiva; a essa correção final é compreensível que a maioria dos autores prefira as dificuldades e os dislates do prefácio, cujas virtudes são, a esse preço, pelo menos monitórias e preventivas. Aqui, como alhures, é melhor prevenir do que remediar, ou punir. Ou então, de tanto esperar, é melhor esperar um pouco mais, e poder corrigir os estragos devidamente constatados pelas reações do público e da crítica. Será a função típica do prefácio posterior. Porém, para o posfácio, é sempre cedo demais e tarde demais.

Prefácios posteriores

DE MODO BASTANTE LÓGICO, como a segunda edição de uma obra, e cada uma das seguintes, dirige-se a novos leitores, nada impede que o autor inclua nela um prefácio "posterior" pela data, mas "original" para esses novos leitores, aos quais diria coisas que, por uma razão ou por outra, não julgou, em um primeiro momento, necessárias. É mais ou menos o que aponta Nodier, com sua costumeira ironia, em seu prefácio à segunda edição de *Adèle:* "Esta reimpressão é um novo apelo à benevolência. [...] Depende apenas dos senhores tomarem esta edição pela primeira, já que a outra *primeira* nunca saiu das lojas do livreiro, salvo uns cinquenta exemplares que meus amigos me fizeram a amabilidade de aceitar". Nesse sentido preciso, nunca é tarde demais para prevenir um novo público, e o prefácio posterior pode ser o lugar de expressar uma reflexão tardia (ou aquilo que, em inglês, é chamado o *afterthought*). É mais ou menos desse modo que Wordsworth utiliza o prefácio de 1800 às *Lyrical Ballads,* no qual insere, mais tarde, o manifesto em que, aparentemente, não havia pensado em 1798 (esta edição continha uma advertência anônima muito mais modesta; mas é verdade que a segunda é sensivelmente aumentada, o que justifica um paratexto mais ambicioso). É também dessa maneira que procede Tolstói, no posfácio de 1890 da *Sonata a Kreutzer* (1889), exemplo típico de retomada de uma declaração de intenção: proponho-me, diz ele, como me pediram, "explicar em termos simples o que penso do tema da *Sonata a Kreutzer.* Vou tentar fazê-lo, isto é, exprimir rapidamente, na medida do possível, a substância do que eu quis dizer nesta narrativa e as conclusões que, na minha opinião, se pode tirar dela" (não se pode ser mais didático). Essa mensagem essencial, como se sabe, é um manifesto em favor da continência, fora do casamento e no casamento. "Eis em substância aquilo que eu quis dizer, e acreditava tê-lo dito em meu relato."

Todavia, essas retomadas aparentemente são raríssimas, pela simples razão que a última frase já deixa entrever: o autor nunca aborda um novo público sem ter antes experimentado mais ou menos profundamente a reação do primeiro – e em particular desse tipo de leitor que quase não se tem oportunidade de reconquistar ou renovar por ocasião de uma nova edição: a crítica. No mais das vezes, portanto, a retomada posterior de uma ausência ou de uma falta do prefácio original toma inevitavelmente a forma de uma resposta às primeiras reações do primeiro público, e da crítica. É esta, certamente, a principal função do prefácio, ou do posfácio (como já disse: nessa fase, a distinção não é mais pertinente), posterior, e tratarei disso logo – depois de assinalar outras duas não menos típicas, porém relativamente menores.

A PRIMEIRA CONSISTE EM assinalar as correções, materiais ou outras, feitas nesta nova edição. Sabemos que, na era clássica, como não eram comuns as correções de prova, os originais, na maioria das vezes, continham muitos erros.

A segunda edição (ou às vezes outra mais distante) era, então, a oportunidade de uma limpeza tipográfica que, para o autor, era vantajoso assinalar. Em seu prefácio à quinta edição (1765) de *Dictionnaire philosophique* (1764), Voltaire declara ser a primeira exata. Na advertência da segunda edição (1803) de *Le Génie du cristianisme*, Chateaubriand aponta diversas correções e pede desculpas por não ter podido suprimir dois erros de fundo (sê-lo-ão na edição seguinte); igual atitude no "Exame" (1810) de *Martyrs* (1809). Já mencionei, por outras razões, o prefácio de abril de 1823 de *Han d'Islande*, no qual o autor anônimo declara que "o título da primeira edição é realmente aquele que convém a esta reimpressão, visto que os maços desiguais de papel cinza manchado de preto e de branco, nos quais o público indulgente até agora aceitou ver os quatro volumes de *Han d'Islande*, tinham sido de tal forma desonrados com incongruências tipográficas por um impressor bárbaro que o deplorável autor, ao folhear sua irreconhecível produção, se via incessantemente entregue ao suplício de um pai a quem foi devolvido um filho mutilado e tatuado pela mão de um iroquês do lago Ontário". O mesmo Hugo, na "nota" da edição Renduel (1832) de *Notre-Dame de Paris*, informa o acréscimo de três capítulos, "perdidos" em 1831 e "encontrados" depois, entre eles o famoso "Isso matará aquilo". Podemos também destacar a recusa de outras correções além das tipográficas. É o tema, ainda hoje costumeiro (já que a prática das provas tornou caduco o anterior, não que as edições originais tenham-se tornado impecáveis, mas porque os autores só podem confiar em si mesmos): "Publico novamente este texto (mais ou menos) antigo sem nada mudar nele". É o que faz Chateaubriand no caso de *Essai*, ou George Sand, de *Lélia* (prefácio de 1841) e de *Indiana* (prefácio de 1842), permitindo-se apenas correções de estilo, sem querer voltar ao mérito de opiniões superadas.

Uma segunda função menor, que é antes um efeito secundário, consiste em assumir implicitamente, em um prefácio posterior (ou tardio), um texto repudiado originalmente: como Montesquieu, em 1754, para *Lettres persanes*; Constant, em 1816[1], para *Adolphe*; Nabokov, em 1956, para *Lolita;* Eco, em 1983, para *O Nome da Rosa*. Em geral uma simples regularização, pois, na maioria das vezes, os leitores jamais se deixavam enganar por aquilo que não passava de uma convenção transparente – regularização que altera, não obstante, o estatuto oficial do texto.

---

1. Segunda edição fictícia, Londres, em que um novo prefácio, implicitamente assuntivo, substitui o aviso do editor original.

PARECE-ME, PORTANTO, que o essencial aqui é a resposta aos críticos. Era a grande questão dos prefácios de teatro na era clássica, que são, quero lembrar, ao mesmo tempo, originais pela edição e posteriores à encenação. Questão delicada, na verdade, porque nela se corre o risco de parecer suscetível ou imodesto. Daí o recurso a várias defesas, ou subterfúgios. Assim: não me estou defendendo da crítica, que é livre, mas insisto em corrigir alguns enganos (Corneille, advertência de *Le Cid*: é falso que eu tenha aceitado o arbitramento da Academia, e falso que eu tenha transgredido as regras de Aristóteles). Ou então: aceito a crítica, porém faço notar que meus censores se contradizem entre si (é a especialidade de Racine, para *Alexandre*: "Entrego meus inimigos aos meus inimigos"; para *Britannicus*: censuraram-me ora um Nero demasiado cruel, ora demasiado benigno). Ou ainda: aquilo que me censuram já se encontra nos melhores dos Antigos – subentendido: atacar a mim é atacar os Antigos. Ou, finalmente e sobretudo: os críticos acabaram comigo, porém tenho o público a meu favor. A apelação do julgamento da crítica para o julgamento do público é característica da doutrina clássica, para a qual os "doutos" nunca poderiam prevalecer sobre as "pessoas refinadas e ilustradas", e alguns pedantes empoeirados sobre o Rei, a Corte e a Cidade; mas, em qualquer tempo, é de temível eficácia, porque deixa os críticos em situação difícil, ridícula, e principalmente suspeita de mesquinhez e de inveja. No exame tardio de *Le Cid,* Corneille irá alegar que as duas visitas de Rodrigue a Chimène, que a crítica julgava chocantes, eram recebidas pelo público "com certo estremecimento, que indicava uma maravilhosa curiosidade, e uma atenção redobrada para aquilo que tinham a dizer-se em estado tão lamentável". Inversamente, o evidente fracasso de *Pertharite* deixa-o sem resposta: "Não tenho o hábito de me opor ao julgamento do público". Para *Alexandre,* Racine observa que "não se polemiza tanto contra uma obra que não se estima", e que alguns censores vieram vê-la seis vezes. Para *Andromaque:* fui censurado por um Pyrrhus muito pouco Céladon, mas "que fazer"? Pyrrhus não lera nossos romances". Para *Britannicus*, afirmaram que a peça terminara com a morte do herói, e que "não se deveria mais assistir ao restante. No entanto, assiste-se, e até com mais atenção do que em qualquer final de tragédia". Para *Bérénice*: "Não posso crer que o público esteja descontente comigo por ter-lhe dado uma tragédia que foi honrada com tantas lágrimas, e cuja trigésima representação foi tão concorrida quanto a primeira". Molière, prefácio de *L'École des femmes*: "No começo, várias pessoas criticaram esta comédia; mas os que gostam de rir apreciaram-na, e tudo de mal que dela possam ter dito não pôde fazer com que não obtivesse o sucesso que me satisfaz". Beaumarchais, "Carta moderada sobre a queda e a crítica do *Barbier de Séville*" (prefácio da edição original de 1775): os críticos se queixam, mas o público riu. Prefácio de *Mariage de Figaro*: "Um autor afligido pela cabala e pelos gritalhões, mas que vê sua peça vingar, ganha força e coragem, e foi o que fiz", porque nada é mais agradável do que observar o despeito de um desses cabaladores que gritam de seu balcão, como em *La Critique de l'École des femmes*: "Ria então, público[2], ria então!"

O apelo para o julgamento do público – ou para algum protetor inatacável – permite, além disso, cobrir sua própria defesa com a defesa de outro, que teria a covardia de abandonar aos críticos: tenho do meu lado, dizia Racine, os "Alexandres de nosso século": poderia eu traí-los aceitando críticas que eles aparentemente não aprovam? "É certo, diz Molière, que estou muito reconhecido a todas as pessoas que deram sua aprovação [a *L'École des femmes*], e me sinto, portanto, obrigado a defender sua opinião contra a dos outros".

AS CRÍTICAS ÀS QUAIS os dramaturgos clássicos respondiam abrigando-se sob o guarda-chuva do sucesso eram geralmente de ordem estética, ou mesmo técnica ("Esta peça está malfeita"), e é exatamente por essa razão que o argumento do sucesso era para eles tão valioso: "Seria o caso de acreditar que não é tão malfeita assim, já que faz sucesso". O apelo ao público era, nesse campo, impossível de deter. Mas é uma outra história refutar uma crítica de ordem ideológica: moral, religiosa ou política. Um autor atacado nesse terreno não pode defender-se invocando o argumento do sucesso: seria antes um argumento contra ele, como prova de sua detestável influência. Um autor de tragédias é um envenenador público, dizia-se em Port-Royal na época de Racine: por isso ele teve de defender, no prefácio de *Phèdre,* não que ela é "a melhor de [suas] tragédias", isto é, a mais bem-feita e a que teve a melhor acolhida, mas aquela em que "a virtude" é mais "ressaltada", em que os "menores erros são punidos severamente", em que "o simples fato de pensar no crime é visto com tanto horror quanto o próprio crime…". Molière, com *Tartuffe*, enfrentou críticas desse tipo, e muito mais temíveis, e podemos ver, em seu prefácio de 1669, o quanto o jogo era difícil. Aqui, a proteção do rei, ou do príncipe de ***, é mais eficaz do que a proteção do público. Mas é necessário, primeiramente, demonstrar a pureza de suas intenções e, se possível, colocar os acusadores em falta diante de seus próprios princípios, ou melhor, diante de princípios que ninguém pode contestar publicamente: daí a insistência de Molière

---

2. Na verdade, Molière dizia *parterre* (plateia): mas o público da plateia na era clássica é o público por excelência.

no tema dos "falsos devotos": foi deles que caçoei em minha peça, e qualquer um que a ataque estará com isso aliando-se a eles. É uma casuística semelhante que Beaumarchais manipula a favor de *Figaro*. Acusam-no de ter atacado a Corte, ele responde fazendo a distinção entre "o homem da corte", o "cortesão" e o "cortesão por ofício". Diz ele que atacou apenas os últimos; "não os Estados, mas os abusos de cada Estado". Acusam-no de haver enxovalhado a moral; mas não há nada disso: o Conde não é ridicularizado, – é punido e perdoado; a Condessa permanece fiel, apesar das desculpas que poderia invocar para não sê-lo; Figaro é honesto, Suzanne, virtuosa, Chérubin é apenas uma criança… onde está o mal, senão no coração daqueles que o veem onde não existe?

É essa defesa moral, religiosa ou política que vamos encontrar na maioria dos prefácios posteriores, dos séculos XVIII e XIX, e que justificava em parte as palavras duras de Paul Morand relatadas mais acima. A *Défense de l'Esprit des lois*, publicada a princípio em separado em 1750, depois anexada ao texto, responde à acusação de spinozismo e de blasfêmia. A de *Le Génie du cristianisme* (1803) começa com uma denegação bastante característica: eu tinha decidido, diz Chateaubriand, não responder às críticas, mas as críticas são de tal natureza que tenho, não de me defender, mas de defender meu livro, não no plano literário, mas no plano religioso. Segue uma metódica defesa, apoiada nos precedentes de Orígenes, Francisco de Sales, Pascal, Fénelon, Montesquieu, contra a crítica de ter assentado os méritos do cristianismo em um plano demasiadamente estético e humano. A mesma tática no "Exame" (1810) de *Martyrs*, de que criticavam o sincretismo (não misturei o cristianismo e o paganismo: mostrei-os justapostos, como realmente estavam naquela época) e o recurso ao maravilhoso cristão (não sou o primeiro, vejam *Jerusalém Libertada, O Paraíso Perdido, Henriade*; e, se eu mesmo não tivesse chamado a atenção para esse aspecto em meu prefácio original, e também com este título canhestro: *Les Martyrs, ou le Triomphe de la religion chrétienne*, ninguém se teria dado conta dele; "se eu tivesse dado a meu livro o título de *Les Aventures d'Euloge*, teriam procurado nele apenas o que ali está") – onde a defesa do texto passa por uma autocrítica do título.

A mesma modulação de defesa nos prefácios posteriores de romances, cujo tom geral é dado pela defesa real do advogado Senard no processo de *Madame Bovary*. Balzac, no prefácio de *Le Pére Goriot*, após sua publicação em folhetim, defende-se de ter tido a predileção de retratar "mulheres muito pouco virtuosas" com uma estatística antecipada do elenco feminino de *La Comédie humaine*. Dickens, para *Oliver Twist* (1837), garante, em 1841, ter tido um propósito moral, como o de Cervantes ou de Fielding; retorna a isso, em 1867, para assegurar que retratou ambientes degradados e criminosos sob uma luz repugnante que ajuda mais a evitá-los. Zola, na segunda edição de *Thérèse Raquin,* começa seu prefácio com um protesto que poderia servir de emblema a todo prefácio posterior: "Eu, ingenuamente, tinha acreditado que este romance pudesse dispensar um prefácio", porque achava que sua lição era muito clara. Certamente me enganei, pois a crítica me acusou de imoralidade. Por isso, sou obrigado, para uso dos imbecis, a acender aqui "uma lanterna em pleno dia" e expor minhas intenções: meu objetivo é puramente científico etc. E imaginar, de modo muito revelador, o tribunal literário pelo qual desejaria ser julgado, "por aquilo que tentei fazer e não por aquilo que não fiz". Em *L'Assommoir,* responderá às críticas invocando suas "intenções de escritor: eu quis retratar a decadência fatal de uma família operária… aliás, não me defendo. Minha obra irá me defender. É uma obra de verdade, o primeiro romance sobre o povo, que não mente e que tem o cheiro de povo" (isso não é muito amável para *Germinie Lacerteux*).

Esse clima de processo é sensível também no posfácio posterior de *Lolita*. Cabe lembrar que, no início, este romance, proibido nos Estados Unidos por imoralidade, só pôde ser publicado na França. Nabokov responde às acusações de pornografia e de antiamericanismo, assegurando que não compartilha a predileção de seu herói por ninfetas, e que seu objetivo nesta narrativa era puramente estético, fruto de seus amores somente com a língua inglesa.

Outro acusado famoso, e devidamente condenado em um processo real, Baudelaire durante muito tempo pensou em escrever um prefácio posterior para *Les Fleurs du mal,* do qual existem vários esboços. Vê-se que ele hesita entre várias estratégias de defesa: alegar inocência invocando o simples exercício formal ("Poetas ilustres já tinham compartilhado há muito as províncias mais floridas do domínio poético. Pareceu-me aprazível, e tanto mais agradável, devido à dificuldade da tarefa, extrair a *beleza* do *mal*"), arvorar o moroso deleite do insucesso ("Se houver alguma glória em não ser compreendido, ou em sê-lo muito pouco, posso dizer sem fanfarronice que, com este livrinho, de uma só vez, eu a obtive e mereci"), o propósito puramente estético ("Como a poesia chega à música por uma prosódia cujas raízes mergulham bem mais longe na alma humana…"), a provocação imoralista ("Não foi para minhas mulheres, minhas filhas ou minhas irmãs que este livro foi escrito…"), a renúncia a qualquer resposta ("De repente uma indolência, de um peso de vinte atmosferas, desabou sobre mim, e parei diante da horrorosa inutilidade de explicar o que quer que seja"), a recusa de uma proposta certamente imaginária ("Meu editor alega que haveria alguma utilidade para mim, como para ele, em explicar como e por que fiz este livro. […] porém, olhando com mais atenção, não parece claro que seria uma tarefa totalmente supérflua, para uns como para outros, porque uns sabem ou adivinham e os outros nunca irão compreender?") etc. Pode-se ver nessas hesitações os sinais de um indeciso pronto a todas as tergiversações, ou mesmo a todas as denegações, e o visível anúncio do abandono final. Mas este texto me parece, antes de tudo, característico do mal-estar e do embaraço de várias gerações de escritores obrigados, diante de uma crítica inquisitorial e persecutória, a argumentar mais de acordo com as possibilidades de absolvição do que de acordo com seu verdadeiro pensamento. Nesse ponto, o repertório do prefácio posterior é de uma leitura desalentadora, e é muito reconfortante assinalar aqui a tendência de seu desaparecimento. O prefácio posterior desaparece em grande parte por falta de função: as correções materiais são feitas sobre as provas, ou tacitamente de uma edição para outra, a crítica moralizadora não é mais aceitável (Nabokov deve ter sido uma de suas últimas vítimas), ou seus últimos partidários já não merecem resposta; quanto à crítica propriamente literária, ou estética, os escritores não podem mais replicar invocando, como Molière ou Racine, o argumento do sucesso, que, hoje, nos meios da alta literatura, seria julgado francamente demagógico. Imagine-se Maurice Blanchot respondendo: "A crítica me massacrou, mas o que vale é que a zeladora de meu prédio gostou muito"? Deixam-se esses argumentos para os adeptos de uma chamada "literatura popular", que dificilmente precisa deles, porque a crítica pouco cuida de suas obras. Por outro lado, a indiferença dos autores pelo conteúdo das críticas à sua obra tampouco é de bom augúrio; indica, pelo menos na França, o advento de uma consciência puramente midiática e de promoção, que toma a crítica por simples publicidade redacional: medem-se as críticas por página, por linha, pelo número de caracteres, pela localização de uma foto. Assim, o "debate" fenece ou, em todo caso, passa por outros canais, e não por aquele, patentemente obsoleto, do prefácio posterior.

Prefácios tardios

O PREFÁCIO TARDIO, ou pré-póstumo, ou testamental, pode, tanto quanto o posterior, cumprir funções de retomada, que foram deixadas vazias por ausência ou inércia anteriores; aqui, porém, examinarei apenas suas funções próprias, aquelas justificadas pela longa distância temporal e pela proximidade da morte, que o torna em geral e falando propriamente, um prefácio derradeiro[3].

A primeira dessas funções é de ordem autobiográfica: "Os prefácios desta edição", diz Chateaubriand em 1826, "decorrem da natureza das Memórias". De fato, é o aspecto mais relevante dessa série de prefácios que acompanha a edição de suas *Œuvres complètes,* e do soberbo "prefácio geral" na abertura, que, em algumas páginas, propicia uma espécie de síntese antecipada de *Mémoires d'outre-tombe*[4]. A mesma intenção autobiográfica permeia todos eles, e particularmente o de *Essai sur les révolutions,* obra de juventude (1797) cuja própria juvenilidade e caráter ideológico muito acentuado justificam um cuidadoso esclarecimento: voltarei a isto sob outro ponto de vista, mas agora é ocasião de sublinhar esta evidência: em uma série como esta, e todas aquelas que este capítulo lembrar, os prefácios são *desigualmente* tardios, e, com maior exatidão, devido a uma disposição geralmente cronológica das obras escolhidas, cada vez menos tardios à medida que se encurta a distância entre a data da obra e a do prefácio: o de 1831 para *Études historiques,* concluído no mesmo ano, não tem mais nada de tardio no sentido em que o entendemos; e, do ponto de vista que nos interessa aqui, os mais tardios, isto é, os mais distantes, são quase sempre os mais interessantes, e não apenas em Chateaubriand. Aliás, o próprio autor parece sensível a essa diminuição da distância, e veremos que, por essa razão, Aragon, certamente entre outros, renunciou à tarefa por duas vezes.

À frente de um empreendimento semelhante e quase contemporâneo (1829), Walter Scott relata, no prefácio geral de suas obras romanescas completas, a origem e as vicissitudes de sua vocação literária, que remonta à sua adolescência doentia. Como Chateaubriand tinha perdido um dia e encontrado seu "terrível" manuscrito *Natchez,* Scott tinha redigido, e depois esquecido em um sótão, em 1805, uma primeira versão de *Waverley,* que encontra alguns anos depois quando procurava – detalhe bastante "abercombrino" – apetrechos de pesca, e que decide concluir, desejoso, à margem de sua obra poética, de dar à Escócia um equivalente daquilo que Miss Edgeworth tinha feito para a Irlanda.

---

3. "O que estou escrevendo agora são minhas obras póstumas", diz Aragon, no prefácio de 1965 de *Beaux Quartiers,* sem que se possa saber exatamente se a expressão se aplica às obras contemporâneas desse prefácio (*La Mise à mort,* precisamente) ou a esse próprio prefácio.

4. Aparece, com uma "advertência do autor" de função mais técnica, em junho de 1826, na abertura do primeiro volume em data (tomo XVI). É uma das mais belas páginas de Chateaubriand, e é lamentável que seu estatuto circunstancial o tenha excluído das edições modernas mais acessíveis.

O resultado é, portanto, a história de *Waverley Novels,* com seu obstinado anonimato ou pseudonimato e sua revelação forçada: questão que já abordamos no capítulo sobre o nome de autor. Walter Scott (ou pelo menos o senhor de Abbotsford) pede desculpas por ter de falar de si na primeira pessoa: remorso provavelmente sincero para este maníaco pelo incógnito, e que será confirmado pela série dos prefácios singulares, dedicados quase exclusivamente a uma apresentação muito técnica das fontes e da documentação de suas narrativas.

O *grande mortalis ævi...* pode também acompanhar a gênese de uma obra única, quando é tão imensa quanto a *Histoire de France* de Michelet, iniciada no "luzir de julho" de 1830 e concluída, em 1869, com o famoso prefácio, que Proust, habitualmente mais severo com esse tipo de exercício, colocaria muito acima da própria obra. Com efeito, este prefácio ao mesmo tempo original e tardio não é apenas uma exposição de intenção e de método (a História como "ressurreição integral", preocupada menos com os acontecimentos políticos do que com os insensíveis movimentos econômicos e sociais), mas também a evocação das circunstâncias da redação, dos anos de vida "enterrados nos Archives" em companhia dos mortos e, por fim, da evolução de um pensamento graças às "tarefas úteis", que, ao retardá-lo, amadureceram seu trabalho.

O exemplo mais recente até aqui dessa função autobiográfica é dado certamente pela série de prefácios tardios que Aragon escreveu para a coleção de suas *Œuvres romanesques croisées,* e depois o de sua *Œuvre poétique*[5]. Principalmente este, porque os prefácios da primeira são mais técnicos e mais literários, mais concentrados nas obras do que nas suas circunstâncias, como, aliás, anuncia o autor no "Antes de Ler" de *Libertinage:* "Não vou contar minha vida. Meu objeto aqui são meus livros, a escrita" – dando a essa discrição, na abertura de *Cloches de Bâle,* a razão simples pela qual seus romances são menos autobiográficos do que seus poemas. De qualquer forma, a intenção retrospectiva cessa com *La Semaine sainte* (1958), para a qual Aragon se contenta em retomar o paratexto de 1959, tipicamente posterior por ser uma resposta aos críticos e um esclarecimento dos mal-entendidos; para *La Mise à mort* (1965), ele se esquiva, em 1970, de qualquer prefácio ("Por rotina, aceitara escrever um prefácio para *La Mise à mort...* absurdo. Este romance é seu próprio prefácio, quero dizer perpetuamente, de uma página para a outra" – motivação clássica da recusa de prefácio) e substitui este por trechos dos

---

5. As ORC de Aragon e Elsa Triolet, Laffont, 1964-1974, a *Œuvre poétique d'Aragon,* Livre Club Diderot, 1974-1981. Sobre o paratexto das primeiras, ver M. Hilsum, "Les préfaces tardives d'Aragon", *Poétique* 69, fev. de 1987.

Incipit publicados em 1969. Para *Blanche ou l'Oubli* (1967), o *après-dire* [posfácio] mais parece uma elegia a Elsa, o canto desesperado do Orfeu sobrevivente, e novamente: "Não há prefácio possível para *Blanche ou l'Oubli* como não há prefácio para a vida. Um prefácio para *Blanche* não passaria da repetição do livro inteiro". Para *Théâtre/Roman*, enfim, retomado aqui no mesmo ano de sua publicação original (1974), à guisa de posfácio, uma retomada integral dos *Incipit*, epitexto dessa forma rapidamente integrado ao peritexto.

O aparato prefacial da *Œuvre poétique*, em compensação, é quase inteiramente autobiográfico, e sua própria apresentação acentua esse traço, pois os textos, poéticos ou não, vêm envoltos – por vezes, como que afogados – no discurso que os apresenta, mais do que os comenta, levados pela onda de uma existência atormentada. São os anos tempestuosos da juventude surrealista, depois a adesão ao comunismo, as viagens à URSS, os congressos, as missões duvidosas, as interrogações, as frustrações, as amarguras reprimidas, e os poemas de circunstância (*Front rouge, Hourra l'Oural*) que em nada esclarecem a situação, pois constituem, para Aragon, a parte mais condenável (por excesso de violência verbal e irresponsabilidade política) de toda a sua obra. Os dois últimos tomos prefaciados (VII: 1936-1937 e VIII: 1938), aliás, não contêm mais quase nenhum poema, substituídos durante estes três anos por artigos, panfletos, moções e acusações. O mais triste é que nesse ponto (maio de 1979), por razões evidentemente cobertas pelo segredo de Estado, Aragon larga a caneta do prefaciador no instante em que a obra teria começado a valer a pena. É melhor não epilogar sobre esta barafunda.

AS *ŒUVRES ROMANESQUES CROISÉES*, mais reconfortantes sob todos os aspectos, ilustram ainda uma segunda função típica do prefácio tardio, ainda que já a tenhamos encontrado em alguns prefácios originais: a história da gênese do texto e a indicação de suas fontes. Fiel ou não, é um valioso testemunho sobre os métodos de trabalho do romancista e sua evolução para o "realismo", sobre o destino de esboços desaparecidos (a famosa *Défense de l'infini*, "gigantesco folhetim" queimado, totalmente ou não, em Madrid em 1928, obra matricial comparável ao manuscrito de *Natchez*), sobre os modelos (que, é claro, "não são chaves") de personagens como Aurélien (um pouco Aragon, um pouco Drieu, mas um Drieu que não teria ido até o fim), ou como o herói de *Voyageurs* ("É a história imaginária de meu avô materno"), ou o Géricault de *La Semaine sainte* (James Dean!) – ou as ausências de modelos: Blanche não é Elsa, eu não sou Gaiffier etc. Há, em todas essas revelações e denegações, uma interessante combinação de procura e de recusa de domínio do escritor sobre sua obra passada, já que a recusa de domínio (principalmente para as obras mais recentes) seria talvez uma última esquiva, ao mesmo tempo patética e cabotina, da vontade de domínio.

Mais sereno, aparentemente, é o empreendimento de Henry James, que escreve no final da vida uma série de dezoito prefácios para o monumento de suas *Obras Escolhidas*[6]. Temos aí, tipicamente, uma série com "tardiedade" decrescente, visto que as obras prefaciadas haviam sido publicadas, salvo engano, entre 1874 (*Roderick Hudson*) e 1904 (*The Golden Bowl*), mas aqui a atitude do autor quase não se abala: longe de qualquer confidência autobiográfica extraliterária, sua intenção permanente é acompanhar as etapas da gênese desde aquilo que sempre designa como o "germe inicial": a personagem central de *Le Portrait of a Lady* ("A concepção de uma jovem mulher que enfrenta seu destino era, no início, todo o material de que eu dispunha") e para *The Wings of the Dove* ("A ideia, reduzida ao essencial, é a de uma pessoa jovem consciente de possuir grande aptidão para viver, mas que cedo é atingida pelo destino"), uma simples historieta para *The Pupil*, para *What Maisie Knew*, para *The Awkward Age*, para *The Ambassadors*. Depois, o desenvolvimento através das dificuldades ("Como todos os romancistas sabem, a fonte de inspiração é a dificuldade"), os atores complementares exigidos pela simetria (*What Maisie Knew*), as personagens coadjuvantes, confidentes sempre à mão, como a Maria Gostrey de *The Ambassadors*, a escolha do ponto de vista (Maisie, Strether) e da opção narrativa (tentação rejeitada de confiar o relato a esses dois "refletores")… Raramente um conjunto de prefácios ter-se-á assemelhado tanto a uma poética, e não é sem razão que se pôde intitular sua coletânea póstuma de *The Art of the Novel*.

A reconstituição da gênese torna-se ainda mais teórica em "Postille al *Nome della Rosa*", posfácio posterior por sua data[7], porém tipicamente tardio por sua função, o que não espantará vindo de uma mente tão rápida quanto Umberto Eco. É, na verdade, uma narrativa ideal, à maneira de Edgar Poe ou de Raymond Roussel, do "processo" genético dessa obra; porque, se Eco, em conformidade com a doutrina atual, evita qualquer intervenção no "encaminhamento do texto", não se furta de iluminar esse caminho com uma exposição muito racional de sua produção. "Decerto, o autor não deve interpretar.

---

6. *The Novels and Tales of Henry James,* New York, Scribner's, 1907-1909. A coletânea desses prefácios foi publicada, por R. Blackmur, sob o título *The Art of the Novel*, Scribner's, 1934, e traduzida por F. Cachin, *La Création littéraire*, Denoël, 1980.

7. A princípio publicada em revista, "Postille al *Nome della Rosa*", *Alfabeta 49,* jun. 1983, depois anexada como posfácio às edições posteriores.

Mas pode contar como e por que escreveu" (já vimos atrás essas precauções de época). A ideia seminal aqui era a, muito louvável, de "envenenar um monge". Daí a escolha do quadro histórico ("Conheço o presente tão somente pela tela de minha televisão, ao passo que tenho um conhecimento direto da Idade Média") e depois, do sistema narrativo (narração na primeira pessoa por um narrador-testemunha *à la* Watson, e com razão), da ficção autoral em várias etapas ("Digo que Vallet dizia que Mabillon disse que Adso disse..."), do gênero (o mais filosófico possível: o romance policial), do herói (Occam temperado de Sherlock Holmes) etc. Tudo isso como que calculado da primeira à última linha: o único cálculo que o autor não se atribui é o desembocar, no entanto inelutável, nessa apostila magistral, alvo manifesto e remate supremo de todo o empreendimento.

ÀS VEZES ACONTECE, após a publicação de uma obra, e em particular de uma obra de juventude, que o autor evolua em seus gostos ou ideias, ou mesmo experimente uma conversão brutal. De maneira mais geral, um escritor maduro ou idoso, no momento de publicar suas obras completas, vê num prefácio tardio a oportunidade de exprimir-se, a boa distância, sobre determinada obra passada: é o momento não mais do *afterthought* apressado e atarefado, mas do *second thought* equitativo e sereno, efeito de uma releitura *após esquecimento*[8], isto é, após um período de desinteresse e de separação que transforma o autor em um leitor (quase) comum e (quase) imparcial: "Isso porque, ao avançar na vida, ganha-se equidade com relação a esse futuro do qual nos aproximamos"[9]. Não mais a reflexão tardia, mas a da beira do túmulo: não se pensa mais em responder com raiva aos críticos, mas julgar-se a si mesmo, sem ardor nem paixão, na equanimidade daquilo que Satie qualifica com precisão de "penúltimos pensamentos". Para avaliar a diferença de tom entre a polêmica nervosa e a apreciação majestosa, basta comparar, em Corneille e em Racine, a série dos prefácios originais-posteriores, a dos "exa-

---

8. "Reler, pois, reler após o esquecimento – *se* reler, sem sombra de ternura, sem paternidade; com frieza e crítica aguçada, em uma expectativa absurdamente criadora de ridículo e de desprezo, o ar estranho, o olhar destruidor –, é refazer ou pressentir que se refaria, muito diversamente, o trabalho." Assim descreve Valéry seu estado de ânimo na "Nota e Digressão", que, prefácio tardio (1919) a seu *Léonard* de 1895, esboça de fato um tipo de reescrita. Mas Chateaubriand já observava em suas *Mémoire d'outre-tombe*, a propósito da edição tardia de *Natchez*: "Aconteceu-me o que talvez nunca aconteceu a um autor: reler depois de trinta anos um manuscrito de que me esquecera completamente".

9. *Mémoires d'outre tombe*, XVIII-9.

mes" de 1660 ou dos prefácios de 1676. Para Corneille, a edição de 1660 é a oportunidade para uma espécie de exame de consciência profissional, sobre suas 23 primeiras peças (até *Œdipe*, 1659), sério, técnico, quase objetivo em seu equilíbrio de severidade e, às vezes, de indulgência divertida, que constitui, com os três *Discours* gerais que os acompanham, uma espécie de testamento dramatúrgico. Examina ali os progressos e as regressões da composição e do estilo, que às vezes se contrariam ou se harmonizam: o estilo de *La Galerie du Palais* é mais simples do que o de *La Veuve*, o de *La Suivante* é mais fraco, mas a peça é mais regular. *L'Illusion* é extravagante, "aos caprichos dessa natureza só nos expomos uma vez". *Horace* poderia ser a melhor, se os últimos atos valessem os primeiros. Há tanta unanimidade em considerar *Cinna* a minha melhor peça que eu teria escrúpulos em criticá-la: é realmente a que se ajusta mais perfeitamente à verossimilhança, e seus versos são "mais claros e menos afetados" do que os de *Le Cid*. O estilo de *Polyeucte* é menos forte, porém mais comovente. *Héraclius* é "tão obscuro que exige uma extraordinária atenção" etc. Menos técnico, ou mais seguro de si, Racine contenta-se, para *Alexandre*, *Andromaque* e *Britannicus*, em substituir o prefácio polêmico por um texto mais neutro e mais discreto, observando apenas que *Britannicus* sobreviveu muito bem às críticas que recebeu.

Esses exames tardios e comparativos são às vezes a oportunidade para uma espécie de *ranking* pessoal, ou, de forma mais simples, para uma declaração de preferência: Corneille confessa por *Rodogune* uma "ternura" particular, e *Nicomède* "é uma daquelas pelas quais tenho mais amizade". Chateaubriand confessa sua predileção pelos primeiros capítulos de *Mémoires*; Dickens, com sua habitual simplicidade, declara sobre *Copperfield*: "De todos os meus livros, é aquele de que gosto mais… Como muitos pais fracos, tenho no fundo do coração um filho favorito. Chama-se *David Copperfield*". James se decide por *The Portrait of a Lady* e, principalmente, por *The Ambassadors*. Conrad, mais ambíguo, não quer dizer se *Lord Jim* é sua obra preferida, porém, acrescenta, "não me aborrece que seja a de alguns leitores". Para Aragon, "*Aurélien* sempre foi um livro de predileção entre tudo o que escrevi". Gostaria muito de prolongar esta série comovente, porém, minha coleção (por meio do prefácio), por ora, detém-se aqui.

É pelas obras menos estimadas por todos que frequentemente se revela, por preocupação consciente ou inconsciente de compensação, a preferência autoral (pois é assim que devemos chamá-la). É mais ou menos o caso, apesar da doutrina clássica da infalibilidade do público, de *Rodogune* e *Nicomède*, e várias outras que não foram objeto de prefácios tardios: hoje em dia existe um lugar-comum de entrevista, de que certamente voltaremos a tratar. Essa simpatia incide muitas vezes, porém, sobre as obras mais antigas, que um autor em processo de envelhecimento é levado naturalmente a preferir às seguintes, porque encontra nelas o encanto da juventude, e uma ingenuidade ou liberdade de que ele abdicou um pouco com o tempo. É ainda (já) o que se vê na indulgência de Corneille para com suas primeiras comédias, e é bastante conhecida a ternura de Renan por seu "velho purana" *L'Avenir de la science*. Aragon manifesta mais interesse por *Le Mouvement perpétuel* ou *Le Paysan de Paris* do que por seus "suplícios" dos anos 1930. Mas o caso mais típico talvez seja o de Borges, que suprimiu de seu catálogo algumas de suas coletâneas da década de 1920, a ponto de fazer de sua exclusão a principal razão de ser de suas *Obras Completas* e de comprar a qualquer preço os exemplares que ainda estavam em circulação das obras suprimidas, mas que nunca renegou sua primeira obra publicada, *Fervor de Buenos Aires* (1923), sobre a qual dirá, no prefácio tardio de 1969, que o *muchacho* que a escreveu já era "essencialmente – o que quer dizer essencialmente? – o homem que hoje se resigna ou corrige: permaneci o mesmo"; e, em seu *Ensayo de Autobiografía*, de 1970: "Tenho a impressão de nunca ter ido além desse livro. Sinto que tudo o que escrevi depois me fez apenas desenvolver os temas abordados nele pela primeira vez; sinto que durante toda a minha vida venho reescrevendo este livro". Mais sarcástico, Thomas Pynchon, relendo as novelas de *Slow Learner*[10], começa gritando "Oh, my God!" – antes de livrá-las, para os principiantes, como um catálogo de erros a evitar, e de observar, inversão semi-irônica do *topos* borgiano: "Quase tudo o que detesto em meu estilo de hoje já está aí". É que ele também sente "essa espécie de tranquilidade que experimenta o homem maduro: é dessa forma que pretendo contemplar, com o olhar calmo, os esforços do principiante que eu era. Quero dizer, não posso, de toda maneira, jogar esse rapaz para fora de minha existência. No mais, se, graças a alguma técnica hoje ainda inimaginável, eu me encontrasse cara a cara com ele, ficaria encantado de lhe emprestar algum dinheiro, de arrastá-lo até o bar da esquina para falar dos bons velhos tempos diante de um copo de cerveja". Mais um tema borgiano.

Precoce em tudo, Hugo escreve, em 1833, um (terceiro) prefácio para *Han d'Islande*, que, apesar da pouca idade e da pouca distância no tempo, também soa, por sua serena indulgência, como um prefácio tardio. Esse "livro de jovem, de alguém bem jovem", é para ele testemunho mais de invenção do que de experiência, "pois a adolescência, que não tem feitos, nem experiência, nem exemplos atrás de si, só adivinha pela imaginação". Para Hugo, a idade

---

10. Prefácio original tardio (1984) para uma coletânea de novelas antigas (1958-1964).

de ouro do criador é mais a "segunda época da vida [...] ainda jovem e já maduro. É a fase preciosa, o ponto intermediário e culminante, a hora quente e radiante do meio-dia, a hora em que há menos sombra e a maior luz possível" – hora em que ele próprio se encontra, provavelmente –, esse cume no qual os "artistas soberanos" se mantêm toda a vida. *Han d'Islande* tem para ele todos os sinais da adolescência, "quando estamos apaixonados por nosso primeiro amor, quando convertemos em obstáculos grandiosos e poéticos os impedimentos burgueses da vida, quando temos a cabeça cheia de fantasias heroicas que nos engrandecem a nossos próprios olhos, quando já somos um homem por dois ou três lados e ainda uma criança por outros vinte…". Em suma, uma obra "antes de mais nada ingênua" – defeito que jamais uma qualidade poderá substituir.

O TEMA DO "NÃO MUDEI", da permanência afetiva e da continuidade intelectual, é certamente o que marca com mais intensidade o discurso retrospectivo – em alguns casos, poder-se-ia dizer retroativo – do prefácio tardio, e em especial, é claro, quando a necessidade se faz mais premente, isto é, quando nitidamente o autor mudou de fato. Esse discurso pós-conversão não tende, é lógico, a apagar a conversão, mas a atenuar sua brusquidão, descobrindo, no passado, os anúncios e as premonições do presente. Chateaubriand, quando finalmente, em 1826, consegue republicar seu turbulento *Essai sur les révolutions*, não se permite introduzir a menor correção, porém acrescenta-lhe um abundante paratexto de recuperação, sob a forma de notas (voltarei ao tema), e também um prefácio destinado a, primeiramente, repô-lo em suas circunstâncias históricas, e a, em seguida e sobretudo, defendê-lo da acusação maior de ateísmo. "No mais, essa obra é um verdadeiro caos: cada palavra contradiz a seguinte", e será tarefa das notas distinguir, no detalhe, a parte dos erros de juventude e a das primeiras intuições da verdade. Mas nada autoriza que seja lida como obra de ateu, nem de um adversário do cristianismo. Nela, eu já era o que ainda sou: um defensor da liberdade, a quem faltava então apenas ter descoberto a dupla pedra angular de minhas convicções: que o cristianismo é exatamente uma religião de liberdade, e que a monarquia representativa é a única defesa contra qualquer tipo de despotismo: "Não há uma verdadeira religião sem liberdade, nem verdadeira liberdade sem religião".

A conversão operada por George Sand entre a edição original (1832) e a reedição em 1842 de *Indiana* é de tipo oposto e, digamos, mais raro, embora igualmente ilustrado por Hugo, nas *Odes et Ballades*: é, antes, diríamos em termos fortemente políticos, uma passagem da direita para a esquerda. O prefácio original desse romance sobre a condição feminina esforçava-se para desarmar toda e qualquer crítica, e para isso invocava sua inocuidade e lhe renegava qualquer intenção subversiva, ou mesmo reformadora. Em 1842, mudança à vista: o prefácio anterior fora escrito, declara agora a autora, "sob o domínio de um resto de respeito pela sociedade constituída". Mas "meu dever atual é congratular-me por ousadias pelas quais me deixei ser arrastado [notar o masculino pseudonímico] na época e depois". Hoje, ao me reler com severidade, "achei que estava tão de acordo comigo mesmo... que não quis mudar nada neste livro". É que *Indiana* foi escrito "com o sentimento não-refletido, é verdade, porém profundo e legítimo, da injustiça e da barbárie das leis que ainda regem a existência da mulher no casamento, na família e na sociedade". Mas deve-se acrescentar que um terceiro prefácio, a "nota" de 1852, tentará, uma vez mais, corrigir a mira, dessa vez em um sentido mais "respeitador da sociedade constituída", arguindo a crítica, que, "espirituosa, procura, como dizem as boas pessoas, pelo em ovo", a ponto de ter querido ver neste romance "uma argumentação bem premeditada contra o casamento". Segundo o desmentido que nos traz de volta ao ponto de partida.

Em 1890, Renan toma a decisão, finalmente, de publicar como está *Avenir de la science*, que terminara em 1849, e que deixara na gaveta devido à inépcia e ao tamanho enorme. Insere um prefácio que será, portanto, como o de *Natchez* (mais um velho purana), ao mesmo tempo original e tardio. Ao relê-lo, após tantos anos, encontra mil defeitos de juventude, entre os quais um otimismo excessivo. Mas, "quando tento fazer o balanço do que, nesses sonhos de meio século atrás, permaneceu quimera e do que efetivamente se tornou realidade, confesso que sinto claramente uma espécie de alegria moral. Resumindo, eu tinha razão. [...] Tive razão, portanto, no início de minha carreira intelectual, de crer firmemente na ciência e tomá-la como objetivo de minha vida. Se eu tivesse de recomeçar, refaria o que fiz, e no pouco tempo de vida que me resta, continuarei. A imortalidade é trabalhar em uma obra eterna".

Em 1865, Barbey d'Aurevilly prefacia uma reedição de *Une vieille maîtresse*, obra anterior (1851) à sua conversão ao catolicismo: estamos diante de um caso de feitio mais clássico. Os "Livres-Pensadores" pretendem opor esta obra às atuais convicções do autor. Pura calúnia: sua finalidade era "não só mostrar a embriaguez da paixão, mas também sua escravização [...] ao retratá-la, em toda página ele a condena" e, por isso, este livro é uma obra maior. Em 1903, Huysmans, também convertido, publica novamente *À Rebours* (1884) com um "Prefácio escrito vinte anos após o romance" (é seu título: a dilação é canônica). Na época, explica, eu pensava estar muito longe da religião, mas estava enganado: "Eu poderia muito bem assinar hoje as palavras sobre a Igreja, porque parece que foram escritas, de fato, por um católico... Todos os romances que escrevi desde então estão contidos em germe neste livro". A ação da graça fazia-se inconscientemente nele e em todos os críticos, salvo em um, Barbey, que escreveu: "Depois de semelhante livro, resta ao escritor apenas escolher entre o cano de uma pistola ou os pés da Cruz". E Huysmans conclui: "Está feito". Rendamos-lhe justiça por não tentar recuperar a totalidade de sua obra anterior, deixando no "impasse" naturalista tudo o que antecede *À Rebours*.

A conversão de Barrès não é exatamente, como as de Chateaubriand, Barbey e Huysmans, de ordem religiosa, mas ideológica e política. Ao publicar, em 1892, a edição "definitiva" de *Sous l'oeil des Barbares*, inclui um "Exame dos três romances ideológicos" chamados *Le Culte du Moi*[11], dedicado não sem motivos a Paul Bourget. É um prefácio bem pouco tardio, mas Barrès também era rápido. Esses três volumes, acolhidos como um breviário de ceticismo, "não tinham conseguido expressar todo o seu sentido". Seu pretenso niilismo narcisista era, na verdade, uma primeira etapa, como a dúvida (ou o *cogito*?) em Descartes. Deve-se partir da única realidade segura, que é o Eu. "Entendo que me vão falar de solidariedade. O primeiro item era existir... tomem o Eu por um lugar de espera onde se deve permanecer até que uma pessoa enérgica lhe tenha reconstruído uma religião". Aparentemente, como diria Huysmans, "está feito". O prefácio da edição de 1904 de *Un homme libre* levará a manobra mais longe, alinhando *Le Culte du Moi* com as posições nacionalistas de *Les Déracinés*. Bourget, que é indubitavelmente para Barrès o que Barbey era para Huysmans (que corrente!), avaliara *Un homme libre* "como uma obra-prima de ironia, à qual falta apenas uma conclusão". Conhece-se a escolha, mas para Barrès será antes a carreta de um canhão. Enquanto isso, "essa conclusão suspensa, *Les Déracinés* a fornece. Em *Les Déracinés*, o homem livre percebe e aceita seu determinismo. Um candidato ao niilismo prossegue seu aprendizado e, de análise em análise, experimenta o nada do eu, até chegar ao sentido social". E em apêndice a essa edição, uma "Resposta a M. René Doumic" pode concluir assim: "Não há o que festejar!" É que o filho pródigo nunca partiu, estava apenas flexionando os músculos do espírito. Daí a fórmula que resume tudo, de um trocadilho que já serviu e servirá por muito tempo: "Pensar solitariamente é caminhar para pensar solidariamente".

---

11. *Sous l'oeil des Barbares* (1888), *Un homme libre* (1889), *Le Jardin de Bérénice* (1891).

De Barrès a Aragon, a corrente continua, e sabemos que a filiação é reivindicada – pelo segundo, é claro. Mas o discurso de reabilitação do último é mais complexo e – já vislumbramos – mais atormentado. É que o autor dos *Incipit* tem *vários* passados para reabilitar, e o mais difícil não é o mais antigo: do anarquismo surrealista à solidariedade comunista, a fórmula de transição é a mesma de Barrès, e, no plano literário, a passagem da escrita automática ao realismo socialista é também da mesma ordem, reforçada por uma robusta dialética do "mentir verdadeiro", e por uma pirueta "no estilo de Hugo: de que no surrealismo há realismo". Por isso, não há aqui nenhuma renegação, mas simples progressão e desenvolvimento: "Para aqueles que concluiriam que renego meus primeiros escritos, direi que o homem não é a negação da criança, mas seu desenvolvimento". De preservação mais difícil é a fase "esquerdista" de *Front rouge*, que Aragon prefere simplesmente condenar, embora a autocrítica seja uma "ginástica, por certo, da qual jamais tive a prática nem pela qual tive respeito". Finalmente, mais difíceis de condenar, pois atingem, não importa o que digam, o âmago do engajamento comunista, o "desvio" stalinista e os múltiplos compromissos com suas mais ignóbeis consequências. Aqui, o discurso torna-se dostoievskiano, misturando a veleidade passada de revolta contra a submissão voluptuosamente masoquista a "este inferno voluntário que é o meu". Mas isso talvez não diga mais exatamente respeito à obra. A vida também tem seu paratexto, e a posteridade é um posfácio muito longo que nós mesmos não podemos escrever.

O PREFÁCIO TARDIO para um livro pode ser também, para o conjunto da obra, o último prefácio, e, com um pouco de sorte, a última palavra. É mais ou menos o caso de Ronsard, morto sobre o prefácio tardio de *La Franciade*, e já vimos que essa era idealmente a intenção de Chateaubriand ou de Walter Scott. James morre em 1916 sem ter concluído sua série de prefácios, e Aragon se detém no tomo VIII de sua *Œuvre poétique*, brusca e definitivamente, cerca de três anos antes de sua morte física. Abandonar o palco é uma arte "de execução".

O "último prefácio", ou presumido como tal, é, pois, sentido muitas vezes pelo autor como sua última "mensagem" ao leitor – a última oportunidade de comunicar-se com seu público. Naquele que foi, ao contrário, salvo engano, seu primeiro prefácio autoral, o de *Inquisiciones* (1925), Borges escrevia que o prefácio é o lugar da obra em que o autor é "menos autor". Isso talvez deva ser entendido como o menos *criador*, mas, inversamente, o mais *comunicador*. Até mesmo um romancista tão cordial como Fielding parece sentir uma ruptura de contato, uma interrupção do "discurso" durante os capítulos propriamente narrativos e ficcionais de sua obra: por isso, apresenta o último "prefácio" de *Tom Jones* (o capítulo introdutório do XVIII e último Livro) como sua última instância de comunicação. O final deste romance, premido pela abundância de material, não mais exibirá anedotas nem observações lépidas: "Tudo nele será simples narração". É aqui, portanto, que nos separamos, se possível como bons amigos, "como companheiros de viagem que passaram vários dias juntos numa diligência e que, apesar de todas as pequenas farpas ou animosidades que porventura possam ter ocorrido ao longo da estrada, no fim se reconciliam e sobem juntos no veículo pela última vez com satisfação e bom-humor; pois, após esta etapa, pode acontecer, como geralmente é o caso, de nunca mais nos vermos". Por isso, este último prefácio – última parada antes da última viagem – intitula-se, logicamente: "Adeus ao Leitor".

O último prefácio, para um autor que sabe viver e morrer a tempo, é, portanto, a hora da cerimônia do adeus. Essa cerimônia, ninguém que eu saiba a celebrou melhor do que Boileau no prefácio da coletânea de 1701 de suas *Œuvres*. Na verdade restavam-lhe doze anos de vida, porém, naquela época, um poeta de sessenta e três anos julgava urgente aposentar-se. "Como é, aparentemente, a última edição de minhas obras que verei[12], e como não tenho a impressão de que com a minha idade, mais de sessenta e três anos, padecendo de muitas enfermidades, meu caminho ainda possa ser muito longo, o Público julgará bom que dele eu me despeça da melhor forma, e que lhe agradeça a bondade que teve de comprar[13] tantas vezes obras tão pouco dignas de sua admiração". Segue-se uma séria interrogação sobre as razões desse favor. Só existe uma, e é "o cuidado que tomei de sempre me conformar aos sentimentos e de alcançar, tanto quanto me foi possível, seu gosto em todas as coisas". É que não se trata de ser "aprovado por um reduzido número de iniciados", deve-se alcançar "o gosto geral dos Homens". E o meio supremo é "nunca apresentar ao Leitor senão pensamentos verdadeiros e expressões corretas". Todo o resto (Boileau trata aqui de alguns versos, que devido a isso se tornaram célebres, de Théophile e de Benserade) é frio como "todos os gelos do Norte juntos", e pode agradar apenas por um instante. As obras baseadas na verdade e no rigor, ao contrário, são imortais e resistem a qualquer insídia,

---

12. Em 1710, Boileau começará a preparar outra (a póstuma de 1713), porém acredita-se que não pôde passar da quinta folha antes de morrer, em março de 1711.

13. Realmente se lê *acheter* [comprar] e não *achever* [concluir]. Esta franqueza seria chocante hoje, quando gostamos de envolver em hipócritas guirlandas o comércio das letras; sabe--se, porém, que o próprio Boileau gostava de chamar uma compra de "compra".

"como um pedaço de madeira que afundamos na água com a mão: fica no fundo enquanto o retemos, mas logo, quando a mão se cansa, ergue-se e vem à tona". Por isso, Boileau aguarda confiante o julgamento da posteridade. Julgamento, sim: "Com efeito, o que é trazer uma obra à luz? Não é de algum modo dizer ao Público: Julgue-me? Porque então achar ruim que nos julguem?"

Contrariamente à esperança do autor de *Satires*, semelhante intenção corre hoje o risco de parecer completamente fora de moda. Mas o que será amanhã, e sobretudo depois de amanhã, daquilo que "vem à tona"? Em todo caso, parece-me oportuno encerrar este percurso demasiado longo pelos prefácios autorais com tão amável demonstração da arte de despedir-se.

Prefácios alógrafos

O PREFÁCIO AUTORAL tinha uma pré-história: séculos de "vida oculta", afogado nas primeiras ou nas últimas páginas de texto; parece que não há nada de semelhante na história do prefácio alógrafo, cujos primeiros exemplos aparentemente, pelo menos na França, remontam apenas ao século XVI, isto é, à época em que o próprio prefácio autoral se separa do corpo do texto. Se uma investigação mais bem-feita viesse confirmar essa impressão, a explicação estaria, por assim dizer, contida no fato, porque a alografia é a seu modo uma separação: separação entre o destinador do texto (o autor) e o do prefácio (o prefaciador). É mesmo possível que os primeiros prefácios separados materialmente tenham sido prefácios alógrafos, por exemplo, aquele anônimo (mas com certeza de Marot) que acompanha a tradução impressa, em 1526, do *Roman de la Rose*, e que propõe uma série de interpretações simbólicas. Citemos também, sempre na França, o prefácio (puramente filológico) do mesmo Marot para sua edição das obras de Villon (1533), depois, sempre de Marot, um prefácio para sua tradução de Ovídio (1534), e, de outras penas, prefácios para várias traduções de Homero, Sófocles, Eurípides, Horácio ou Terêncio. Em 1547, Amyot coloca, no início de sua tradução de *Teágenes e Caricleia*, uma espécie de manifesto em favor do romance grego considerado uma saudável antítese moral e estética às horrendas bobagens dos romances de cavalaria. O mesmo Amyot ainda escreverá prefácios para suas traduções de Diodoro (1554) e de Plutarco (1559), outros manifestos em favor da História[14]. A produção prefacial estaria, pois,

---

14. A maioria dos prefácios mencionados aqui encontra-se reunida, comodamente, na coletânea de B. Weinberg, *Critical Prefaces of the French Renaissance*, Northwestern University Press,

ligada estreitamente à prática humanista de edição e tradução de textos clássicos da Idade Média e da Antiguidade clássica. Sendo esta hipótese verdadeira, o Renascimento italiano nos permitiria, provavelmente, que retrocedêssemos de várias décadas à origem dos prefácios alógrafos.

Todos esses prefácios são de produção póstuma, isto é, posterior à morte do autor do texto. As ocasiões temporais do prefácio alógrafo distinguem-se unicamente por essa possibilidade, que obviamente o autoral ignora; encontramos, pois, alógrafos originais (para uma primeira edição), posteriores (para uma reedição em vida ou para uma tradução)[15], e tardios – estes geralmente póstumos. Ao que eu saiba, como já disse, o primeiro alógrafo original seria o de Chapelain para *L'Adone* de Marino[16], mas aqui também deve-se poder recuar ainda mais. Observemos ainda, para não mais voltar ao assunto, que um prefácio alógrafo original pode coexistir com um autoral; certamente isso é raro na ficção, na qual se considera, com propriedade, que uma apresentação basta, mas não para as obras teóricas ou críticas, que permitem (voltarei a isto) uma significativa distribuição dos discursos prefaciais. Há mesmo um pouco disso em *Les Plaisirs et les jours*, em que um prefácio de Anatole France precede uma espécie de epístola-dedicatória de Proust a Willie Heath. Em todos esses casos, o prefácio alógrafo, por razões evidentes, tem prioridade sobre o autoral.

Apesar do caso de *Adone*, a prática não parece muito difundida na época clássica: sua era de opulência começa no correr do século XIX; mesmo essa abundância é muito relativa: com igual trabalho, encontrei muito mais prefácios autorais que alógrafos e, quanto a isso, estou esperando com serenidade as estatísticas futuras. A explicação hipotética dessa desproporção é por enquanto baseada no "bom senso", isto é, lugares-comuns do tipo: "É mais difícil incomodar duas pessoas do que uma só", "Nunca se é mais bem servido do que por si mesmo", ou (mais discutível): "Para prefaciar um livro, é preciso ter lido algumas páginas dele". O estudo das funções vai talvez ajudar-nos a nuançar esses truísmos.

No essencial, essas funções coincidem, porém mais detalhadas, com aquelas do autoral original (favorecer e guiar a leitura), porque as funções próprias

---

1950. Sobre o prefácio de *Teágenes e Claricleia*, ver M. Fumaroli, "Jacques Amyot and the Clerical Polemic against the Chivalric Novel", *Renaissance Quarterly*, primavera de 1985.

15. Em caso de tradução, o prefácio pode ser, como acabamos de ver, assinado pelo tradutor. O tradutor-prefaciador pode eventualmente comentar (entre outras coisas) sua própria tradução; neste caso e neste sentido, seu prefácio deixa então de ser alógrafo.

16. Publicado em italiano, em Paris, em 1623.

aos autorais posteriores e tardios não são da competência de um prefaciador alógrafo – doravante diremos apenas prefaciador. As especificações devem-se, evidentemente, à mudança de destinador, porque dois tipos diferentes de pessoas não podem assegurar exatamente a mesma função. A valorização do texto torna-se aqui recomendação, e a informação, apresentação. Por uma razão que me escapa, começarei pela segunda.

AS FUNÇÕES INFORMATIVAS relacionadas com o papel do apresentador são múltiplas e talvez heterogêneas. A informação sobre a gênese da obra é, sobretudo, característica dos prefácios póstumos, porque com o autor ainda vivo pareceria incongruente que um terceiro se encarregasse disso em seu lugar. Foi, no entanto, o que fez Grimm, em 1770, a respeito do que viria a ser, dez anos depois, *La Religieuse* de Diderot, mas sabe-se como a gênese dessa obra foi especial; e, aliás, as revelações de Grimm, devidamente corrigidas por Diderot, tornar-se-iam apenas o "Prefácio da Obra Precedente". Esse tipo de informação é hoje o papel essencial dos prefácios (qualificados de forma mais modesta como "advertências" ou "introduções") fornecidos pelos responsáveis por edições eruditas, que acompanham as etapas da concepção, da redação e da publicação. Esse prefácios encadeiam-se logicamente na "história do texto" e refletem-se na apresentação das opções editoriais do pesquisador: estabelecimento do texto, escolha de prototextos e variantes, notas documentais e críticas etc. Nas coleções que almejam, ao mesmo tempo, o rigor filológico e a (relativamente) grande difusão, as funções de valorização eram outrora confiadas a um apresentador diferente, que assumia, em "prefácio" propriamente dito, um discurso mais geral e, em princípio, mais sedutor: André Maurois para Proust, Armand Lanoux para Zola, por exemplo. Essa divisão das tarefas tende a desaparecer, sinal evidente dessa evolução do trabalho filológico que observávamos antes quando falamos das coleções de bolso.

Um segundo tipo de informação, também característico dos prefácios póstumos, é de ordem propriamente biográfica: publicar uma obra, *a fortiori* as obras completas de um autor, foi por muito tempo (ao menos desde as *vidas* dos trovadores inseridas nas coletâneas do século XIII) a oportunidade, quase obrigatória, de informar o leitor sobre as circunstâncias de sua vida. Todas as grandes edições da era clássica começavam com uma habitual "Vida do Autor" que tinha o papel de estudo crítico. No início da primeira coletânea de *Fables*, La Fontaine insere uma "Vida de Esopo, o Frígio"; La Bruyère abre *Caractères* com um "Discurso sobre Teofrasto"; uma "Vida de Blaise Pascal", escrita por sua irmã Gilberte, é publicada, em 1684, no início de *Pensées*; em 1722, uma edição de Racine é adornada por uma biografia logo denunciada pela família por ser pouquíssimo edificante; em 1783, a edição de Khel das *Œuvres* de Voltaire começa com a "Vida de Voltaire" escrita por Condorcet; e sabe-se que Balzac, para uma edição de Molière e de La Fontaine feita sob seus cuidados, escreve, para cada um deles, em 1825, uma nota biográfica de algumas páginas, que não acrescenta muito à glória deles nem à sua. Flaubert, ao prefaciar a edição ao mesmo tempo original e póstuma de *Dernières Chansons*, de seu amigo Louis Bouilhet (1872), começa por exorcizar essa prática, para ele detestável, e de cuja antiguidade parece não suspeitar: "Já não se abusou da 'informação'? A história logo absorverá toda a literatura. O estudo excessivo daquilo que fazia a atmosfera de um escritor impede-nos de atentar para a originalidade de seu gênio. No tempo de La Harpe, estava-se convencido de que, graças a certas regras, uma obra-prima vem ao mundo sem nada dever ao que quer que seja, ao passo que agora se imagina descobrir sua razão de ser depois que se detalharam convenientemente as circunstâncias que a cercam" (essa espécie de protesto vai chamar-se, mais tarde, de *Contre Sainte-Beuve*, e podemos também sorrir por ver aqui atribuída a La Harpe uma ideia que hoje diríamos "valéryana"). Em seguida, ele se apressa a sacrificar-se ao rito vilipendiado, relatando-nos a vida e as opiniões de seu amigo: sua exigência, seus escrúpulos, seu nojo de um século "midiocrata", seu ódio às proclamações teóricas: "Ele se teria enforcado antes de escrever um prefácio". Mas Flaubert, que tampouco amava este gênero, deu alguns sinais de resistência, que voltaremos a analisar, e esse próprio prefácio, o único que escreveu, exala mais afeição do que entusiasmo. O de Mallarmé para *Vathek* é quase exclusivamente biográfico (e bibliófilo), e o de Sartre para *Aden Arabie* é essencialmente um testemunho biográfico sobre Nizan tal qual o conheceu. A maioria dos alógrafos póstumos de Borges que compõem a coletânea de *Prólogos* contém uma nota biográfica, entre as quais a mais interessante é a que Borys dedica a Macedonio Fernández e que se apresenta explicitamente como tal: "A biografia de Macedonio Fernandez ainda não foi escrita [...] não quero que nada do que diz respeito a Macedonio se perca. Eu, que insisto em relatar esses absurdos detalhes, continuo a acreditar que seu protagonista foi o homem mais extraordinário que jamais encontrei. Sem dúvida, deu-se o mesmo de Boswell com Samuel Johnson".

Um último tipo de informação, já mais próxima da interpretação crítica, consiste em situar o texto apresentado no conjunto da obra de seu autor: é o que faz Larbaud, em 1926, para a tradução de *Dubliners*, e Todorov, em 1984, para a de *The Great Code*; ou ainda, no campo mais vasto de um gênero ou da produção de uma época: é tipicamente a intenção de Georges Poulet, em seu prefácio a *Littérature et Sensation*, que define a crítica de Jean-Pierre Richard em relação às outras correntes (Blanchot, Béguin, Bachelard) da crítica contemporânea.

A SEGUNDA FUNÇÃO É, sem dúvida, principalmente para os alógrafos originais, de muito longe a mais importante; sobretudo a mais específica, que motiva o recurso a um prefaciador: é a função de recomendação: "Eu, X, digo que Y tem talento, e que se deve ler seu livro". Sob essa forma explícita, na verdade muito rara e característica dos setores mais ingênuos da instituição literária, o discurso prefacial corre o risco de produzir um duplo efeito de ridículo: o efeito de elogio indiscreto e o efeito de retorno, que atinge o prefaciador presunçoso a ponto de decidir sobre o talento de outrem. A edição de 1847 de *Provincial à Paris*, obra menor de Balzac[17], começa com um "preâmbulo do editor" no qual este (?) aborda a questão com uma delicadeza perfeitamente... balzaquiana: "Existe alguém que, talvez mais do que os outros, justifica a colossal reputação de que goza. Este escritor é o Sr. de Balzac. [...] Nenhum outro sondou mais profundamente a alma humana. [...] Agora que o edifício está quase terminado, todos podem admirar sua elegância, força e solidez. [...] O Sr. de Balzac é um escritor que não pode ser comparado a ninguém no presente. [...] Conseguimos distinguir apenas um nome junto ao qual poderíamos de bom grado colocar o Sr. de Balzac. Este nome é Molière. [...] Se hoje Molière estivesse vivo, escreveria *La Comédie humaine*. De que escritor contemporâneo poder-se-ia dizer o mesmo?" O caráter provavelmente apócrifo dessa alografia pseudoeditorial não conserta as coisas: Balzac assume perante a posteridade a carga de um ridículo comumente dividido por duas pessoas.

Felizmente, a função de recomendação, na maioria das vezes, está implícita, porque a presença desse tipo de prefácio já é, por si só, uma recomendação. Essa caução é dada geralmente, em um prefácio original, por um escritor mais consagrado: Flaubert para Bouilhet, Anatole France para Proust, Borges para Bioy Casares, Sartre para Nathalie Sarraute. Ou, se for uma tradução, um autor mais conhecido no país importador: Baudelaire para Poe, Malraux ou Larbaud para Faulkner, ainda Larbaud para Joyce, Aragon para Kundera. Ou mais atual (por definição) quando da reedição remotamente póstuma de um texto clássico que é "revisitado" por um escritor contemporâneo: Valéry para *Lettres persanes*, *Lucien Lewen*, e *La Tentation de Saint*

---

17. Que se tornou depois *Les Comédiens sans le savoir*; ver Pléiade, VII, p. 1709.

Antoine, Sartre para *Journaux intimes* de Baudelaire, Queneau para *Bouvard et Pécuchet*. Ou ainda, deixando de lado qualquer consideração de notoriedade relativa, capaz de acrescentar a uma obra o valor de uma interpretação e, por conseguinte, um estatuto teórico exemplar. É, aparentemente, o sentido que se deve atribuir ao prefácio[18] escrito para *Adone* por Chapelain, que era então apenas um discípulo de Malherbe. Fora pedido a este, que preferiu encarregar aquele de tarefa que seguramente não o inspirava: a operação foi feliz. Chapelain produziu um longo e enfadonho texto, mas que demonstrava, com toda a ortodoxia aristotélica, que o poema de Marino era "conduzido e tecido em sua novidade segundo as regras gerais da epopeia" – de uma espécie de epopeia realmente nova, pois de ação não-heroica, mas suficientemente "ilustre" (vida e morte de Adônis) para poder fornecer o tema de um grande poema narrativo, assim como a ação não-guerreira de *Édipo* pôde fornecer um tema de tragédia: observa-se aí, mais uma vez, a capacidade geradora da combinatória aristotélica. Sobre o que Chapelain, que desde o princípio se tinha desculpado por sua falta de competência, concluía protestando, com modéstia bastante altiva, que não quisera "elogiar" o cavaleiro Marin, mas apenas dizer em que ele era digno de elogio: "Minha intenção não foi coroá-lo, e sim dar a ver sucintamente que eu sabia por que ele merecia a coroa". É ainda, *mutatis mutandis*, a função do prefácio de Larbaud para a reedição de 1925 de *Les Lauriers sont coupés* (1887), elaboração da história do monólogo interior, ou a do de Deleuze para *Vendredi*, promovido, por seus cuidados, à categoria de ilustração de "uma certa teoria do outro" – e da perversão como ausência do outro. Talvez se lembrem de que a coleção de bolso 10/18, nos anos 1960, se tinha especializado nesse tipo de apresentações com alto coeficiente intelectual: Blanchot para *Le Bavard*, Barthes para *Les Corps étrangers*, Ricardou para *La Route de Flandres* etc. Porém, o monumental "prefácio" de Sartre para as *Œuvres complètes* de Genet ficará para sempre como o exemplo mais imponente, ou o mais incômodo, da caução filosófica a uma obra literária. Para sempre? A menos que alguém se disponha a imprimir *L'Idiot de la famille* como prefácio de *Madame Bovary*...

Em seu *Prólogo de Prólogos*, Borges observa de passagem: "Ao que eu saiba, ninguém ainda formulou uma técnica do prefácio", e acrescenta sensatamente: "Essa lacuna não é grave, dado que todos sabemos do que se trata". Essa observação, que deveria dissuadir a todos de dedicar-se a uma prática

---

18. "Lettre ou discours de M. Chapelain à M. Favereau... portant son opinion sur le poème d'*Adonis* du chevalier Marino", reimpresso em *Opuscules critiques*, Hunier ed., Droz, 1936.

tão banal, não dissuade o próprio autor de prosseguir: "O prefácio, na maioria das vezes, infelizmente!, assemelha-se a um discurso de fim de banquete ou a uma oração fúnebre e abunda em hipérboles gratuitas que o leitor, que não é tonto, toma como simples convenções de estilo. Mas há casos em que o prefácio [...] expõe e comenta uma estética". E cita Wordsworth e Montaigne, o que prova que não está pensando apenas nos prefácios alógrafos, visados evidentemente pela fórmula "oração fúnebre". "Um prefácio, quando bem-sucedido", conclui, "não é uma espécie de brinde; é um modo lateral de crítica." Vários exemplos já citados, entre o quais poderiam estar alinhados os próprios prefácios alógrafos do *Prólogos*, demonstram muito bem que essas duas funções, de valorização e de comentário crítico, não são incompatíveis, e mesmo que a segunda pode ser a forma mais eficiente da primeira, por ser indireta, e o comentário trazendo à luz significados "profundos" e, por isso mesmo, gratificantes. Sabemos, por exemplo, tudo o que a "panelinha" intelectual de Faulkner deveu, por algum tempo, na França, à famosa fórmula de Malraux sobre a "intrusão da tragédia grega no romance policial".

Resta que a dimensão crítica e teórica do prefácio alógrafo o arrasta inevitavelmente para a fronteira que separa (ou, melhor, para a ausência de fronteira que não separa nitidamente) o paratexto do metatexto e, de modo mais concreto, o prefácio do ensaio crítico. Essa proximidade é particularmente sensível nos prefácios póstumos escritos para a reedição de obras antigas[19], que o já bem distante desaparecimento do autor libera de qualquer espécie de caráter oficioso, ou (mas quase) de qualquer obrigação de valorização: bem sabemos, por exemplo, que a presença de um prefácio assinado por Valéry, mesmo eventualmente severo, era com certeza mais incitativo do que dissuasivo. Não cito por acaso Valéry, cujos grandes prefácios, para Montesquieu, para Stendhal ou para Flaubert, têm todas as feições de ensaios críticos – e se encontram hoje, muito legítima e indiscernivelmente, misturados a ensaios autônomos como aqueles sobre La Fontaine ou Voltaire. Aliás, neles ele toma as coisas de muito alto e, às vezes, de muito longe, em particular em relação às *Lettres persanes*, ou melhor, em relação ao espírito em geral, depois ao espírito do século XVIII, antes de chegar a Montesquieu, e em seguida a seu livro. O "Stendhal" tem uma abertura de compasso semelhante e o autor de *Lewen* figura ali mais como tipo de espírito do que como

---

19. Não me refiro aos prefácios póstumos em forma de homenagem (a curto prazo) a um amigo desaparecido, do tipo Flaubert para Bouilhet, que Borges relacionaria, justa e inversamente, com o modelo "oração fúnebre".

escritor. "A Tentação de (São) Flaubert" é até francamente depreciativa; é uma investida contra o realismo, *Salammbô* e *Bovary*, mesmo *Saint Antoine*, em que Flaubert, "embriagado pelo acessório em prejuízo do principal", simplesmente perdeu "a alma de seu assunto". É sintomático que o "Stendhal", por exemplo, tenha sido publicado primeiramente em revista e depois retomado, em brochura separada, antes de incluir-se em *Variété*. Diríamos o mesmo dos prefácios de Sartre, retomados em *Situations*, entre antigos artigos, dos de Barthes, retomados em *Essais critiques* etc. E, uma vez mais, essas duas obras-primas críticas de Sartre, antes prefácios, *Baudelaire* e *Saint Genet* – que não me arriscarei lembrar mais extensamente, pois seu exame faria com que o item dedicado a estas obras "explodisse" como uma bexiga.

Mas ocorre também que o prefaciador, seguro da posição dominante que geralmente sua notoriedade lhe confere, e também pelo fato de atender a um pedido, e, portanto, certo de poder "permitir-se [quase] tudo", aproveita as circunstâncias para ir um pouco além do objeto em questão em prol de uma causa mais ampla, ou, eventualmente, de todo diferente. A obra prefaciada torna-se, então, simples pretexto para um manifesto, para uma confidência, para um acerto de contas, para uma divagação. É justamente o que faz Mallarmé, esquecendo o (magro) *Traité du verbe* de René Ghil (1886), para expor, em um "preâmbulo", sua teoria da língua e do verso. É Proust dando a *Tendres Stocks* uma doutrina estilística, na qual cuida um pouco menos de Paul Morand do que de Stendhal, de Baudelaire, de Flaubert. É Valéry transcendendo o livro de Leo Ferrero, *Léonard de Vinci ou l'Œuvre d'art*[20], em um ensaio perfeitamente autônomo sobre *Léonard et les Philosophes*. É Borges aproveitando a oportunidade de *La Invención de Morel* para arremeter contra a arbitrariedade do romance psicológico ("Os russos e os discípulos dos russos demonstraram *ad nauseam* que nada é impossível: suicídios por excesso de felicidade, assassinatos por caridade, pessoas que se adoram tanto a ponto de se separarem para sempre, traidores por amor ou por humildade...") e exaltar o romance de aventuras. É Sartre fazendo de *Portrait d'un inconnu*, até onde pôde[21], o ápice do antirromance. É

---

20. Kra, 1929. O prefácio de Valéry foi integrado mais tarde ao conjunto de seus estudos sobre da Vinci; ver Pléiade, I, pp. 1234 e ss.

21. As ressalvas, fáceis de presumir, de Nathalie Sarraute foram finalmente expressas com maior clareza em uma entrevista recolhida por J.-L. Ezine, *Les Écrivains sur la sellette*, Ed. du Seuil, 1981, p. 37: "Eu já não estava de acordo com isso quando ele o escreveu, como prefácio para *Portrait d'un inconnu*: este não é um 'antirromance', os outros também não...".

o mesmo Sartre massacrando *Les Damnés de la terre* de Fanon com o peso de seu próprio e exagerado furor anticolonialista em um discurso que se pôde[22] qualificar, não sem razão, como "malversação de palavra". É Aragon aproveitando a oportunidade da tradução de *La Plaisanterie* ou *A Brincadeira* para falar de sua angústia diante de certa "Biafra do espírito".

NÃO SE DEVE ACREDITAR, porém, que o prefácio alógrafo tem sobre o autoral o privilégio da total boa consciência, e que todos os escritores, ilustres ou não, se prestam sem mal-estar ou escrúpulo a esse papel de "padrinho" literário ou ideológico. Alguns esquivam-se desse mister sem nada dizer, e sua discrição os retira naturalmente de nossa investigação[23]. Outros o fazem de forma mais explícita, como Flaubert, que vemos recusar de pronto o pedido indiscreto de uma Madame Régnier: "Eu já o recusei a outros", explica, e "esses procedimentos de grande homem, essa maneira de recomendar um livro ao público, esse gênero Dumas, enfim, me exasperam, me aborrecem"; de resto, "a coisa é perfeitamente inútil e não faz vender sequer um exemplar a mais, pois o bom leitor sabe perfeitamente do que se trata nesses atos complacentes que, já de saída, depreciam um livro; o editor parece ter suas dúvidas, pois chama um estranho para fazer o elogio"[24]. Este último argumento não é desprovido de força, mesmo que nada permita avaliar a esse respeito os pesos respectivos das vantagens e dos inconvenientes. Outros, menos categóricos, ou mais per-

---

22. G. Idt. "Fonction rituelle du métalangage dans les préfaces hétérographes", *Littérature*, 27, out. 1977; neste estudo do prefácio de *Les Damnés de la terre*, o autor descreve com muita correção a função de "mestre prefaciador" do autor de *Saint Genet*: "Cerca de cinquenta prefácios, de uma até quinhentas páginas, escritas ou faladas, celebrando clássicos, apadrinhando desconhecidos ou importando estrangeiros, Sartre figura na instituição como cacique de promoção e não como marginal". Na galeria dos mestres prefaciadores deste século, Sartre provavelmente ganha em quantidade de todos seus antecessores, incluindo Anatole France e Valéry.

23. Sabemos ao menos que Balzac, para *La Comédie humaine*, pediu um prefácio a Nodier, que recusou, e depois a Sand, que aceitou antes de esquivar-se. Essa dupla desistência nos valeu o prólogo de 1842, porém nos privou do que poderia ter sido o mais brilhante exemplo de prefácio alógrafo.

24. 7 de setembro de 1877. Cumpre observar, porém, que, em 1853, Flaubert tinha ensaiado três projetos de prefácio: um alógrafo sobre Ronsard, que teria sido como que um "ensaio sobre o gênio poético francês", ou uma "história do sentimento poético na França"; outro para *Melaenis* de Bouilhet; e um terceiro, autoral, para seu *Dictionnaire des idées reçues*, talvez longínquo antepassado de *Bouvard et Pécuchet*, e no qual pensava "despejar tudo aquilo que tenho na consciência a respeito de ideias críticas". Portanto, sua recusa absoluta de qualquer expressão teórica por meio de prefácio veio mais tarde.

versos, exprimem seus escrúpulos ou suas reservas, como vimos fazerem tantos prefaciadores autógrafos, no próprio texto de seu prefácio, que, com isso, conservará o mérito da lucidez. Borges, ao prefaciar, em 1927, uma antologia de poesia uruguaia, perguntava-se que fazia ele "nesse *zaguan*"; e T. S. Eliot, em sua introdução a *Nightwood*, de Djuna Barnes (1937), faz a pergunta sob a forma, para mim definitiva, de uma aporia: "Os raros livros que merecem ter prefácio são precisamente aqueles que não têm necessidade de um".

O corolário inverso impõe-se por si mesmo, e designa com exatidão a outra fonte de mal-estar: não mais o incômodo do prefaciador em desempenhar um papel fundamentalmente imodesto e supérfluo, mas sua relutância em executar um trabalho enfadonho que não soube recusar. É pelo menos assim que interpreto esta frase no mínimo condescendente, e, em último caso, desagradável para o autor, pela qual tantos prefaciadores parecem penitenciar-se, informando cautelosamente que estão atendendo a insistente pedido. "Por que me pediu para oferecer seu livro aos espíritos curiosos", pergunta Anatole France na abertura de *Les Plaisirs et les jours*? "E por que lhe prometi assumir este encargo muito agradável, mas inútil", pois, de qualquer forma, este livro "recomenda-se a si mesmo"? "É o próprio autor... que fez ao seu jovem confrade a honra de pedir este prefácio", escreve Larbaud para *Les Lauriers sont coupés*. O senhor imprudentemente pediu-me que "introduzisse sua obra junto ao público", diz Valéry no início de sua "Carta a Leo Ferrero" que serve de prefácio a *Léonard de Vinci ou l'Œuvre d'art*. "Aceito com prazer acrescentar algumas palavras ao notável ensaio de Stéphane sobre o Aventureiro", diz Sartre. "Não para fazer seu elogio ou recomendá-lo: ele se recomenda por si...". O mesmo Sartre, no início de *L'Artiste et sa conscience*: "O senhor desejou, meu caro Leibowitz, que eu acrescentasse algumas palavras a seu livro". Aceitei por amizade e "solidariedade... Mas agora que devo escrever, confesso estar bastante embaraçado". A delicadeza de Sartre, como se sabe, não tinha limites; a fonte de seu embaraço é aqui, em princípio, sua incompetência musical, mas rapidamente aparece outra, que é uma tenebrosa discordância sobre as modalidades (de fato embaraçosas) de engajamento político do músico[25]. Ainda e sempre Sartre, para *Le Traître* de André Gorz: "O livro me agradava e eu disse: sim, farei o prefácio, pois sempre se deve pagar [a palavra é graciosa] para ter o direito de amar a quem se ama; mas, desde que peguei da pena, um pequeno carrossel invisível pôs-se em

---

25. "Certamente não é um de meus melhores textos" ("Autoportrait à soixante-dix ans", *Situations*, x, p. 171).

movimento logo acima do papel: era o 'preâmbulo' como gênero literário que requeria seu especialista, um belo ancião acalmado, um acadêmico...".

Somos às vezes mais acadêmicos do que imaginamos e, como dizia Satie, creio, ou Jules Renard, não basta recusar as honras, é preciso não merecê-las. Mas para nós o interessante é ver aqui, mais uma vez, de que forma o mal-estar prefacial, que deriva de sincera modéstia ou de inconfesso desdém, vira uma espécie de hiperconsciência comum. Ninguém escreve um prefácio sem ter o sentimento meio incômodo de que o mais claro nessa tarefa é que se está escrevendo um prefácio. Roland Barthes, que nada fazia que fosse um pouco ritual ou "codificado" (prefácio, página de diário, autobiografia, carta de pêsames ou de congratulações) sem sentir imediatamente o peso e a força ao mesmo tempo paralisante e inspiradora desse código, revela-o, à sua maneira, tão precisa quanto evasiva, no primeiro parágrafo de seu prefácio para *La Parole intermédiaire* de François Flahault, verdadeiro manual do prefácio alógrafo, ao qual me abstenho de acrescentar uma palavra:

> Eu bem imagino que o papel do prefaciador consiste em enunciar aquilo que o autor não pode dizer, por pudor, modéstia, discrição etc. Ora, apesar das palavras, não se trata de escrúpulos psicológicos. Decerto, um autor pode dizer "eu", mas ele sente dificuldade, sem suscitar alguma vertigem, de comentar esse *eu* por um segundo "eu", forçosamente diferente do primeiro. Um autor pode falar da ciência de seu tempo ou mesmo apontar as relações que mantém com ela, mas não tem o poder de se situar nela declarativamente, historicamente, não pode *avaliar-se*. Um autor pode produzir uma visão ética do mundo, mas não pode declará-la, primeiro porque, no atual estado de nossos preconceitos, isso pareceria diminuir sua objetividade científica, e depois porque uma "visão" nunca é mais do que uma síntese, um estado segundo do discurso, que se pode atribuir a outrem, e não a si mesmo. Eis por que o prefaciador, agindo como uma voz segunda, mantém com o autor e o público uma relação discursiva muito particular, naquilo que tem de ternário: prefaciador, designo um dos lugares em que eu gostaria muito que François Flahault fosse reconhecido por um terceiro, que é seu leitor. Ao fazê-lo, ilustro de modo tópico a teoria que é defendida neste livro: o prefácio é, de fato, um desses atos "ilocutórios", do qual nosso autor se torna aqui o analista[26].

---

26. Um belo desempenho de Barthes prefaciador encontra-se na abertura de Bruce Morrissette, *Les Romans de Robbe-Grillet*, Minuit, 1963. Claramente solicitado, dessa vez não pelo autor mas pelo "herói", para afastar qualquer ideia de interpretação oficiosa, Barthes distingue duas interpretações de Robbe-Grillet: a "coisista" (é evidentemente a sua, mesmo que

Prefácios actorais

EU DISSE ANTES QUE o prefácio actoral autêntico podia ser considerado um caso particular de prefácio alógrafo: caso em que o "terceiro", entre o autor e o leitor, é um dos personagens reais de um texto referencial. Disse também que, na falta de exemplos notáveis de prefácio de biografia feito por seu próprio biografado[27], Valéry nos oferecia o exemplo vizinho, ou parente, de um prefácio a um comentário feito pelo próprio comentado. Na realidade, ele oferece dois: o prefácio ao comentário de *Charmes*, por Alain (1928), e o prólogo ao comentário de *Cimetière marin*, de Gustave-Cohen (1933). Não vou afirmar que essas duas realizações possam ilustrar o campo inteiro das funções do prefácio actoral. Poder-se-ia imaginar que um prefácio actoral de heterobiografia tivesse como função principal, além das obsequiosidades e protestos de modéstia obrigatórios, corrigir com simplicidade alguns erros de fato ou de interpretação e completar algumas lacunas. Semelhante atitude pressupõe certo entendimento entre o biógrafo e seu modelo, sem o qual de qualquer modo não existirá tal prefácio. Poderíamos, então, transpondo para o terreno do comentário, imaginar que um prefácio do tipo valéryano fosse uma espécie de comentário de segundo grau, no qual o autor diria se concorda com seu crítico sobre o sentido que este encontra em seu texto, para, assim, autorizá-lo como comentário oficial, ou recusá-lo e retificá-lo. Como sabemos de antemão, foi exatamente o papel que Valéry recusou por duas vezes, professando e talvez improvisando para a ocasião a famosíssima doutrina – que se tornou depois um dos credos mais firmes de nossa vulgata crítica – segundo a qual o autor não tem nenhum direito de comentário sobre sua obra e pode apenas ouvir boquiaberto aqueles que lhe impõem: "Meus versos têm o sentido que se lhes dá. Aquele que lhes dou ajusta-se apenas a mim e não pode ser imposto a ninguém" (*Charmes*), "Não há verdadeiro sentido de um texto. Não há auto-

---

não o diga) e a humanista (de Morrissette); entre as duas, é preciso escolher? Não, afirma, pois a obra literária recusa qualquer resposta: recusa de resposta que, evidentemente, refuta a posição humanista, e que responde, pois, de fato, com a maior clareza.

27. Em todo caso, assinalemos um prefácio de Claudel (duas páginas bem fracas) para J. Madaule, *Le Drame de Paul Claudel*, Desclée de Brower, 1936. Uma carta de Gide, na abertura de P. Iseler, *Les Débuts d'André Gide vus par Pierre Louÿs*, Le Sagittaire, 1931, e uma carta de Malraux, em S. Chantal, *Le Coeur battant, Josette Clotis – André Malraux*, Grasset, 1976. A carta é, evidentemente, um meio cômodo de se safar de uma obrigação prefacial, mas algumas chegam a dar a impressão de serem respostas negativas que se tornaram, sub-repticiamente, cartas-prefácio. Madame Régnier deveria ter colocado a recusa de Flaubert no início de seu livro.

ridade do autor. O que quer que ele tenha querido dizer, escreveu o que escreveu" (*Cimetière marin*) etc. Não ousarei afirmar aqui que essa simpática teoria seja uma franca desculpa *ad hoc* para evitar pronunciar-se sobre a correção de um comentário, mas ninguém me vai tirar da ideia que não há nela um pouco disso, e sabemos que Valéry era bastante propenso a esse tipo de improvisação. Por outro lado, não foi suficientemente observado que, no prefácio para Alain, ela estava ligada estreitamente à não menos famosa definição da poesia como estado intransitivo e não-comunicativo da linguagem – dito de outra forma, que essa destituição crítica do autor estava, em teoria, reservada, pelo menos em sua origem, à poesia, e que a extensão, válida ou não, que depois se fez a qualquer tipo de texto usurpa um pouco a caução valéryana.

Outra diferença de uso: quando Valéry decretava a falta de autoridade do autor, levava a abstenção até o fim (os detalhes que fornece a propósito do *Cimetière marin* são da ordem da gênese, e não do sentido: como esse poema veio até ele a partir de um ritmo decassilábico). O uso atual, generalizado em prefácios, entrevistas, conferências, é de um tipo menos rigoroso, próximo muitas vezes de uma preterição exorcizante: primeiro tempo, não tenho nenhuma autoridade para comentar minha obra; segundo tempo, eis o que ela é; quem pensa de outra forma é um tolo, um stalinista retardado, um psicanalista de boteco, e outros epítetos simpáticos. Estou inventando (quase) todas as peças deste discurso-robô, e qualquer semelhança com o de um autor real só poderia ser obra do acaso, objetivo ou não. Mas a experiência prova que não é tão fácil, nem tão agradável, para um autor abandonar *realmente* sua autoridade.

Prefácios ficcionais

COM NOSSO ÚLTIMO tipo ficcional, que agrupa o conjunto das células A^2, D, E, F e, provisoriamente, G, H e I, do quadro dos tipos de destinadores, isto é, os prefácios autorais denegativos e todos os prefácios fictícios ou apócrifos, voltamos à ordem dos prefácios autorais, ou, mais exatamente aqui, dos prefácios que dados exteriores e/ou posteriores a seu estatuto oficial original nos permitem, ou melhor, nos obrigam a considerar autorais. Apesar da diferença de destinador, os prefácios autorais assuntivos e os prefácios alógrafos tinham em comum o que chamarei, uma vez mais por falta de denominação melhor, de caráter *sério* de seu regime de destinação; aqueles que iremos estudar agora em suas funções distinguem-se deles por seu regime *ficcional*, ou, se se preferir, lúdico (as duas noções me parecem, nesse caso, mais ou menos equivalentes), no sentido de que o estatuto afirmado de seu destinador não exige realmente, ou duradouramente, ser levado a sério.

Dou a impressão de substituir a oposição entre o autêntico e o fictício (ou apócrifo) pela oposição entre o sério e o ficcional, mas não se trata exatamente de uma substituição, porque a categoria do "sério" não abarca todos os tipos de autenticidade: o prefácio autoral denegativo é autêntico no sentido definido anteriormente (seu autor, mesmo que anônimo ou pseudônimo, é realmente quem afirma ser), mas não é sério em seu discurso, já que seu autor afirma não ser o autor do texto, que mais tarde reconhecerá ser, e que é quase sempre de modo manifesto. Os prefácios autorais assuntivos, alógrafos e actorais autênticos são sérios no sentido de que dizem (ou implicam) a verdade sobre a relação entre seu autor e o texto que segue. Os outros – todos os outros – são ou autênticos, ou fictícios, ou apócrifos, mas são todos ficcionais (categoria que sai, portanto, dos limites do fictício) no sentido de que todos propõem, cada um a seu modo, uma atribuição claramente falsa do texto.

Sua ficcionalidade incide essencialmente sobre questões de atribuição: somente do texto no autoral denegativo, do texto e do próprio prefácio nos prefácios de destinador fictício – e, por que não?, somente do prefácio nos eventuais casos de prefácio apócrifo de tipo Davin. Por outro lado, porém, sua funcionalidade consiste essencialmente em sua ficcionalidade, no sentido de que estão aí essencialmente *para efetuar uma atribuição ficcional*. Quero dizer: o prefácio de *La Vie de Marianne* serve em essência para afirmar ficcionalmente que estas Memórias não foram escritas por Marivaux, que as assina, mas pela própria Marianne, o de *Ivanhoe*, para afirmar ficcionalmente que este romance não é de Walter Scott, mas de "Laurence Templeton" etc. Ora, já estudamos suficientemente essas ficções de atribuição no capítulo do destinador, onde ocupavam seu lugar legítimo. Parece, pois, impor-se a conclusão de que já tratamos antecipadamente das funções do prefácio ficcional, e que só resta virar esta página.

Se não ocorre exatamente assim, é primeiro porque *efetuar* uma ficção, aqui como em qualquer lugar, não se reduz a *enunciá-la* com uma frase, do tipo "Eu, Marivaux, não sou o autor das Memórias que seguem", ou "Eu, Templeton, sou o autor do romance que segue". Para efetuar uma ficção, todos os romancistas sabem disso, é preciso um pouco mais do que uma declaração peremptória; é preciso *constituir* essa ficção, com muitos detalhes ficcionalmente convincentes; é preciso, pois, *enriquecê-la* e, para tanto, o meio mais eficaz parece ser *simular um prefácio sério*, com todo o aparato de discursos, de mensagens, isto é, de funções que isso comporta. À função capital do prefácio ficcional, que é efetuar uma atribuição ficcional, vêm juntar-se, a seu serviço, funções secundárias por simulação do prefácio sério – ou, mais exatamente, como veremos, por simulação desse ou daquele tipo de prefácio sério. Por exemplo, "Eu, Marivaux, vou dizer o que penso das Memórias de Marianne" (simulação de prefácio alógrafo), ou "Eu, Templeton, dedico esta narrativa a Mr. Dryasdust, antiquário, e perante ele justifico meu novo projeto de um romance situado na Inglaterra da Idade Média" (simulação de prefácio autoral), ou "Eu, Gil Blas, vou dizer como se deve ler a narrativa, que segue, da minha vida" (simulação de prefácio de autobiografia) etc. E, por essa razão, por trás dessa simulação ficcional, nada impede ao autor (real) do prefácio de dizer ou fazer dizer, a respeito do texto do qual também é o autor real, várias coisas que pensa seriamente: por exemplo, "que o grande problema na vida é a dor que se causa" (*Adolphe*), ou mesmo (ou melhor) várias coisas que não pensa, mas que quer, seriamente dessa vez, fazer crer ao leitor (porque a mentira é tão séria quanto a verdade ou o erro sincero): por exemplo, que a finalidade das cartas publicadas sob o título *Les Liaisons dangereuses* é acautelar as jovens puras contra os homens devassos. Reencontramos, aqui, mas graças à simulação, as funções já reconhecidas do prefácio sério, e, evidentemente, não vamos reiterar seu estudo. Simplesmente acolheremos algumas recorrências por simulação, eventualmente sinceras ou mentirosas, isto é, sérias.

Autorais denegativos

AS FICÇÕES DE ATRIBUIÇÃO e os procedimentos de simulação que as acompanham e as servem diferem conforme os tipos de destinadores. O prefácio autoral denegativo, que contém atribuição fictícia apenas *do texto*, apresenta-se, por essa razão, como um prefácio alógrafo e, mais exatamente, na maioria dos casos, como uma simples nota editorial. Prefácio, pois, pseudoeditorial, para um texto apresentado no mais das vezes como um simples documento (relato autobiográfico, diário ou correspondência) sem intenção literária, atribuído a seu ou seus personagens narradores, redatores de diário ou epistolares. Sua primeira função consiste, pois, em expor, isto é, contar as circunstâncias em que o pseudoeditor entrou na posse do texto. Prévost afirma que as *Mémoires d'un homme de qualité* caíram em suas mãos durante uma viagem que fez à abadia de ***, à qual o autor (Renoncour, é claro) se recolheu. Marivaux obtém a história de Marianne de um amigo que simplesmente a encontrou. Constant dá, para *Adolphe*, os detalhes de uma estada na Calábria.

Scott (é, ao que eu saiba, seu único prefácio denegativo) recebeu pelo correio o manuscrito de *Rob Roy*. Balzac, ou melhor, "Horace de Saint-Aubin", apoderou-se, no caso de *Le Vicaire des Ardennes*, do manuscrito de um rapaz que acabara de morrer. Georges Darien roubou, o que era inevitável, em um quarto de hotel, o de Georges Randal (*Le Voleur*), que o tinha, aliás, previsto, quando não desejado. O rascunho de *Armance* foi entregue a Stendhal para correções por uma "mulher de espírito". O de *Gaspard de la nuit* foi entregue a Louis Bertrand (é assim que ele assina o prefácio), em um jardim público de Dijon, por um pobre-diabo que desapareceu na noite e que deve, desde então, queimar no inferno[28]. Foram, ao que tudo indica, as *Mémoires de d'Artagnan* (de fato, como se sabe, as pseudomemórias forjadas por Courtilz de Sandras) que colocaram Dumas na pista daquelas do Conde de La Fère, "ms 4772 ou 4773, não nos lembramos mais", fonte alegada dos *Trois Mousquetaires*. Foi durante uma estada em Kerengrimen (ou em Beg-Meil) que Proust conheceu o escritor C. (ou B.) que lhe legou o manuscrito de *Jean Santeuil*[29]. É a filha da heroína que envia a Gide o diário de *L'École des femmes*. O texto original de *The Immortal*, "redigido num inglês em que abundam os latinismos", foi transmitido a Borges pelo antiquário Joseph Cartaphilus, que uma nota, mais para o final do texto, identificará como o herói-narrador. Foi no dia 16 de agosto de 1968 que um complacente anônimo entregou a Umberto Eco "um livro da pena de um certo abade Vallet, *Le Manuscrit de Dom Adson de Melk*, traduzido em francês a partir da edição de Dom J. Mabillon, na Presses de l'Abbaye de la Source, Paris, 1842", manuscrito que o autor de *O Nome da Rosa* traduziu para o italiano, enquanto subia, de Viena a Melk, o curso do Danúbio, na companhia de uma pessoa querida que acabou levando o original, deixando sua vida de "uma maneira desordenada e abrupta... Restou-me uma série de cadernos escritos por mim mesmo e um grande vazio no coração". Renuncio à ideia de resumir a sequência, que se encontra em qualquer

---

28. Publicado em 1842, alguns meses após a morte do autor, aos cuidados de Victor Pavie, *Gaspard de la nuit* apresenta um paratexto bastante complexo: depois do prefácio autoral denegativo, vem um segundo prefácio, autoral fictício, assinado por Gaspard de la nuit, seguido de uma breve epístola-dedicatória a Victor Hugo, não assinada, e com duas epígrafes. O todo precedido de um prefácio alógrafo autêntico de Sainte-Beuve. Mas sabemos, por sua correspondência, que Bertrand desejava corrigir bastante essa obra e, em particular, suprimir o prefácio denegativo. Cf. Richard Sieburth, "Gaspard de la nuit: Prefacing Genre", *SiR*, 24, verão de 1985.

29. *Jean Santeuil* contém dois projetos diferentes de prefácio denegativo, daí essas alternativas. O caráter póstumo dessa publicação dá a seu paratexto um estatuto totalmente hipotético.

boa biblioteca, sob o inevitável título de "Naturalmente, um Manuscrito", e que supera tudo na história do gênero, como as *Quatro Últimas Canções* de Strauss o fazem em relação ao *lied* romântico; mas temo que esse canto do cisne desencoraje as imitações. Os detalhes, mais ou menos pitorescos, dessas circunstâncias oferecem decerto a ocasião para narrativas mais ou menos desenvolvidas por meio das quais esse tipo de prefácio já participa da ficção romanesca, oferecendo à narrativa do texto uma espécie de narrativa-quadro, geralmente com uma única margem. Sabe-se, porém, que o "editor" de *Werther* e o de *Abée C.* retomam a palavra para assumirem eles próprios o desenlace; e que o de *Novembre*, que não tinha fornecido nenhum prefácio, entra em cena *in fine* ("O manuscrito para aqui, mas conheci seu autor...") para conduzir a narrativa até a morte do herói; e alguns prefácios, como os de *Moll Flanders* ou de *Volupté*, desobrigam-se previamente da necessidade de um epílogo, proibido por definição no relato autobiográfico, real ou fictício.

A segunda função, de uma ficcionalidade menos romanesca e de tipo propriamente editorial, consiste na indicação das correções feitas, ou não, no texto: tradução e simplificação do estilo para *Lettres persanes*, supressão de detalhes indecentes para *Les Liaisons dangereuses*, mas sem nenhuma correção que corresse o risco de unificar os estilos dos diversos correspondentes (maneira para o autor de ressaltar o mérito, que evidentemente é todo seu, de sua diversidade), total "recomposição" da obra para *Rob Roy*, nenhuma correção para *Adolphe*. A terceira é mais rara, provavelmente porque o próprio texto se encarrega dela: trata-se de uma biografia sumária do autor suposto, que encontro somente no início de obras não-autobiográficas. Nodier atribui *Smarra* a "um nobre Ragusain que escondeu seu nome debaixo do do conde Maxime Odin", e Balzac, na advertência de *Gars*[30], produz uma biografia bastante detalhada (e muito autobiográfica, anunciando por muitos aspectos *Louis Lambert*) do autor suposto "Victor Morillon", da qual não posso deixar de citar aqui uma página, que seu contexto torna especialmente saborosa:

O público foi tantas vezes surpreendido pelas armadilhas preparadas à sua boa-fé por autores cujo amor-próprio e cuja vaidade crescem, coisa difícil, quando se trata de revelar um nome a sua curiosidade, que acreditamos bem merecer da parte dele seguindo um caminho contrário.

Estamos felizes de poder confessar que nosso sentimento foi compartilhado pelo autor desta obra – ele manifestou sempre profunda aversão por esses prefácios que

---

30. Título abandonado da primeira versão de *Chouans*, 1828. Ver Pléiade, VIII, p. 1667.

se assemelham a desfiles, nos quais se esforça para fazer com que se acredite na existência de abades, militares, sacristãos, pessoas mortas nas masmorras, e na descoberta de manuscritos, que derramam sobre essas criaturas postiças todos os tesouros da simpatia. Sir Walter Scott tinha essa mania, mas ele teve a presença de espírito de rir ele mesmo desses exageros que tiram a verdade do livro. Se estamos condenados a seguir a vida de comediante, temos de decidir, é verdade, a representar o charlatão, mas sem tomar emprestado um manequim. Acolhemos com mais gravidade e estima um homem que se apresenta modestamente dizendo seu nome, e hoje há uma certa modéstia em nomear-se, há uma certa nobreza em oferecer à Crítica e aos concidadãos uma vida real, uma garantia, um homem e não uma sombra, e sob esse aspecto nunca uma vítima mais resignada foi entregue às navalhas da Crítica. Se pode ter existido alguma graça no mistério que envolve um escritor, se o público respeitou seu véu como a mortalha de um morto, tantos escrevinhadores usaram a cortina que ela agora está suja, gasta, e só cabe a um homem de espírito encontrar um novo ardil contra essa prostituição do pensamento que chamamos: *a publicação*.

O efeito de autobiografia disfarçada encontra-se no retrato feito por Sainte-Beuve no início de *Joseph Delorme;* mas não, imagino, na biografia da poetisa grega imaginada por Pierre Louÿs para as *Chansons de Bilitis*.

A última função, na qual se exerce de maneira marcante a simulação de um prefácio alógrafo, é o comentário, mais ou menos valorativo, do texto. Defoe insiste no valor moral de *Moll Flanders*, onde qualquer erro é castigado severamente, e já mencionei comentários análogos para *Les Liaisons* e para *Adolphe*. Sainte-Beuve vai na mesma direção em *Volupté*, salutar análise de um "pendor, de uma paixão, até mesmo de um vício..." (não captei bem quais). Em suas "observações" sobre *Oberman*, Senancour evita qualquer tipo de apreciação moral, mas anuncia a cor literária e previne os críticos: encontrarão nesta série de cartas não ações, mas descrições, sentimentos, paixões e também... digressões e contradições. Mas o prefácio denegativo mais rigorosamente imitativo de um alógrafo clássico é, sem sombra de dúvida, o de *Madame Edwarda*. Já assinalei sua particularidade temporal: é, ao que eu saiba, o único prefácio posterior em um gênero (compreendo aqui aquele dos prefácios ficcionais em geral) vinculado comumente a uma função atributiva provisória, devotada, no tempo certo, a um desmentido explícito ou implícito. Georges Bataille somente intervém como prefaciador de "Pierre Angélique" quinze anos após a primeira publicação do romance, e só por esse fato fica excluída a ficção "editorial": não pode apresentar-se como a pessoa que publicou o manuscrito de um desconhecido, mas como o autor de um prefácio alógrafo posterior, por ocasião da reedição, do mesmo modo que Larbaud no caso de Dujardin, ou ainda Deleuze no de Tournier: isso porque se trata de um prefácio altamente "teórico", prefácio-manifesto, que quase se poderia qualificar, como se fez com alguns prefácios de Sartre, de prefácio-desvio, se não se tratasse aqui de um autodesvio, em proveito, como se sabe, de uma exposição – por séria que seja, e mesmo solene em sua ingenuidade – da filosofia batailliana do "erotismo encarado gravemente, tragicamente", do êxtase pelo horror, e dessa grande descoberta – quem acreditaria? – de que o "horror reforça a atração!" (o ponto de exclamação está no texto).

Autorais fictícios

O PREFÁCIO AUTORAL fictício (D) é, como já disse, eminentemente (e mesmo, ao que eu saiba, exclusivamente) representado por Walter Scott a partir de 1816, em uma grande parte de seus romances, entre os quais se destacam a série dos *Tales of My Landlord, Ivanhoé, The Fortunes of Nigel* e *Peveril of the Peak*, tudo por meio de simples dedicatórias ou de epístolas-dedicatórias com função prefacial. É aqui que o jogo paratextual da suposição de autor se complica de tal maneira que o torna para nós o lugar mais romanesco e mais fascinante de uma obra que, de outro modo, seria um pouco atingida pelo limite de idade. Na epístola-dedicatória de *Ivanhoé*, já lembrada antes, o mais pitoresco é decerto a pessoa do dedicatário, o reverendo doutor Dryasdust, membro da Sociedade dos Antiquários, residente em Castlegate, York, escolhido cuidadosamente pelo autor fictício Templeton por sua competência arqueológica, que faz dele um verdadeiro juiz especialista do que, recordo, foi o primeiro romance propriamente histórico de nosso autor. *The Fortunes of Nigel* começa com uma "epístola que serve de introdução", enviada ao mesmo Dryasdust pelo capitão Cuthbert Clutterbuck, que se vangloria do fato de ser "filho do mesmo pai" – vê-se qual. A menção à paternidade não está deslocada no início dessa copiosa epístola totalmente dedicada ao relato do encontro, em alguma livraria que todos os detalhes indicam ser a de Constable, o editor de Scott, entre o dito capitão e... o ilustre mas anônimo "autor de *Waverley*" (que nunca será designado senão por essa famosa "descrição definida"), e do longo diálogo que se segue:

> Cheguei a uma sala abobadada, consagrada ao segredo e ao silêncio, e vi, sentada perto de uma lâmpada e ocupada na leitura de uma segunda prova coberta de rasuras, a pessoa, ou talvez fosse melhor dizer, o *eidolon* ou a aparição do autor de *Waverley*.

Os senhores não ficariam surpresos com o instinto filial que me fez reconhecer imediatamente os traços daquele venerável fantasma, ao mesmo tempo em que dobrei o joelho dirigindo-lhe essa saudação clássica: *Salve, magne parens!* No entanto, o espectro me interrompeu mostrando-me uma cadeira e dando-me a entender que minha presença não era inesperada e que ele tinha algo a me dizer.

Adivinha-se que a continuação nada mais é que uma entrevista imaginária do autor suposto com o autor real, que o acolhe como "o membro de minha família a quem tenho na mais alta estima desde a morte de Jedediah Cleishbotham" (o autor suposto de *Tales of My Landlord*) e lhe anuncia sua intenção de nomeá-lo "padrinho dessa criança que ainda não nasceu (apontando para a prova do livro)"– trata-se, de algum modo, do contrato de suposição e de sagração do prefaciador. A conversa se desenrola em torno dos mais variados assuntos da atualidade scottiana: a recepção dada a *The Monastery*, a arte do romance desde seu fundador Fielding ("ele o tornou digno de ser comparado à epopeia"), as qualidades e os defeitos da obra que se segue, as suposições em curso sobre a identidade do autor de *Waverley* e sua determinação de "nada dizer sobre um objeto que, a meu ver, não merece todo o barulho que se fez por conta dele", sua opinião sobre as críticas, sobre a fidelidade do público e os meios de mantê-la, sobre os motivos para não abordar o teatro, sobre os ganhos legítimos que tira de suas obras:

O CAPITÃO: O senhor não teme que se atribua essa sucessão de obras a um motivo sórdido? Pensarão que o senhor trabalha apenas fisgado pelos ganhos.

O AUTOR: Supondo que, além dos outros motivos que podem me levar a produzir com tanta frequência para o público, eu calculei também as grandes vantagens que são o prêmio dos sucessos que se pode obter com a literatura; esse emolumento é a taxa voluntária que o público paga por um certo tipo de divertimento literário; ela não é extorquida de ninguém, e é paga, creio, apenas por aqueles que dispõem dos meios, e que recebem em troca um prazer proporcional ao preço que pagam. Se o capital que essas obras colocaram em circulação é considerável, somente eu ganhei com ele? Não posso dizer a cem pessoas o que dizia o bravo Duncan, o fabricante de papel, aos desgraçados mais indisciplinados da gráfica: Os senhores também não tiraram proveito? não receberam os seus trocados? Penso, confesso, que nossa Atenas moderna me deve muito por eu ter instalado uma manufatura tão vasta; e, quando for dado a todos os cidadãos o direito de votar nas eleições, conto com a proteção de todos os operários subalternos que a literatura ajuda a viver, para obter um lugar no parlamento.

Enfim, sobre o futuro de sua inspiração: "O mundo diz que o senhor está sem inspiração. – O mundo tem razão; e que importância isso tem? Quando ninguém mais dançar, não tocarei mais minha gaita e não faltarão pessoas amáveis para me dizer que meu tempo passou".

Na "introdução" tardia de 1831, pedirá desculpas pelo caráter demasiadamente fantasioso e complacente dessa conversa, mas o mesmo procedimento rege a "Carta em Forma de Prefácio" de *Peveril of the Peak*, endereçada, desta vez por Dryasdust, decididamente nosso mais fiel "herói de prefácio"[31], a Clutterbuck, na qual relata uma visita do autor de *Waverley*, "nosso pai comum", àquele a quem chama "criatura de minha vontade". Desta vez, encontramos um retrato do dito autor, mas parecido o menos possível com Scott. O diálogo é mais curto e talvez se ressinta de ser uma segunda versão do mesmo assunto. Mas o antiquário, a quem o autor de *Waverley* submeteu antes seu manuscrito, mostra-se mais exigente quanto à verdade histórica, e seu interlocutor deve defender perante ele a utilidade do gênero que pratica, invocando o exemplo das peças históricas de Shakespeare, acerca das quais o Conde de Marlborough afirmava "foi a única História da Inglaterra que li", e sustentando "que iniciando assim as pessoas de negócios e os jovens nas verdades severas, 'sob a forma de ficções agradáveis', presto serviço aos mais espirituosos e aos mais aptos dentre eles; é que o amor pela ciência necessita apenas de um começo; – a mínima centelha acende o fogo quando o rastilho de pólvora está bem feito. E, tomando interesse por aventuras e caracteres fingidos, atribuídos a uma época histórica, o leitor começa, em seguida, a perguntar-se quais foram realmente os fatos e até que ponto o romancista os representou".

Vimos que a suposição de autor atenuava-se cada vez mais, de *Ivanhoé*, de que Templeton afirma, explicitamente, ser o autor (ou de *The Bride of Lammermoor*, no qual há uma nota assinada por Jedediah Cleishbotham), a *Nigel*, em que Clutterbuck não passa de um transparente "padrinho", e a *Peveril*, em que Dryasdust se torna quase um prefaciador alógrafo. E, em todos esses casos, Scott utiliza, de uma forma ou de outra, a ficção prefacial para passar sua própria mensagem, pela pena de Templeton ou pela boca do autor de *Waverley*. A situação de *Quentin Durward* é ainda mais ambígua. O autor, desta vez anônimo, como no tempo de *Waverley*, relata, em um longo prefácio narrativo, como, durante uma viagem à França, visitou um velho fidalgo em seu castelo às margens do Loire e como este lhe mostrou

---

31. "Não sendo valetudinário, o autor seria um triste herói de prefácio" (Balzac, prefácio de *Peau de Chagrin*).

em sua biblioteca alguns documentos sobre suas longínquas alianças escocesas – fonte alegada do romance. Durante essa conversa, o marquês faz várias alusões a Sir Walter, a quem atribui *The Bride of Lammermoor*. O prefaciador anônimo afirma que isso não é verdade:

> Tive a franqueza de informar-lhe, dando-lhe motivos que ninguém podia conhecer como eu, que meu compatriota distinguido por suas obras literárias, e de quem falarei sempre com o respeito que seu talento merece, não era o responsável pelas obras leves cuja autoria o público gostava de lhe atribuir com demasiada generosidade e precipitação. Tomado pelo impulso do momento, teria talvez ido mais longe e confirmado minha negação por meio de uma prova positiva, dizendo-lhe que ninguém poderia ser o autor das obras que eu mesmo tinha escrito; mas o marquês me poupou de tal constrangimento respondendo-me com muito sangue-frio que estava encantado em saber que tais bagatelas não tinham sido escritas por um homem de condição.

Quentin Durward foi publicado em inglês, como disse, sob o disfarce (já bem esgarçado) do anonimato. Mas o leitor francês recebia no mesmo ano sua tradução (por Defauconpret), com uma capa devidamente (ou melhor, indevidamente, mas visivelmente – e muito veridicamente) ornada com o nome de Walter Scott. Imagino que o leitor de então deva ter lido duas vezes, para compreendê-la, a passagem supracitada, ou melhor, para não compreendê-la. Vemos talvez por que, como disse, esses prefácios eram a parte mais fascinante da obra. Há nessa vertigem do incógnito, nessa prova da alteridade pela identidade ("Não pode ter sido eu, pois sou eu"), uma forma de humor fantástico que prefigura as mais perturbadoras máscaras de um Pessoa, de um Nabokov, de um Borges, de um Camus (Renaud, é claro)[32].

Alógrafos fictícios

APESAR DO EXEMPLO isolado de Walter Scott, parece que o movimento mais frequente (não ouso dizer mais natural), quando se faz o esforço de supor um autor fictício e se quer acrescentar a seu texto um prefácio fictício, seja

---

32. Acrescente-se que o prefácio do primeiro dos *Tales of the Crusaders* (1825) contém uma espécie de ata de uma reunião de todos os autores supostos dos romances de Scott. Sobre toda essa ficção prefacial, ver em especial N. Ward, artigo a ser publicado em *Le Discours préfaciel, op. cit.*

supor além disso um prefaciador alógrafo distinto. Como o autoral denegativo, o prefácio alógrafo fictício simula o alógrafo autêntico, salvo quando é atribuído a um terceiro imaginário, nomeado (como "Richard Sympson" ou "Joseph L'Estrange") ou não (como o oficial do *Manuscrit trouvé à Saragosse* ou o tradutor de *Portes de Gubbio*), mas sempre provido de uma identidade biográfica distinta (o oficial de *Saragosse* é francês, o apresentador de *La Guzla* é dálmata, o tradutor de *Portes de Gubbio* é um homem etc.), na falta de que, eu já disse, o princípio de economia nos convidaria, como fizemos para *Delorme* ou *Santeuil*, a classificar seu prefácio entre os autorais denegativos. De outro lado, se ele pode, como estes, apresentar um determinado texto como um simples documento sem intenções literárias (*Gulliver, Saragosse, André Walter*[33], *Lolita, Gubbio*) e, portanto, simular como eles uma simples nota editorial, pode também, e mais facilmente, ter por objeto um determinado texto como obra literária, traduzida (*Clara Gazul, La Guzla, On est toujours trop bon avec les femmes*) ou não (*Déliquescences d'Adoré Floupette, Œuvres françaises de M. Barnabooth, Pale Fire, Crónicas de Bustos Domecq*), e adquirir, assim, as feições de prefácio alógrafo clássico.

Excluindo-se a identidade fictícia do destinador, o primeiro caso não apresenta nenhuma novidade notável no tocante às funções do prefácio denegativo: detalhes sobre a descoberta ou a transmissão do manuscrito (entregue a seu primo pelo próprio Gulliver, encontrado em Saragossa durante a guerra e traduzido para o apresentador por um descendente do narrador, transmitido a "John Ray" pelo advogado de Humbert Humbert após a morte deste, entregue ao tradutor de *Gubbio* por um intermediário anônimo num jardim público), menção de eventuais correções (diz "Sympson": "Omiti inúmeros detalhes marítimos fastidiosos"; "salvo a correção de solecismos evidentes e a poda meticulosa de alguns detalhes tenazes... esta notável memória é apresentada intacta", declara "John Ray"), comentários morais comparáveis aos de Rousseau, Laclos e Constant nos "documentos" que nos apresentam: assim, para "John Ray", a "memória" de Humbert Humbert (termo significativo de uma convenção de não-literariedade[34]) "recomenda lutarmos todos lado a lado – pais, educadores, assis-

---

33. Se, ao menos, se decidir considerar esse prefácio como alógrafo fictício: está assinado P. C. e sabemos que são as iniciais de Pierre Chrysis, pseudônimo de Pierre Louÿs, que deve ter redigido efetivamente o prefácio que, por seu discurso e sua função, entra no jogo da ficção.

34. Trata-se, na verdade, apenas de um aspecto deste prefácio, onde ocorre também a "John Ray" dar a esta "memória" o nome de *Lolita*, e considerá-la "sob o ângulo puramente roma-

tentes sociais – e redobrarmos os esforços, com uma compreensão maior e uma vigilância firme, para educarmos gerações melhores em um mundo mais seguro..."

O segundo caso apresenta-se sob sua forma mais clara quando o texto é apresentado como uma obra anteriormente publicada na língua de origem, como faz Mérimée para *Le Théâtre de Clara Gazul*, cujo original, "extremamente raro", "Joseph L'Estrange" nos diz que foi publicado em Cádiz "em dois pequenos volumes in-quarto", e para os "poemas ilíricos" que compõem *La Guzla*. Mas as obras até então "inéditas", como *Déliquescences*, *Barnabooth*, *Pale Fire* ou *Bustos Domecq*, têm um estatuto literário um pouco mais incerto, atestado, para distingui-los de uma simples "memória" documental, apenas por uma forma decididamente romanesca (narrativa na terceira pessoa) ou poética. Esse estatuto intermediário poderia ser, como sugere o subtítulo de *Barnabooth*, definido como o de uma "obra de amador", rica ou pobre, se tal noção tivesse em literatura um sentido de fato pertinente, o que me parece pouco provável. Pelo menos, esses textos são em geral apresentados mais como obras do que como documentos, o que deveria abrir as portas para apreciações e comentários propriamente críticos. Pudor ou incapacidade, os "Joseph L'Estrange", "Tournier de Zamble" e outros "Gervasio Montenegro" não seguem praticamente esse caminho: antes, sua contribuição é, conforme o uso clássico, de tipo biográfico-testemunhal: "L'Estrange" envia Clara Gazul tal qual a conheceu outrora, "Marius Tapora" conta a vida de Adoré Floupette, "Tournier de Zemble" compõe uma longa e minuciosa hagiografia de Barnabooth. Ao que eu saiba, somente "Charles Kimbote" faz um verdadeiro comentário do poema de John Shade, mas esse comentário é veiculado, basicamente, por suas notas no final do volume, as quais voltaremos a ver em seu devido lugar. Seu prefácio é, basicamente, de tipo modestamente editorial e propriamente universitário (descrição técnica do manuscrito, cronologia da composição, controvérsia sobre o grau de acabamento, indicação de variantes), até o momento em que a menção de suas relações pessoais com o autor falecido e da importância de seu próprio comentário para a compreensão do poema ("uma realidade que somente minhas notas podem oferecer") vem anunciar e pôr em marcha o deslize paranoico que se seguirá, em que o pseudoalógrafo se revelará pouco a pouco – mas em outro plano – como pseudoactoral.

---

nesco" ou "como obra de arte" – o que certamente Marivaux não teria feito com *Marianne*, nem Constant com *Adolphe*.

Actorais fictícios

A LÓGICA, OU A SIMETRIA, esperaria que o prefácio actoral fictício fosse uma simulação do actoral autêntico, isto é, de um prefácio de heterobiografia fornecido por seu "herói". Essa simetria não nos levaria muito longe, pois não há práticas que correspondam ao modelo. De fato, salvo casos excepcionais, o prefácio actoral fictício é reservado aos heróis-narradores, ou seja, simula uma situação mais complexa, porém mais natural, em que o herói é ao mesmo tempo seu próprio narrador e seu próprio autor. Em suma, o prefácio actoral fictício simula o prefácio de autobiografia, em que o prefaciador, fato de que já me lamentei anteriormente, se expressa mais como autor ("foi isto que escrevi") do que como herói ("foi isto que vivi"). É como autor que Lazarillo apresenta como inovação, contrária à prática épica do início *in medias res*, sua escolha de "começar não pelo meio, mas pelo começo, para que os senhores tenham conhecimento de toda a minha pessoa"; é como autor que Gil Blas exorta o leitor, segundo a fábula dos dois alunos de Salamanca, a fazer do que segue uma leitura interpretativa e a "tomar cuidado com as inscrições morais" que suas aventuras de juventude contêm; é como autor que Gulliver protesta contra os cortes e os acréscimos feitos por seu primo e lamenta finalmente uma publicação que não trouxe nenhuma melhora para os costumes dos Yahoos; é como herói que certamente Gordon Pym atesta a veracidade dos trechos redigidos e já publicados como ficcionais pelo Sr. Poe, mas é precisamente como autor que reivindica a paternidade de todo o resto; é como autor ainda que Brás Cubas anuncia uma "obra difusa, na qual eu, Brás Cubas, se adotei a forma livre de um Sterne, ou de um Xavier de Maistre, não sei se lhe meti algumas rabugens de pessimismo. Pode ser. Obra de finado. Escrevi-a com a pena da galhofa e a tinta da melancolia, e não é difícil antever o que poderá sair desse conúbio. Acresce que a gente grave achará no livro umas aparências de puro romance, ao passo que a gente frívola não achará nele o seu romance usual". É como heroína, certamente, que Sally Mara refuta algumas afirmações sobre ela e joga sobre Raymond Queneau a responsabilidade de *Sally plus intime*, mas é como autora que assume o resto da coletânea, esclarecendo: "Normalmente não é dado ao autor supostamente imaginário o direito de prefaciar suas obras completas, sobretudo quando são publicadas sob o nome de um autor supostamente real. Assim, devo agradecer às Edições Gallimard por me ter dado a oportunidade"[35]. Em suma, nada que

---

35. Lembro que a obra aparece em 1963 com a seguinte capa: Raymond Queneau / de l'Académie Goncourt / *Les Œuvres* / *complètes* / *de Sally Mara*.

nos afaste da habitual *authorship* dos prefácios autobiográficos, em que se percebe claramente que escrever sua vida consiste menos em colocar a escrita a serviço da vida do que o inverso. Narciso, por fim, não está apaixonado por seu rosto, mas por sua imagem, isto é, aqui, por sua obra.

Espelhos

DIRIA O MESMO DO PREFÁCIO ficcional em geral, no qual vimos constantemente o ato prefacial mirar-se em si mesmo e imitar-se, num complacente simulacro de seus próprios procedimentos. Nesse sentido, o prefácio ficcional, ficção de prefácio, nada mais faz que exacerbar, explorando-a, a tendência profunda do prefácio a uma *self-consciousness*, ao mesmo tempo incômoda e jocosa: jogando com seu incômodo. Escrevo um prefácio – vejo-me escrevendo um prefácio – represento-me vendo-me escrever um prefácio – vejo-me representar-me... Essa reflexão infinita, essa autorrepresentação em espelho, essa encenação, essa comédia da atividade prefacial, que é uma das verdades do prefácio, o prefácio ficcional leva-a a seu limite extremo, passando, a seu modo, para o outro lado do espelho.

Mas essa autorrepresentação é também, eminentemente, a da atividade literária em geral. É que – como se percebeu muito bem desde o início deste capítulo –, se no prefácio o autor (ou seu "padrinho") é, como fizemos Borges dizer, "o menos criador", talvez seja aí que ele seja e se revele, paradoxalmente ou não, o mais literato. Assim, vemos os autores mais ligados à dignidade clássica e/ou à transparência realista evitar, tanto quanto puderem, fazer prefácio, assim como todos os outros elementos mais manifestos do paratexto: uma Austen, um Flaubert, um Zola, um Proust, o Balzac de 1842, James até a edição de New York. É praticamente o único traço de distribuição que pudemos destacar, mas que me parece bastante significativo, pela preocupação que traduz de evitar, o máximo possível, esse efeito perverso do paratexto que é o efeito-tela, que batizamos, por referência ao ateliê do alfaiate a que alude Charlus, de efeito Jupien[36].

---

36. Poderíamos também chamá-lo de efeito George Moore, em homenagem a esse autor que um dia declarou: "Senhores, não coloquem prefácios no início de sua obra, os críticos só falarão deles". Esse conselho é citado como epígrafe no prefácio de *Sandales d'Empédocle*, de C.-E. Magny, que afirma, com algum excesso, que, "desde o naturalismo, os autores não ousam mais escrever prefácios – senão para livros dos outros".

Em diversos graus, e com inflexões diversas conforme os tipos (o autoral assuntivo essencialmente ligado à preocupação, para o autor, de impor sua intenção ao leitor; o alógrafo, às práticas de proteção e patrocínio, mas também, às vezes, de abuso e de trapaça; os ficcionais, à encenação da própria prática ficcional), o prefácio é, talvez, de todas as práticas literárias, a mais tipicamente literária, às vezes no melhor e às vezes no pior sentido do termo, e no mais das vezes nos dois ao mesmo tempo. Para superar esta prática em seus diversos excessos, não vejo senão outra: é, evidentemente, escrever *sobre* o prefácio. Por isso me protegi bem disso, limitando-me aqui a escutá-lo fazendo o que faz tão bem: falar de si mesmo.

Os Intertítulos

OS INTERTÍTULOS, OU TÍTULOS INTERNOS, são títulos e, como tais, exigem o mesmo tipo de observações, cuja repetição sistemática evitarei, mas que às vezes vamos reencontrar aqui ou ali. Por serem internos ao texto, exigem outras considerações, que reiterarei com ênfase.

A primeira e mais evidente é que, ao contrário do título geral, que é endereçado ao conjunto do público e pode circular muito além do círculo de leitores, os intertítulos praticamente são acessíveis apenas a estes, ou, quando muito, ao público já restrito dos que apenas folheiam o livro e dos leitores de sumários; e muitos desses intertítulos têm sentido apenas para um destinatário já envolvido na leitura do texto, que supõem adquirida por tudo o que os precede: assim, o trigésimo sétimo capítulo dos *Três Mosqueteiros* é "O Segredo de Milady"; este nome, ou apelido, remete claramente o leitor a um conhecimento anterior da personagem em questão[1].

A segunda e a mais importante provém do fato de que, ao contrário do título geral, que se tornou um elemento indispensável, senão à existência material do texto, pelo menos à existência social do livro, os intertítulos não são de modo algum uma condição absoluta do texto. Na eventualidade de sua presença, existem graus diversos, que vão do impossível ao indispensável, e que aqui é conveniente percorrer rapidamente.

Casos de ausência

O INTERTÍTULO É O TÍTULO de uma seção do livro: partes, capítulos, parágrafos de um texto unitário, ou poemas, novelas, ensaios constitutivos de uma

---

1. Isto é, tem um valor anafórico ou de rememoração: a Milady que os senhores já conhecem. Um romance poderia muito bem ter como título *O Segredo de Milady*: este nome teria então valor catafórico, isto é, de anúncio. O leitor o receberia de forma diferente, como um ligeiro enigma. O mesmo regime também pode ser aplicado a um intertítulo: é o caso do primeiro capítulo, "Os Três Presentes do Senhor d'Artagnan Pai", que introduz um nome ainda desconhecido.

coletânea. Desse fato decorre, evidentemente, que um texto perfeitamente unitário, isto é, não-dividido, não pode conter intertítulo. É o caso, por exemplo, até onde sei, da maioria das epopeias medievais, pelo menos no estado em que chegaram até nós, mas também de alguns romances modernos, tais como *H* ou *Paradis*. Seríamos tentados a dizer o mesmo de *Ulysses*, porém sabemos que seu caso é um pouco mais sutil. Inversamente, alguns textos aparentemente são divididos *demais*, quero dizer, muito cortados para que cada uma de suas seções tenha um intertítulo próprio: é o caso das coletâneas de fragmentos, aforismos, pensamentos e outras máximas, quando o autor, como La Rochefoucauld, não julgou necessário agrupá-los, como fará La Bruyère em *Caractères*, em subconjuntos temáticos que formassem capítulos e justificassem para cada um deles a imposição de um intertítulo.

Em seguida, há tipos de textos ligados a um regime essencialmente oral, que programam ou do qual derivam, e nos quais o próprio procedimento oral tornaria a presença de intertítulos difícil de expressar: discursos, diálogos, peças de teatro. O caso do teatro apresenta mais nuanças, porque as divisões tradicionais, mudas na representação, contêm na edição uma espécie de intitulação mínima, ou puramente remática, por número de atos, de cenas e/ou de quadros. E alguns dramaturgos, como Hugo ou Brecht, com frequência intitulam seus atos: para *Hernani*, ato I: *Le Roi*, ato II: *Le Bandit*, ato III: *Le Vieillard*, ato IV: *Le Tombeau*, ato V: *La Noce*. Para *Ruy Blas*, I: *Don Salluste*, II: *La Reine d'Espagne* etc. Em Brecht, encontramos, por exemplo, títulos[2] nas partes de *Círculo de Giz*, de *Puntila*, de *A Mãe*, e espécies de resumos em *Mãe Coragem*, na *Ópera dos Três Vinténs*, em *Mahagonny*, em *Galileu Galilei*, geralmente destinados a serem exibidos em cartaz, no decorrer da representação, para informação dos espectadores. Esta presença poderia estar relacionada com o caráter claramente narrativo ("épico") que o autor queria dar a seu teatro. Em Hugo, eu a atribuiria a uma paixão por todos os gêneros de títulos, de que encontraremos outras manifestações. Mas certamente existem outros exemplos dessa prática, que Diderot, apesar de não a utilizar, soube justificar muito bem: "Se um poeta meditou sobre seu tema e dividiu sua ação, não haverá nenhum ato ao qual não se possa dar um título; e assim como, no poema épico, fala-se na descida aos infernos, nos jogos fúnebres, na enumeração do exército, na aparição da sombra, no gênero dramático falaríamos no ato das suspeitas, no ato dos furores, no do reconhecimento ou do sacrifício. Espanta-

---

2. Muitas vezes, neste capítulo onde o contexto evita qualquer mal-entendido, abreviarei *intertítulo* para *título*.

-me que os Antigos não o tenham percebido: isso está perfeitamente em suas inclinações. Tivessem dado um título a seus atos, teriam prestado um serviço aos Modernos, que não deixariam de imitá-los; e, uma vez fixado o caráter do ato, o poeta teria obrigação de completá-lo"[3]. Acrescento que certas indicações de lugar e de tempo, que são bastante frequentes no início de um ato ou cena, podem passar na tradição como espécies de intertítulos: é o caso, evidentemente, do *Fausto* de Goethe: "A Noite", "Diante da Porta da Cidade", "Gabinete de Trabalho" etc. Mas esses poucos casos de intitulação permanecem excepcionais.

Em seguida, há gêneros em que a divisão do texto é, de certo modo, mecânica e acompanhada de menções que não se pode considerar como títulos e que impedem a presença destes: o romance epistolar, em que cada carta leva a indicação do destinador, do destinatário, eventualmente da data e do lugar onde foi escrita; o diário, autêntico ou fictício, cuja escansão é em princípio feita apenas por datas; as narrativas de viagem, por datas e nomes de lugares. Mas aqui também são possíveis várias fantasias: *Le Rhin* apresenta-se como um relato de viagem por cartas, com números e títulos de funções diversas. *Par les champs et par les grèves*, obra amebeia, divide-se em capítulos numerados, ímpares de Flaubert, pares de Maxime Du Camp.

Graus de presença

A PRESENÇA DE INTERTÍTULOS é possível, mas não obrigatória, em obras unitárias divididas em partes, capítulos etc., e nas coletâneas. Raramente é obrigatória, a não ser talvez nas coletâneas de novelas, nas quais sua ausência poderia propiciar uma confusão dando a crer que se trata de uma narrativa contínua. São nesses casos de presença possível ou necessária que vamos nos deter agora para um rápido estudo, no qual as categorias gerais, aqui claramente as mais determinantes, nos servirão de quadro orientador.

Antes, porém, uma precaução indispensável. A distinção entre títulos (gerais) e intertítulos (parciais) é menos absoluta do que dei a entender, a menos que nos deixemos levar cegamente apenas pelo critério bibliológico: título para o livro, intertítulos para as seções de livro. Digo cegamente por ser este critério eminentemente variável de acordo com as edições, de sorte que um "livro" como *Du côté de chez Swann* de 1913 torna-se "seção de livro" na

---

[3]. *De la poésie dramatique,* cap. XV, "Des entr'actes".

edição Pléiade e, ao contrário, uma "seção" como *Un amour de Swann* logo se tornou, em certas apresentações, um livro autônomo. Portanto, o critério material é frágil, ou instável; mas o da unidade da obra, certamente menos ingênuo, é também bastante delicado: *Germinal* é uma obra ou parte de uma obra? E, depois, *Germinal* é um título ou um intertítulo? E *Un cœur simple*? E *Tristesse d'Olympio*? A prática, nesse caso, decide de modo mais grosseiro do que legítimo no sentido que conhecemos, e segui-la-emos de bom ou mau grado, mas será conveniente manter alguma desconfiança, má consciência ou reserva mental.

Portanto, existem obras sem intertítulos, das quais, por definição, não precisamos mais nos ocupar, uma vez que nos lembremos do indício de que a ausência pode ser, aqui como em outro lugar, tão significativa quanto a presença. Mas, mesmo assim, existem graus, ou pelo menos modalidades de presença, que, tanto aqui como no caso dos títulos gerais, a oposição entre o regime temático (por exemplo, este título de capítulo: "Uma Pequena Cidade"), o remático (por exemplo: "Primeiro Capítulo") e o misto (por exemplo, o verdadeiro título do primeiro capítulo de *Le Rouge*: "Primeiro Capítulo/Uma Pequena Cidade"[4]) ilustra. Esses dois ou três regimes também podem coexistir na mesma obra: é o caso bastante comum das coletâneas, como *Les Contemplations* ou *Les Fleurs du mal,* em que se alternam sem embaraço aparente poemas com título e poemas sem título, isto é, no caso, com números. Seguiremos alguns avatares dessa repartição através de quatro grandes tipos gerais que revelam, na pesquisa, uma certa homogeneidade de regime: as narrativas ficcionais, as narrativas referenciais (históricas), as coletâneas de poemas e os textos teóricos. Esta ordem é um tanto arbitrária.

Ficção narrativa

NÃO SE SABE AO CERTO como se apresentavam as primeiras versões escritas (transcritas?), no tempo de Pisístrato, desses primeiros grandes textos narrativos contínuos que eram os poemas homéricos, e os editores modernos não

---

4. Os intertítulos temáticos que não vêm precedidos de uma menção remática do tipo *Capítulo número tal* são, de fato, muito raros em qualquer época, talvez porque o texto narrativo corresse o risco de parecer uma coletânea de novelas separadas. No entanto, é o caso, e sem explicação, pelo que sei, dos títulos originais de *Eugénie Grandet*. Mais perto de nós, é também o caso de *Mémoires d'Hadrien* e de *L'Œuvre au noir;* e, saindo da ficção (?), de *Biffures.*

são muito pródigos em detalhes a esse respeito, porém a tradição, transmitida pelos escoliastas alexandrinos, ou por Eustato, no século XII, legou-nos títulos temáticos de episódios, alguns dos quais remontam decerto às origens, isto é, à fase das recitações dos aedos, cujas sessões eles talvez intitulassem. Esses episódios podem constituir grandes massas narrativas, como a "Telemaquia" (cerca de três cantos) ou as "Narrativas de Alcinoos" (quatro cantos), ou segmentos mais curtos, com extensão de um único canto, como "O Diálogo de Heitor e Andrômaca" (canto VI da *Ilíada*), ou até menos ("Duelo Entre Páris e Menelau", fim do canto III). Foi certamente a época alexandrina que delineou, nessa continuidade ou descontinuidade narrativa, uma divisão mais mecânica em vinte e quatro cantos, cada um dos quais marcado apenas com uma letra do alfabeto grego, equivalente no caso a nossos números atuais. Uma segunda tradição, ou terceira, esforçou-se, então, por preservar as intitulações temáticas primitivas, atribuindo a cada canto um ou vários títulos que correspondiam, ainda que mediocremente, ao essencial de sua ação. Desse modo, circulam listas, mais ou menos oficiais, que dizem, por exemplo, com relação à *Ilíada*: canto I, "Peste e Cólera", canto II, "Sonho e Catálogo das Naves" etc. Alguns desses intertítulos oficiosos são respeitáveis por designarem as ações com termos técnicos insubstituíveis: "Aristeia" (façanhas), "Hoplopoiia" (fabricação de armas) ou "Nekuya" (descida aos Infernos), que os aficionados preferem a qualquer tradução. Os títulos gerais, *Ilíada* e *Odisseia*, são aliás do mesmo tipo, mais transliterados que traduzidos.

Ignoro como funcionavam, quanto a isto, as epopeias pós-homéricas, cujos textos não chegaram até nós, porém os títulos dados, pelas edições modernas, aos cantos (ou mais precisamente Livros) de Virgílio ou de Quinto parecem não ter fundamento na antiga tradição escrita, ainda que a divisão oficial em Livros esteja mais próxima da sucessão temática dos episódios (*Eneida*, Livro I: A Tempestade, Livro II: A Tomada de Troia etc.). A divisão mecânica em números parece aos poucos sobrepor-se à intitulação temática. Vai servir de modelo, durante séculos, para toda a tradição épica clássica e, bem mais além, para toda a tradição romanesca séria. Epopeias latinas, Dante, Ronsard, Ariosto, Tasso, Spenser, Milton, Voltaire, até *Natchez*. Romances gregos e latinos, romances barrocos e clássicos (*L'Astrée* possui cinco partes que agrupam os Livros numerados), inclusive *La Princesse de Clèves,* e mesmo *Francion,* e o *Roman bourgeois,* inclusive *Crusoé* ou *Moll Flanders* (que não possuem muitas divisões), e mesmo também *Tristram Shandy,* adequam-se ao grande modelo antigo estabelecido pelos alexandrinos – sem falar das grandes narrativas em verso da Idade Média, canções de gesta, como disse, mas também romances, que, no mais das vezes, parecem ignorar qualquer divisão.

Um caso à parte é o das grandes obras narrativas de elementos heterogêneos, como *Decamerone* ou *The Canterbury Tales,* que, na realidade, são coletâneas de novelas. O *Decamerone,* como indica o título, é dividido em dez dias de narração, cada um dos quais trazendo como título o nome de seu narrador; as dez novelas que constituem esses dias têm, nas edições modernas, títulos cuja autenticidade parece duvidosa, acompanhados de resumos de algumas linhas talvez igualmente tardios e que, embora se coadunem bem ao paratexto atual, já não têm, evidentemente, o estatuto de intertítulos. *The Canterbury Tales* estão divididos em contos, cada um dos quais tem como título a profissão de seu narrador: "Conto do cavaleiro", "do moleiro" etc. O *Heptamerone,* dividido em sete dias, não parece possuir títulos originais. As *Cent Nouvelles nouvelles,* cujos títulos talvez sejam originais, são uma coletânea factícia. A investigação está em aberto.

À grande tradição clássica das divisões numeradas, e portanto fundamentalmente remáticas pois indicam apenas um lugar relativo (pelo número) e um tipo de divisão (Livro, parte, capítulo etc.), contrapõe-se outra tradição mais recente e mais popular, de iniciativa aparentemente medieval, que recorre a uma intitulação temática (ou mista, com elipse do elemento remático), talvez uma paródia dos textos sérios dos historiadores e dos filósofos ou teólogos. São os intertítulos descritivos em forma de proposições completivas: "Como...", "Onde se vê...", "Que conta...", "De..." (subentendido: "Capítulo..."). Dessa forma, *Roman de Renart,* cujas primeiras reuniões em coletâneas datam do século XIII, é dividido em Livros mudos, divididos, por sua vez, em "aventuras" com títulos descritivos (narrativos): "Primeira Aventura: Como Renart Levou à Noite os Presuntos de Ysengrin" etc.[5]

Esse tipo de intertítulos tinha diante de si um destino quase tão rico quanto o de tipo clássico, mas quase sempre no registro irônico das narrativas populares e "cômicas": em Rabelais, cujos títulos quase sistematicamente em "Como..." derivam diretamente das *Grandes Chroniques* de que ele foi, a princípio, o continuador; nos picarescos espanhóis, imitados nisso

---

5. É difícil dizer a que época da Idade Média remonta esse tipo de títulos, que se começa a encontrar praticamente em manuscritos tardios, ou nas primeiras versões impressas de romances em prosa ou de textos históricos. Seria tentador, diz-me Bernard Cerquiglini, supor que os títulos em *Como...* derivem de legendas das vinhetas: vemos assim em Jacques Le Goff, *La Civilisation de l'Occident médiéval,* fig. 182, sob uma vinheta que ela descreve com fidelidade, esta legenda: *Como os quatro filhos Aymon foram escorraçados para fora de Paris por Carlos Magno, rei de França (Histoire en prose des quatre fils Aymon,* incunábulo de 1480). Mas essa hipótese não consegue explicar todos os títulos de formato complementar.

por Lesage; em Cervantes[6], que inaugura em *Dom Quixote* um modelo altamente lúdico ou humorístico ("Que Lerá Aquele que Ler", "Que Trata de Muitas Grandes Coisas", "Que Trata de Coisas Referentes a Esta História e Não de Alguma Outra"), cujo desenvolvimento mais espetacular, após Scarron, aparece em Fielding, sobretudo em *Tom Jones* ("Contendo Cinco Páginas de Papel", "Que Será o Mais Curto Deste Livro", "Que Surpreenderá o Leitor", "Contendo Matérias Diversas" etc.: seria preciso citar todos). Devemos, contudo, observar aqui um tipo de homenagem à tradição séria pelo fato de os dezoito Livros não possuírem título: a intitulação irônica e loquaz só é permitida no nível dos capítulos.

Este modelo, que se tornou norma (antinorma) da narrativa cômica, perpetua-se longamente nos séculos XIX e XX, com efeitos de cumplicidade enfatizados de diversas formas: em Dickens (*Oliver Twist, Pickwick, David Copperfield*), em Melville (*Mardi, Pierre, The Confidence-Man*), em Thackeray (*Henry Esmond, Vanity Fair*), em France (*La Révolte des anges*), em Musil (no estilo direto), em Pynchon (*V.*), em Barth (*The Sot-Weed Factor*), em Jong (*Fanny Jones*) – e em Eco (*O Nome da Rosa*), o último até agora.

Nas narrativas em primeira pessoa (homodiegéticas), esses intertítulos fraseológicos podem, com muito mais frequência do que os títulos gerais, levantar a questão da identidade de seu enunciador. Quando são redigidos na terceira pessoa ("Do Nascimento de Gil Blas e de Sua Educação"), essa escolha, contrastando com a do próprio texto narrativo, atribui evidentemente sua enunciação ao autor: é o caso na maioria dos romances picarescos, em *Le Page disgracié* (em que o herói é sistematicamente designado nos intertítulos pela fórmula "le page disgracié") e, em nossos dias, em *O Nome da Rosa*. A redação adotada em *As Viagens de Gulliver* é mais complexa, e paradoxal, pois designa o herói-narrador como "o autor"; portanto, Swift atribui esta função a seu personagem, porém não chega ao ponto de conceder-lhe o direito de intitular na primeira pessoa.

Este direito lhe é plenamente concedido, em compensação, em *Buscon* de Quevedo, notável desvio da norma picaresca, em *Mardi*, nos romances-pastiches de Thackeray, em *Treasure's Island*, em *David Copperfield* (o primeiro intertítulo de *Copperfield* é: "Venho ao Mundo"). Como já vimos em relação a outros elementos do paratexto, tal concessão tem por efeito inevitável constituir o herói-narrador em instância não só narrativa, mas também literária: em autor responsável pela constituição do texto, pela sua gestão, pela sua apresentação, e consciente de sua relação com o público. Já não é apenas, como

---

6. Ou seu editor, porque, às vezes, a autenticidade dos intertítulos é contestada.

Lazzarillo, uma personagem que conta sua vida por escrito, é uma personagem que se faz escritor ao constituir sua narrativa em texto literário, já dotado por seus cuidados de uma parte de seu paratexto. Isso empurra ao mesmo tempo o autor real para o papel ficticiamente modesto de simples "editor", ou apresentador – pelo menos quando seu nome, diferente do do herói, continua a figurar também no paratexto, estabelecendo essa dupla inscrição uma divisão fictícia das responsabilidades, mesmo que o leitor, consciente das convenções literárias, saiba que não se lhe pede realmente que se deixe enganar.

Essa situação, clássica enfim, não é exatamente a mesma dos intertítulos de *La Recherche* – aqueles que encontramos, em 1913, nos anúncios-sumários dos volumes a publicar, ou aqueles que figuram no cabeçalho dos volumes publicados de *Jeunes Filles*, de *Guermantes* e de *Sodome*[7]. Aqui, como em *Copperfield* ou em *Treasure's Island*, os intertítulos estão todos na primeira pessoa ("Morte de Minha Avó", "Como Deixo de Ver Gilberte" etc.), porém, devido ao anonimato relativo do herói[8], não ocorre entre ele e o autor qualquer demarcação nítida. Esse modo de enunciação, confirmado pelo da correspondência, de algumas dedicatórias e de alguns artigos, e não desmentido pela ausência, já mencionada, de qualquer indicação genérica em contrário, aproxima evidentemente o regime dessa narrativa do de uma pura e simples autobiografia. Aqui tudo acontece como se Proust passasse insensivelmente da posição oficialmente autobiográfica (embora por certo já fictícia) do *Contre Sainte-Beuve* ("Tenho uma conversa com Mamãe a respeito de Sainte-Beuve") à da *Recherche* ("Sinto enfim que perdi minha avó"), na qual a primeira se transfunde sem se transformar. Em face disso, as alegações oficiais de heterobiografia não têm muito peso, porque são por si sós às vezes ambíguas; assim, a René Blum: "Há um senhor que narra e que diz *eu*"; a Élie-Joseph Bois: "[...] o per-

---

7. O anúncio de 1913 (em frente ao título de *Swann* Grasset) encontra-se na Pléiade, I, p. XXIII; os sumários próprios de *Jeunes Filles* (1918) encontram-se no começo de cada "parte", I, pp. 431 e 642; os sumários prospectivos postos no começo de *Jeunes Filles* para os volumes a sair, III, p. 1059; o índice real de *Guermantes* e de *Sodome* está em seu lugar, II, pp. 1221-1222. Um quadro comparativo desses diferentes sumários é dado por J.-Y. Tadié, *Proust*, Belfond, 1983, pp. 23-26.

8. Lembro que por duas vezes ele é chamado *Marcel* na *Recherche*, com algumas contorções denegativas; aliás, este nome ambíguo é empregado pelo menos mais uma vez, que, a despeito de ser bem mais reveladora, foi menos notada, em um esboço citado por Bardèche (*Proust romancier*, I, p. 172) e por ele datada de 1909: "Homem de letras perto de Cabourg... Marcel vai vê-lo sem nada ter lido dele". De sorte que, pelo que sei, as únicas vezes em que Proust não chama a seu herói *eu* chama-o de *Marcel*.

sonagem que narra, que diz *eu* (e que não sou eu)"; porém, no artigo de 1921 sobre Flaubert: "[...] páginas em que algumas migalhas de *madeleine*, mergulhadas numa infusão, me lembram (ou lembram ao menos ao narrador que diz *eu* e que não é sempre eu) toda uma época de minha vida..."[9]. Este estatuto tipicamente ambíguo, propus, em outro lugar[10], batizá-lo com o termo *autoficção*, que tomei emprestado de Serge Doubrovsky. Não quero voltar aqui a essa argumentação, porém sua própria possibilidade indica muito bem, parece-me, a importância (entre outras) dessas características da enunciação (inter)titular: em certos estados de relação entre texto e paratexto, a escolha de um regime gramatical para a redação de intertítulos pode contribuir para determinar (ou indeterminar) o estatuto genérico de uma obra.

O aparato intertitular da *Recherche* traz mais um ensinamento, que diz respeito à estrutura da obra e de sua evolução. Mencionei, a respeito dos títulos, a estrutura unitária desejada inicialmente por Proust, e sua deriva progressiva para uma apresentação mais dividida em três, depois cinco, depois sete "volumes". Esse movimento é também assinalado no campo dos capítulos, pois somente o primeiro volume, *Du côté de chez Swann*, está simplesmente dividido em três partes providas de subtítulos: "Combray" (I e II), "Un amour de Swann" e "Noms de pays: le nom". A sequência, a partir de *Jeunes filles en fleurs*, será muito mais articulada, mediante uma divisão hierárquica em partes, capítulos e seções, atestada pelos sumários prospectivos ou reais mencionados acima. A partir de *Guermantes*, as partes e capítulos não apresentam mais subtítulos, e os três últimos volumes, devido à sua publicação póstuma, não trazem nem partes nem capítulos, porém, para tudo o que vem depois de *Du côté de chez Swann*, dispomos de uma série abundante de intertítulos, fornecidos, no caso de *Les Jeunes Filles*, pelos resumos de Sumário da edição de 1918; para todo o restante, pelos resumos-anúncios anexados a essa edição; para *Guermantes* II e *Sodome*, por estes anúncios e também pelos Sumários presentes nas edições de 1921 e 1922, não sem algumas discrepâncias de detalhe que dão prova de últimas organizações feitas depois da guerra. Por incertos que sejam devido à deriva genética, à negligência editorial e à publicação póstuma, sabemos que Proust considerava-os de fato, desde 1918, como intertítulos, e que seria seu desejo colocá-los no início das seções que intitulam – ou pelo menos, por concessão ao editor, em resumos de Sumários com referência à paginação. Como testemunho, esta carta a uma datilógrafa a

---

9. *Contre Sainte-Beuve*, Pléiade, p. 599.
10. *Palimpsestes*, Ed. du Seuil, 1982, pp. 291 e ss.

respeito das provas de *Jeunes Filles:* "Perguntei há cerca de um mês a Gaston Gallimard se aprovava que eu introduzisse ao longo do livro os cabeçalhos de capítulo, com a indicação de partes que figuram no sumário. Ele me disse que sua opinião não era a mesma e, pensando bem, acabei por pensar como ele. Achamos que os *⁎* que coloquei várias vezes, quando começa uma nova narrativa, seriam suficientes, e que o leitor, graças ao Sumário e aos números das páginas que serão colocados nesse Sumário, [...] daria a cada fragmento do conjunto o título escolhido por mim..."[11]

Mesmo esse pedido assaz condescendente não foi atendido na impressão, e deve-se confessar que, em alguns casos, a localização dos intertítulos não está bem clara no estado atual do texto. Resulta que, em princípio, Proust, depois da guerra e contrariando suas primeiras intenções, realmente pretendia uma obra muito mais articulada e provida de um rico aparato de títulos. Tudo se passa como se, progressiva ou tardiamente, ele se tivesse deixado tomar pelo jogo da divisão e da proliferação paratextual, jogo no qual tinha entrado, no início, apenas de má vontade e sob o império da necessidade.

Este fato me parece interessante em si mesmo. Proust talvez tenha-se dado conta, pela experiência, de que a unidade arquitetônica de sua obra, à qual sabemos que era tão apegado – e, na verdade, cada vez mais à medida que ela se desmantelava sob o efeito de sua própria ampliação –, estaria mais clara e valorizada pela exibição titular de seu arcabouço do que pela opção inicial de um longo caudal textual sem destaques nem referências: daí a mudança para a escolha oposta, e que alguns podem julgar excessiva no outro sentido. Está claro (e é significativo), em todo caso, que seus editores a cada vez o trouxeram de volta, *volens nolens,* ao meio-termo. Mas, como se sabe, a história da edição da *Recherche* só está começando...

VIMOS QUE A NORMA CLÁSSICA dos intertítulos na ficção narrativa dividia-se em duas atitudes muito contrastantes e de conotações gerais muito acentuadas: a simples numeração das partes e dos capítulos para a ficção séria, e a imposição de intertítulos desenvolvidos para a ficção cômica ou popular. Essa oposição clássica será substituída por uma nova, no início do século XIX, quando a prática dos intertítulos (e dos títulos) narrativos em forma de resumos ou sumários vai desaparecer quase completamente (os exemplos mais recentes que mencionei representam claramente exceções arcaizantes) em favor de um tipo de intertítulos mais sóbrios, ou pelo menos mais curtos, puramente nominais, reduzidos em sua maioria a duas ou três palavras, ou mesmo a uma só.

---

11. Citado por Maurois, *À la recherche de M. P.,* pp. 290-291.

O artífice deste encurtamento parece ter sido, aqui também, Walter Scott[12], cujas *Waverley Novels* se dividem entre romances de capítulos mudos (entenda-se a expressão a partir de agora como capítulos que trazem apenas um número), como *Ivanhoe, Rob Roy, The Bride of Lammermoor,* e romances com intertítulos curtos, como *Waverley* ou *Quentin Durward*. A título de exemplo eis os três primeiros de *Quentin Durward:* 1. "O Contraste", 2. "O Viajante", 3. "O Castelo". Se compararmos um índice deste tipo com o de *Tom Jones,* o contraste é notável.

Esse tipo tornar-se-á, nos séculos XIX e XX, a norma da intertitulação romanesca, sempre em concorrência com o tipo de divisões mudas. Essa nova oposição toma, pois, o lugar da antiga, porém sua conotação geral é claramente mais fraca, na medida da fraqueza relativa do novo contraste formal, mas também devido ao desaparecimento relativo do (sub)gênero romance cômico ou picaresco. Doravante, é o reino quase absoluto do "realismo sério", e esse novo modo romanesco ajusta-se tanto aos intertítulos curtos quanto à ausência de intertítulos, salvo algumas nuanças que, por certo, não se faz necessário esmiuçar. Sabe-se, por exemplo, que os capítulos de *Le Rouge et le Noir* possuem títulos, ao passo que os de *Armance* e de *La Chartreuse* são mudos, mas seria realmente temerário tirar disso qualquer conclusão. O contraste é talvez mais significativo em Flaubert, entre os capítulos mudos de *Madame Bovary* e de *L'Éducation,* romances de costumes contemporâneos, e os intertítulos temáticos de *Salammbô,* romance de tipo mais "histórico", embora de feição muito pouco scottiana. A mesma oposição talvez, em Aragon, entre os intertítulos de *La Semaine sainte* e de *Blanche* e os capítulos mudos da série de *Monde réel*. Nota-se também a discrição sistemática dos Goncourt, Zola, Huysmans, Tolstói, e a de Jane Austen, de James ou de Conrad.

O caso de Balzac, típico dele, é mais difícil. As edições pré-originais em folhetim, e grande número das originais (*Grandet, Goriot, La Vieille Fille, Birotteau, Illusions perdues, Cousine Bette, Cousin Pons,* por exemplo), possuem capítulos, geralmente numerosos, e mesmo, segundo parece, cada vez mais numerosos e cada vez mais curtos, com intertítulos frequentemente loquazes, à maneira "cômica" antiga. A edição coletiva de *La Comédie humaine,* publicada por Furne, a partir de 1842, suprime de forma sistemática a divisão em capítulos e, ao mesmo tempo, é lógico, os intertítulos originais[13]. Poder-se-ia

---

12. Mas já encontramos o corte em *Zadig:* "O Caolho", "O Nariz", "O Cão e o Cavalo". Os intertítulos de *Candide,* pelo contrário, são à antiga.

13. A edição da Pléiade, cujo texto-base é o do exemplar da edição Furne corrigido logo em seguida por Balzac, mantém naturalmente esta supressão e dá os intertítulos somente nas varian-

interpretar esse gesto como um abandono dos coquetismos da intitulação antiga e a adoção de um regime mais sóbrio e mais harmônico com o projeto "sério" do conjunto. Contudo, Lovenjoul, em sua *Histoire des œuvres de Balzac* (1879), escreve que "as divisões em capítulos foram retiradas, para grande lástima do autor, por tomarem espaço demais... Ele sempre se queixou disso". De acordo com esse testemunho algo indireto, a supressão teria sido puramente circunstancial e econômica, sem significação profunda. É verdade que, por uma ou duas vezes, edições separadas posteriores ao volume correspondente de *La Comédie humaine* (para *Savarus* em 1843, para *Les Souffrances de l'inventeur* em 1844) restabelecerão os capítulos com seus títulos. Mas, inversamente, a edição Charpentier de *Grandet*, em 1839, que é a primeira em separado (a original estava no tomo v de *Études de moeurs* em 1834), suprime os intertítulos sem motivos econômicos aparentes. Eis-nos girando em círculo, e conosco a questão dos intertítulos balzaquianos[14].

O maior investimento no aparato titular encontra-se certamente em Hugo. Seus primeiros romances, *Han d'Islande*, *Bug-Jargal* e *Le Dernier Jour d'un condamné*, possuíam unicamente capítulos mudos. É em *Notre-Dame de Paris* que ele inaugura um modo mais complexo de intitulação, apelando para todas as formas legadas pela tradição: títulos curtos à maneira de Scott, títulos narrativos à antiga, e algumas outras inovações mais ou menos criadas por ele, como títulos em latim, fórmulas pseudoproverbiais etc. Esse modo irá expandir-se nos romances pós-exílio, em prol de construções hierarquizadas em partes. Livros e capítulos que encontramos também em *La Légende des siècles*. O sumário de *Les Misérables* é exemplar a esse respeito, e de insuperável variedade na indiscrição, cuja proliferação fulgurante nenhuma amostragem poderia sequer evocar. Posso apenas, pois, remeter o leitor a esse monumento paratextual que contém nada menos de cinco partes divididas em quarenta e oito Livros, repartidos em trezentos e sessenta e cinco capítulos, mas, como os Livros e as partes também têm seus títulos (qualquer oportunidade é boa), isso perfaz, salvo engano, quatrocentos e dezoito títulos, vivificados por uma evidente embriaguez lúdica. Estamos nos antípodas

---

tes; as edições Garnier, ao contrário, restabelecem os intertítulos, opção pouco lógica, porém valiosa para os amantes de paratexto, mesmo sendo aparentemente obsoleto.

14. Em todo caso, não se deve pensar que foi a publicação em folhetim que obrigou Balzac ao fracionamento: *La Cousine Bette*, publicado em quarenta e um folhetins em *Le Constitutionnel*, possuía trinta e oito capítulos; a edição original terá cento e trinta e dois; *Le Cousin Pons*, da mesma forma, passará de trinta e um para setenta e oito capítulos.

da sobriedade titular própria do classicismo e do realismo sério: é a volta ao humor de Cervantes, mas reforçado por todos os recursos (quero dizer: de uma ínfima parte dos recursos) da retórica e fantasia hugoanas. Depois disso, o texto corre o risco de parecer um pouco apagado, e até um pouco magro.

A ÉPOCA CONTEMPORÂNEA não modificou muito a prática das divisões, nem a oposição entre intertítulos temáticos[15] e capítulos numerados. A principal inovação é certamente a introdução de divisões totalmente mudas, sem intertítulos nem números: seja com uma simples mudança de página, como em *Voyage au bout de la nuit* ou *Finnegans Wake* (mas, neste último, os "capítulos" assim determinados são agrupados em três "partes" numeradas), em *Histoire*, em *La Jalousie* (cujo sumário contém uma série de *incipits* de capítulo), seja sem mudança de página, com simples brancos ou asteriscos na página: é o que faz Proust, na falta de solução melhor, em *Les Jeunes Filles,* ou Joyce, na apresentação definitiva de *Ulysses* – mas a tradição oficiosa guardou a lembrança dos intertítulos pré-originais (*Telêmaco, Nestor, Proteu* etc.), que cada um sempre pode inscrever em seu lugar e à mão. É também e sobretudo a prática mais frequente e mais característica do *nouveau roman* francês. Semelhante apresentação talvez já não permita, com todo rigor, falar em "capítulos"[16]: no caso, trata-se de um tipo de divisão sensivelmente mais ligeira e mais sutil, que já não quer marcar a narrativa a não ser por uma espécie de escansão respiratória. Mais um passo (mas este passo conta), e temos o texto contínuo de *H;* outro passo, e temos o texto não-pontuado de *Paradis* (mais um, e seria a volta aos textos da Antiguidade, cuja grafia não separava as palavras); evidentemente já não há aí, como já disse, lugar algum para qualquer tipo de intertítulo.

História

A PRÁTICA DOS HISTORIADORES, durante toda a Antiguidade clássica, parece ter sido tão sóbria quanto a dos poetas épicos, ou melhor, de seus "editores" tar-

---

15. Uma variante é, nas narrativas constituídas de monólogos interiores, como *As I Lay Diyng* ou *The Sound and the Fury,* a utilização de intertítulos que indiquem a identidade do "locutor": escolha logicamente inspirada pela norma dramática.

16. O rigor absoluto, na verdade, proibiria falar de "capítulos", quando nos encontramos, como em *Les Rougon-Macquart*, em presença de seções numeradas apenas com um número, sem menção *Capítulo tanto*. Mas o uso desdenha, e com razão, de tal rigor: têm-se aí capítulos que não se rotulam como tais.

dios. Os nove Livros de Heródoto, cuja divisão também data da época alexandrina, foram marcados com o nome das nove musas, evidentemente sem qualquer relação temática. Os oito Livros de Tucídides são marcados com letras e divididos em breves capítulos numerados, opção imitada pelos historiadores latinos. Aparentemente, são as edições tardias (final do século XV, XVI) dos cronistas da Idade Média que inauguram a intitulação descritiva com títulos-resumo em estilo indireto, frases completivas iniciadas por "Como..." ou complementos começados por "De...". Por exemplo, em Commynes, I, 1: "Da Ocasião das Guerras que Houve entre Luís XI e o Conde de Charolais", I, 2: "Como o Conde de Charolais, com Vários Grandes Senhores de França, Levantou um Exército Contra o Rei Luís XI, a Pretexto do Bem Público". A evolução leva, em seguida, a uma intitulação mais curta e mais direta, inaugurada aparentemente por Maquiavel, em suas *Histórias Florentinas,* e que é atestada, por exemplo, por Voltaire e Gibbon: *Précis du siècle de Louis XIV:* 1. "Introdução", II. "Dos Estados da Europa com Luís XIV", III. "Minoridade de Luís XIV. Vitória dos Franceses sob o Grande Condé, então Duque d'Enghien" etc. Esse estilo de títulos diretos (nominais ou em proposições independentes), mas divididos em vários elementos justapostos, cada um anunciando uma seção particular do capítulo, é também o dos memorialistas, em Saint-Simon, em Casanova (intertitulado, em 1826, por seu editor Laforgue); e ainda em Chateaubriand ou Dumas, já que a autobiografia pessoal adota mais habitualmente uma divisão por números, talvez herdada de Santo Agostinho: é a escolha de Rousseau, de Musset, de Gide, de Nabokov e, certamente, um dos recursos utilizáveis para fazer a distinção, frequentemente delicada, entre os dois gêneros. Mas com precauções: assim, *Jean le Bleu,* obra de estatuto ambíguo (conteúdo notoriamente autobiográfico, indicação genérica "romance"), está intertitulado à maneira das Memórias; por exemplo, capítulo VI: "O Anel em Folha de Salada – Os Anunciadores – A Moça do Almíscar – O Mercado de Gado" etc.

No grupo dos historiadores, Michelet se destaca por uma intitulação mais concisa, mais nervosa (muitos nomes sem artigos), e também mais variada. Eis a título de exemplo os primeiros títulos do primeiro capítulo de *Histoire de France*: "Celtas e Iberos – Raça Gaulesa ou Céltica; Índole Simpática; Tendência à Ação; Ostentação e Retórica – Raça Ibérica; Índole Menos Sociável; Espírito de Resistência – Os Gauleses Rechaçam os Iberos e os Seguem até Depois dos Pirineus e dos Alpes". Essa liberdade vai-se acentuar bastante nas suas obras tardias, como *La Sorcière, La Montagne* ou *La Mer:* "Círculo das Águas, Círculos de Fogo", "Rios do Mar", "O Pulso do Mar", "Fecundidade", "O Mar de Leite", "Flor de Sangue"... Títulos tão idiossincráticos quanto os de

Hugo, porém num sentido totalmente diferente: menos retóricos, mais bruscos, e como que produtos diretos de uma sensibilidade intensa. Por intermédio do *Michelet* de Barthes, que lhe toma emprestado o modelo como que por osmose, este modelo hoje reina sobre a intitulação e sobre o próprio aparato conceitual da crítica temática francesa.

DISSE DE PASSAGEM ALGUMAS palavras sobre a autobiografia. A biografia, liberada bem mais tarde dos preceitos do modelo histórico, merece uma menção particular. Os clássicos mostram sobriedade: divisão em anos em Boswell, capítulos numerados em *Vie de Rancé,* títulos muito factuais em *Vie de Jésus* (1. "Lugar de Jesus na História do Mundo", 2. "Infância e Juventude de Jesus. Suas Primeiras Impressões", 3. "Educação de Jesus"). Mas os biógrafos modernos cedem amiúde à tentação de títulos fortemente simbólicos. Vejam *Balzac* de Maurois (mais sóbrio em outras obras), em quatro partes: A Ascensão, A Glória, A Comédia Humana, O Canto do Cisne; capítulos da quarta: "O Suplício de Tântalo", "Reunião em São Petersburgo", "A Sinfonia dos Lobos", "Perrette e a Jarra de Leite" etc. Os mesmos efeitos no *Chateaubriand* de Painter (primeiro volume, *Les Orages désirés:* "As Flores da Bretanha", "O Julgamento de Paris", "O Bom Selvagem", "O Deserto do Exílio"...). Quanto ao seu *Marcel Proust,* ele tira sistematicamente seus títulos (entre outras coisas) do universo da *Recherche,* transportando, desse modo, sem qualquer reserva para a vida de Proust, os episódios da história de "Marcel"; "Balbec e Condorcet", "Bergotte e Doncières", "As Visitas de Albertine", "A Morte de Saint-Loup" etc.

Textos didáticos

AS GRANDES OBRAS DIDÁTICAS em prosa da Antiguidade clássica, seja filosofia ou retórica (diálogos platônicos, tratados de Aristóteles, de Cícero, de Quintiliano), também respeitam a regra da sobriedade. Aqui, mais uma vez, é a Idade Média que inaugura a intertitulação temática, da qual a *Suma Teológica* oferece um bom exemplo, com seus capítulos em "De..." e seus parágrafos em "Utrum...", e cujo tipo vamos reencontrar em Maquiavel, em Descartes, em Montesquieu (cujo *L'Esprit des lois* apresenta um pesado aparato titular articulado em seis partes, trinta e um Livros e cerca de quinhentos capítulos), em Rousseau, em Kant, e ainda, ligeiramente atenuado, em Chateaubriand e Madame de Staël; e novamente muito carregado em Tocqueville e Gobineau. O regime moderno, caracterizado por seus curtos títulos nominais, talvez apareça em Taine, *La Fontaine et ses fables:* I. "O Espírito Gaulês", II. "O Homem", III. "O Escritor"... Aqui estamos em terras conhecidas.

As exceções são raras. Citarei alguns títulos arcaizantes de Paulhan (retorno lúdico ao regime clássico), e as breves seções de "rubricas" (é assim que ele chamava seus curtos títulos no início de parágrafos) do já mencionado *Michelet* de Barthes ("Dores de Cabeça", "Trabalho", "Michelet Doente de História", "Não Vejo a Hora..."), que fizeram a escola que conhecemos, em crítica temática, mas também no Blanchot do *Livre à venir* ou de *L'Espace littéraire*. Passamos também por uma breve moda, inspirada na apresentação de artigos científicos, dos capítulos com numeração subdividida e analítica: 1.1.1, 1.1.2 e assim sucessivamente. Era, devemos dizê-lo, uma temível dissuasão à leitura, em um gênero que não precisava disso, e que tem em o *Système de la mode* sua emblemática obra-prima. Mas toda uma geração outorgou-se assim o fremir de um rigor ostentatório e de uma ilusória cientificidade.

Coletâneas

NUMA COLETÂNEA de poemas curtos, a autonomia de cada peça é geralmente muito maior do que a das partes que constituem uma epopeia, um romance, uma obra histórica ou filosófica. A unidade temática da coletânea pode ser marcada mais ou menos fortemente, porém o efeito de sequência ou de progressão é habitualmente muito fraco[17], e a ordem é em geral arbitrária. Cada poema é, por si, uma obra fechada, podendo legitimamente reclamar seu próprio título.

Entretanto, a intitulação dos poemas curtos é, com algumas exceções individuais ou gerais, um fato sensivelmente mais recente do que a dos capítulos. Mais uma vez, a Antiguidade clássica se distingue pela sobriedade em quase todos os gêneros: odes (até mesmo os epinécios pindáricos, dedicados, no entanto, um a um a vencedores identificados, são apenas separados por séries de jogos: odes *olímpicas, píticas, nemeias*), sátiras, elegias, iambos, epigramas e até as epístolas de Horácio, chegam até nós em coletâneas apenas numeradas. Os grandes poemas didáticos, *De rerum natura* ou *Geórgicas,* numeram seus Livros como as epopeias. As únicas exceções parecem ser os hinos (Calímaco), que são breves epopeias, os *Idílios* de Teócrito, cujo agrupamento

---

17. Entre as raras exceções, citamos a coletânea dos *Théorèmes* de La Ceppède (1613-1622), sequência narrativa de trezentos e quinze sonetos sobre a Paixão e a Ressurreição de Cristo – de que voltaremos a falar no capítulo das notas.

foi tardio (século II d. C.), e que, por muito tempo, circularam isoladamente (títulos temáticos, é claro: "Tirse e o Canto", "As Magas", "A Visita Galante"…) – porém não as *Bucólicas* de Virgílio – e, é claro, as fábulas, gênero eminentemente popular e também por muito tempo de circulação errática.

A Idade Média não parece, neste gênero, ter inovado como nos outros: a maioria das coletâneas, desde as dos trovadores e menestréis do século XII até as de Villon e Charles d'Orléans (com exceção, parece, de Rutebeuf), chegaram até nós sem outros intertítulos além de indicações do tipo: *canso, aube, sirventes, ballade, rondeau* etc. O Renascimento e o classicismo não terão de fazer muita força para reatar com a prática antiga: os *canzonieri,* de Petrarca à Pléiade, numeram suas peças, prontos para completar, como em certas edições de Petrarca, o número com um texto de algumas linhas que lembram os resumos de Bocaccio, e que não se pode considerar um título. Os títulos somente aparecem, em Ronsard, no cabeçalho das odes, dos hinos e dos discursos. Boileau inova em relação a Horácio ao indicar, no cabeçalho de cada epístola, o nome do destinatário. Pouca coisa, em suma. Um bom exemplo da norma clássica é dado, no final do século XVIII, pela obra de André Chénier, que praticou quase toda a escala dos gêneros canônicos: números nas elegias, nos epigramas, nos iambos; nome do destinatário nas epístolas e nos hinos; títulos temáticos nos *amores,* nas bucólicas e nas odes.

O intermédio barroco, no entanto, já se tinha distinguido, nesse meio tempo, por um investimento titular muito vigoroso: em Marino e os seus, nos "metafísicos" ingleses (mas Donne dá títulos apenas às peças profanas: elegias, canções, sonetos, e numera sem títulos seus *Holy Sonnets* – discriminação decerto significativa), em Quevedo (mas seus títulos, amiúde bastante detalhados, poderiam muito bem ser, como em Petrarca, argumentos ou glosas editoriais, e Góngora se mostra bem discreto). Na França, o grande artista dos títulos é Tristan L'Hermite, cujo índice de *Amours* é fogo de artifício de intitulação barroca, todo em chistes e em oximoros ("Os Tormentos Agradáveis", "A Bela Enferma", "Os Remédios Inúteis", "As Vãs Doçuras" etc.), de uma graça e faceirice que anunciam Couperin. Mas, como já vimos, a norma retomou a primazia.

A grande ruptura, nesse caso, é obra do romantismo, desde os poemas de juventude de Hölderlin ("O Loureiro", "Hino à Liberdade", "A Grécia"), e as *Lyrical Ballads* de Wordsworth e Coleridge ("Versos Escritos a Pouca Distância da Abadia de Tintern", "Balada do Velho Marinheiro"). Na França, aparentemente, são as *Méditations* de Lamartine que estabelecem, por mais de um século, o modelo (breve, sóbrio e grave) da intitulação lírica: "O Isolamento",

"O Homem", "A Noite", "A Imortalidade", "Lembrança", "O Lago", "O Outono"... Este modelo reinará entre todos os românticos e pós-românticos: Baudelaire (com certas inflexões pessoais, provocantes: "Uma Carniça", "O Azar", ou neobarrocas: "A Musa Venal", "A Lua Ofendida", "Remorsos Póstumos" soam como de Tristan), Verlaine, Mallarmé e até o jovem Rimbaud. Hugo se distingue, aqui como em outros tópicos, pela complexidade da estrutura das grandes coletâneas: *Les Contemplations,* divididas em duas partes de seis Livros cada uma, *Les Châtiments,* em sete partes cujos títulos são empréstimos irônicos da propaganda imperial ("A Sociedade Está Salva", "A Ordem Está Restabelecida", "A Família Foi Restaurada"...), *La Légende des siècles,* em sessenta e uma partes, em que alguns poemas, como "O Romanceiro do Cid", "O Pequeno Rei da Galícia" ou "O Sátiro", são, por sua vez, subdivididos em seções intertituladas, com uma inflação muito afastada da sobriedade lamartiniana.

Mas também em Hugo, por uma reticência também espetacular, alguns poemas sem título, particularmente na segunda parte de *Les Contemplations,* como se a gravidade do tema (com certa semelhança aos *Holy Sonnets* de Donne) impusesse essa reserva. Aparentemente uma opção análoga é encontrável em Verlaine, que tem duas coletâneas inteiramente desprovidas de intertítulos: são, justamente, *La Bonne chanson* e *Sagesse.* A oposição, e frequentemente a alternância dentro de uma mesma coletânea, entre poemas intitulados ou não manteve-se até nossos dias. Whitman raramente intitula, porém coloca, de modo antes redundante, seus *incipits* à guisa de título. Frost, Stevens intitulam com mais frequência, também os surrealistas, e Lorca e Ungaretti. Algumas coletâneas indicam sua intenção de dignidade clássica pela ausência de intertítulos: *Elegias* e *Sonetos* de Rilke, *Douve* de Bonnefoy, quase toda a obra de Emily Dickinson ou de Saint-John Perse. Mas não se deve forçar o significado dessas escolhas.

Ao lado de Tristan e de Hugo, o grande ourives poderia ser aqui Jules Laforgue. Seu registro, como sabemos, é o humor burlesco e melancólico. Seu melhor poema (e não é dizer pouco) poderia ser o índice de *Complaintes:* "Prelúdios Autobiográficos" (homenagem a Wordsworth?), "Queixa Propiciatória ao Inconsciente", "Queixa Rogativa de Fausto Filho", "Lamentação à Nossa Senhora das Noites", "Lamentação das Vozes sob a Figueira Búdica", "Lamentação dessa Boa Lua", "Lamentação dos Pianos que se Ouvem nos Bairros Abastados"... Devo deter-me. Tristan evocava Couperin, Laforgue, é claro, anuncia Satie e sua linhagem.

NÃO CONTINUAREI PONDO À PROVA a paciência do improvável leitor propondo-lhe um novo passeio entre intertítulos de outros "gêneros", como a coletânea de novelas ou de ensaios, de resto práticas recentes demais para diversificar de modo significativo uma investigação cujo principal ensinamento me parece já bastante claro.

Tudo se reduz praticamente à oposição, constantemente encontrada, entre a intitulação remática, ou puramente designativa, que consiste em apenas numerar as divisões, ou mesmo deixá-las inteiramente mudas, e a intitulação temática – loquaz ou discreta, que passou *grosso modo,* a partir do início do século XIX, do loquaz para o discreto. Com mil nuanças e exceções diversas, essa oposição de forma responde a um contraste de sentidos, que põe do lado da intitulação temática uma atitude demonstrativa, ou mesmo insistente, do autor acerca de sua obra, esteja ou não esta insistência protegida pelo álibi do humor; do outro lado, uma atitude mais sóbria, que foi primeiro a da dignidade clássica, e depois a do realista sério. A fulgurante presença do paratexto ameaça, aqui como em outros lugares, atrair demasiadamente a atenção para a realidade, não do texto, mas do *livro* como tal: "Este é um romance de Victor Hugo", afirma de modo insistente o sumário de *Les Misérables.* "Isto, diz mais geralmente o paratexto, isto é um livro." Não está errado, é claro, e toda verdade deve ser dita. Porém, um autor também pode desejar que seu leitor esqueça esse tipo de verdade, e uma das garantias da eficácia do paratexto é certamente sua transparência: sua transitividade. O melhor intertítulo, o melhor título em geral, é talvez aquele que sabe também fazer-se esquecer.

Sumários, títulos correntes

ACABO DE DIZER "o sumário de *Les Misérables"* e, mais acima, "o sumário de *Complaintes"* etc. É a oportunidade de terminar por onde deveria ter começado: o lugar dos intertítulos. Virtualmente, é pelo menos um lugar triplo: no início da seção, é claro, e não insistirei nisso, embora isso comporte infinitas variações formais e gráficas. Mas também, como anúncio ou rememoração, em *títulos correntes* e nos *sumários.* Duas palavras a esse respeito nos dispensarão de um estudo separado desses dois tipos de elementos.

Os títulos correntes podem lembrar, no alto da página e de modo às vezes necessariamente resumido, o título geral da obra, à esquerda, e o título da seção, à direita. Em princípio, trata-se apenas de uma indicação cômoda para a leitura e consulta, mas pode ocorrer que o título corrente ultrapasse essa função e desempenhe seu próprio papel, intitulando indiretamente um capítulo em princípio sem título, detalhando a intitulação página por página (títulos correntes variáveis), ou abandonando o intertítulo oficial de seu capítulo. A edição original de *La Chartreuse* (romance sem intertítulos) traz títulos correntes distribuídos mais ou menos aleatoriamente; a de *Le Rouge,* títulos correntes infiéis ou razoavelmente emancipados. Toda reedição com nova composição acarreta inevitavelmente, é claro, uma supressão ou nova organização dos títulos correntes variáveis[18]. A solução mais prudente seria, sem dúvida, nas edições eruditas, uma supressão acompanhada de uma indicação em nota, mais ou menos como o Balzac da Pléiade indica, em variantes, os intertítulos eliminados em 1842.

O sumário também não é, em princípio, nada mais que um instrumento de rememoração do aparato titular – ou de anúncio, quando se encontra nas páginas iniciais, como ocorria outrora[19] com frequência, e ainda hoje nos livros alemães ou anglo-americanos*. Esses dois tipos de duplicação certamente não se equivalem, e o segundo parece incontestavelmente mais lógico, mesmo que choque os hábitos do leitor francês com um vago sentimento estético de deselegância. Mas não superestimemos esses efeitos de lugar: não há nada mais fácil nem mais corrente, pelo menos em um regime de leitura de tipo intelectual, do que uma olhada prévia no sumário colocado no final do volume.

Mas o sumário nem sempre é o levantamento fiel do aparato intertitular. Ele pode traí-lo por redução, como em certas edições econômicas ou negligentes nas quais os capítulos numerados sem títulos simplesmente não fazem parte de um sumário; ou por ampliação, atribuindo títulos a capítulos que não os possuíam *in situ*: lembro que é a opção adotada por Proust para *Les Jeunes Filles;* ou por variação leviana, como ocorre em Stendhal; ou ainda, e principalmente, criando a ilusão de uma série de títulos por meio de uma lista de *incipits*. Com efeito, o *incipit* enquanto substituto do título, nas coletâneas de poesias ou num romance como *La Jalousie*, é tipicamente um efeito de sumário. Em seu lugar de origem (com a exceção já indicada de Whitman), trata-se apenas de um texto sem título, e nada deveria privilegiar o primeiro verso ou a primeira frase. No sumário, e depois

---

18. A respeito dos títulos correntes em Stendhal, ver o artigo, já citado, de M. Abrioux a propósito das epígrafes.

19. Na verdade, a forma clássica usual era colocar, no início, um sumário dos capítulos e, no final, um índice efetivo das matérias propriamente dito, espécie de índice mais detalhado. De fato, nosso índice moderno é um sumário dos capítulos, e seu nome é um pouco usurpado.

* Padrão corrente no Brasil. Na França, o sumário comumente aparece apenas no final do volume (N. da R.).

na utilização designativa que deriva dele, esse primeiro verso, tornado *incipit*, destaca-se e ganha um valor indevidamente emblemático, como se fosse sempre, segundo as palavras de Valéry, outorgado pelos deuses. Daí tantos poemas dos quais conhecemos apenas o primeiro verso e, às vezes, menos: "Demain, dès l'aube, à l'heure où blanchit la campagne" –, "J'ai cueilli cette fleur pour toi sur la colline" –, "Je n'ai pas oublié, voisine de la ville" –, "La servante au grand cœur dont vous étiez jalouse"...

As Notas

"Notas demais!"
José II

COM A NOTA, CHEGAMOS SEM DÚVIDA a uma, ou mesmo a várias das fronteiras, ou ausência delas, que cercam o campo, eminentemente transicional, do paratexto. Essa trama estratégica deve compensar talvez o que tem de inevitavelmente decepcionante um "gênero" cujas manifestações são, por definição, pontuais, fragmentadas, como que pulverulentas, para não dizer poeirentas[1], e muitas vezes tão estreitamente relativas a determinado detalhe de determinado texto que não têm por assim dizer nenhuma significação autônoma: daí a dificuldade de apreendê-las.

Definição, lugar, momento

POR ENQUANTO, DAREI UMA definição da nota a mais formal possível, sem que esteja implicada qualquer consideração funcional. Uma nota é um enunciado de tamanho variável (basta uma palavra) relativo a um segmento mais ou menos determinado de um texto, e disposto seja em frente seja como referência a esse segmento. O caráter sempre parcial do texto de referência e, consequentemente, o caráter sempre local do enunciado colocado em nota, parece-me ser o traço formal que melhor distingue esse elemento de paratexto, e que o opõe, entre outros, ao prefácio – inclusive aos prefácios ou posfácios que, modestamente, se intitulam "Nota", como ocorre com frequência em Conrad. Mas essa diferenciação formal deixa, evidentemente, transparecer um paren-

---

1. Um chavão, para não mais voltar à questão: "A nota é o medíocre que se liga ao belo" (Alain, citado no dicionário *Robert*). O ódio à nota é um dos mais constantes estereótipos de certo *poujadisme* (ou às vezes dandismo) anti-intelectual. Era preciso que isso fosse dito numa nota. [*Poujadisme* = termo usado de forma indistinta para qualificar certos tipos de populismo, corporativismo e demagogia.] (N. da R.)

tesco de função: em muitos casos, o discurso do prefácio e o do aparato de notas estão numa relação muito estreita de continuidade e de homogeneidade. Essa relação é particularmente clara em edições posteriores, como a de *Martyrs*, ou tardias, como a de *Essai sur les révolutions*, nas quais um mesmo discurso, lá defensivo, aqui autocrítico e recuperador, se divide entre o prefácio, que assume as considerações gerais, e as notas, responsáveis pelos aspectos mais pontuais.

Com o nome mais antigo de *glosa* (*Robert* data de 1636 o aparecimento da palavra *nota*), a prática remonta à Idade Média, quando o texto, colocado no meio da página, era normalmente cercado, ou às vezes até recheado, de esclarecimentos escritos em letras menores, disposição ainda frequente nos incunábulos do século XV, nos quais a glosa se distingue apenas por seu corpo menor. É ao longo do século XVI que aparecem, mais curtas e anexadas a segmentos mais determinados do texto, as notas marginais, conhecidas na França como *manchettes*, e é no século XVIII que o uso dominante as transfere para o pé da página, o rodapé. Mas a prática atual segue diversificada: ainda se colocam notas nas margens (Barthes, *Fragments d'un discours amoureux* ou *Chambre claire*, revistas como *Degrés* e *Débat*), entre as linhas em um grande número de obras didáticas ou escolares; no final de capítulo ou de volume, ou agrupadas em um volume especial[2]; Francis Ponge menciona[3] uma Bíblia em que as notas ocupavam uma coluna central, entre duas colunas de texto. O uso "científico" comporta normalmente um aparato de referência em dois níveis, nos quais as notas de rodapé remetem sumariamente, a partir de um nome e de uma data, a uma bibliografia final. Pode-se também reservar para o texto a "bela página" da direita e colocar as notas ao lado na página da esquerda: é a disposição adotada em *Malraux par lui-même* de Gaétan Picon; ou o contrário, como em *Les Guérillères* de Monique Wittig. Nada impede, por outro lado, que as notas de rodapé, quando são longas, se estendam por várias páginas: na p. 173 de *Échanges*, de Renaud Camus, começa uma nota que ocupará exatamente a metade inferior das páginas seguintes até a última, ou seja, mais ou menos um sexto do volume. Nada impede tampouco as anotações em diferentes níveis, notas sobre notas: o mesmo Camus leva o jogo, em *Travers*, até o décimo sexto nível. Nada impede, por fim, que coexistam num mesmo livro vários sistemas: notas curtas em pé de página, mais detalhadas em final de

---

2. Ver P. Hazard, *La Pensée européenne au XVIIIe siècle*, Boivin, 1946.

3. *Entretiens avec Philippe Sollers*, Gallimard-Ed. du Seuil, 1970, p. 105.

capítulo ou de volume[4] e, com muita frequência, em edições eruditas, notas do autor no pé da página e notas do editor no final do volume. O capítulo X de *Finnegans Wake* traz notas nas duas margens e outras no rodapé, estando cada um desses três lugares reservado a um enunciador distinto[5].

Nossa prática mais comum consiste em "chamar" as notas no texto por meio de um determinado procedimento (algarismo, letra, asterisco) e indexar cada uma delas por uma chamada idêntica ou por uma menção referente ao texto (palavra, linha). Mas as notas marginais, colocadas em frente do segmento em questão, dispensam facilmente tal indexação, e mesmo as notas "chamadas" podem estender-se além da palavra ou da frase onde está o sinal de chamada: referências no final de um parágrafo para todo o parágrafo, nota sobre o conjunto de um capítulo ou de um artigo indexada em sua primeira frase ou em seu título. A última nota de *La Nouvelle Héloïse* refere-se, com efeito, a toda a obra: breve posfácio disfarçado de nota. Enfim, notas em final de capítulo, não-indexadas no texto e respectivamente providas de títulos, podem remeter de modo mais ou menos livre a um determinado detalhe ou ao capítulo como um todo: veja-se Michel Charles, *L'Arbre et la Source*. Nesses dois últimos casos, estamos claramente numa das fronteiras da nota[6].

Como o prefácio, a nota pode aparecer a qualquer momento da vida do texto, conquanto que uma edição lhe ofereça a ocasião. De novo, portanto, distribuição de acordo com as três ocasiões pertinentes: notas originais, ou de primeira edição, é a condição mais frequente e dispensa exemplos; notas posteriores ou de segunda edição, como as de *Martyrs* (1810) ou de *Émile* (1765); notas tardias, como as da edição Cadell de *Waverley Novels* (1829-1833), ou da edição Ladvocat do *Essai sur les révolutions* ou do *Léonard* de Valéry. Ocorre também que notas desapareçam de uma edição para outra: em 1763, Rousseau suprime grande número das notas originais de *La Nouvelle Héloïse*, que tinham desagradado os leitores (mas restabeleceu-as à mão em seu exemplar pessoal, e as edições modernas as retomam). E não falo das supressões póstumas, iniciativas malfadadas de "editores" apressados, como a edição de

---

4. É o que faz, por exemplo, J.-P. Richard, em seu *Univers imaginaire de Mallarmé*, Ed. Seuil, 1961, e explicando seus critérios detalhadamente na p. 28, n. 25.

5. Ver S. Benstock, "At the Margin of Discourse: Footnotes in the Fictional Text", PMLA, 1983.

6. Um artigo de J.-M. Gleizes, "Il n'y a pas un instant à perdre", TXT, 17, 1984, possui notas finais numeradas, mas sem chamadas no texto, e a primeira esclarece (se assim se pode dizer): "As notas remetem a qualquer lugar do texto. Assim como a qualquer uma de suas lacunas". Quanto ao romance de Gérard Wajeman, *L'Interdit* (1986), compõe-se apenas de um aparato de notas para um texto inexistente: isso devia acontecer um dia.

Michelet para a coleção Bouquins. Mas ocorre também, e com mais frequência, a coexistência de notas de idades diversas, com ou sem indicação de data: em Scott, em Chateaubriand, em Senancour, por exemplo.

Destinadores, destinatários

O QUADRO DOS DESTINADORES possíveis da nota é o mesmo dos destinadores de prefácio (ver p. 162). Existem notas autorais assuntivas, certamente as mais frequentes, às vezes assinadas para maior garantia com as iniciais do autor, como as notas H.F. de *Tom Jones*, e notas autorais denegativas, como as de *La Nouvelle Héloïse*, ou de *Oberman*, que prolongam evidentemente a função denegativa do prefácio. Alógrafas autênticas, todas as notas de editores nas edições mais ou menos críticas, ou as notas de tradutores. Actorais autênticas, as notas introduzidas numa biografia ou num estudo crítico por aquele que é seu objeto, como Malraux para o *Malraux par lui-même* já citado. Autorais fictícias: em Scott, algumas notas assinadas "Laurence Templeton" em *Ivanhoé* ou "Jedediah Cleishbotham" em *Lammermoor*. Alógrafas fictícias, as de "Charles Kimbote" no poema de "John Shade" em *Pale Fire*. Actorais fictícias, as notas de personagens narradores como Tristram Shandy, ou outras, como as do capítulo x do *Finnegans Wake* (Dolph à esquerda, Kev à direita, Issy no rodapé). Não conheço nenhuma nota apócrifa, mas bastariam, para retomar nossas hipóteses prefaciais, notas atribuídas a Rimbaud (autorais apócrifas) ou a Verlaine (alógrafas apócrifas) para *La Chasse spirituelle*, ou notas atribuídas a Valéry para o *Commentaire de Charmes*. Às vezes um autor atribui a seu editor, por brincadeira, uma apreciação em nota: ver Aragon em *Anicet*, p. 53, ou Sarduy em *Colibri*, p. 68.

Como o segmento de texto anotado pode possuir estatutos enunciativos diversos, a combinatória das relações possíveis é evidentemente riquíssima. Assim, nota autoral sobre texto autoral (caso mais frequente em obras discursivas); nota autoral sobre texto narratorial (*Tom Jones*); nota autoral sobre texto actoral ou discurso de personagem (Stendhal); nota pseudoeditorial sobre texto actoral (*La Nouvelle Héloïse*), nota editorial sobre texto autoral, narratorial, actorial (edições críticas); nota actoral sobre texto narratorial (*Finnegans Wake*), sem prejuízo de outras situações mais raras, nem da coexistência (que é muito frequente e já foi analisada) de notas atribuídas a vários destinadores: autor + editor (edições críticas), autor fictício + autor real (Scott), autor + ator (*Tristram Shandy*), atores múltiplos (*Finnegans Wake*), e outras. Existem, enfim, casos de notas com enunciações encaixadas: é o caso de todas as notas de citações (um terceiro citado por autor) e das notas críticas que contêm, por exemplo, um comentário autoral epitextual (autor citado por um terceiro).

O DESTINATÁRIO DA NOTA é certamente, em princípio, o leitor do texto, excluída qualquer outra pessoa (para a qual – o que é ainda mais evidente se comparada ao prefácio – a nota correria o risco, na maioria das vezes, de não ter nenhum sentido). Deve-se, porém, considerar o caso de textos de segundo grau, citados com suas notas no texto primário, cujas notas são endereçadas, em primeiro lugar, ao leitor do texto citado, e só atingem o do texto que cita por procuração ou ricochete. Poderia ser este o estatuto das notas actorais em romances epistolares, se a convenção não excluísse, em princípio, a prática da nota em pé de página numa carta. E nada impediria que uma narrativa metadiegética escrita, como o *L'Ambitieux par amour* em *Albert Savarus*, contivesse tais notas.

Convém sobretudo observar que, mais ainda do que o prefácio, as notas podem ser, em termos de estatuto, de leitura facultativa e endereçar-se, por conseguinte, apenas a alguns leitores: aqueles a quem possa interessar determinada consideração complementar ou digressiva, cujo caráter acessório justifica exatamente a colocação em nota. Há casos, aliás, em que o autor, logo no início, como Rousseau na advertência do *Second Discours*, autoriza seu leitor a dispensar tais excursos[7]. Mas, normalmente, aquele que lê toma a iniciativa por si mesmo e a responsabilidade de suas escolhas a cada momento. E inversamente, e desconsiderando a evidência há pouco lembrada, alguns leem apenas as notas: por exemplo, na falta de um índice, para ver se foram citados. Mas essas considerações já concernem ao estudo das funções.

Funções

COMO NO CASO DO PREFÁCIO, este estudo deve, sob pena de causar confusões e impertinências de toda a sorte, dar a acepção de um certo número de tipos

---

7. Impressos por esse motivo no final do volume. "Aqueles que tiverem coragem de recomeçar poderão divertir-se, na segunda vez, em raspar o tacho e tentar percorrer as notas; não será uma grande pena se outros não as lerem de forma alguma." É verdade que, no caso, são muitas vezes longas digressões de várias páginas, por exemplo, sobre o estado de bípede (n. 3), sobre a bondade natural do homem (n. 9) ou sobre a diversidade das raças (n. 10).

funcionais, cujos principais critérios serão, aqui ainda, fornecidos pelo estatuto do destinador e por características temporais. Desse modo, examinarei, sucessivamente, as notas autorais assuntivas, subdivididas, por sua vez, em originais, posteriores e tardias, depois as notas alógrafas (e, acessoriamente, actorais) e, finalmente, os diversos tipos de notas ficcionais. Mas, diante do caráter quase sempre discursivo da nota e de sua relação muito estreita com o texto, parece-me necessário introduzir aqui nova distinção, que o estudo do prefácio não exigia, entre as notas relativas a textos discursivos (história, ensaios etc.) e aquelas – na verdade muito menos frequentes – que enfeitam ou desfiguram, como se queira, obras de ficção narrativa ou dramática, ou de poesia lírica.

Textos discursivos, notas originais

É A NOTA POR EXCELÊNCIA, o tipo básico do qual derivam em maior ou menor grau todos os outros[8]; é também o tipo do qual todos temos a experiência mais comum, de consumo ou de produção, e sobre o qual não tenho a pretensão de fazer revelações perturbadoras. Estudei-o num pequeno *corpus* arbitrário, bastante clássico e essencialmente francês, que vai de La Bruyère a Roland Barthes. Considero-o mais ou menos representativo e significativo, em suas constâncias e seus raros desvios, e do qual faço um levantamento tão sintético quanto possível.

Isto posto, em notas encontram-se definições ou explicações de termos usados no texto, às vezes a indicação de um sentido específico ou figurado: em nota à frase "*Toute campagne n'est pas agreste*", La Bruyère declara: "Entende-se aqui esse termo metaforicamente" (porque, no sentido literal, todo campo é necessariamente agreste). Essas restrições de acepção podem estar carregadas de nuança polêmica por exibição de prudência: a cada ocorrência da palavras *dévot* ou *dévotion*, o mesmo La Bruyère esclarece obstinadamente: "falso devoto", "falsa devoção". Traduções de citações produzidas no texto em língua original, ou o inverso. Referências de citações, indicações de fontes, exibição de autoridades de apoio, de informações ou de documentos confirmativos e complementares: a maioria das notas de Montesquieu, de Buffon, de Michelet ou de Tocqueville cumpre essa função, e às vezes com muita extensão: como

---

8. Deve-se entender isso no plano estrutural, e não histórico: é possível também que as primeiras notas tenham sido alógrafas.

a nota no final do volume de *L' Ancien Régime et la Révolution*, várias páginas sobre os cadernos de queixas. Precisões sobre um fato evocado no texto de maneira mais vaga ou inadequada – precisões que chegam às vezes à nuança restritiva; como Chateaubriand (*Essai sur les révolutions*, Pléiade, p. 326), que, depois de falar da "inocência" de Carlos I, detalha, em nota, que esse rei era pelo menos inocente daquilo de que era acusado. Menções de incertezas ou de complexidades negligenciadas no texto, como escrúpulos que possivelmente não iriam interessar ao leitor comum, mas que o autor insiste em assinalar em nota para uso de eruditos mais exigentes: como, ainda no *Essai*, a respeito de diversos pontos de cronologia (pp. 57, 180), de Pitágoras (p. 177), ou do périplo de Hannon (p. 156; essa nota termina com uma indicação muito significativa de destinatário: "Pouco importa ao leitor"). Argumentos complementares ou prevenções de objeções (p. 54, sobre o Dilúvio). Digressões oportunas e, às vezes, fora de propósito: sempre no *Essai*, Chateaubriand introduz, antecipando suas *Memórias*, retratos de Chamfort (p. 122), de Malesherbes (p. 329), de Luís XVI (p. 337), considerações sobre a origem do povo americano (p. 147), especulações sobre o sânscrito (p. 208), ou lembranças de sua viagem à América: é quando fala de Abelardo, pp. 351-355, e, "já que o erro [de digressão] foi cometido, meia página a mais não irá expor-me ainda mais à crítica" – e segue sua famosa descrição do Niágara; uma nota tardia de 1826 trará o seguinte comentário: "Devemos convir que se trata de atar sutilmente uma nota a uma palavra" (a mesma autocrítica poderia ser aplicada à curiosa nota de *Le Génie* sobre a vogal A). Michelet introduz também, às vezes, *apartes* autobiográficos que, tanto em suas notas quanto em seus prefácios, contribuem para a intensidade de sua obra. Assim, uma nota de *La Sorcière* sobre Toulon demora-se sobre a evocação dessa cidade onde o autor residia durante a redação do livro: "Falei duas vezes de Toulon. Nunca o suficiente. Ela me trouxe felicidade. Foi muito bom para mim terminar essa história sombria nesse lugar luminoso. Nossos trabalhos sofrem a influência da região onde foram realizados. A natureza trabalha para nós. É um dever dar graças a esse misterioso companheiro, agradecer ao *genius loci*…" Seria desejável encontrar com mais frequência essa espécie de contraponto genético, do qual *De l'amour* nos oferece outro tipo: observações de amigos-leitores reais ou supostos, "Aconselham-me suprimir esse detalhe" ou "essa palavra" (*cristalização*), atribuições fictícias a "Léonore", a "Lisio Visconti", e outras confidências inesperadas, na verdade tão frequentes no texto, porque a distribuição do discurso entre texto e notas parece aqui bastante aleatória ou caprichosa. Stendhal é, por certo, em todo esse *corpus*, aquele que usa a nota de forma mais idiossincrática, levando à extrema ironia a tradição setecentista (Bayle, Voltaire, Gibbon)⁹ de reservar a notas os chistes mais polêmicos ou sarcásticos do discurso. É dele a prática controversa da nota "prudente", para uso da censura ou da polícia¹⁰, às vezes atribuída a um terceiro fictício ou apócrifo, e cuja prudência ostentatória e um tanto hiperbólica poderia certamente ter produzido efeitos perversos, atraindo para um texto frequentemente inofensivo o que Claudel (creio) chamará mais tarde "o olhar pensativo da polícia". O uso tortuoso e frequentemente bizarro da nota, que se encontra em seus romances, combina com seu gosto maníaco pelo pseudônimo e pela criptografia.

O que concluir deste conjunto? Sem dúvida, que a função essencial da nota autoral é a de complemento, por vezes de digressão, raramente de comentário: nada, como se notou várias vezes, que não pudesse sem um certo absurdo ser integrado ao próprio texto – e sabe-se, aliás, que muitos autores preferem, por recusa de parecerem pedantes, abster-se do uso de notas ou reduzi-las a um aparato mínimo de referências. Sem absurdo, decerto, mas acrescentarei, porém, se cabe aqui uma breve apologia ao assunto: não sem alguma perda ou dano. O dano evidente, pelo menos do ponto de vista de uma estética classicizante do discurso, é que uma digressão integrada ao texto corre o risco de provocar nele uma excrescência grosseira ou geradora de confusão. A perda pode consistir na eliminação pura e simples desta digressão, às vezes valiosa em si mesma. Mas, sobretudo, a perda essencial, a meu ver, é privar-se, com a nota, da possibilidade de um segundo nível de discurso, que contribui, por vezes, para dar-lhe relevo. A principal vantagem da nota é, com efeito, disponibilizar no discurso efeitos pontuais de nuança, de surdina, ou como se diz ainda na música, de *registro*, que contribuem para reduzir sua famosa e, às vezes, enfadonha linearidade. Registros de intensidade, níveis na obrigação de leitura, eventualmente reversíveis e voltados para o paradoxo (o essencial em uma nota), dos quais se vê muito bem por que tantos escritores, e dos maiores, não se quiseram privar. Se a nota é uma doença do texto, é uma doença que, como algumas outras, pode ter "bom uso".

Vê-se perfeitamente, porém, que essa justificativa da nota autoral (original) é ao mesmo tempo, em certa medida, contestação de seu caráter para-

---

9. Sobre a prática de Gibbon, ver G.W. Bowersock, "The Art of the Footnote", *The American Scholar*, inverno de 1983-1984.

10. "Senhores da polícia, aqui, nada de política. Estudo: os vinhos, a infidelidade e as igrejas góticas e românicas. O autor tem trinta e cinco anos e viaja para tratar de seus negócios; ele é negociante de ferro" (primeira nota de *Voyage dans le midi de la France*).

textual. A nota original é um desvio local ou uma bifurcação momentânea do texto e, nesse sentido, faz parte dele tanto quanto um simples parêntese. Estamos aqui numa franja muito indecisa entre texto e paratexto. O princípio que nos guia, de economia e de pertinência – atribuir a uma categoria nova (o paratexto) apenas aquilo que não pode sem perda ser destinado a uma categoria existente (o texto) – nos deve conduzir, no caso, a uma decisão negativa: veremos que outros tipos de nota reportam-se de modo mais pertinente ao paratexto; a nota autoral original, pelo menos quando se refere a um texto discursivo, com o qual está em relação de continuidade e de homogeneidade formal, pertence mais ao texto, que ela prolonga, ramifica e modula mais do que comenta.

Posteriores

TOTALMENTE DIFERENTE (e muito mais raro) é o caso das notas posteriores e tardias, cuja relação de continuidade com o prefácio (de mesma data) que acompanham é geralmente muito acentuada. Assim, poder-se-ia definir a diferença entre os dois sistemas: o prefácio original apresenta e comenta o texto, que as notas prolongam e modulam; o prefácio posterior ou tardio comenta globalmente o texto, e as notas de mesma data prolongam e detalham esse prefácio comentando os detalhes do texto; e, por essa função de comentário, vinculam-se claramente ao paratexto. A função desse comentário localizado é geralmente idêntica – tirando o ponto de aplicação – à dos prefácios de mesma data: resposta às críticas e, eventualmente, correção para as posteriores; autocrítica a longo prazo e arranjo em perspectiva autobiográfica para as tardias.

Resposta às críticas: é o caso de algumas notas acrescentadas por Rousseau no exemplar da primeira edição de *Émile*, tendo em vista uma nova edição, e em resposta, às vezes bem nervosa, aos ataques de Formey em seu *Anti-Émile* de 1763. É o caso, de forma muito mais intensa, das "observações" de detalhe que Chateaubriand acrescenta ao Exame dos *Martyrs*[11] para a terceira edição de 1810. As críticas tinham incidido essencialmente sobre pontos de história (e de geografia) e, acessoriamente, sobre questões de forma. Das segundas, Chateabriand defende-se invocando precedentes ilustres (Homero, Tasso,

---

11. Menciono-as aqui desrespeitando a distinção entre textos discursivos e textos ficcionais: desrespeito justificado pelo fato de que o caráter de posterioridade anula muitas vezes a pertinência dessa separação, cuja manutenção acarretaria subdivisões inutilmente embaraçosas.

Milton) e, às vezes, aceita-as ao assinalar correções incluídas no texto, sublinhando sua modéstia diante das observações justificadas; quanto às primeiras, em geral responde uma a uma, indicando suas fontes ou invocando seu conhecimento dos lugares, o que traz, no fim das contas, para um texto de forte teor acadêmico uma espécie de contraponto autobiográfico e de "coisas vistas" que não deixa de vivificá-lo. As notas posteriores do "exemplar confidencial" do *Essai historique*, acrescentadas logo após a publicação de 1797, não têm a mesma função: escritas antes de qualquer crítica, são sobretudo modificações espontâneas e acréscimos diversos. Em suma, mais que notas posteriores, são correções com vistas a uma nova edição (voltaremos a essa prática). Por diversas razões – entre as quais, decerto, o desejo de dissimular a fidelidade mantida durante pelo menos um ou dois anos a esse texto comprometedor[12] – não foram integradas na reedição de 1826. *De l'Allemagne* apresenta ainda uma variante interessante: a edição original de 1810 fora fortemente mutilada pela censura imperial, antes de ser simplesmente proibida e destruída. Um conjunto de provas foi salvo, o que permitiu, em 1813, fazer uma nova edição em Londres. Nessa edição, que restabelecia o texto censurado, as notas servem, no essencial, para sublinhar os atos de censura e para colocar os pingos nos *ii* nas páginas que um movimento de autocensura preventiva tornara por demais alusivas. Essa resposta à censura pode ser entendida, acredito, como uma variedade de resposta à crítica.

Tardias

AO QUE PARECE, A NOTA TARDIA é um gênero um pouco mais canônico e produtivo. Pode limitar-se a informações biográficas e genéticas, em que não se deve, necessariamente, acreditar ingenuamente: é mais ou menos o caso das notas, chamadas I.F., ditadas, em 1843, por Wordsworth a Isabelle Fenwick sobre as *Lyrical Ballads*. Mas, como no caso do prefácio, a função mais marcante das notas tardias é de retorno, meio crítico, meio emocionado, sobre si mesmo. Voltamos aqui ao *Essai sur les révolutions*, cujo aparato de 1826 é provavelmente o modelo do gênero. Nele a severidade incide sobre erros de forma (incorreções, anglicismos, obscuridades, digressões), sobre faltas de atitude (excessos de todo tipo, altivez e autossuficiência, familiaridades fora de lugar, "presunções de jovem", misantropia de adolescente infeliz, exibição juvenil de com-

---

12. É, ao contrário, para evidenciar essa fidelidade que Sainte-Beuve publicará o essencial delas, em 1861, em sua edição (Garnier) das *Œuvres complètes*.

petências diversas) e, sobretudo, naturalmente, sobre erros de fundo: sistema absurdo de comparações entre a Antiguidade e a França moderna, irreligiosidade superficial na tradição de Rousseau e dos *Philosophes*, indulgência excessiva com os jacobinos, confusão entre liberdade e democracia, incompreensão da superioridade política da monarquia constitucional. Mas Chateaubriand se compraz também em reconhecer em detalhe a continuidade fundamental já presente em seu prefácio: fundo de simpatia pelo cristianismo e de liberalismo político ("constante de minhas opiniões"); e a assinalar aqui e ali as marcas, ou as promessas, de qualidade intelectual e literária ("Escreveria ainda o seguinte", "Bem, fora do meu sistema, encontro a razão"), e de competências precoces (em direito, em economia) das quais se orgulhará durante toda a vida. Basicamente, esse "amontoado de contradições" não o envergonha demais, e esse texto meio rascunho será, como em um outro plano, o famoso manuscrito de *Natchez*, a "mina bruta de onde tirei uma parte das ideias que espalhei em meus outros escritos" (p. 257). Em suma, se a criança é, como se sabe, o pai do homem, reciprocamente o adulto julga como pai a criança que foi: "Por uma fraqueza toda paternal, cheguei ao momento de me perdoar por essas frases" (p. 259).

Famosas à sua maneira, as notas tardias de Lanson (1909 e 1912) para sua *Histoire de la littérature française* (1894) atestam uma retrospecção menos complexa: são, na essência, como as define sua Advertência, "notas de arrependimento ou de conversão", versando sobre a avaliação desta ou daquela obra. Lanson se julga, *a posteriori*, severo demais com a arte dos trovadores, ou das canções de gesta; "já não ousaria dizer hoje" que Rabelais não é profundo; "quanto mais leio Montaigne", mais lhe faço justiça; o mesmo para Montesquieu, para Voltaire (não ter a "mente metafísica" tornou-se uma espécie de mérito), para Hugo, para Zola: tantas reavaliações que ilustram muito bem a mudança ideológica que conhecemos, tornada solene por uma reconciliação tipicamente radical-socialista de Voltaire e de Rousseau. "Não é necessário que a guerra deles persista em nossos espíritos": como se fala então da Revolução, chegou a hora de tratar o século XVIII como um "bloco".

Não se esperará tampouco de Valéry, no tocante a seus escritos de juventude, uma atitude tão dramaticamente contrastante quanto a de Chateaubriand. Suas notas de 1931 para *Introduction à la méthode de Léonard de Vinci*[13] assinalam

---

13. Notas marginais em fac-símile de autógrafo para a reedição, pela Sagittaire, do conjunto de seus textos sobre Da Vinci, que datam respectivamente de 1895, 1919 e, para a carta-prefácio a Ferrero, de 1929. A composição destas que fez a Pléiade é, acessoriamente, um bom exemplo de notas marginais sem sistema de chamadas.

sobretudo um amadurecimento e uma preocupação de clarificar o pensamento. Valéry não renega praticamente nada de suas intuições juvenis, faz questão inclusive de confirmar as mais provocantes, que escandalizaram em seu tempo (que "o entusiasmo não é um estado de alma do escritor", que Pascal perdia um tempo valioso para o avanço da ciência a coser papéis em seus bolsos – "Em que situação estariam os homens se todos aqueles cujo espírito se equiparava ao seu tivessem agido como ele?"). Mas encontra nelas, em geral, a expressão de uma obscuridade enfadonha e bem fim-de-século. Esforça-se, então, para glosá-la em termos mais simples e transparentes: "Não tinha encontrado a palavra, queria dizer...", "Quero dizer...", "Ou seja...", "Em resumo...", "Quis-se apenas dizer que..." O exercício é exemplar e, com efeito, bastante típico de uma evolução comum, que conduz o escritor (ver Borges) de começos absconsos e barroquizantes para uma maturidade mais clássica, e que pretende ser límpida.

Textos de ficção

ORIGINAL, POSTERIOR OU TARDIA, a anotação autoral de um texto de ficção ou de poesia assinala inevitavelmente, por seu caráter discursivo, uma ruptura de regime enunciativo que torna totalmente legítima sua atribuição ao paratexto[14]. Deve-se ainda apontar que esse tipo de nota, evidentemente mais raro que os anteriores, se aplica ainda na maioria das vezes a textos cuja ficcionalidade é muito "impura", muito marcada por referência histórica ou, às vezes, por reflexão filosófica: romances ou poemas cujas notas versam, basicamente, sobre os aspectos não-ficcionais da narrativa. Caso típico das *Waverley Novels*; quer se trate das notas originais ou daquelas acrescentadas pela edição Cadell, têm sempre um papel confirmativo, pela produção de testemunhos e de documentos de apoio. O mesmo regime em *Han d'Islande*, em *Bug-Jargal*, em *Notre-Dame de Paris* e outros romances históricos do século XIX (os franceses abstêm-se de notas com mais frequência, mas vejam-se, porém, as do *Roi des aulnes*) e, mesmo já no século XVIII, nas numerosíssimas e às vezes abundantes notas dos *Théorèmes* de La Ceppède, narrativa em trezentos e quinze sonetos da Paixão e da Ressurreição de Cristo, baseada evidentemente no texto evangélico, e que acrescenta ao sistema de referências "históricas" um escru-

---

14. Não tratarei aqui das notas apostas, como Borges (*Tlön, Menard, Babel*) faz com muita frequência, a textos de ficção apresentados sob a forma de ensaio ou de resenha crítica, e cujo regime é o das notas "comuns", com exceção da ficcionalidade.

puloso aparato de comentários teológicos, comparável às paráfrases doutrinais dos poemas místicos de São João da Cruz: por exemplo, no soneto XXXVII, uma explicação, em vinte e cinco páginas, da palavra *agonia*. Mais discreta, a anotação de *Waste Land* trata essencialmente das fontes livrescas (da Bíblia a Wagner, passando por *The Golden Bough* e pelo livro de Jessie Weston, *From Ritual to Romance*) do poema, "histórico" à sua maneira (história do rei pescador) e recheado de alusões e empréstimos diversos, que Eliot preferia, decerto, exibir a vê-los censurados pela crítica. É mais difícil encontrar notas autorais em textos de poesia "pura", sem fundamento ou pano de fundo histórico. As de Coleridge para *Ancient Mariner*, relativamente tardias (1817) e introduzidas, aparentemente, para esclarecer uma intenção narrativa que Wordsworth achara confusa, não são realmente notas, mas espécies de intertítulos à margem anunciando os episódios sucessivos do relato. As de Saint-John Perse para a edição Pléiade de suas obras são, é claro, tardias e (mais ou menos como as I.F. de Wordsworth) mais documentais que interpretativas: circunstâncias de redação, referências, comentários alógrafos relacionados, trechos de cartas[15].

PRATICAMENTE NÃO CONHEÇO exemplos de notas autorais no teatro. O famoso "É um patife que fala" de *Tartuffe* apresenta-se em todos os pontos como uma indicação cênica, e não vejo razão para dar a essa categoria, em geral, o crédito de paratexto: o texto dramático compõe-se regularmente de dois registros: o "diálogo", dito no palco pelos atores, e as indicações cênicas, ou *didascálias*, que são (mais ou menos fielmente) executadas pelos atores e pelo diretor e cujo texto aparece literalmente apenas na leitura. A "nota" de *Tartuffe*, que é evidentemente um comentário, é, todavia, apresentada entre parênteses entre dois versos, como uma indicação de encenação: diga essa tirada de modo que o público perceba que é um patife que está falando e não o erudito e verdadeiro devoto que afirma ser[16].

---

15. Neste exemplo até agora único (e que não se quer que faça escola, pois corre o enorme risco de, por suas censuras e escolhas arbitrárias, impedir por muito tempo uma verdadeira edição crítica), as notas são ao mesmo tempo redigidas em terceira pessoa (pseudoalógrafas) e atribuídas (p. XLIII) ao autor.

16. Sobre a questão raramente abordada das indicações cênicas, ver M. Issacharoff, "Texte théâtral et didascalecture", *Le Spectacle du discours*, Corti, 1985. Mas carecemos de uma pesquisa sobre as indicações cênicas orais dadas pelos autores durante os ensaios, que devem estar registradas aqui ou ali. Sabe-se, por exemplo, que Beckett nunca indica motivações psicológicas; e que um dia ficou irritado com um ator que apontava o céu pronunciando o nome de Godot.

Portanto, essa não é realmente uma nota, mas cito-a porque frequentemente serviu de modelo formal para as de Stendhal em seus romances, que visam no essencial livrar o autor, ironicamente ou não, da responsabilidade pela conduta e pelas opiniões de suas personagens: "É um descontente quem fala", "um jacobino" (Julien), "uma personagem apaixonada" (Fabrice), "um republicano", "um petulante" (marginais de *Leuwen*), "Ele se corrigirá" (Octave). Outras são mais de caráter histórico, pois nenhum romance de Stendhal é "pura ficção" – e uma nota de *Le Rouge et le Noir* sobre um dito de M. de Rênal esclarece até de forma eloquente: "Histórico". Outras, enfim, muito pessoais e geralmente crípticas, estão lá como que impressas por descuido[17], não afirmo que seja essa sua explicação, mas pelo menos é esse realmente seu regime.

A noção de "pura ficção", que emprego de forma imprecisa entre aspas, não tem decerto muito sentido, e espera um esclarecimento que não vem ao caso aqui. Digamos, de maneira mais simples, que a referência histórica e geográfica[18] está mais ou menos presente de acordo com os romances, e que, entre *Ivanhoé* e, por exemplo, *La Porte étroite* ou *Molloy, Le Rouge et le Noir, Le Père Goriot* ou *Madame Bovary* situam-se em uma zona evidentemente intermediária. Quanto mais um romance se desprende de seu pano de fundo histórico, mais a nota autoral pode parecer despropositada ou transgressiva, um tiro de pistola referencial no concerto ficcional. Assim, as notas de Fielding para *Tom Jones* parecem justificadas quando trazem esclarecimentos históricos ou filológicos, referências ou traduções de citações no texto. Surpreendem ainda mais quando introduzem – digressões comparáveis às dos capítulos liminares de cada Livro – uma opinião do autor sobre um ponto específico dos costumes, e mais ainda quando manifestam dúvida em relação ao pensamento de alguma personagem ("Sophie compreendia talvez com isso..."), contrário à opção de onisciência anunciada na narrativa ou talvez à pressuposta identidade entre autor e narrador, sugerindo que o primeiro, responsável pela nota, sabe menos do que o segundo, responsável pela narrativa. É uma dissociação inversa que uma nota de *Watt* introduz, na

---

17. Ver meu "Stendhal", *Figures II*, Ed. du Seuil, 1969, p. 170; cf. C. W. Thompson, "Expression et conventions typographiques: les notes en bas de page chez Stendhal", *La Création romanesque chez Stendhal*, Droz, 1985.

18. Ou técnica: ver as trinta e quatro notas, quase todas de ordem médica, de John Irving para *The Cider House Rules* (trad. fr.: *L'Œuvre de Dieu, la Part du Diable*, Ed. du Seuil, 1986); ou teórica: em *El Beso de la Mujer Araña*, Manuel Puig introduz meia dúzia de notas com diversas explicações sobre a homossexualidade.

qual o autor parece corrigir um narrador de quem nada até então o havia distinguido: "Esses números estão incorretos. Os cálculos que se seguem estão, pois, duplamente errados". Um esclarecimento dessa natureza, em *Isabelle* ("Gérard comete um erro: o *Phenicopterus antiquorum* não tem o bico em forma de espátula"), não produz de forma alguma esse efeito de metalepse, porque "Gérard" é um narrador intradiegético, distinto desde o começo do narrador-autor extradiegético, responsável pela nota, como quando Sterne contradiz ou corrige Tristram Shandy.

Em suma, em todas essas notas autorais em ficções, existe uma imensa maioria de complementos documentais e pouca coisa de comentários autorais. Poder-se-ia imaginar um regime mais emancipado, em que a nota não mais dissesse respeito a esse tipo de discurso, mas, ela própria e por sua conta, a um tipo narrativo, assumindo alguma bifurcação momentânea da narrativa. A fórmula possível nos seria dada, sem querer, por Valéry, que se queixa da linearidade demasiado servil dos relatos de ficção: "Talvez fosse interessante realizar *uma vez* uma obra que mostrasse em cada um de seus nós a diversidade que pode nela apresentar-se ao espírito e, em cujo meio, ele *escolhe* a sequência única que será dada no texto. Seria, no caso, substituir a ilusão de uma determinação única e imitadora do real pela do *possível-a-cada-instante*, que me parece mais verdadeiro"[19]. Não conheço nenhum exemplo dessa utilização possível[20]. A longa nota de *Échange*, assinalada acima, faria pensar um pouco nisso – e muitas outras em Renaud Camus –, mas aqui trata-se mais de uma bifurcação definitiva, de um texto igual e simetricamente bífido a partir da sua página 173, e que ultrapassa um pouco o estatuto localizado que é comumente o da nota (da mesma maneira, o "Diário de Bordo" que corre no rodapé de *Parages* não é, apesar de sua posição, uma nota local, mas um anexo ao conjunto do texto). E, sobretudo, o texto de Camus é muito pouco puramente narrativo – é mais uma mistura de relato e de ensaio – para corresponder à nossa hipótese. O que corresponderia melhor seriam, uma vez mais, os prototextos de um Flaubert ou de um Proust, nos quais se vê, aqui e ali, a narrativa enveredar por um caminho, depois renunciar a ele e voltar ao ponto de bifurcação. Tais efeitos, é claro, são artefatos de exumação genética, mas nada impede esperar que repercutam, de um modo ou de outro, em práticas futuras. Permanece

---

19. *Œuvres*, Pléiade, I, p. 1467.

20. Sobre vários aspectos desviantes ou lúdicos da nota em Perec, ver V. Colonna, "Fausses notes", *Cahiers Georges Perec*, I, POL, 1985.

como hipótese que esse tipo de utilização da nota dependa mais da gestação do texto do que da imposição de um paratexto[21].

Alógrafas

A NOTA ALÓGRAFA é quase inevitavelmente uma nota do editor, porque a adjunção de notas excede em muito o que um autor pode esperar (e desejar) da complacência de um simples terceiro – que praticamente não vai além de um prefácio. A produção de um aparato de notas alógrafas é, na verdade, com o estabelecimento do texto, o que define a função editorial – no sentido crítico do termo (nunca se queixará o suficiente da confusão que existe, em francês, entre as duas acepções (*editor/publisher*) da palavra *éditeur*, mas sempre haverá acadêmicos analfabetos para sustentar que a língua é perfeita e que não se deve mexer nela).

Pelo fato de ser alógrafa, a nota editorial nos leva para uma outra franja do paratexto, pois consiste em um comentário exterior, na maioria das vezes póstumo, que não implica de nenhum modo a responsabilidade do autor. É preciso, ainda, atribuir nuanças a este quadro, porque a voga das edições eruditas produziu recentemente, por exemplo, Pléiades ântumas e, como tais, estabelecidas com a ajuda (logo, com certo grau de controle) do autor em causa. Assim, Julien Green participou do trabalho de Jacques Petit "com uma constante e simpática atenção. [Ele] me permitiu consultar seus manuscritos e forneceu tantos detalhes e esclarecimentos que enriqueceram este trabalho" (nota da Introdução). Há ainda um tipo semelhante de cooperação pelo menos nos primeiros Giono, na preparação de Sartre, e talvez ainda mais em Char: todos os graus possíveis, pois, entre a edição póstuma rigorosamente alógrafa e a "autopleiadização" à maneira de Saint-John Perse, e portanto, entre um aparato de notas que consiste em um simples comentário crítico e histórico inscrito no peritexto e um paratexto propriamente autoral.

Não vou inchar indevidamente este capítulo com uma "teoria" da nota do editor, após ter dito que por princípio ela escapa à definição do paratexto. Quero apenas lembrar que essa prática remonta à Idade Média e que

---

21. Toma-se conhecimento, por uma carta a L. de Robert, de julho de 1913, que Proust tivera a ideia fugaz de relegar para notas o que considerava "expansões" de seu texto: "Diga-me numa linha se minha ideia de colocar algumas expansões em nota (o que reduziria o volume) é ruim (acredito que seja)". Essa opção teria sem dúvida produzido um texto com dois registros narrativos, a menos que as "expansões" em questão fossem, em geral, passagens de ordem discursiva.

a posteridade conservou pelo menos um monumento mais que respeitável: o *Commentaire de Corneille* escrito por Voltaire, que se instituiu, em 1764, o editor dessa obra para ajudar no "estabelecimento feliz da descendente deste grande homem"[22]. Trata-se, nesse caso, tipicamente, de notas de comentário apreciativo: nelas Voltaire destaca os acertos, indica os torneios obsoletos, critica as inconveniências, as inverossimilhanças, as inconsequências, os defeitos de ligação entre cenas, as cenas sem ação, as multiplicidades de ação (como em *Horace*), os erros de linguagem e de estilo. É um testemunho bastante representativo sobre o gosto e a doutrina dramatúrgica do classicismo, cujo maior dano – aqui despojado das mesquinharias à maneira de d'Aubignac – é a "frieza" de certas invenções barrocas. Voltaire fala aqui como Boileau na censura a Saint-Amant: "Corneille sempre apresenta, nos exames de suas peças, desde *Théodore* e *Pertharite*, algum pequeno defeito que prejudicou suas obras; e sempre esquece que a frieza é o maior defeito, é o que as mata" (fala de *Don Sanche d'Aragon*), e ainda, sobre *Nicomède*, o seguinte, que cai direta e oportunamente sobre a estética de Corneille: "A admiração praticamente não emociona a alma, não a perturba. É de todos os sentimentos aquele que esfria primeiro".

Insisti neste comentário porque atesta também um tipo de anotação hoje praticamente abandonado, nas edições críticas, em proveito de um tipo muito mais objetivo, idealmente despojado de todo o tipo de avaliação e limitado a uma função de esclarecimento (enciclopédico e linguístico) e de informação: sobre a história e o estabelecimento do texto, com produção de prototextos e de variantes, sobre as fontes e – por citação do epitexto privado – sobre as próprias avaliações ou interpretações do autor. Naturalmente, a dosagem dessas diversas funções varia, não só de acordo com as épocas (alguns clássicos Garnier do início do século passado ainda davam destaque à avaliação estilística, psicológica ou moralizante), mas também segundo os públicos visados, e portanto os tipos de coleção (mais enfática em edições escolares, mais sóbria nas edições eruditas), segundo os tipos de texto (Balzac se presta mais aos comentários históricos; Proust, às informações genéticas) – e certamente segundo a tendência do editor: algumas Pléiades recentes ainda (ou de novo) dão muita importância à interpretação, psicanalítica ou outra. Mas a tendência mais marcante é para um enriquecimento espetacular do aspecto genético: o maior número possível de prototextos, respondendo à curiosidade

---

22. Comentário aumentado em 1774. Trata do conjunto do teatro a partir de *Médée*, dos Discursos e, por vezes, dos exames e dedicatórias. A "descendente" de Corneille adotada por Voltaire era, na realidade, uma parente mais afastada.

crescente do público culto pela "fábrica" do texto e pela exumação de versões abandonadas pelo autor. A edição crítica contribui assim paradoxalmente, e voltarei a esse ponto, para embaralhar a noção de texto.

Actorais

A NOTA ACTORAL (autêntica) é, evidentemente, uma variedade da nota alógrafa, mas uma variedade muito particular, porque, se não contém propriamente falando nenhum caráter autoral – a não ser a sanção indireta de ter sido geralmente pedida em princípio e aceita no detalhe pelo autor –, reveste-se de um tipo de autoridade muito perturbador: aquela, não do autor, mas de seu objeto, que é, com frequência, um autor. Os exemplos não são muito numerosos[23], mas as quarenta e cinco notas acrescentadas por Malraux ao estudo de Gaétan Picon, *Malraux par lui-même*, ilustram o gênero de maneira notável, embora essas observações não tenham, no mais das vezes, relação estreita com o texto de Picon. Quando por acaso ele assinala sua concordância ou sua discordância, e mais geralmente quando se expressa, falando de Balzac, de Dickens, de Dostoiévski, sobre sua própria estética romanesca, Malraux fornece ao estudo de Picon um comentário de segundo grau, que decorre, se se quiser, do simples metatexto (alógrafo, pois Malraux não é Picon), mas de um metatexto bastante intimidante, pois é de Malraux que se trata; ponto de vista cuja autoridade é por certo fácil de recusar (recorde-se que Valéry, em situação semelhante, abstinha-se de usá-lo), mas difícil de desprezar. Há no caso, interiormente e como que *en abyme*, uma espécie de instância paratextual "incontornável". E, de outro lado, é claro, esses comentários pertencem plenamente ao paratexto, já não de Picon, mas de Malraux. Este estudo, que lhe concerne e que o interroga não sem resposta, acaba, portanto, por funcionar como uma "conversa" de Malraux com Picon.

Ficcionais

LEMBRO QUE POR ESSE termo entendo não as notas autênticas sérias que podem acompanhar uma obra de ficção, mas, no caso de um texto ficcional

---

23. Cabe assinalar as notas de Matisse para *Henri Matisse, roman*, e as de Aragon para o estudo de D. Bougnoux sobre *Blanche ou l'Oubli*, Hachette, 1973.

ou não, as notas cujo destinador é por alguma razão ficcional: denegativo, fictício ou apócrifo.

A nota autoral denegativa, ou pseudoeditorial, é um gênero inteiramente clássico, especialmente bem ilustrado, de *La Nouvelle Héloïse* a *La Nausée*, nos romances epistolares ou em forma de diário. Como nos prefácios de mesmo tipo, o autor apresenta-se aqui como editor, responsável no detalhe pelo estabelecimento e pela organização do texto que diz ter encontrado ou recebido para cuidar. Rousseau, Laclos, Senancour, Bernanos, Sartre e outros indicam assim as supostas lacunas[24], as supressões ou restituições que assumem, esclarecem as alusões, dão as referências das citações, garantem com remissões e avisos a coerência do texto, numa atitude que é evidentemente uma simulação de comentário alógrafo. Seguramente, é Rousseau que leva mais longe essa atividade de comentário, tanto em quantidade (mais de cento e cinquenta notas) quanto em intensidade, interpretando e avaliando sem conter-se a conduta, os sentimentos, as opiniões e o estilo de suas personagens, dizendo o que pensa do lugar, da língua, dos costumes, da religião etc. A nota torna-se aqui o local e o meio daquilo que seria, em outro lugar, o discurso autoral-narratorial, cujo uso a forma epistolar impede por completo – salvo o de fazer de um determinado herói seu porta-voz, algo de que se abstém mais do que se imagina. Local e meio, pois, das "intrusões de autor". Stendhal se lembrará disso, mas sem pretexto editorial.

A nota autoral fictícia, tal qual a praticada por Walter Scott, por trás de seus autores supostos, não apresenta qualquer particularidade funcional, porque o autor dissimulado contenta-se em atribuir a seus testas-de-ferro, Cleishbotham e outros Templeton, um aparato documental exatamente semelhante àquele que assume em outro momento como "autor de *Waverley*". A alógrafa fictícia é mais interessante, mas na verdade ela nos leva, excluindo-se a identidade do enunciador, à função pseudoeditorial denegativa. Assim, em *Les Bêtises*, o aparato de notas (como o conjunto de prefácios e posfácios) que acompanha os textos do autor fictício anônimo é atribuído a um certo A.B., que se distingue assim de Jacques Laurent, mas que assume as mesmas funções que Rousseau assumiu em *Héloïse* ou Senancour em *Oberman*, e, portanto, que Laurent poderia tão bem assumir

---

24. Valendo-se do caráter abertamente ficcional de seu papel de editor, Rousseau chega a jogar sem cerimônia com esse tipo de função: "Vê-se que faltam aqui várias cartas intermediárias, assim como em vários outros lugares. O leitor dirá que nos livramos facilmente de semelhantes omissões, e eu concordo plenamente com ele" (Carta v-6).

neste livro. Haveria, em certo sentido, um investimento maior numa simulação abertamente satírica como a que Reboux e Muller produziram em seu pastiche de Racine (*Cléopastre*), texto apócrifo acompanhado de notas alógrafas fictícias da pena de "M. Libellule, professor no liceu de Romorantin". É uma saborosa caricatura da anotação acadêmica tal qual ainda, ou já, era praticada naquele final do século. Não insistirei nisso imprudentemente, porque sempre somos um pouco mais Libellule do que desejaríamos, preferindo lembrar, numa palavra, a presença nesse batalhão de outra caricatura, não menos sarcástica, mas de uma realização literária certamente mais considerável: é o comentário em nota dado, em *Pale Fire*, ao poema de John Shade, por seu impertinente colega e vizinho Charles Kimbote. Esse comentário, como é sabido, fornece o essencial do que acaba, apesar de suas denegações, por constituir uma espécie de romance. "Não tenho qualquer vontade", diz Kimbote, "de transformar um aparato crítico sem ambiguidade em um monstruoso simulacro de romance." Com efeito, trata-se claramente de um romance em forma de monstruoso simulacro, ou cruel caricatura, de aparato crítico. Por não ter conseguido impor a John Shade sua própria história, real ou mítica, como tema do poema, Kimbote, tomando posse do manuscrito após sua morte, decide, entre sincero e falsário, impor-lhe um comentário que fornece de si, de sua pátria, de seu destino, o máximo de detalhes possíveis, até fazer de *Pale Fire* uma espécie de narrativa indireta, alusiva ou críptica de suas aventuras. Exemplo perfeito de desvio de texto, esse aparato é também uma encenação exemplar do que sempre existe de abusivo e de paranoico em todo comentário interpretativo, apoiado na infinita submissão de todo tipo de texto a toda espécie de hermenêutica, por mais despida de escrúpulos que possa ser: não estou certo de que, desde então, algumas realidades não tenham ultrapassado essa ficção.

Tenho pouco a dizer sobre as notas actorais fictícias, atribuídas geralmente a um personagem narrador, como o são duas ou três em *Tristram Shandy* (sobre seu pai), que dão simplesmente a esse narrador uma função autoral absolutamente verossímil – não fosse o fato de interferirem, neste caso, com aquelas que Laurence Sterne, por sua vez, assume. Mais fortemente ficcionais, as notas atribuídas a um personagem não-narrador, como aquelas que Julien Sorel ou Emma Bovary poderiam ter assinado com suas iniciais para dizer o que pensam do texto de Stendhal ou de Flaubert: essas ainda não foram escritas. As do capítulo x do *Finnegans Wake* seriam aparentemente desse tipo, mas para mim esse texto é impenetrável demais para que eu possa comentar seu paratexto. Trata-se, aliás, realmente de paratexto? Aqui, mais uma vez, a simulação de nota faz parte claramente da ficção – e logo, indiretamente, do texto[25].

COMO SE PODE VER, pois, a nota é um elemento um tanto elusivo e fugidio do paratexto. Alguns tipos de nota, como a autoral posterior ou tardia, cumprem muito bem uma função paratextual, de comentário defensivo ou autocrítico. Outros, como as notas originais para textos discursivos, constituem mais modulações do texto, pouco distintas do que seria uma frase entre parênteses ou entre traços. As notas ficcionais, ao abrigo de uma simulação mais ou menos satírica de paratexto, contribuem para a ficção do texto, quando não a constituem de parte a parte, como as de *Pale Fire*. Quanto às notas alógrafas, elas escapam pelo outro lado: não mais do texto, mas do metatexto crítico, do qual são apenas, como eu disse, uma espécie de anexação peritextual, sempre eventualmente conversíveis em comentário autônomo: é o caso das notas de Voltaire sobre Corneille, hoje separadas do texto a que se referem, e cujo estatuto praticamente não difere daquele das observações sobre Pascal, na XXV Carta Filosófica – que nunca foram, evidentemente, notas para uma edição de *Pensées*.

Essa situação, deve-se esclarecer, não tem nada de paradoxal, e muito menos de incômoda: se o paratexto é uma franja amiúde indecisa entre texto e fora-do-texto, a nota, que, em todos os seus aspectos, advém de um ou do outro ou do entre-dois, ilustra perfeitamente essa indecisão e essa instabilidade. Mas, sobretudo, não se deve esquecer que a própria noção de paratexto depende, como várias outras, muito mais de uma decisão de método do que de um balanço dos fatos. O "paratexto" não *existe* propriamente falando, escolhe-se antes *dar conta nesses termos* de certo número de práticas ou de efeitos, por razões de método e de eficácia, ou se se preferir, de rentabilidade. A questão não é, pois, saber se a nota "pertence" ou não ao paratexto, mas se há ou não vantagem e pertinência em considerá-la desse modo. A resposta é claramente, como muitas vezes, que isso depende dos casos, ou melhor – grande progresso na descrição racional dos fatos –, que isso depende dos *tipos* de nota. Esta conclusão, pelo menos, justificará talvez pelo uso (e no uso) uma tipologia à primeira vista embaraçosa.

---

25. Entre as *curiosa* oferecidas por certa patologia, voluntária ou não, da nota, apontaram-me o *Mulligan Stew* de Gilbert Sorrentino, que num capítulo exibe uma notável falta de relação entre o texto e as notas. Ocorre também que um erro de impressão *mude* sistematicamente a numeração de todo o aparato de notas. Cabe ao leitor, em todos esses casos, dar um sentido ao acaso.

O Epitexto Público

Definições

O CRITÉRIO DISTINTIVO DO EPITEXTO EM relação ao peritexto – ou seja, segundo nossas convenções, a todo o resto do paratexto – é, em princípio, puramente espacial. É epitexto todo elemento paratextual que não se encontra anexado materialmente ao texto no mesmo volume, mas que circula de algum modo ao ar livre, num espaço físico e social virtualmente ilimitado. O lugar do epitexto é, pois, *anywhere out of the book*, em qualquer lugar fora do livro – sem prejuízo, é claro, de uma inscrição posterior no peritexto, sempre possível e da qual encontraremos diversos exemplos: ver as entrevistas originais anexadas a edições eruditas póstumas ou os inumeráveis fragmentos de correspondências ou de diários íntimos citados nas notas críticas. Contudo, essa definição puramente espacial não deixa de ter repercussões pragmáticas e funcionais. Quando um autor, como Proust fez em *Du côté de chez Swann*, decide apresentar sua obra – no caso, seu início de obra – por meio de uma entrevista em vez de um prefácio, essa escolha tem sua razão de ser e produz, em todo caso, efeitos desta ordem: chegar a um público mais vasto do que o dos primeiros leitores, mas também dirigir-lhe uma mensagem constitutivamente mais efêmera, destinada a desaparecer tão logo cumpra sua função monitória, ao passo que um prefácio ficaria preso ao texto, pelo menos até sua supressão por ocasião de uma eventual segunda edição. Assim, Proust utiliza o jornal para produzir um efeito de advertência transitória comparável ao dos prefácios provisórios de Balzac; comparável, mas não idêntico: poder-se-ia examinar detalhadamente as vantagens e os inconvenientes funcionais de semelhante escolha, como é plausível (mas não comprovado) que o próprio Proust tenha feito.

Em qualquer lugar fora do livro, pode ser, por exemplo, em jornais e revistas, programas de rádio ou de televisão, conferências e colóquios, qualquer intervenção pública eventualmente conservada sob a forma de gravações ou textos impressos: entrevistas e conversas reunidas pelo autor (Barthes: *Le Grain de la voix*) ou por um mediador (Raymond Bellour: *Le Livre des autres*), atas de colóquios, coletâneas de autocomentários

(Tournier: *Le Vent Paraclet*). Pode tratar-se ainda de testemunhos contidos na correspondência ou no diário de um autor, eventualmente destinados a uma publicação posterior, ântuma ou póstuma.

As ocasiões temporais do epitexto são tão diversas quanto as do peritexto: anterior (testemunhos particulares ou públicos sobre projetos de um autor e a gênese de sua obra), original (entrevistas concedidas no lançamento de um livro, conferências, dedicatórias), posterior ou tardia (entrevistas, colóquios, autocomentários espontâneos e autônomos de todas as espécies). Seu destinador é normalmente o autor, secundado ou não por um ou vários interlocutores, revezando ou não com um mediador, profissional ou não. Mas pode ser também o editor (voltarei ao assunto), ou algum terceiro *autorizado*, como no caso de resenhas mais ou menos "inspiradas" – podendo chegar aqui, no máximo, ao apócrifo pseudoalógrafo. O destinatário tem como característica neste caso nunca ser apenas o leitor (do texto), mas algum tipo de público que pode, eventualmente, não ser leitor: público de um jornal ou de um meio de comunicação, auditório de uma conferência, participantes de um colóquio, destinatário (individual ou plural) de uma carta ou de uma confidência oral, ou mesmo – no caso do diário íntimo – o próprio autor.

Essas diversas características temporais e pragmáticas nos oferecem, como no caso do peritexto, um princípio de tipologia funcional. Distinguirei essencialmente os epitextos *editorial, alógrafo, oficioso, autoral público* e *autoral privado*, sem prejuízo de algumas divisões mais finas que aparecerão em momento oportuno. Mas, antes, são necessárias três observações prévias. A primeira é que, contrariando o regime quase constante do peritexto, que está constitutiva e exclusivamente ligado a sua função paratextual de apresentação e de comentário do texto, o epitexto consiste em um conjunto de discursos cuja função nem sempre é essencialmente paratextual: muitas entrevistas tratam menos da obra do autor do que de sua vida, suas origens, seus hábitos, seus encontros e pessoas que frequenta (por exemplo, *outros* autores), ou mesmo de outro assunto exterior colocado explicitamente como tema da conversa: a situação política, a música, o dinheiro, o esporte, as mulheres, os gatos ou os cães; e a correspondência ou o diário de um escritor são, às vezes, bem avaros em comentários sobre sua obra. Devemos, pois, considerar essas diversas práticas como lugares suscetíveis de nos fornecer fragmentos (de interesse por vezes capital) de paratexto que devem ser procurados com lupa ou pescados com vara: aqui, novamente, *efeito* (mais que função) de paratexto. A segunda observação, de ênfase inversa, é que o epitexto é um conjunto cuja função paratextual não tem limites precisos, e no qual o comentário da obra se difunde indefinidamente num discurso biográfico, crítico ou outro, cuja relação com a obra é às vezes indireta e, no caso extremo, indiscernível. Tudo o que um escritor diz ou escreve sobre sua vida, sobre o mundo que o cerca, sobre a obra dos outros, pode ter uma pertinência paratextual – inclusive, portanto, sua obra crítica (a de um Baudelaire, de um James, de um Proust, por exemplo) e inclusive seu paratexto alógrafo: preâmbulo de *Traité du Verbe* ou prefácio de *Tendres Stocks*, como já vimos. Se o estudo da nota nos fez sentir a falta de fronteiras internas do paratexto, o do epitexto nos confronta com a falta de limites externos: franja da franja, o epitexto perde-se cada vez mais, entre outros, na totalidade do discurso autoral. O uso que faremos dele será inevitavelmente mais restritivo e, de certa maneira, mais tímido, mas convém manter em mente essa virtualidade de difusão indefinida. Última precaução: se tivemos muitas ocasiões de observar a relativa negligência da opinião literária, inclusive dos especialistas, para com o peritexto, o mesmo manifestamente não ocorre com o epitexto, que a crítica e a história literária utilizam em larga escala para comentar as obras – como prova, por exemplo, o emprego sistemático da correspondência nas notas genéticas das edições eruditas. Nesse sentido, o estudo que segue percorrerá caminhos mais batidos do que os anteriores. Motivo talvez para conduzi-lo sem rodeios.

O epitexto editorial

NÃO INSISTIREI NO EPITEXTO editorial, cuja função essencialmente publicitária e "promocional" não envolve sempre de maneira muito significativa a responsabilidade do autor, que se limita, no mais das vezes, a fechar os olhos oficialmente às hipérboles valorativas ligadas às necessidades comerciais. Trata-se dos cartazes ou anúncios publicitários, comunicados e outros prospectos, como o de 1842 para *La Comédie humaine*[1], um dos antepassados de nosso *release*, dos boletins periódicos destinados às livrarias e "dossiês promocionais" para uso dos representantes. A era da mídia explorará, sem dúvida, outros meios, e já ouvimos ou vimos alguns anúncios radiofônicos ou videoclipes de editor. Há casos em que um autor participa desse tipo de produção, e decerto à proporção de seu profissionalismo e de sua habilidade: um Balzac, um Hugo e um Zola, para ater-se a exemplos passados. Mas o

---

1. Ver Pléiade, I, p. 1109.

autor o faz anonimamente e na qualidade, paradoxal se quisermos, de auxiliar de edição, redigindo textos que provavelmente se recusaria a assumir e que exprimem menos seu pensamento do que sua ideia do que deve ser o discurso editorial. O consenso entre autor e editor é aqui, portanto, a regra, mas a história nos legou alguns traços excepcionais de divergência. Assim, tendo o editor belga Lacroix qualificado, em um comunicado inserido em *Le Temps*, o romance *Les Travailleurs de la mer* como "a obra menos contestada de Victor Hugo", este último, cujas relações com os editores sempre foram marcadas pelo rigor mais suscetível, sentiu-se no dever de protestar contra um superlativo que julgou inoportuno. Carta de 27 de janeiro de 1869 ao sócio de Lacroix, Verboekhoven: "Tenha a gentileza de dizer de minha parte a M. Lacroix, de quem provém evidentemente esse inteligente anúncio, que não é costume na França que o próprio editor declare que o autor que publica é mais ou menos contestado. Diga-lhe que pagar para publicar isso é mais do que ingênuo".

Alógrafo oficioso

EM MATÉRIA DE EPITEXTO, o alógrafo oficioso, ou seja, mais ou menos "autorizado" por alguma aquiescência, ou mesmo alguma inspiração autoral, é uma categoria muito menos franca e indiscutível do que em matéria de peritexto: aqui, nada de tão aberto quanto a aceitação pelo autor de um prefácio alógrafo, mesmo que essa aceitação nem sempre seja o sinal de uma total identidade de pontos de vista. O que mais se lhe semelharia seria talvez, às vezes, a publicação de um estudo crítico sob o selo editorial do autor: "Hermann Hesse disse-me um dia que preferiria que os escritos críticos sobre sua obra fossem publicados pela editora Suhrkamp; porque assim se estaria seguro de que essa crítica teria um certo nível e, vista de fora, ficaria sob a égide do editor da obra"[2]. Aqui, a égide editorial é, evidentemente, uma forma indireta de caução autoral. Sabe-se que semelhante efeito teria dado a caução de Robbe-Grillet ao estudo de Bruce Morrissette, se o autor não tivesse tido o cuidado de equilibrá-la, pedindo a Roland Barthes o prefácio claramente contraditório, embora muito cortês, que já mencionei.

No mais das vezes, o epitexto oficioso assume a forma de um artigo crítico um tanto "teleguiado" por indicações autorais que o público não está em con-

---

[2]. S. Unseld, *L'Auteur et son éditeur* (1978), trad. fr., Gallimard, 1983, p. 172.

dições de conhecer, a não ser por alguma revelação póstuma. Diz-se, às vezes, que Madame de Lafayette inspirou de perto o estudo anônimo (atribuído depois ao abade de Charnes), *Conversation sur la critique de la Princesse de Clèves*, escrito em resposta às críticas de Valincour: mas esse fato ainda não foi estabelecido de forma positiva. No outro extremo, sabe-se que o próprio Stendhal redigiu e publicou anonimamente, em *Débats*, um artigo elogioso sobre a *Histoire de la peinture en Italie,* e outro, no *Paris Monthly Review,* sobre *De l'Amour,* elipticamente assinado s., que se destaca por um hábil equilíbrio entre elogios (profundidade, novidade, correção, vivacidade) e críticas provavelmente sinceras (elipses, obscuridade por omissão de "ideias intermediárias"); e foram encontrados esboços para dois outros *puff articles* que continuaram inéditos, com o mesmo espírito: "Nunca enfadonho, exceto quando é obscuro. De tanto recorrer a elipses arrojadas, seu estilo incorre com frequência nesse erro". Conhecemos sobretudo a famosa "Carta a Salvagnoli", de outubro ou novembro de 1832, enviada a esse jornalista italiano como um (copioso) guia para um artigo sobre *Le Rouge et le Noir* a ser publicado na revista *Antologia*, e que nunca foi publicado, talvez porque Salvagnoli não se dignou a participar de tal manobra: trata-se, portanto, de uma espécie de apócrifo (pseudoalógrafo) abortado, mas é sobretudo, no estado em que este texto chegou até nós, um excelente exemplo de autocomentário para uso específico de determinado público, no caso o italiano: o *Le Rouge et Noir* apresentado como um quadro dos costumes franceses desde a Restauração, oposição entre o moralismo provinciano favorável ao "amor de coração" (Madame de Rênal) e a vaidade parisiense geradora do "amor racional" (Mathilde de la Môle).

A publicação de *Du côté de chez Swann* foi saudada por uma série de artigos muito... amistosos, assinados por Maurice Rostand, Jean de Pierrefeu, Lucien Daudet ou Jacques-Émile Blanche, nos quais nada permite medir o que se deve às sugestões do autor, mas sabe-se que este ficou tão satisfeito com o último que redigiu vários comentários publicitários para divulgá-lo, e que insistiu muito (em vão) junto a Jacques Rivière para que NRF se lembrasse de sua existência. Uma carta a Calmette, de 12 de novembro de 1913, é um bom exemplo de tentativa de inspiração: "Se o senhor fizer um comentário, gostaria que os epítetos *fino, delicado* não aparecessem nele e tampouco a menção a *Les Plaisirs et les Jours*. Esta é uma obra de força, pelo menos é esta sua ambição". Mesma orientação numa carta da mesma época a Robert de Flers, com vista à publicação de uma nota (a mesma?) no *Figaro* de 16 de novembro: "O que deve ser dito é [...] um romance ao mesmo tempo cheio de paixão e de meditação e de paisagens. Sobretudo, é muito diferente de *Les Plaisirs et les Jours* e não é nem *delicado* nem *fino*"[3]. E, já em setembro, Proust, oferecendo-se para colocar na imprensa um eventual artigo de Lucien Daudet, esclarecia de maneira muito significativa: "Ninguém está mais autorizado do que você".

O diário de Gide contém, na data de 12 de julho de 1914, uma curiosa entrada, que é a cópia de uma carta a André Beaunier, que devia fazer na *Revue des deux mondes* uma resenha de *Les Caves du Vatican*. Nessa carta, Gide dá a seu correspondente e futuro crítico a substância de um projeto abandonado de prefácio, insistindo na simultaneidade de concepção e na complementaridade temática entre *Caves*, *L' Immoraliste* e *La Porte étroite*, "farsas" e "narrativas" marcadas por sua visão "irônica" ou "crítica". "Suprimi este prefácio", acrescenta o autor, "por avaliar que o leitor não tinha o que fazer com essas confidências. Mas o crítico, talvez… e é por isso que lhe reescrevo isto – que, no fim das contas, você está livre para considerar ou não, caso atrapalhe seu artigo." Estranho caso de migração de uma mensagem paratextual, totalmente essencial, de prefácio para carta e de carta para diário, na qual se percebe a extrema consciência, no autor, da pertinência das escolhas pragmáticas: confidências inúteis para o leitor, mas talvez úteis para o crítico, que poderia levá-las em consideração e, assim, divulgá-las indiretamente, a menos que ele preferisse, para sua própria comodidade e se tal supressão mental fosse possível, esquecê-las e não levá-las em conta. A pressão é bastante delicada e precisa. Confesso ignorar o que fez o crítico, mas o que importa aqui é a intenção, e a intenção, em Gide como em Proust ou Stendhal, é bem evidente: esclarecer e, assim, guiar a interpretação.

Sabe-se hoje, igualmente, graças a Richard Ellmann[4], que as comparações entre o *Ulysses* de Joyce e a *Odisseia*, propostas por Larbaud numa conferência de 1921 (publicada na NRF em 1922, e depois como prefácio da tradução francesa, em 1926, de *Dubliners*, onde ainda a encontramos), e posteriormente detalhadas por Stuart Gilbert[5], que não cessaram, desde então, com o título e os intertítulos revisados e depois suprimidos em volume, de influenciar nossa leitura do romance, foram sopradas pelo próprio Joyce, que, segundo tudo indica, queria ao mesmo tempo fazê-las circular e esquivar-se de qual-

---

3. Essa carta parece contradizer uma outra, endereçada em 18 de dezembro a André Beaunier, na qual Proust, queixando-se de uma crítica pouco compreensiva, acrescenta: "É por isso que os artigos agradam tão pouco. Pedi formalmente a vários amigos meus que queriam escrever, a Robert de Flers e a tantos outros, que não o façam". Mas tal pedido negativo já pertence, em si, ao domínio da intervenção autoral.

4. *Ulysses on the Liffey*, Faber, 1972, pp. XVI-XVII, 187 e ss.

5. *James Joyce's Ulysses, a Study*, Knopf, 1930.

quer responsabilidade direta por sua divulgação. Estamos aqui, tipicamente, diante do que se chama, em política, sistema de "vazamentos" organizados na fonte e garantidos por via oficiosa. O autor, em princípio, não disse nada: seria indigno para ele sublinhar fortemente e em detalhes o caráter hipertextual de uma obra cujo título (único elemento, aqui, de paratexto oficial) deve bastar para esclarecer os leitores dignos desse nome – *intelligenti pauca*. Mas, em caso de falha, melhor é, como se diz, "garantir", não certamente colocar por conta própria os pingos nos *ii*, mas fazendo com que outros os coloquem, devidamente *orientados*: não quero dizer nada, mas é preciso pelo menos que "isto seja conhecido". Para que servem os amigos?

O autoral público

COMO VIMOS, O EPITEXTO EDITORIAL e alógrafo oficioso se subtrai, em princípio, à responsabilidade declarada do autor, mesmo que este tenha participado de forma mais ou menos ativa de sua produção – a não ser que, como no caso da carta a Salvagnoli, tenham chegado até nós rastros incontestes dessa participação. Mesmo essa situação continua defectiva, já que Salvagnoli não utilizou o rascunho de Stendhal: falta inversa da comum, cujo resultado (o artigo "inspirado") conhecemos sem conhecer seus inspiradores (as recomendações autorais). Não conheço nenhum caso em que a história tenha herdado um dossiê completo, o que se explica facilmente. Mas essas duas formas de epitexto são evidentemente marginais, e um tanto divergentes. De modo geral, o epitexto é maciçamente autoral, mesmo que algumas de suas formas impliquem a participação de terceiros. Já falei de uma divisão (de critério pragmático) em epitexto autoral *público* e *privado*, mas cada uma dessas espécies apresenta algumas variedades de acordo com novos critérios, por sua vez de ordem pragmática ou temporal.

O epitexto público sempre é dirigido, por definição, ao público em geral, embora atinja, de fato, apenas uma parte limitada dele; mas essa orientação pode ser autônoma e, de alguma maneira, espontânea, como quando um autor publica, em forma de artigo ou de volume, um comentário de sua obra, ou midiatizada pela iniciativa ou por intermédio de um interlocutor, como no caso das entrevistas, sem contar alguns regimes intermediários. De outro lado, essas mensagens, autônomas ou midiatizadas, podem tomar formas e ter funções diferentes, conforme o momento de sua produção, original, posterior ou tardia. O cruzamento desses dois critérios daria origem a um quadro como o seguinte:

REGIME \ MOMENTO	original	posterior	tardio
autônomo	1 autorresenha	2 resposta pública	5 autocomentário
midiatizado	3 entrevista	4 colóquios, conversas	

Preenchi o quadro sem querer sistematizar demais uma realidade altamente móvel e normalmente mais confusa e sem ter a pretensão de que constem nele todas as formas de epitexto público: encontraremos provavelmente uma ou duas outras cuja distribuição causaria problemas. As mais canônicas, porém, pelo menos hoje, constam do quadro. Analisarei cada uma delas agora, segundo uma ordem totalmente empírica, indicada pelos números acima.

O EPITEXTO PÚBLICO original e autônomo é uma espécie um tanto rara, pelo menos sob uma forma aberta: trata-se de uma resenha produzida, em jornal ou revista, pelo próprio autor. Vimos como Stendhal desenvolvia a prática sob a forma mais ou menos velada de um artigo assinado s., mas redigido em terceira pessoa, como se o s. em questão não fosse Stendhal[6]. Muito mais abertamente autoral, embora também redigida em terceira pessoa[7], a resenha de *Roland Barthes par Roland Barthes*, assinada por Roland Barthes, publicada na *Quinzaine littéraire* de 1º de março de 1975, com o título apro-

---

6. Lembro que a edição original de *De l'Amour* está assinada pelo "autor de *L'Histoire de la peinture en Italie* e de *Vies de Haydn...*".

7. O uso conjunto da assinatura e da terceira pessoa é evidentemente uma convenção transparente, mas parece que oferece, por vezes, um álibi suficiente. Assim, o *release* (anônimo) de Jean-François Lyotard, *Le Différend*, começa por esta frase particularmente capciosa em sua forma, mas que não deixa nenhuma dúvida: "'Meu livro de filosofia', afirma ele". Depois, em uma entrevista com Jacques Derrida (*Le Monde*, 28 de outubro de 1984), Lyotard comenta nestes termos essa precaução oratória, ou gramatical: "Não podendo assumir essa declaração pretensiosa: 'meu livro de filosofia', eu a emprestei a um outro para fins de distanciamento". Mas, no *release*, a terceira pessoa não poderia designar outra pessoa senão o próprio autor; é necessário, pois, esperar o epitexto para tomar conhecimento de que "ele" é o redator do *release*, e não Lyotard. O leitor se perde, mas isso não tem importância: basta que coexistam uma afirmação forte e uma denegação fraca para a forma.

priado de "Barthes à Terceira Potência". Qualifico essa resenha de autônoma, mesmo que em resposta a um pedido do jornal, segundo o critério pragmático, porque se trata de um texto totalmente assumido pelo autor, sem participação de um mediador. Esse curioso desempenho evidentemente se justificava, num plano um tanto lúdico, pelo caráter autoexplicativo do próprio livro, do qual esse artigo era, portanto, tanto um prolongamento quanto um comentário (Maurice Nadeau diz com razão, em uma introdução de apresentação, que a resenha de Barthes "figuraria muito bem na nova edição, provavelmente muito próxima, do livro"). Encontramos aí de passagem uma nova ilustração do modo, sempre sagaz, com que Barthes evitava o tabu de competência da autointerpretação: "Já que a crítica, tradicionalmente, nunca é outra coisa, senão, uma hermenêutica, como poderia [R.B.] aceitar dar um sentido a um livro que é inteiro uma recusa do sentido, que parece ter sido escrito apenas para recusar o sentido? Tentemos fazê-lo no lugar dele, pois ele joga a toalha…" Segue uma imposição de sentido (uma "hermenêutica") tão ambígua quanto conveniente à época e ao contexto. O humor (regime bastante raro em Barthes) serve também, às vezes, para sentar-se elegantemente sobre seus próprios princípios.

Respostas públicas

A RESPOSTA PÚBLICA às críticas é um exercício também delicado e, em princípio, proibido. O motivo da proibição é bem conhecido: é que a crítica é livre, e não competiria a um autor mal (ou bem) tratado por ela defender-se das censuras ou agradecer os elogios procedentes apenas de um livre julgamento. A maioria das respostas (porque, apesar do princípio, os autores respondem com bastante frequência) toma tanto o caminho, que já conhecemos, do prefácio posterior, quanto aquele, que por ora deixo de lado, da carta privada. A resposta pública, no mesmo órgão (em virtude, exatamente, do conhecido "direito de resposta") ou em outro, só é considerada legítima no caso de críticas consideradas difamatórias ou baseadas numa leitura errônea.

A atitude de Flaubert diante da crítica de *Salammbô* ilustra muito bem esse leque de reações: a uma resenha de Alcide Dusolier, publicada na *Revue française* de 31 de dezembro de 1862, crítica dura mas de ordem propriamente literária (Dusolier julga o romance cansativo, monótono, "triunfo do imobilismo"), Flaubert não escreve qualquer resposta: não se contesta um julgamento fundamentado no gosto. Ao longo artigo de Sainte-Beuve, publicado em dezembro de 1862 em três números do *Constitutionnel*, crítica também severa, mas que continha diversas contestações de fato, ele responde por meio de uma carta particular, que comentaremos no momento oportuno; ao artigo do arqueólogo Froehner (*Revue contemporaine* de 31 de dezembro de 1862), que o atacava essencialmente no plano da verdade histórica, responde publicamente (em *L'Opinion nationale* de 24 de janeiro de 1863) para defender a seriedade de sua documentação e para denunciar erros de leitura. "Apesar do hábito que tenho de não responder a nenhuma crítica [precaução oratória clássica], não posso aceitar a sua": é evidente que aqui não se trata mais de juízos de valor, mas de pontos de fato a respeito dos quais estima ter sido atacado em sua consciência profissional e em situação de legítima defesa[8].

É ainda no terreno da verdade histórica e sociológica que Zola irá produzir, ao longo de toda a sua carreira, um grande número de respostas públicas (sem prejuízo das privadas): para *L'Assommoir*, para *Nana*, para *Germinal*, para *La Débâcle*, entre outros. A crítica de *Nana*, em particular, colocara-o numa situação bastante delicada, dado o assunto e a época: se estivesse mal informado, usurpava sua pretensão ao realismo; bem informado, revelava relações condenáveis; daí este seu protesto apotropaico: "É a primeira vez que se coloca um escritor contra a parede para saber onde foi, onde não foi, o que fez e o que não fez. Não devo explicações de minha vida ao público, devo-lhe apenas meus livros"[9]. Distinção na verdade menos segura do que ele pretende, num tipo de literatura cujo propósito é basear o valor dos livros em sua fidelidade, mesmo que indireta, à vida. Muitas vezes, aliás, Zola deixa o terreno da legítima defesa para fazer uma apologia toda literária, zombando daqueles que, em relação a *L'Assommoir*, dizem preferir os *Contes à Ninon*, "pequenas obras-primas" ("Ainda tenho em casa obras muito mais notáveis do que os *Contes à Ninon*; são minhas antigas redações de colégio guardadas no fundo de uma gaveta. Tenho até meu primeiro caderno de escritos, cujos rabiscos já possuem um mérito literário bem maior do que o de meus últimos romances"), e protestando quando julgam um de seus romances pela publicação em folhetim, ou fora de seu contexto: "Talvez seja preciso que esteja totalmente terminado o vasto conjunto de romances ao qual me dediquei para que se possa compreendê-lo e julgá-lo"[10]. Há sempre alguma má-fé nesse argumento balzaquiano (e logo

---

8. A controvérsia continua, em fevereiro de 1863, sempre em *L'Opinion nationale*, por uma réplica de Froehner e um último contra-ataque de Flaubert.

9. *Le Voltaire*, 28 de outubro de 1879.

10. Carta a Fourcaud, 23 de setembro de 1876; ver Pléiade, II, p. 1559.

proustiano) que tende a exigir da crítica, a cada publicação parcial, que suspenda todo tipo de julgamento (desfavorável) à espera da conclusão final. Má-fé e imprudência, porque "a crítica" poderia responder adiando todo tipo de resenha. No final das contas, se não se quer ser julgado nem na publicação em folhetim nem em volumes separados, a solução (chamada acima "flaubertiana") impõe-se por si mesma.

Esses usos às vezes oblíquos do direito de resposta como meio de defesa literária baseiam-se, evidentemente, na fragilidade da distinção entre crítica e difamação, e alguns autores jogam com essa confusão de maneira pouco escrupulosa, sobretudo nos dias atuais, em que a tentação midiática é tão forte. Para evitar criar novas situações, citarei aqui apenas um nome, o do imaginário Passavant de *Les Faux-Monnayeurs*, figura emblemática, ou profética, de nossa literatura intimidante. Eis como Édouard, no estilo indireto livre e não talvez sem uma ponta de ciúme, descreve suas manobras: "Um quarto [jornal] contém uma carta de Passavant, protesto contra um artigo um pouco menos elogioso do que os outros, publicado anteriormente nesse jornal; nele, Passavant defende seu livro e o explica. Essa carta irrita Édouard ainda mais do que os artigos. Passavant afirma esclarecer a opinião pública; isso quer dizer que habilmente ele a influencia"[11].

Mediações

AUTORRESENHA E USO (ou mesmo abuso) do direito de resposta constituem um apelo autônomo à mídia em suma excepcional: a situação canônica, nesse campo, consiste em um diálogo entre o escritor e algum mediador encarregado de lhe fazer perguntas e de recolher e transmitir suas respostas[12]. O epitexto midiático é, portanto, na maioria das vezes, um epitexto midiatizado, e duplamente midiatizado: pela situação de interlocução, em que as perguntas, de certa forma, determinam as respostas, e pela operação de transmissão, que dá ao mediador, e ao aparato midiático do qual ele depende, um papel às

---

11. Pléiade, p. 983.
12. Emprego aqui mídia em seu sentido mais amplo, englobando a imprensa escrita. Sobre os tipos de entrevista e de conversa, ver Ph. Lejeune, "La voix de son maître" e "Sartre et l'autobiographie parlée", *Je est un autre*, Ed. du Seuil, 1980, e J.-B. Puech, "Du vivant de l'auteur", *Poétique*, 63, set. 1985. Naturalmente, meu ponto de vista é diferente da opinião desses dois autores, que visam essencialmente o aspecto autobiográfico do epitexto.

vezes importantíssimo na formulação final das "palavras recolhidas", tirando do autor, na mesma medida, o controle sobre seu discurso – mas não totalmente sua responsabilidade, porque se a entrevista é muitas vezes uma "armadilha", aquele que se deixa prender não pode esquivar-se de suas consequências. Aliás, as vias dessa perda de controle dependem menos da vontade, boa ou má, do mediador do que das técnicas de transmissão: a entrevista oral transcrita é a forma mais duvidosa, a não ser que o autor cuide pessoalmente da fidelidade da transcrição, o que lhe dá a possibilidade de se autocorrigir, dizendo ao público não o que realmente disse ao mediador, mas o que julga *a posteriori* que devia ter dito; a entrevista oral gravada só pode ser deformada através de cortes; e a entrevista transmitida ao vivo é, por definição, infalsificável, inclusive pelo autor: o que está dito está dito, o que não está não pode ser recuperado. Não se pode tampouco negligenciar, nas formas audiovisuais, o papel da expressão "muda", ou seja, não-verbal: uma mímica pode significar uma resposta positiva ou negativa. O uso desse gênero de paratexto, uso que tem tudo para desenvolver-se inevitavelmente, deverá levar em conta esses dados e, provavelmente, alguns outros.

Uma última característica do epitexto midiático, cujos efeitos sobre a mensagem são difíceis de mensurar, deriva de sua situação pragmática muito particular de "falso diálogo", ou pelo menos de diálogo de destinatário exterior, que Philippe Lejeune descreve do seguinte modo: "O diálogo entre o modelo e o entrevistador não é um verdadeiro diálogo em primeiro grau, mas a construção de uma mensagem endereçada em comum a um destinatário virtual", que é, evidentemente, o público. De modo mais bruto, os editores da coletânea de Thomas Mann, *Questions et Réponses*, falam de um "equilíbrio de forças entre [...] a não-pessoa que toma a iniciativa e a Pessoa Muito Importante que reage a ela"[13]. Qualificar de "não-pessoa" o entrevistador pode parecer descortês, mas essa expressão traduz a particularidade da situação de entrevista: o jornalista realmente interroga o escritor, mas o escritor não responde realmente ao jornalista, porque sua resposta se dirige de fato, não a ele, mas, por seu intermédio, ao público. Talvez, aliás, eu nem mesmo devesse dizer que o jornalista interroga realmente o escritor, mas que lhe transmite uma pergunta do público, porque é esse realmente seu papel. Não é, portanto, uma "pessoa" autônoma – nem na ida nem na volta –, mas um simples agente de transmissão.

Essa descrição, é claro, aplica-se apenas à situação "ideal" de entrevista ou de conversa, aquela em que o jornalista apaga de forma bastante rigorosa sua

---

13. Trad. fr., Belfond, 1986, p. 14.

"pessoa" para (a)ter(-se a) seu papel, e na qual o escritor ignora o suficiente seu interlocutor para ver, através dele, apenas seu destinatário virtual. Por razões evidentes, essa situação nunca é realizada inteiramente: ninguém pode apagar-se completamente como pessoa e ninguém pode ignorar totalmente a pessoa de seu interlocutor – *a fortiori*, direi de maneira deliberadamente "sexista", para introduzir um fator perceptível a todos, de sua interlocutora. Por isso, poder-se-ia divertir-se em desvendar, num *corpus* de entrevistas e conversas, rastros dos momentos em que algum adensamento da interlocução real vem perturbar a transparência ideal da mediação. Isso pode ser muito bem observado, por exemplo, nas conversas entre Léautaud e Robert Mallet, nas quais, com os dois envolvidos entrando no jogo, o diálogo midiático torna-se uma batalha. Não é certo que o público perca com esses acidentes, pelos quais um gênero constitutivamente enfadonho (por transitividade) ganha um pouco do sabor sempre presente em toda impureza.

EMPREGUEI ATÉ AQUI indiferentemente os termos *interview* e *entretien**, que são com muita frequência considerados sinônimos. Convém agora estabelecer uma distinção[14] cujo motivo principal, como indica nosso quadro, é de ordem temporal: chamarei de "entrevista" [*interview*] um diálogo, geralmente breve e conduzido por um jornalista profissional, com o intuito de cobrir um livro no momento de seu lançamento e, referindo-se, em princípio, especificamente ao livro; e de "conversa" [*entretien*] um diálogo geralmente mais extenso, com data de validade mais longa, sem ocasião precisa (ou ultrapassando amplamente a ocasião, se a publicação de um livro, a obtenção de um prêmio ou algum outro acontecimento serviram de pretexto para uma retrospectiva mais ampla), e conduzida muitas vezes por um mediador menos circunstancial, mais "personalizado", mais especificamente interessado pela obra em questão, ou, em última circunstância, um amigo do autor, como era mais ou menos Francis Crémieux para Aragon, Sollers para Francis Ponge, María Esther Vásquez para Borges, e a maioria de seus interlocutores tardios para Sartre. Naturalmente, essa distinção é muitas vezes desmentida na prática, quando uma entrevista se transforma em conversa (mas não o inverso). Essa distinção é também, no mais das vezes, deixada de lado na constituição das

---

* Essa diferença não existe em português. Com o intuito de marcar a distinção na tradução, optamos por traduzir *interview* e *entretien*, respectivamente, por "entrevista" e "conversa"; guardando, assim, para o primeiro termo a acepção mais genérica e etimologicamente comum (N. da T.).

14. Em outros termos e com outras conotações, ela está presente no artigo citado de J.-B. Puech.

coletâneas posteriores, que são a base de meu *corpus*. Ater-me-ei a ela, porém, na medida do possível: a "mistura dos gêneros" é uma prova de sua existência.

Entrevistas

A ENTREVISTA, COMO, aliás, a conversa, é uma prática recente: acredita-se que tenha sido introduzida na França, em 1884, pelo *Petit Journal*, com base num modelo americano. O gênero espalhou-se rapidamente na virada do século em forma transcrita e, ao longo do século XX, em forma radiofônica e, em seguida, audiovisual. Seu estudo aprofundado exigiria extensas pesquisas em arquivos, mas não é este meu intuito aqui; contento-me com um *corpus* aleatório e com algumas coletâneas posteriores[15].

Quando um escritor toma a iniciativa de uma entrevista, ou aproveita veementemente a ocasião, para dirigir ao público uma mensagem que realmente lhe é cara, esse gênero pode funcionar, repito, como um vantajoso substituto do prefácio. Essa utilização, um tanto rara, é esplendidamente ilustrada pela entrevista concedida por Proust a Élie-Joseph Bois, publicada em *Le Temps* de 13 de novembro de 1913[16]. Seus principais temas são bem conhecidos: *Du côté de chez Swann* é apenas o início de uma obra vasta e unitária, que precisa ser longa para expressar a passagem do tempo, e que se poderia classificar de "romance do inconsciente" pelo papel que tem nele a lembrança involuntária; o personagem-narrador não é o autor; seu estilo é ditado pela originalidade da visão etc.

Todavia, no mais das vezes, a iniciativa da entrevista é do jornal, e o autor, que não espera dela muito mais do que uma espécie de publicidade gratuita, submete-se a ela de maneira algo passiva e, aparentemente, sem grande motivação intelectual. Há uns dez anos, uma das estrelas (do lado das "perguntas") do gênero queixava-se de uma inflação cuja responsabilidade ele pare-

---

15. Entre elas, M. Chapsal, *Les Écrivains en personne*, Julliard, 1960, e *Quinze écrivains*, Julliard, 1963; J.-L. Ezine, *Les Écrivains sur la sellette*, Ed. du Seuil, 1981; R. Barthes, *Le Grain de la voix*, Ed. du Seuil, 1981; P. Boncenne, *Écrire, lire et en parler*, Laffont, 1985. Essas coletâneas, como disse, contêm muitas vezes mais conversas do que entrevistas. A razão é evidente: por serem mais circunstanciais, as entrevistas se prestam menos a compor uma coletânea posterior. As famosas *Apostrophes*, por sua relação com a atualidade, aproximam-se mais das entrevistas, mas se diferenciam delas por serem coletivas, o que pode levar a série de entrevistas para uma espécie de debate. Este é o seu mérito e, provavelmente, a razão de seu sucesso, desde as famosas discussões de 1977 sobre a "nova filosofia": pequena causa intelectual, grande efeito midiático.

16. Ver *Choix de lettres*, editado por Ph. Kolb, Plon, 1965, pp. 283 e ss.

cia atribuir aos autores: "Hoje, leem-se e escutam-se grandes entrevistas de Michel Foucault. Apenas trinta anos atrás, teríamos lido somente resenhas de seus livros. Em suma, os críticos literários são hoje postos de lado pelos próprios criadores, que se expressam diretamente para o público na forma de entrevistas, de retratos, de debates etc."[17]. Não acredito que as coisas ocorram realmente desse modo. Não só os autores não estão em condições de impor à mídia seu suposto desejo de serem entrevistados (os escritores alijados de *Apostrophes* podem dizer algo a respeito), mas também, pondo de lado a atração absolutamente excepcional deste programa, parece-me que a maioria só se submete ao que chamaríamos a corveia da entrevista por falta de algo melhor. Esse algo melhor que falta é, certamente, a resenha alógrafa, que os escritores – se acredito em meus informantes particulares – apreciam mais do que tudo (veremos, mais adiante, um depoimento marcante de Virginia Woolf a respeito), mas que, devido a certa carência da crítica profissional, sobretudo na França de hoje, tende a ser substituída pela entrevista, solução mais fácil. Antes de acusar os autores de se apressarem eles mesmos a "vender" seus livros, é preciso interrogar-se sobre o vazio que é preenchido, bem ou mal, por essa iniciativa, sem inverter a relação de causa e efeito. Nos anos de ouro da grande produção intelectual francesa, o *motto* constante das salas de redação era aproximadamente: "Ninguém compreende nada disso, ninguém pode falar disso a não ser o autor: deem logo a ele um gravador". Mas esqueço tampouco que a "decadência da crítica" é um lugar-comum tão velho quanto a própria crítica e um dos álibis constantes do paratexto. Ao colocar um prefácio na primeira edição de *Béatrix*, Balzac já escrevia: "Não é de todo inútil explicar o sentido íntimo de uma composição literária, num tempo em que a crítica não existe mais".

Em resumo, tudo isso deriva de um sistema muito articulado chamado República das Letras, que Roland Barthes descrevia, em abril de 1979, em tom áspero, mas bastante equilibrado: à pergunta "O que é, para o senhor, uma entrevista?", ele respondeu: "A entrevista é uma prática bastante complexa se não de analisar, pelo menos de julgar. De maneira geral, as entrevistas são para mim muito sofridas e, em um determinado momento, pensei em renunciar a elas. [...] Depois compreendi que era uma atitude exagerada de minha parte: a entrevista faz parte, para dizê-lo de forma desenvolta, de um jogo social ao qual não podemos nos furtar, ou, para dizê-lo de modo mais sério, de uma solidariedade de trabalho intelectual entre

---

17. Bernard Pivot, *Nouvelle littéraires*, de 21 de abril de 1977.

os escritores, de um lado, e a mídia, do outro. Há engrenagens que devemos aceitar: a partir do momento em que se escreve, o objetivo é ser publicado, e a partir do momento em que se é publicado, é preciso aceitar o que a sociedade pede dos livros e o que faz com eles. [...] Sua pergunta diz respeito a um estudo geral que falta e que eu sempre quis tomar como tema de um curso: um vasto quadro pensado das práticas da vida intelectual de hoje"[18].

Sabe-se que Barthes fazia parte, como Sartre, Borges, Tournier e alguns outros, da categoria dos "grandes comunicadores" – grandes fornecedores de entrevistas e conversas de toda a sorte –, para quem, aliás, a complacência com a mídia nem sempre procede de uma busca de publicidade, mas, às vezes, de certa incapacidade de dizer "não", ou, ainda, de um sentimento de urgência militante. O leitor hierarquizará por conta própria, e segundo sua vontade, não sem um pensamento respeitoso por aqueles – um Michaux, um Blanchot, um Beckett, por exemplo – que sempre, ou quase sempre, rejeitaram a "engrenagem", e que, por definição, não teremos a ocasião de encontrar nesta máquina.

O "jogo social" da entrevista procede, sem dúvida, mais de uma necessidade de informação do que de um verdadeiro comentário: uma vez lançado um livro, é necessário fazer com que saibam de sua existência e que saibam do que se trata, por exemplo, "falando dele" com seu autor. Daí a importância dada à descrição, que quase não tem função nos outros tipos de paratexto, a não ser no prospecto ou no *release*: resumir a ação de um romance ou a tese de uma obra de ideias e citar algumas frases para "dar uma ideia do estilo". E como o entrevistador é, geralmente, mais especialista de entrevista do que do autor em questão, o mecanismo funciona espontaneamente por reflexo, ou seja, por clichês intercambiáveis, estoque de questões típicas para o qual rapidamente se constituiu um estoque de respostas típicas, que reduzem drasticamente a parte do imprevisto. Em matéria de ficção, a pergunta central é, certamente: "Este livro é autobiográfico?", e a resposta mais comum: "Sim e não" (Barthes sobre *Fragments d'un discours amoureux*: "Sou eu e não sou eu"; Mauriac sobre Yves Frontenac: "Ao mesmo tempo sou eu e não sou eu"; Sollers sobre *Portrait d'un joueur*: "Sim e não: seria Philippe Sollers, se fosse personagem de romance"; mais sagaz, Truman Capote – vou condensar: "Meus livros mais autobiográficos não são aqueles que se acredita que sejam" etc.). Outra pergunta-clichê: "Há referência a pessoas ou a fatos reais?"; resposta-clichê: "Não há modelos, sem dúvida, mas eu os emba-

---

18. *Le Grain de la voix*, p. 300, ou Boncenne, *Écrire, lire et en parler, op. cit.*, p. 366.

ralhei". "O senhor sofreu influência de x?" – "De jeito nenhum, nunca o li"; ou, mais perversamente, segundo a técnica do contra-ataque: "Não, não de x, mas de y, em quem ninguém pensou"[19]. "O seu livro opera, ou ilustra, um retorno a... (a Balzac, à narrativa, à psicologia, à tradição francesa clássica, a Kant, a Descartes, a Plotino...)?" – "Sim e não, a História avança em espiral." "Escrever este livro mudou o senhor?" – "Sim e não, realmente mudamos algum dia?" (Simone de Beauvoir, sobre *Le Deuxième Sexe*, simplesmente responde *não*, o que não deixa de ser decepcionante.) "O senhor demorou para escrevê-lo?" Aqui, duas boas respostas: "Sim, faço muitas rasuras" e "Eu o escrevi muito rápido, depois de tê-lo há muito tempo dentro de mim". "Qual é seu personagem preferido?" – "Fulano, porque é o que se parece menos comigo." Mas a pergunta mais produtiva, em entrevistas com romancistas, porque não se presta a uma resposta *sim, não* ou *sim e não*, consiste em exigir do autor que *explique* (como se já não o tivesse feito à exaustão) a conduta de seus personagens. Raros são aqueles que, como Faulkner, têm a firmeza de esquivar-se. A maioria, constrangida pela urgência, lança-se em exercícios de motivação em que a psicologia mais trivial vem acompanhada das mais desconexas explicações, para grande alegria de um público que acredita mergulhar, nesse instante, nos arcanos da criação. É o grande momento, o clímax da noite; as personagens – porque sempre se trata de personagens – ganham, então, por alguns instantes, uma consistência espantosa, esses "viventes sem entranhas" entram em cena, cada um as escuta e apalpa, as desmonta, as remonta, as ama, as detesta, reescreve a história, se coloca no lugar delas e, finalmente, como sempre, conta sua vida. Tudo isso, bastante agradável na hora, resiste mal a uma segunda leitura, mas não é esse o intuito. Interrompo aqui essa evocação sintética, por medo de beirar a sátira.

Conversas

EM PRINCÍPIO MAIS TARDIA, mais aprofundada, conduzida por um mediador mais diretamente motivado, respondendo menos a uma função de divulgação e de promoção, a conversa tem foros de nobreza mais conceituados do que a entrevista[20]. Não quer dizer que não tenha também seus lugares-

---

19. Gracq, sobre *Le Rivage des Syrtes*: Buzzati? Não, Púchkin.
20. Para a história do gênero, remeto novamente a Ph. Lejeune, cuja lista de conversas radiofônicas (*Je est un autre, op. cit.*, p. 122) é valiosa. Acrescento, entre outras, as coletâneas já cita-

-comuns mais ou menos redutores: "Qual é o seu livro preferido?" Resposta habitual: "O último" ou "O próximo" (mas ficamos sabendo também, mais especificamente, que Claudel prefere *Tête d'or, Partage de midi, Le Soulier de satin*, e também *L'Art poétique* porque foi mal recebido pelo público, Henry Miller, *The Colossus of Maroussi*, ou Barthes, entre suas obras de juventude, seu *Michelet* ao "abstruso" *Le Degré zéro de l'écriture*). "As suas personagens não acabam fugindo do controle e vivendo uma vida própria?" Resposta de Jacques Laurent: "Sim, depois do primeiro terço". De Faulkner: "Sim, geralmente na página 275". E, sobretudo, devido a sua posição temporal tardia e, por vezes, à própria curiosidade do interlocutor, ou ainda à memória ruim do autor ou a sua repugnância em se autocomentar, a conversa (salvo a insistência meritória de um interlocutor como Jean Amrouche) abandona rapidamente o âmbito da obra em favor de uma retrospecção mais autobiográfica, cuja pertinência paratextual é mais indireta: ver Léautaud-Mallet ou Breton-Parinaud. Com efeito, a maioria das coletâneas de conversas, hoje em número considerável, constitui-se em mina de testemunhos paratextuais, em particular sobre os hábitos de trabalho: lugares, momentos, posições, ambiente, instrumentos, rituais, rapidez ou lentidão de escrita etc.; e sobre a interpretação ou apreciação tardia ou global da obra, que frequentemente vem remediar (Claudel, Faulkner, Sarraute) ou confirmar e nuançar (Barrès, Borges, Tournier) o que havia sido dito em um prefácio tardio. Os melhores comentários autorais do *Culte du moi* encontram-se, provavelmente, no inquérito inaugural de Jules Huret sobre a "evolução literária"[21]; de *Le Soulier de satin*, em *Une heure avec Claudel* de Frédéric Lefèvre ou em *Mémoires improvisés* (conversas com Amrouche); dos *Cahiers d'André Walter* (muito reservado), de *L'Immoraliste*, de *Les Caves* ou de *Robert*, nas conversas Gide-Amrouche; de *Le Fou d'Elsa*, em Aragon-Crémieux; e nenhum crítico, nenhum leitor atento pode ignorar os esclarecimentos já citados, que faz Nathalie Sarraute, diante de Jean-Louis Ezine, ao prefácio de Sartre para *Portrait d'un inconnu*; ou o quadro fantasmático feito por Faulkner, diante de J. Stein vandel Heuvel, da vida ideal de um escritor proprietário de um bordel – ou, mais seriamente, sua evocação

---

das de Thomas Mann, Aragon-Crémieux, Queneau-Charbonnier, Borges-Charbonnier e outros Borges, Ponge-Sollers, as coletâneas já citadas por suas entrevistas e duas coletâneas mais centradas nos hábitos e métodos de trabalho: *Romanciers au travail*, trad. fr., Gallimard, 1967, e J.-L. de Rambures, *Comment travaillent les écrivains*, Flammarion, 1978. Se *Apostrophes* se aproxima mais da entrevista, alguns programas especiais (Nabokov, Cohen, Duras, Dumézil) aproximam-se mais da conversa, como as *Radioscopies* de Jacques Chancel.

21. Publicado no *L'Écho de Paris*, em 1891; reeditado pela Thot, 1982.

da imagem seminal de *The Sound and the Fury*, "a do fundo de calcinha sujo de uma menina que, trepada numa pereira, podia acompanhar, pela janela, o funeral de sua avó..." Philippe Lejeune diz com razão que *Mémoires improvisés* são, graças a Amrouche, "uma soma notável de história literária e de codicilo para a própria obra de Claudel". A relação particular entre o autor e seu mediador (que deixa então de ser uma pura "não-pessoa" para tornar-se um cúmplice ou um inquisidor) contribui para isso, às vezes imensamente, por insistência do segundo, por acordo privilegiado entre os dois, ou, melhor ainda, talvez, pela divergência entre eles: ver Mallet fazer Léautaud perder as estribeiras (que talvez nem tivesse), ou Amrouche, por sua defesa obstinada de Robert, obrigando Gide a, violentamente, posicionar-se contra sua personagem: "Um dos piores traços de seu caráter: a necessidade de dominar a situação, de ter sempre a última palavra e de ficar sempre com a melhor parte [...], falsa nobreza, nobreza sem generosidade, *ele arrota grandeza...*" Em todos esses casos, e em muitos outros, o inconveniente do gênero (a situação de diálogo) torna-se uma vantagem, de modo que a conversa bem conduzida (o que significa às vezes: aparentemente mal conduzida) se torna uma forma insubstituível de paratexto.

Colóquios, debates

CHAMO AQUI DE COLÓQUIO, OU DEBATE*, qualquer situação em que um autor é levado a "dialogar", não mais com um[22] interlocutor, mas com um auditório de algumas dezenas de pessoas, com ou sem gravação ou projeto de publicação. Essa situação apresenta-se, em particular, no final de uma conferência, ou quando o escritor é convidado a debater sua obra diante de um grupo de estudantes e professores, ou ainda quando ocorre um colóquio expressamente organizado em torno de um autor e a seu respeito. O primeiro tipo, normalmente formal e apressado, não deixa muitos rastros, mas o segundo costuma deixar vários, como os três volumes dedicados a Faulkner, que, sem dúvida, ilustram perfeitamente a situação[23]. O terceiro deixou um famoso

---

* No Brasil, costuma-se chamar de "colóquio" um evento de caráter acadêmico e de "debate" aquele em que há, em geral, algum tipo de embate, como os debates sobre um tema polêmico ou aqueles às vésperas das eleições (N. da T.).

22. Ou eventualmente dois ou três, como na série "L'express va plus loin...".

23. *Faulkner à Nagano*, Tóquio, 1956; *Faulkner à l'Université*, debates gravados, em 1957-1958, na Universidade de Virgínia, Charlottesville, publicados em 1959, trad. francesa, Gallimard, 1964; *Faulkner à West Point*, New York, 1964. Pude consultar apenas o segundo, que parece ser o mais interessante.

rastro na série de volumes tirados de *décades* de Cerisy, em torno dos heróis do Nouveau Roman (1971), de Michel Butor (1973), de Claude Simon (1974), de Alain Robbe-Grillet (1975), de Francis Ponge (1975), de Roland Barthes (1977) e de Yves Bonnefoy (1983)[24].

A função paratextual dessas situações de colóquio é muito parecida com a das conversas, de que se distingue por apenas uma variante: como a conversa, o colóquio só ocorre com os escritores já consagrados, que atiçam a curiosidade e o interesse do público. Os traços particulares dessa variante devem-se, evidentemente, à pluralidade dos interlocutores, o que produz três efeitos bem acentuados. O primeiro é a ausência de "diálogo contínuo": as trocas ocorrem, em geral, sem que haja a possibilidade de aprofundar as questões, pula-se de um assunto para o outro sem transição (efeito marcante no caso de Faulkner). O segundo é a falta de intimidade, ou, pelo menos, de proximidade, o que impede perguntas mais pessoais ou a abordagem biográfica e mantém o debate no âmbito da obra (no caso de Faulkner, com insistência marcante sobre *The Sound and the Fury*). O terceiro, bem conhecido dos familiarizados com Cerisy, é o que se pode chamar de *efeito de colóquio*, isto é, a tendência de um determinado público universitário – bem parisiense ainda que cosmopolita – a fazer perguntas mais valorizadoras para o perguntador do que estimulantes para o perguntado. Em Cerisy, esse efeito de exibição se agrava, em alguns momentos, por um tom de intimidação teórica que alguns chamam, só Deus sabe o porquê, *efeito J.R.*, e ao qual alguns reagem melhor do que outros: com humor e irreverência, com altivez e com uma sinceridade que desarma. Os menos dotados dão a impressão de serem francamente ultrapassados por seus brilhantes exegetas e de perder o fôlego ao tentar pensar além de sua capacidade. Mais hábil ou mais enfastiado, Gide soltava às vezes, diante de Amrouche, uma exclamação irônica de admiração, que de modo algum desnorteava o hermeneuta, mas era suficiente para desobrigar sua vítima. Há casos em que é melhor não dar a impressão de que estamos compreendendo.

Autocomentários tardios

AS "DÉCADES" EM TORNO DE UM autor contêm, geralmente, uma conferência do "interessado" que, apesar das restrições citadas acima, pertence ao que chamo de epitexto autônomo tardio ou autocomentário. Essa prática é relati-

---

24. Todos publicados na coleção 10/18, salvo Bonnefoy, publicado pelas edições Sud.

vamente moderna, porque a era clássica, pouco afeita ao comentário crítico em geral, suportava ainda menos que o próprio autor assumisse indiscretamente a tarefa: tabu de decoro. Ainda no século XVIII e no início do XIX, Rousseau e Chateaubriand, em suas Memórias, descrevem as circunstâncias da redação de determinada obra e as peripécias de sua recepção (isso faz parte dos acontecimentos de suas vidas, que se propuseram contar), mas não chegam a entrar em comentários que teriam um sabor profissional demais. A era romântica não parece muito mais favorável a isso, já que nela os escritores estavam mais preocupados – como Edgar Poe lhes irá censurar – em fazer com que acreditassem na espontaneidade quase miraculosa de sua inspiração e, portanto, pouco interessados em exibir o processo de produção: tabu de pertinência. A era moderna é, sem sombra de dúvida, mais aberta a tais confidências, desconsiderando, vale dizer, um terceiro tabu com que já nos deparamos: o de autoridade sobre a interpretação autoral. Por isso, mais frequentemente o autocomentário toma nela um caminho diferente, o do comentário genético: não sou mais bem (e talvez não mais mal) qualificado do que outros para dizer o que minha obra significa e por que a escrevi: entretanto, estou mais preparado do que qualquer um para dizer *como* a escrevi, em que condições, segundo que processo, ou mesmo por quais procedimentos[25].

O iniciador desse procedimento foi, evidentemente, Edgar Poe, que, em sua conferência "The Philosophy of Composition"[26], se mostra bastante consciente do caráter revolucionário de sua iniciativa: "Pensei muitas vezes no quão interessante seria se pudéssemos ler o artigo de um escritor que quisesse – e que soubesse – retraçar detalhadamente, passo a passo, o processo pelo qual uma de suas obras chegou ao término definitivo de sua realização. Por que um artigo assim nunca foi escrito não sei dizer, mas talvez a vaidade dos autores seja a principal razão. Muitos escritores – sobretudo os poetas – preferem dar a entender que produzem suas obras num estado de sutil frenesi ou de intuição extática; e teriam verdadeiros calafrios só de pensar em deixar o público espiar por trás da cortina…"

A continuação ilustra, como se sabe (se veridicamente ou não, é outra questão), essa intenção de desvelamento, ou mesmo de desmistificação dos

---

25. Robbe-Grillet exprime muito bem esse recuo defensivo: "Ao contrário do que foi aqui dito com frequência, creio que um autor consciente e organizado conhece bastante bem sua obra: ele faz com que ela funcione. Não quero dizer que a conhecerá sempre melhor do que todo mundo em todos seus aspectos, mas, globalmente, tem sobre a obra uma soma de informações considerável, sobretudo se escreve lentamente, o que é meu caso" (Cerisy II, p. 412).

26. Escrita em 1845, depois do sucesso de *O Corvo*. O título que se impôs na França – *Genèse d'un poème* (traduzido por Baudelaire)– é mais revelador do que o original.

segredos da fábrica literária: vontade de produzir um poema que conviesse ao mesmo tempo ao público e à crítica; vantagens do poema curto, que pode ser lido numa sentada; escolha de um tema eficaz (morte de uma jovem); adoção de um refrão que pode mudar de aplicação a cada estrofe (*Nevermore*), progressão em clímax etc.

Na verdade, o exemplo de Poe não fez escola rapidamente. Foi preciso esperar o século XX para encontrar exemplos significativos: *Comment j'ai écrit certains de mes livres* de Raymond Roussel, publicado postumamente, em 1935, traz um título emblemático que terá alguns desdobramentos em nossa época (Butor em Cerisy: "Comment se sont écrits certains de mes livres", e Renaud Camus anunciando, em 1978, um "Comment m'ont écrit certains de mes livres", variações características de um galanteio de época): é a revelação do famoso "procedimento" que consiste em pegar duas frases homófonas e depois imaginar uma narrativa que leve de uma para a outra. Aragon, em *Je n'ai jamais appris à écrire ou les Incipit* (1969), refere-se ainda ao modelo rousseliano para estabelecer, de *Télémaque* a *La Mise à mort*, a virtude generativa de uma primeira frase dada pelo acaso. De maneira mais clássica, ou menos agressivamente formalista, Thomas Mann produziu, em 1949, uma *Gênese do Doutor Faustus*[27], em que expõe detalhadamente as fontes e o princípio de composição desse romance, as vicissitudes de uma produção que se estende entre 1901 e 1947, e discute o estatuto genérico e as intenções simbólicas. Ao mesmo gênero, pois, pertencem algumas comunicações feitas em Cerisy, em 1971, por Nathalie Sarraute ("Ce que je cherche à faire"), Claude Simon ("La fiction mot à mot"), Alain Robbe-Grillet ("Sur le choix des générateurs"), Claude Ollier ("Vingt ans après"), Michel Butor (já citado), Robert Pinget ("Pseudo-principes d'esthétique") e Jean Ricardou ("Naissance d'une fiction"), cujos títulos já indicam claramente o vínculo com a tradição iniciada por Poe e as nuanças individuais dessa filiação: ênfase colocada ora nas intenções temáticas, ora nos processos formais. A atitude de Michel Tournier em *Le Vent Paraclet* é ligeiramente diferente, pois ao aspecto genético (construção do tema da "foria" para *Le Roi des aulnes*, das três fases de *Vendredi*, relação de *Météores* com *Le Tour du monde en quatre-vingt jours*) acrescenta-se uma parte de interpretação simbólica que não se deixa abalar

---

27. *Die Entstehung des Doktor Faustus*, Frankfurt, Fischer Verlag; o título da tradução francesa, *Le Journal du Docteur Faustus*, Plon, 1962, é um pouco enganador, porque não se trata de um diário de bordo, mas de uma exposição retrospectiva. Do mesmo Mann, há uma conferência, *The Making of The Magic Mountain*, proferida em Princeton, em 1939, cujo texto não tenho.

pelos escrúpulos habituais a respeito da legitimidade da hermenêutica autoral. Mas sabemos que Tournier gosta de situar-se na contracorrente das atitudes de vanguarda.

Esses epitextos autônomos (esqueço, sem dúvida, dezenas deles) têm sobre o epitexto midiatizado a vantagem manifesta da autonomia, que os protege das limitações e dos acasos do diálogo: neles o autor toma decididamente a iniciativa e mantém o controle sobre seu comentário. O inconveniente é, inversamente, a ausência do álibi dialógico, mas a solicitação pública (convite a uma conferência, encomenda editorial)[28] supre-o com frequência para exonerar o autor da crítica de indiscrição. Afora essas nuanças, o epitexto autônomo divide com o midiático a característica essencial de lugar (fora do peritexto), que dá ao autor a ocasião para um comentário dissociado, materialmente independente do texto. A pressão paratextual faz-se assim menos presente, oferecida e não imposta: o texto e seu paratexto prosseguem separadamente suas carreiras, e o leitor do primeiro não é obrigado a passar pelo segundo – pelo menos durante algum tempo, porque se sabe, por exemplo, que *Les Incipit* foram incorporados, em 1974, à coleção das *Œuvres romanesques croisées*: em que o epitexto se reúne com o peritexto, e não é mais do que um começo, uma parcela da inevitável chegada ao peritexto das edições eruditas, geralmente póstumas. Voltarei a esse movimento irresistível.

TALVEZ FOSSE NECESSÁRIO todo um estudo à parte – para o qual felizmente não disponho dos meios – para tratar de outra forma, pelo menos indireta, de epitexto público: aquele que é fornecido, desde sempre, pelas sessões de leitura pública das obras por seus autores. Não estou pensando aqui nos comentários autorais que podem acompanhá-las, e que se vinculam às categorias já enumeradas, mais na própria leitura (ou recitação de cor), que já é, evidentemente, por seu andamento, seus acentos, suas entonações, pelos gestos e mímicas que a sublinham, uma "interpretação". Não temos, pelas próprias circunstâncias, nenhum rastro dessas performances anteriores ao final do século XIX, mas alguns testemunhos indiretos que seria talvez útil reunir e confrontar e, pelo menos no caso das famosas turnês de Dickens (que deixou a lembrança de um prodigioso ator), algumas versões especialmente

---

28. É o caso particular de coleções como *Écrivains de toujours*, para Barthes (mas o *Roland Barthes par Roland Barthes* não é exatamente um comentário sobre sua obra), ou *Les Sentiers de la création* para Aragon.

resumidas, ou mesmo modificadas, que indiretamente trazem comentários[29]. A partir do século XX, as leituras foram amplamente gravadas, ao vivo ou em estúdio, e também existe aí, como na música, uma mina de informações paratextuais. Outros, espero, explorarão este veio. Dizem – mas aqui, pelo que sei, nenhuma gravação confirma – que Kafka, em público, lia suas obras *rindo*.

---

29. Ver P. Collins (ed.), *Charles Dickens, The Public Readings*, Oxford University Press, 1975.

O Epitexto Privado

O QUE DISTINGUE O EPITEXTO PRIVADO do epitexto público não é exatamente a ausência de olhar para o público, e portanto de intenção de publicação: muitas cartas, muitas páginas de diários são escritas com a clara presciência de uma publicação vindoura, e o efeito que essa presciência exerce sobre sua redação não fere seu caráter privado, ou mesmo íntimo. O que para nós definirá esse caráter é a presença interposta, entre o autor e um eventual público, de um destinatário primeiro (um correspondente, um confidente, o próprio autor) que não é percebido como um simples mediador ou retransmissor funcionalmente transparente, uma "não-pessoa" midiática, mas, sim, como um destinatário absoluto, ao qual o autor se dirige particularmente, nem que seja com a intenção de posteriormente tomar o público como testemunha dessa interlocução. No epitexto público, o autor dirige-se ao público, eventualmente por meio de um mediador; no epitexto privado, dirige-se primeiramente a um confidente real, percebido como tal e cuja personalidade influi nessa comunicação, chegando a modificar sua forma e conteúdo. Desse modo, na outra ponta dessa corrente, o público, admitido por fim nessa confidência ou intimidade, "toma conhecimento", com atraso[1] e "por cima do ombro" de um terceiro, tratado autenticamente como uma pessoa singular, de uma mensagem que não lhe é dirigida diretamente: Flaubert não se dirige a Louis Bouilhet como a Louise Colet, Gide a Valéry como a Claudel, nem como a si mesmo, e o leitor dessas correspondências e desses diários não pode recebê--los corretamente sem levar em conta essas pessoas. É claro que essa distinção é bastante relativa por sua própria natureza: já mencionamos casos de desvio num dado sentido (Léautaud diante de Mallet), e encontraremos outros, talvez simétricos: por exemplo, não sabemos com certeza se Goethe considerava Eckermann um confidente ou um mediador. Essas situações intermediárias, porém, não comprometem, no essencial, a validade de nossa distinção e, por-

---

1. Exceto na forma chamada "carta aberta", em que a publicação acompanha o envio privado, quando não faz as vezes dele. Algumas respostas públicas tomam essa forma, que de modo algum abole a convenção do destinatário real.

tanto, da categoria de epitexto privado, cuja existência é suficientemente evidente para não ser desmentida por suas margens.

Irei subdividir esse vasto conjunto em dois grandes grupos: o epitexto *confidencial*, quando o autor tem por destinatário um (ou, mais raramente, vários) confidente, seja por mensagem escrita (correspondência), seja por mensagem oral (confidências, no sentido comum do termo), e o epitexto *íntimo*, quando o autor se dirige a si mesmo; essa autodestinação pode, por sua vez, tomar duas formas relativamente distintas (mas que apresentam casos intermediários): o diário e aquilo que, há alguns anos, chamamos, com muita felicidade, de *prototexto [avant-texte]*.

Correspondências

AS CORRESPONDÊNCIAS DE escritores são uma realidade quase tão antiga quanto a literatura, ou pelo menos quanto a literatura escrita, mas está claro que, com algumas exceções e por razões de decoro que já vimos, as correspondências anteriores ao século XIX não incluem muitas confidências a respeito da atividade literária de seus autores. A correspondência de Chateaubriand, muito "antigo regime" a esse respeito, ainda é de notável discrição. A era romântica assiste a uma clara mudança de atitude, talvez acentuada por situações de eventual afastamento que favorecem sua produção: Madame Hanska em terras distantes, Hugo no exílio, Flaubert e Louise Colet separados pela disciplina conhecida. Seria preciso uma grande pesquisa sobre a história e as formas de publicação dessas correspondências, mas aqui uma data me parece bastante significativa (isto é, decidi considerá-la como tal): 1876, publicação (póstuma evidentemente) da Correspondência de Balzac, saudada por dois comentários cuja oposição diametral ilustra bastante bem a importância do fato. O primeiro é de Zola, em artigo retomado posteriormente em *Les Romanciers naturalistes*:

> Normalmente, prestamos mau serviço aos homens ilustres ao publicar sua correspondência. Nela eles quase sempre se mostram egoístas e frios, calculistas e vaidosos. Vemos nela o grande homem de roupão, sem a coroa de louros, fora da postura oficial; e frequentemente esse homem é mesquinho, até mesmo mau. Nada disso acontece com relação a Balzac. Ao contrário, sua correspondência o engrandece. Conseguiram vascular suas gavetas e publicar tudo, sem diminuí-lo uma polegada. Ele sai de fato engrandecido dessa terrível prova e mais simpático.

O segundo é de Flaubert numa carta a sua sobrinha Caroline:

Li a Correspondência de Balzac. Pois bem, foi para mim uma leitura *edificante*. Pobre homem! que vida! como sofreu e trabalhou! que exemplo! [...] Mas que preocupação com dinheiro! e como se preocupa pouco com a Arte! *Nenhuma vez* fala dela! Ambicionava a glória, não o Belo. Por outro lado, que estreiteza de vistas! legitimista, católico, sonhando ao mesmo tempo com uma cadeira de deputado e com a Academia Francesa! Com isso tudo, ignorante como uma porta e *provinciano* até a medula; o luxo o fascina. Sua maior admiração literária vai para Walter Scott[2].

Na medida (eminentemente variável, e amiúde muito fraca, mesmo na época moderna) em que se refere a sua obra, uma carta de escritor exerce, pode-se dizer, uma *função* paratextual sobre seu destinatário principal e, de modo mais distante, um simples *efeito* paratextual sobre o público final: o autor tem uma ideia precisa (singular) daquilo que pretende dizer de sua obra a um determinado correspondente, mensagem que pode, em última instância, ter valor ou sentido apenas para este; tem uma ideia bem mais difusa, e às vezes bem mais despreocupada, da pertinência dessa mensagem para o público vindouro; e, reciprocamente, o leitor de uma correspondência é conduzido naturalmente a considerar as contingências; valorização, precaução ou falsa modéstia numa carta de remessa a um editor; bazófia e autoglorificação nas cartas de Balzac a Madame Hanska; talvez exageração demonstrativa da dificuldade de escrever nas de Flaubert a Louise Colet, cuja mensagem *ad usum delphinæ* é sempre um pouco: "Veja o que a verdadeira literatura pressupõe de esforço e de sofrimentos, e tome-a como modelo". Em outras palavras, para nós o efeito paratextual procede de uma percepção "corrigida das variações individuais" da função paratextual inicial.

Feita essa reserva, pode-se utilizar – e é isso o que os especialistas fazem – a correspondência de um autor (em geral) como uma espécie de testemunho sobre a história de cada uma de suas obras: sobre sua gênese, sobre sua publicação, sobre a acolhida do público e da crítica, e sobre a opinião do autor a respeito de todas as fases dessa história. É a atitude que irei adotar nas páginas que seguem, uma vez estabelecido que esses vários tipos de informação se distribuem de acordo com os autores (ou, por autor, de acordo com as obras) de modo às vezes muito diverso. Assim, a correspondência de Flaubert

---

2. 31 de dezembro de 1876; mesma crítica, no mesmo dia, numa carta a Edmond de Goncourt.

é muito prolixa no que toca à gestação de suas obras (e, principalmente, graças a Louise Colet, de *Madame Bovary*), e mais discreta quanto a seus procedimentos editoriais e a acolhida do público; inversamente, a de Proust, que não nos deixa nada ignorar sobre as vicissitudes da edição de *Swann*, é quase muda, a partir de 1909, sobre as de sua gênese. Talvez eu esteja errado, porém, neste último caso, em falar como se se tratasse de um testemunho indireto: as cartas a Calmette, a René Blum ou a Louis de Robert não *testemunham* uma procura de editor, elas a *constituem*. Se o testemunham, é apenas para nós – de novo um efeito da situação pragmática muito particular do epitexto privado: o que no tempo do autor era ação torna-se para nós simples informação.

QUANDO ANTERIOR AO NASCIMENTO da obra, a correspondência pode também testemunhar um não-nascimento: obras abortadas das quais às vezes subsistem apenas pistas indiretas, e alguns esboços: como, em Balzac, *La Bataille*, qualificada premonitoriamente (a Madame Hanska, janeiro de 1833) como "obra impossível"; ou, em Flaubert, o sempre repisado *Essai sur le sentiment poétique français,* e os projetos de romance, *Monsieur le Préfet* ou *La Bataille des Thermopyles*. Mas o essencial diz respeito à gênese de obras acabadas, para as quais certas correspondências constituem (muitas vezes melhor do que a maioria dos diários) um verdadeiro diário de bordo: Balzac a Madame Hanska, de *Grandet* (1833) ao tomo VII de *La Comédie humaine* (1844), confidências à bem-amada distante bem acentuadas, como disse, pela preocupação de valorização literária ("*Eugénie Grandet* é uma bela obra", *Le Médecin de campagne* é um "grande retrato", *La Recherche de l'absolu* "um belo trabalho", *Le Père Goriot* "uma bela obra", "creio estar de posse de uma obra-prima com *Albert Savarus*"), moral e religiosa ("Tudo é puro" em *La Recherche de l'absolu,* "Quando a senhora ler [a introdução de 1842], não vai mais perguntar se realmente sou católico"), e social ("*Le Père Goriot* é um estrondoso sucesso; os mais ferrenhos inimigos estão de joelhos" etc.). Em Stendhal, geralmente pouco loquaz a respeito de seu trabalho, pelo menos duas cartas fundamentais, uma a Mérimée (23 de dezembro de 1826), que fornece a chave de *Armance,* a outra a Madame Gaulthier (4 de maio de 1834), que é a única que nos informa a origem de *Leuwen,* reescritura de um manuscrito, hoje perdido, da mencionada Gaulthier. As cartas de Flaubert a Louise Colet sobre o início da gênese de *Madame Bovary,* de janeiro de 1852 a abril de 1854, são por demais conhecidas para que eu volte a insistir nelas; sobre a continuação (final de *Bovary,* elaboração de *Salammbô,* de *L'Éducation,* de *Trois Contes*) conhecemos menos detalhes porque as confidências a Madame Roger des Genettes ou a Mademoiselle Leroyer de Chantepie são mais rarefeitas, dando a impressão errônea de uma gênese menos laboriosa[3]. A correspondência de Zola é igualmente rica em informações sobre seu trabalho, particularmente pelas cartas que escreveu a discípulos como Paul Alexis ou Henri Céard, ou a jornalistas como Van Santen Kolff, que será, a partir de *Germinal*, uma espécie de confidente profissional, meio familiar, meio mediador, a quem Zola confiava claramente a tarefa de tornar conhecidos do público seus métodos e hábitos de trabalho, ou, mais exatamente, a imagem que queria passar disso tudo: mais uma situação intermediária entre epitextos público e privado[4].

O momento mais feliz da gênese de uma obra é provavelmente o do ponto final – mesmo que nunca seja totalmente final, em particular no caso dos autores que fazem profundas correções no manuscrito ou nas provas; mas ter "escrito fim" é como que uma garantia de conclusão próxima. É o momento legítimo de uma espécie de grito de vitória, cujo meio de expressão são muitas vezes as correspondências. Seria divertido formar uma coleção destas e analisar a escolha dos eleitos. Eis alguns, escolhidos ao acaso das leituras: Madame Hanska para *La Recherche de l'absolu*, Mademoiselle Leroyer de Chantepie para *Salammbô* (Louise Colet, por tê-lo desmerecido, não teve direito ao peã de *Bovary*, e por isso, salvo engano, ninguém o teve por escrito), Jules Duplan para a *L'Éducation sentimentale*, Henri Céard para *Nana* e para *L'Œuvre*, Van Santen Kolff para *La Débâcle*. Não se deve tomar ao pé da letra esta frase de Proust escrita a Madame Straus, em 1909: "Acabo de começar – e de terminar – todo um longo livro". A acreditarmos nas lembranças de Céleste Albaret, é a esta que ele irá declarar de viva voz, num dia da primavera de 1922: "Esta noite coloquei a palavra *fim*. Agora já posso morrer". Esta frase premonitória deve talvez diminuir nosso entusiasmo quanto à alegria de concluir.

O manuscrito "concluído", ou pelo menos apresentável, é muitas vezes submetido ao julgamento dos mais próximos. Outrora, esse texto passava, provavelmente com mais frequência do que hoje, por uma leitura em voz alta: conhecemos a de *La Tentation* diante de Louis Bouilhet e Maxime Du Camp,

---

3. Na verdade, Flaubert dedicou quatro anos e meio a *Bovary*, cinco a *Salammbô*, seis a *L'Éducation*, a gestação mais longa, mas que lhe inspira menor número de queixas.

4. As confidências a Alexis e ao italiano Edmondo de Amicis estão em Paul Alexis, *Émile Zola, notes d'un ami*, Charpentier, 1882; as destinadas a Van Santen Kolff aparecerão em várias publicações em alemão que não foram traduzidas. Ver as edições da Correspondência, e R. J. Niess, "The Letters of Émile Zola to Van Santen Kolff", *The Romanic Review*, fev. 1940.

e seu resultado negativo. Essa prática – cujo detalhe, sem dúvida fértil de indicações paratextuais privadas, está fora, infelizmente, de nosso alcance – ainda era muito ativa, por exemplo no grupo de Bloomsbury ou no da NRF. Gide não recuava diante da viagem para ir fazer a leitura a Martin du Gard, na região do Perche ou na Côte d'Azur; outras vezes, uma visita a Cuverville era nobilitada, para o convidado, com o mesmo privilégio: "Jacques Rivière acaba de ir embora. Passou aqui três dias. Li para ele os dezessete primeiros capítulos de *Les Faux-Monnayeurs*" (*Journal des F. M.*, 27 de dezembro de 1923). Às vezes, porém, o manuscrito, ou alguma cópia, se desloca sozinho, gerando um intercâmbio epistolar. Em 29 de maio de 1837, Balzac recomenda a Madame Hanska, para *La Vieille Fille*, que imite a severidade lacônica de Madame de Berny: "[Ela] não discutia, anotava: *ruim*, ou: *reescrever esta frase*". No começo de setembro de 1913, Proust responde às observações de Lucien Daudet sobre as provas de *Swann*, insistindo na construção do conjunto da *Recherche*, e seus efeitos evocativos de longuíssimo alcance.

MAS QUEM DIZ PROVAS DIZ FINAL feliz e positivo dos percalços editoriais. A correspondência de Hugo no exílio, particularmente com Hetzel ou Lacroix[5], testemunha, entre outras coisas, os detalhes dessa fase, que para ele, na verdade, era mais de exigência do que de angústia. Em 18 de novembro de 1852, anuncia a Hetzel o início do que virá a ser *Les Châtiments*: "É um novo cautério que julgo necessário aplicar sobre Louis Bonaparte. Já está cozido de um lado, parece-me que é chegada a hora de virar o imperador na frigideira". Em 21 de dezembro: "Eu lhe tinha dito 1600 versos, serão cerca de 3000. A veia jorrou, não há nenhum mal nisso". Em 23 de janeiro de 1853, dá o título definitivo e acrescenta: "Este título é ameaçador e simples, isto é, belo". Em 6 de fevereiro, como Hetzel, um pouco assustado, tinha sugerido que "o que é forte não tem necessidade de ser violento", Hugo cresce nos cascos: serei violento, como Jeremias, Dante, Tácito, Juvenal, "Como Jesus, golpeio com todas as minhas forças, *Napoléon le Petit* é violento. Este livro será violento. Minha prosa é honesta, mas não é moderada. [...] Declaro-lhe que sou violento". Em maio de 1855, a respeito de *Contemplations*: "É a hora do golpe final e já fiz a minha escolha. Como Napoleão (1º), lanço minhas reservas. Despejo minhas legiões no campo de batalha. Aquilo que guardava para mim, entrego-o para que *Les Contemplations* seja minha obra poética mais completa. [...] Até agora só

---

5. Ver Victor Hugo–P.-J. Hetzel, *Correspondance*, t. I (1852-1853), S. Gaudon éd., Klincksieck, 1979, e B. Leuilliot, *Victor Hugo publie les Misérables* (août 1861–juillet 1862), Klincksieck, 1970.

construí Gizés sobre minhas areias, é chegada a hora de construir Quéops; *Les Contemplations* será minha grande pirâmide". Em abril de 1859, sobre a futura *Légende des siècles*: "Fui além das *Petites Épopées*. Era o ovo. A coisa é agora bem maior do que isso. Escrevo simplesmente a Humanidade, afresco por afresco, fragmento por fragmento, época por época. Mudo, então, o título do livro, que é agora: *La Légende des siècles, par Victor Hugo*. Isso é belo e irá tocá-lo, creio…".

Essas trocas de cartas entre autor e editor podem tratar de projetos menos adiantados. Desse modo, vemos Zola, em 1869, endereçar a Lacroix um resumo detalhado (doze páginas) de *La Fortune des Rougon*, acompanhado de quatro páginas sobre a ideia geral dos *Rougon-Macquart* e do anúncio dos nove volumes vindouros, que, ao final, serão dezenove[6]: testemunho precioso da evolução desta série – evolução por amplificação, com exceção única de um volume previsto sobre "um episódio da guerra da Itália", que será substituído por *La Débâcle*, sobre outra guerra seguramente mais dolorosa. Conhecemos também o copioso (vinte mil palavras) resumo de *The Ambassadors*, enviado por James à Harper em 1900, que já constitui, por si só, uma espécie de primeira versão do romance[7].

A *Recherche* estava provavelmente mais adiantada (embora de modo algum tão acabada quanto afirmava) quando Proust começou a procurar um editor. Essa longa procura é o momento mais intensamente paratextual de sua correspondência, mais discreta a partir de 1909, isto é, quando o projeto de ensaio sobre Sainte-Beuve torna-se uma narrativa semirromanesca. Silêncio que é rompido, em 25 de outubro de 1912, por uma carta a Antoine Bibesco, pela qual sabemos que Proust quer submeter à NRF uma obra que é "um romance; se a liberdade de tom assemelha-o aparentemente a Memórias, na verdade uma composição muito estrita (porém de ordem complexa demais para ser percebida à primeira vista), ao contrário, o diferencia das Memórias: o que existe nele de contingente é apenas aquilo que é necessário para exprimir a parte de contingência que existe na vida". Três dias depois, numa carta quase idêntica a Louis de Robert, sempre com os olhos na NRF, insiste nestes termos: "[…] uma longa obra que chamo romance porque não tem a contingência de Memórias (há de contingente em seu interior apenas o que deve representar a parte do contingente na vida) e que é de composição muito severa, embora pouco apreensível por ser complexa; eu seria incapaz de definir seu gênero…" No mesmo dia, uma carta a Fasquelle (como se Proust estivesse batendo em várias portas

---

6. Ver Pléiade, v, pp. 1755 e ss.
7. Ver *Carnets,* trad. fr., Denoël, 1954, pp. 410-455.

ao mesmo tempo) sublinha o caráter "indecente" da continuação: o editor deve comprometer-se com conhecimento de causa, sem poder mais tarde alegar surpresa. Em 20 de fevereiro de 1913, depois nos dias 23 e 24, finalmente o alvo é Grasset, a princípio *via* René Blum, depois diretamente, para a publicação de "importante obra (digamos um romance, pois é uma espécie de romance). [...] Não sei se já lhe disse que este livro era um romance. Pelo menos ainda é do romance que está menos distante. Existe um senhor que narra e que diz *eu*; há muitas personagens; são 'planejadas' desde este primeiro volume, isto quer dizer que, no segundo volume, farão exatamente o contrário daquilo que se esperava delas de acordo com o primeiro". Durante o período inteiro de mais de um ano, as cartas se acumulam, aos editores potenciais e depois ao real (o acordo com Grasset data de 11 de março) e aos vários intermediários benévolos, e insistem nos efeitos de estrutura, na escolha dos títulos[8] e, principalmente, como vimos, no estatuto genérico (ou antes, na falta de estatuto genérico) de uma "espécie de romance" que é o "menos distante" (portanto um pouco) desse gênero, e que a rigor mereceria essa qualificação, na falta de um termo mais preciso, não porque seu conteúdo seja fictício, mas porque a narrativa é mais construída do que a de uma simples autobiografia. A mesma reserva será expressa numa confidência mais tardia a Paul Morand: "Esse romance não é exatamente um romance (Proust sentia-se incomodado quando lhe falavam de seu 'romance'; e não se sentia menos incomodado quando empregavam a palavra Memórias ou Lembranças de infância)... é uma espécie de romance..."[9]. Nela encontramos uma ambiguidade com que já nos deparamos quando mencionamos a falta de indicação genérica, o regime gramatical dos intertítulos e todas as descrições de sua obra feitas por Proust. Seja como for, ele terá empregado todos os meios para sugerir, a seu modo, que o estatuto da *Recherche* é absolutamente *sui generis*.

O momento exato da publicação não é muito favorável à confidência epistolar, pois o autor está ocupado em garantir seu "serviço de imprensa", isto é, em redigir as dedicatórias de exemplar. Mas, na verdade, essas mesmas

---

8. A L. de Robert, durante o verão de 1913, Proust justifica a escolha do nome *Du côté de chez Swann* pela "poesia terrena" de um título "modesto, real, cinza, fosco, como uma lavoura de onde podia elevar-se a poesia". Evidentemente, ele tem em mente apenas o aspecto combraciano [de "Cambray", primeira parte do supracitado volume] deste título, que o desenvolvimento ulterior de uma personagem essencialmente "parisiense", até na consonância cosmopolita do nome, nos oculta hoje quase integralmente.

9. Paul Morand, "Le visiteur du soir, Marcel Proust" (relato de uma visita feita, no final de 1915 ou início de 1916), *Mon plaisir en littérature*, Gallimard, 1967, p. 137.

dedicatórias, às vezes abundantes, que também se chamam, com correção, "envios", são na verdade uma forma de missiva, e o pouco que disse acima sobre elas teria também lugar aqui, porque a dedicatória de exemplar, apesar do lugar, pertence menos ao peritexto original do que ao conjunto das práticas epitextuais que acompanham e comandam a publicação do livro. As dedicatórias de exemplar endereçadas aos críticos participam igualmente da busca e, eventualmente, da tentativa de "inspirar" resenhas, já mencionadas quando se tratou do epitexto oficioso. Essa procura passa às vezes por cartas, como já vimos, mas a consulta a exemplares de imprensa[10] faria provavelmente aparecerem numerosos casos de dedicatórias destinadas a orientar a crítica.

A CORRESPONDÊNCIA POSTERIOR, naturalmente mais abundante e frequentemente mais rica, contém excepcionalmente informações, verdadeiras ou falsas, sobre a acolhida do público e da crítica: excepcionalmente, porque essa presença pressupõe um correspondente distante não só do autor, mas também do teatro das operações. O caso de Hugo no exílio é, evidentemente, inverso (era para ele que se passavam informações), mas pensa-se aqui em Balzac anunciando, por exemplo, à Madame Hanska o triunfo de *Le Père Goriot*, já no dia seguinte à sua colocação à venda. A correspondência posterior contém com mais frequência respostas às manifestações dessa acolhida, isto é, às cartas privadas (no mais das vezes, agradecimentos pelo envio de exemplar) e às resenhas públicas. As cartas privadas: conhece-se o importante intercâmbio de maio-junho de 1909 entre Claudel e Gide sobre *La Porte étroite*[11]; ao lado de cumprimentos literários, talvez de conveniência, Claudel enfatizara firmemente o caráter absurdo e condenável, a seu ver, da busca, tipicamente protestante (e incontestavelmente ilustrada pela conduta de Alissa), da perfeição moral e religiosa por si mesma, sem esperança de recompensa. Gide mostra-se encantado com essa reação, que prova que sua pintura estava correta, e afirma que somente o protestantismo pode gerar semelhante drama interior. Muito mais tarde, irá declarar a Amrouche que a carta de Claudel fora para ele uma revelação sobre essa questão e, portanto, sobre o sentido de sua obra. Outra famosa ilustração desse tipo de carta, a resposta de Proust a Jacques Rivière (7 de fevereiro de 1914): "Enfim encontro um leitor que *adivinha* que meu livro

---

10. Consulta provavelmente ainda mais difícil, por razões evidentes, do que a das dedicatórias para amigos.

11. *Correspondance Gide-Claudel*, Gallimard, 1949, pp. 101-104.

é uma obra dogmática e uma construção. [...] Somente no final do livro, e depois que forem entendidas as lições de vida, é que meu pensamento se irá desvelar. Aquele que exprimo no final do primeiro volume [...] é o *contrário* de minha conclusão. É uma etapa, de aparência subjetiva e diletante, rumo à mais objetiva e crente das conclusões..." O mérito de Jacques Rivière (cuja carta se perdeu) talvez não fosse tão grande quanto afirma Proust, porque sabemos o quanto este multiplicara as advertências *urbi et orbi;* mas as felicitações hiperbólicas aos bons alunos são desde sempre uma excelente pedagogia.

Respostas a resenhas públicas: a correspondência de Hugo ou de Zola está cheia delas. Destacarei apenas, do primeiro, a resposta soberbamente ambígua a uma crítica dura a *Les Misérables* feita por Lamartine em seu *Cours familier de littérature:* "Eu teria inúmeras coisas a responder ao senhor. Mas é preciso ser Michelangelo para responder a Rafael. Limito-me a isto, que sempre resumiu e definiu a relação entre o senhor e mim: um aperto de mãos" (19 de abril de 1863). E, do segundo, uma refutação ponto por ponto (26 de abril de 1892) de... trinta e uma críticas dirigidas a *Pot-Bouille*, em uma resenha de *Gil Blas*. Cada um com seu estilo.

Proust se mostrará, pelo menos no tocante a *Swann,* quase tão combativo e meticuloso quanto Zola, insistindo várias vezes em que renuncia voluntariamente a usar o direito de resposta pública. A Paul Souday (11 de dezembro de 1913), censura por atribuir-lhe incorreções que são claramente erros tipográficos; a Henri Ghéon (2 de janeiro de 1914), protesta contra a menção de sua "ousadia", contra a crítica de "subjetividade", contra um erro sobre os costumes de Charlus, e faz uma objeção inábil (pedirá desculpas alguns dias depois) a certos cumprimentos de Francis Jammes; a Gaston de Pawlowski (11 de janeiro): não faço "fotografia" e não sou de modo algum "bergsoniano" (é uma pena: nunca saberemos com o que se pareceria um fotógrafo bergsoniano); a André Chaumeix (24 de janeiro), que lhe censura a falta de plano de conjunto: será que haveria um em *L'Éducation sentimentale?...*

Mas as respostas privadas mais famosas (com razão) são talvez a de Flaubert a Sainte-Beuve sobre *Salammbô* e a de Stendhal a Balzac sobre *La Chartreuse.* Sainte-Beuve havia destinado a *Salammbô* três críticas muito duras. Tal atenção, vinda de um crítico dessa estatura, merecia uma resposta com deferência e, portanto, privada. Flaubert mostra-se, no entanto, muito firme, justificando a cor histórica de sua narrativa, a psicologia de sua heroína, suas descrições, seu léxico, assinalando ele mesmo (uma postura clássica) erros que Sainte--Beuve não mencionara (falta de transições, "pedestal grande demais para a estátua", isto é, insuficiência do tratamento de Salammbô, e outros descuidos menores), e definindo, no fundo, o propósito estético da obra: "Quis fixar uma miragem, aplicando à Antiguidade os procedimentos do romance moderno". O crítico, meio admirado, meio bajulador, replicará nestes termos: "Não lamento ter escrito esses artigos, pois levei-o a *revelar* assim suas razões" – bela homenagem, diremos, à importância paratextual desta resposta. A de Stendhal agradece Balzac por uma não menos monumental resenha, publicada no dia 25 de setembro de 1840 na *Revue parisienne*. Existem três versões desta resposta que coincidem parcialmente, e não sabemos qual delas recebeu Balzac, que aparentemente não a conservou. Balzac, em meio aos mais vivos elogios, tinha criticado o estilo da *Chartreuse* e sua composição demasiadamente linear, aconselhando o autor a suprimir tudo o que antecedia Waterloo e resumi-lo por meio de analepse e a anunciar melhor desde o início as personagens introduzidas depois. Aparentemente (apesar dos três rascunhos), a reação de Stendhal mostra grande espontaneidade: "Este brilhante artigo, de tal expressão que nunca um escritor o recebeu de outro, eu o li, ouso confessá-lo agora, estourando de rir todas as vezes em que chegava a um elogio mais forte, e eu os encontrava a cada passo. Imaginava a cara que fariam meus amigos ao lê-lo". Agradece a seu ilustre confrade "as opiniões mais do que os elogios", e anuncia sua intenção de aproveitá-las (veremos adiante que de fato procede a essas correções imediatamente). Mas nem por isso deixa de defender-se, mesmo nos tópicos em que aceita a lição: meu estilo tem em vista a clareza e a verdade, "vou corrigi-[lo] porque fere ao senhor, mas não sem aflição. Não admiro o estilo da moda, ele me deixa impaciente"; daí algumas farpas a Chateaubriand ("cimo indeterminado de florestas"), a George Sand ("Se a *Chartreuse* fosse traduzida para o francês por Madame Sand, ela teria sucesso, mas, para expressar tudo o que está nos dois atuais volumes, teriam sido necessários três ou quatro. Considere esta questão"), ou mesmo ao próprio Balzac: "Há um ano que me dizem que é preciso distrair o leitor descrevendo a paisagem, as roupas. Essas coisas me entediaram tanto nos outros! Tentarei". Mesmo as cinquenta primeiras páginas que se aprestava docilmente a reduzir lhe pareciam "uma graciosa introdução", e não mais enfadonhas do que os famosos exórdios de Madame de Lafayette ou de Walter Scott. É verdade que "a *Chartreuse* se assemelha a Memórias; as personagens aparecem à medida que precisamos delas. A falta que cometi parece-me bem perdoável; não é a vida de Fabrice que estamos escrevendo?" E, ainda, estas poucas precisões genéticas: a Sanseverina me foi inspirada pela pintura de Correggio, ditei este livro "em sessenta ou setenta dias", o epílogo foi apressado por exigências do editor; e, sobretudo, esta vista capital sobre a temática stendhaliana, que vale tanto para *Le Rouge* quanto para *Leuwen:* "Eu havia dito a mim mesmo: para ser um pouco original em 1880, após milhares de romances, é preciso que meu herói não esteja apaixonado no primeiro volume, e que haja duas heroínas". Como se pode ver, esta resposta é tão importante para o comentário autoral da *Chartreuse* quanto a carta a Salvagnoli para o de *Le Rouge*. Balzac poderia legitimamente orgulhar-se, como Sainte-Beuve sobre *Salammbô*, de ter levado o autor a "revelar suas razões". Seja qual for o uso que o leitor deseje fazer disso, talvez seja a melhor definição de paratexto.

Num registro mais irônico, destaco, por fim, esta resposta de Gide a uma resenha de Gabriel Marcel, em janeiro de 1951, da peça extraída de *Les Caves du Vatican:* "O senhor fez um esforço de incompreensão do qual confesso que o julgava incapaz. Atenciosamente (mesmo assim)".

POR RAZÕES EVIDENTES, as correspondências de escritores são menos ricas em comentários tardios. Mas pode ocorrer, como no caso de Flaubert (a Charpentier, 16 de fevereiro de 1879), que se queixa, vinte e dois anos depois, de ser sempre associado a *Madame Bovary:* "A Bovary me chateia. Me *amolam* com este livro. Tudo aquilo que fiz depois não existe. Asseguro ao senhor que, se não carecesse de recursos, daria um jeito para que não saíssem mais tiragens". E conhecemos a reação capital de Baudelaire sobre *Les Fleurs du mal* (ao Senhor Ancelle, 18 de fevereiro de 1866): "Neste livro atroz, pus todo o *meu coração,* toda a *minha ternura,* toda a *minha religião* (travestida), todo o *meu ódio.* É verdade que escreverei o contrário, que jurarei por todos os deuses que é um livro de *arte pura,* de *simulacros,* de *malabarismos;* mentirei como um pescador".

Confidências orais

O CORPUS DAS CONFIDÊNCIAS orais é aparentemente menos abundante do que o das correspondências, e sobretudo mais disperso, pois esse tipo de declaração pode ser mencionado em todos os tipos de textos, dos quais um número relativamente reduzido, do tipo "Lembranças de Fulano", é consagrado especificamente ao autor das confidências. A esse gênero pertencem, parcialmente, *Life of Samuel Johnson* de Boswell (1791) e, mais globalmente, *Gespräche mit Goethe* (1836), *Monsieur Proust* de Céleste Albaret (1973), *Cahiers de la Petite Dame* (1973-1977) e, a respeito do mesmo Gide, *Notes sur André Gide* de Roger Martin du Gard (1951), *Conversations avec André Gide* de Claude Mauriac (1951), *Gide familier* de Jean Lambert (1958) ou *Une mort ambiguë* de Robert Mallet (1955), que trata de Claudel e de Léautaud. No mais das vezes, essas conversas relatadas se disseminam na correspondência ou no diário dos confidentes: assim, o Diário dos Goncourt relata algumas conversas com Flaubert, o de Julien Green relata numerosos bate-papos com Gide, e as Memórias de Simone de Beauvoir inumeráveis diálogos com Sartre. Evidentemente, é tarefa dos biógrafos reunir esses testemunhos dispersos, e a isso não se furtam.

A parte que no caso cabe à memória, às eventuais prevenções e, por vezes, à imaginação embelezadora dos narradores convida à prudência na exploração dessas conversas, que quase nunca chegam até nós em sua literalidade, exceto com a presença escondida de um gravador; inversamente, podemos supor que o autor se policia menos do que em sua correspondência, se abre com mais espontaneidade, até mesmo mais sinceridade – principalmente quando imagina, como era aparentemente o caso de Gide, que nunca serão contadas[12]. Mas nela a parte de comentário da obra é geralmente muito pequena. Na velhice, Goethe deixa escapar algumas palavras duras sobre *Werther* ("Vou evitar relê-lo. [...] Não quero cair de novo no estado doentio de onde ele saiu") ou sobre *Faust* ("uma obra de doido"), e só consegue salvar *Hermann und Dorothea*: "De todos os meus grandes poemas, quase o único que ainda me dá prazer". Gide – as lembranças que dele tinha a Petite Dame cobrem apenas os trinta e três últimos anos de vida do escritor –, que, em 1918, já tinha atrás de si o essencial de sua obra, em "família" quase nunca fala de seus trabalhos em curso, a não ser para enumerar as dificuldades que experimenta com *Geneviève*, cujo fracasso, aliás, surgirá por ocasião de uma leitura privada[13]. As pessoas mais próximas deviam provocá-lo um pouco para arrancar-lhe apreciações tardias sobre suas obras de juventude, ou algum tipo de *ranking* pessoal: *Nourritures, Paludes* e *Les Caves du Vatican*

---

12. "No fundo, não tenho sorte [...] todos os meus próximos: a Petite Dame, Martin, Élisabeth, até você [Pierre Herbart], são túmulos de discrição, nada daquilo que pude dizer ou fazer será relatado" (dezembro de 1948, *Cahiers de la Petite Dame,* IV, p. 116). Cabe distinguir aqui a parte da encenação e a da solicitação indireta.

13. Sabemos que esta obra, que Gide considerava em 1930 um "romance gênero *Nouvelle Héloïse* com longas dissertações", vasto quadro ideológico da juventude intelectual da época, foi destruída radicalmente para terminar na breve narrativa publicada em 1936. As confidências a Claude Mauriac e a Jean Lambert são muito claras a respeito desse fracasso, que foi provavelmente, após a destruição de suas cartas a Madeleine, a grande desilusão literária de sua vida.

(julho de 1922; porém, em 1928, acrescenta o Diário). Estas informações nem sempre devem ser tomadas como declarações sinceras: assim, Gide declara (abril de 1949) que, com exceção das notas sobre Madeleine, "nunca suprimiu nada de [seu] diário", mas uma nota do editor Claude Martin indica que o estudo dos manuscritos irá provar o contrário. Este autor, que não cessou de dizer que "não acreditava no póstumo" por suspeitar de que os amigos e a família sempre quisessem encontrar "excelentes razões para falsear, camuflar, regenerar o falecido", e de quem, por outro lado, se suspeita, há muito tempo, ter falseado e camuflado a própria vida, não para regenerá-la, mas antes para caluniá-la vantajosamente, poderia ficar surpreso se se deparasse, um século depois, com as retificações de imagem que lhe impõe, pouco a pouco, o trabalho do "póstumo". Como Martin du Gard já lhe objetava de forma brutal um dia, querer moldar sua própria imagem é, muitas vezes, no longo prazo, trabalho em vão, pois: "Não podemos, nós mesmos, preparar nossa toalete mortuária"[14]. Chegamos aqui, porém, à distinção muito necessária entre testemunhos e documentos, que irá reger todo o estudo do paratexto íntimo.

Diários íntimos

DEFINO COMO EPITEXTO ÍNTIMO toda mensagem, direta ou indireta, que diga respeito à sua obra passada, presente ou futura, que o autor endereça a si mesmo, com ou sem intenção de publicação posterior – e a intenção não garante sempre o efeito: um manuscrito destinado à publicação pode desaparecer por acidente, ou mesmo (como parece ser o caso para uma grande parte do Diário de Thomas Mann) devido a uma mudança de opinião; e, inversamente, um manuscrito que não se destina à publicação pode escapar acidentalmente da destruição, como os do *Processo* e do *Castelo*. Esse gênero de mensagem encontra-se principalmente em dois tipos de documentos: os diários íntimos e os arquivos de prototextos. A distinção entre esses dois tipos é bem menos clara na prática do que na teoria, porque muitos diários íntimos, como o de Kafka, contêm esboços, e, ao contrário, muitos arquivos de prototextos, como os de Stendhal, contêm notas de tipo diarista, informações ou comentários sobre o trabalho em curso. Voltaremos a tratar destas dificuldades quando estudarmos o epitexto íntimo anterior à publicação. Começando pelo mais fácil, direi primeiro algumas palavras sobre o epitexto posterior e

---

14. *Notes sur André Gide, op. cit.*, p. 94.

tardio, que atesta, essencialmente, em seu diário, reações do autor à acolhida feita à sua obra, e suas próprias observações posteriores.

Sobre a angústia do escritor no lançamento de seu livro, à espera do julgamento da crítica e do público, e sobre a maneira como ele sente esse julgamento, é provável que não haja um testemunho mais intenso do que o Diário de Virginia Woolf[15]. De *Night and Day* (1919) a *Between the Acts* (1941), cada uma de suas publicações é, para ela, motivo de verdadeiro tormento, aparentemente agravado pelo caráter muito íntimo do grupo de Bloomsbury: ansiosa pelo julgamento, no entanto indefectivelmente favorável, do marido (e editor) Leonard, e do de seus amigos E. M. Forster, Lytton Strachey, Roger Fry ou Harold Nicolson, em rivalidade muito tensa com Katherine Mansfield, que um dia a tinha qualificado com bastante crueldade de "Jane Austen ao gosto do dia", e cuja morte ela aceita, em janeiro de 1923, com sentimentos muito confusos[16], Virginia Woolf, aliás, manifesta aqui uma sensibilidade paradoxal, pouco tranquilizada pelos elogios ("Lytton mostra-se elogioso demais para que eu sinta um vivo prazer – ou talvez esta faculdade se esteja atenuando", 14 de outubro de 1922), muitas vezes mais estimulada pelas críticas ("A reprovação me estimula", 15 de abril de 1920; "Já estou sentindo a calma que sempre chega quando me atacam. Já não posso recuar. Digo a mim mesma que escrevo pelo prazer de escrever. E também há o estranho e desprezível prazer de ser insultada, o prazer de ser qualquer um, de ser uma mártir, e o que mais?", 11 de outubro de 1934; "E, depois, há o estranho prazer de ser criticada. E o sentimento de ser lançada na obscuridade é igual e simultaneamente agradável e salutar", 14 de outubro de 1934; "A delícia de ter sido feita em pedaços é inegável. Não sabemos por que nos sentimos revigorados, divertidos, completados, combativos. Mais do que pelos elogios", 2 de abril de 1937), mas acima de tudo apavorada pela espera, e sempre pronta a acreditar que ninguém falará de seu livro, e que cada silêncio esconde um julgamento negativo: 27 de abril de 1925, para *The Common Reader:* "é como se eu tivesse jogado uma pedra em uma lagoa e

---

15. Por razões de ordem prática, cito-o de acordo com os três primeiros volumes da tradução completa, Stock, para o período 1915-1927, e, para a continuação, a partir de extratos intitulados *Journal d'un écrivain,* Bourgois, 1984.

16. "Senti – exatamente o quê? Um súbito alívio? Uma rival a menos? Depois, confusa por sentir tão pouca emoção. E pouco a pouco, um vazio, uma decepção; e finalmente uma angústia da qual durante todo o dia não pude me esquivar. Quando me lancei no trabalho, parecia que escrever não tinha nenhum sentido. Katherine não me leria mais. Ela não era mais minha rival. Veio, em seguida, um sentimento mais generoso: o que estou fazendo, faço-o melhor do que ela teria feito, mas onde ela está, ela que fazia aquilo que sou incapaz de fazer?"

as águas se tivessem fechado sem fazer uma onda"; 23 de outubro de 1929, ela teme que Forster recuse a resenha de *A Room of One's Own;* 16 de novembro de 1931: "Noto, como uma das curiosidades de minha vida literária, que evito sistematicamente Roger e Lytton. Suspeito de que não gostam de *The Waves*"; 2 de agosto de 1940: "Um silêncio total cerca este livro [a biografia de Fry que escreveu]. Poderia ter subido para os céus e lá ter-se perdido. 'Um de nossos livros não voltou', como diria a BBC. Nenhuma crítica de Morgan (Forster), absolutamente nenhuma crítica. Nenhuma carta. E, embora eu suspeite de que Morgan se recuse a falar dele, por não achá-lo de seu gosto, fico com o espírito tranquilo, sim, honestamente, e pronta a enfrentar um silêncio total e prolongado". A vulnerabilidade psíquica da autora exprime-se mais nesse plano do que no tocante às vicissitudes do próprio trabalho[17], e talvez não seja forçado lembrar aqui que ela pôs fim a seus dias depois de ter colocado no correio o manuscrito final de *Between the Acts,* como se lhe fosse definitivamente insuportável enfrentar mais uma vez a angústia da publicação.

Após leitura tão candente, os testemunhos de outros diários podem parecer mais moderados, senão plácidos. Neles encontramos sobretudo apreciações posteriores aos fatos, amiúde no contrafluxo das opiniões da crítica e do público: por exemplo, vemos Jules Renard descontente com *Poil de carotte* ("Um livro ruim, incompleto, mal composto", 21 de setembro de 1894) e opondo-lhe certa preferência por *Histoires naturelles* (14 de outubro de 1907); ou Gide queixando-se de que tinha conhecido apenas fracassos de público, "proporcionalmente à importância da obra e a sua originalidade, de sorte que é a *Paludes, Nourritures* e *Caves* que devo os piores insucessos. Entre todos os meus livros, aquele que, ao contrário, me valeu os maiores elogios, os mais calorosos, os mais sutis, é aquele (não talvez o menos bem-sucedido) que está mais à margem de minha obra, que me *interessa* menos (emprego esta palavra no seu sentido mais sutil) e que, no fim das contas, eu veria com prazer desaparecer" (15 de julho de 1922; confesso não identificar com certeza este sucesso imerecido). Aliás, sua opinião sobre as primeiras obras, *André Walter* ou *Nourritures,* é frequentemente severa, pelo menos no plano do estilo, que julga insuportavelmente empo-

---

17. Não que também ela não tenha conhecido os "tormentos da escrita": "Um bom dia, um ruim, e a vida segue em frente. Poucos autores terão sido tão torturados quanto eu pelo ofício, com exceção de Flaubert" (23 de junho de 1936). Uma das partes mais gratificantes do "ofício" terá talvez sido, para ela, a progressão constante de seus sucessos de venda, que ela, responsável, ao lado do marido, pelas edições Hogarth Press, contabiliza com cuidado, calculando aqui a compra de um automóvel, ali a reforma de um banheiro...

lado[18], *La Porte étroite* lhe parece desigual, "como um torrone cujas amêndoas são boas (*i. e.*: cartas e Diário de Alissa), mas cuja massa é pastosa" (7 de novembro de 1909, julgamento confirmado em março de 1913). *Corydon,* fundamental, mas ainda muito tímido (agosto de 1922, novembro de 1927, outubro de 1942). *Les Caves* não foram compreendidas pela crítica, talvez por falta de um prefácio (projetado e abandonado, depois exumado, como se sabe) que tivesse esclarecido a intenção do livro, mas "há divertimento, e mesmo alguma vantagem em deixar que os críticos divaguem no começo" (30 de junho de 1914). *Si le grain ne meurt* está cheio de "incorreções, de ambiguidades, de bobagens. Se já não estivesse impresso, cortaria três quartos dele" (23 de junho de 1924). Quanto ao relativo insucesso de *Les Faux-Monnayeurs,* acredita que é momentâneo (5 de março de 1927), e o atribui à sua "permanente preocupação com a arte. [...] Eu tinha 'levantado demais o sarrafo', como dizia Stendhal" (23 de junho de 1930). "Nada é mais fácil do que escrever um romance banal! Isso simplesmente me repugna, e, tal como Valéry*, não me decido a escrever "A marquesa saiu às cinco horas", ou, o que é de uma ordem totalmente diferente, mas me parece ainda mais comprometedor: "durante muito tempo, x perguntou-se se...", 1º de agosto de 1931). Já encontramos em outro lugar a tendência, tão comum entre os autores modernos, de compensar o julgamento de outrem por um julgamento contrário, depreciando suas obras mais bem acolhidas e valorizando as outras. Esse movimento é legítimo na polêmica pública e é também, aparentemente, uma boa estratégia íntima, pois faz um balanço "globalmente positivo": alguns de meus livros obtiveram sucesso, o que é gratificante, e os outros são bons, o que o é ainda mais. Sabemos que os clássicos recusavam, em princípio, esse tipo de consolo, pelo menos em público e no tocante ao público, e seus julgamentos a longo prazo. Mas sabemos também que quase não escreviam diários íntimos.

QUEM PROCURA NOS DIÁRIOS de escritores uma informação precisa e detalhada sobre a gênese de suas obras corre o risco de se decepcionar, pelo menos por duas razões. Primeiro, muitos escritores consideram seu diário mais como um complemento, ou mesmo um derivativo dessa obra, e anotam nele, de preferência, "íntimos" ou não, os fatos exteriores a seu trabalho: vejam os diários dos irmãos Goncourt ou de Jules Renard, que valem princi-

---

18. Mesmo julgamento em *Si le grain ne meurt* ("tom jaculatório"), e nas conversas com Amrouche.

* Segundo Aragon ("Manifeste du surrealisme"), Valéry dizia que jamais escreveria "La marquise sortit à cinq heures", modelo de frase balzaquiana que julgava ultrapassado [N. da R.].

palmente como retrato da vida literária da época. Em seguida, como observou um especialista do gênero, "é muito raro encontrar ao mesmo tempo uma atividade produtiva e uma atividade de diário"[19]. Essa alternância pode tomar a forma de uma longa interrupção, como a do Diário de Stendhal, a partir de 1819[20], ou de Tolstói, entre 1865 e 1878, sem contar as destruições voluntárias após os fatos, como em Thomas Mann, entre 1896 e 1917 e entre 1922 e 1932. Na maioria das vezes, ela adquire um aspecto mais disperso, quando o escritor em plena escrita de um texto continua a manter seu diário, mas abstém-se em grande parte de falar da obra em curso. O fato é muito marcante em Claudel, que menciona apenas seus projetos de longo prazo, omitindo-os de seu diário tão logo começa a fase ativa de redação. "A obra iniciada já não cabe no diário, que continua sendo o campo do acaso cotidiano, coletânea de impressões isoladas, de notas sem um fim preciso, uma espécie de 'reservatório' onde se saciará mais tarde. Desse modo, descobrem-se nele as preparações de uma obra, os rastros de sua maturação, com mais frequência do que alusões ou comentários contemporâneos à sua redação"[21]. A razão dessa espécie de incompatibilidade é bastante evidente, e quase física: o trabalho de redação propriamente dito, ou mesmo de preparação ativa, é feito em outros suportes, em lugares diferentes do diário: esboços e rascunhos constitutivos do prototexto. Jacques Petit também observa isso, falando de *Le Père humilié*, sobre o qual, em seu diário, o autor anota, em 17 de maio de 1915: "A figura de meu drama torna-se mais precisa", esboçando, no mesmo dia, um plano de sua peça numa folha separada, que hoje se conserva junto com o manuscrito. Dessa distinção escapam apenas autores como Kafka, que utilizam o mesmo suporte, alternadamente, como diário de sua vida e como caderno de esboços. Mas ainda se pode notar, em Kafka, que esta justaposição quase não acarreta comentários de um sobre o outro: os esboços, às vezes muito elaborados, intercalam-se, inopinadamente, numa espécie de ignorância recíproca – o que permitiu a certos editores fazer, em caráter póstumo, uma publicação separada de uns e de outros. Quanto aos Cadernos de James ou aos Diários de Musil, praticamente têm de diário apenas a colocação de datas no que é, essencialmente, um caderno de esboços. Outro fator pode contribuir às vezes para distorcer o testemunho do diário: é aquele que Gide aponta numa con-

---

19. Alain Girard, *Le Journal intime*, PUF, 1963, p. 168.

20. Salvo se se "reconstituir", como faz V. del Litto, isto é, *constituir* em Diário as notas e marginália dispersas após essa data em toda a biblioteca de Stendhal.

21. Jacques Petit, Nota à edição Pléiade do *Journal*, p. LXIV.

versa com Green: "Meu diário dá uma falsa ideia de mim, pois nele escrevo praticamente apenas nas horas de desalento"[22]. Com o diário íntimo ocorre mais ou menos o mesmo que com os cotidianos da imprensa: registram-se neles com mais frequência as más notícias do que as boas, neles só se fala do trem quando ele descarrila. O trabalho eficiente quase não exige comentários, salvo uma breve nota do tipo "Um bom trabalho esta manhã", mobiliza inteiramente o tempo e as forças do escritor, e dá de algum modo seu próprio testemunho em seus efeitos; os momentos de "pane", ao contrário, estimulam mais a mudar de palanque, e nesse caso, as queixas do Diário de Gide ou de Kafka (como da correspondência em Flaubert) desempenham um papel catártico.

Por essas razões e algumas outras, o aspecto "diário de bordo" dos diários de escritor é bastante limitado. Assim, a parte dos diários de Gide, de Woolf, de Mann ou de Green[23] consagrada ao trabalho destes autores é discreta (em Green, da ordem – estatística aproximada – de umas dez linhas a cada dez páginas, ou seja, um quadragésimo da versão atual), e um tanto elíptica: menciona, vez por outra, o bom ou mau andamento do trabalho mais do que descreve seu detalhe ou comenta seu objeto. Assim, lendo as páginas do diário de Virginia Woolf que falam dele, é totalmente impossível adivinhar o tema – no entanto muito singular – de *Flush*, e esse caso não é de modo algum excepcional.

Não se deve concluir a partir disso pela indigência paratextual do diário em geral. O de Woolf, por exemplo, contém valiosas indicações sobre seus métodos de trabalho, em particular sobre sua técnica de revisão final da transcrição datilográfica, tão rápida quanto possível: "Bom método, acredito, porque desse modo acaba-se passando um pincel molhado sobre o todo, fundindo, uns nos outros, trechos compostos separadamente e que secaram" (13 de dezembro de 1924), e sobre suas opiniões de autor: "É exato, estou de acordo, que não tenho o dom da realidade" (19 de junho de 1923, sobre *The Hours*); "Escrevi [*Orlando*] com mais facilidade do que os outros, como se fosse uma brincadeira. Alegre e fácil de ler. Férias de escritor. [...] Iniciado como um jogo e continuado com seriedade. Daí sua falta de unidade. [...] Um livro muito vivo e muito brilhante.

---

22. Julien Green, *Journal*, Pléiade, IV, p. 474.

23. A edição do *Journal* de Mann para os anos 1918-1921 e 1933-1939, por P. de Mendelssohn, Fischer, 1977-1979, e traduzida na Gallimard, 1985, é apenas uma seleção, mas o editor declara ter respeitado a proporção de objetos do original. Do *Journal* de Green, uma parte do qual – a mais "íntima", no sentido comum do termo – é reservada para uma publicação póstuma, a versão definitiva diminuirá provavelmente a proporção de testemunho literário. Quanto a Woolf, a diferença de tamanho entre o *Diary* integral e *A Writer's Diary* – que, no entanto, não está reduzido a seu diário de bordo – é eloquente por si mesma.

Sim, mas que não contém nenhum trabalho de investigação" (março-novembro de 1928); opiniões, de resto, flutuantes, como a respeito de *The Years,* com alguns dias de intervalo: "Nenhum livro me proporcionou tanto prazer ao escrever" (29 de dezembro de 1935), mas ao relê-lo: "Tagarelice insignificante, um mexerico nebuloso, a prova de minha decrepitude em grande escala" (16 de janeiro de 1936); e três meses depois: "Ele agora me parece tão bom que não quero mais continuar as correções" (18 de março de 1936).

Ao que eu saiba, e apesar de sua discrição, o Diário de Green constitui o testemunho mais coerente, ou o mais bem organizado, sobre um trabalho de escrita, cujas constantes ele determina claramente: lentidão assumida (preocupa-se um dia com uma "facilidade suspeita"), infatigáveis reescritas ("Recomecei *Moïra* oito ou nove vezes", 25 de fevereiro de 1957); recusa – à maneira de Stendhal – do plano, que "mata a imaginação"; necessidade em todo romance de uma imagem geradora à qual referir-se: para *Mont-Cinère,* foto de uma casa de Savannah, para *Adrienne Mesurat,* uma tela de Utrillo; independência das personagens, que seu criador mais *observa* do que dirige, "mais ou menos como alguém que ficasse ouvindo atrás das portas e que olhasse pelo buraco da fechadura, mas que nunca tenta intervir. Intervir, mudar o curso de uma ação determinada pelas personagens, é fabricar um romance. Qualquer um pode fazer isso. De meu lado, isso absolutamente não me interessaria" (8 de abril de 1955), porque o verdadeiro romancista "não inventa nada, adivinha" (5 de fevereiro de 1933); verdade autobiográfica da ficção ("meu verdadeiro diário está em meus romances", 15 de outubro de 1948[24]), que adota como material aquilo mesmo de que o diário não fala: "Um romance é feito de pecado assim como uma mesa é feita de madeira" (27 de outubro de 1955).

O ÚNICO "DIÁRIO DE BORDO" inteira e exclusivamente dedicado à gênese de uma obra é, pelo que sei, o *Journal des Faux-Monnayeurs,* mantido de junho de 1919 a maio de 1925, e publicado em 1927. Tenham sido extraídas ou não do Diário de Gide, essas breves páginas, justificadas, como se sabe, no próprio corpo do romance, por obra do romancista Édouard[25], produzem um pouco

---

24. Esse lugar-comum em forma de paradoxo, do qual Ph. Lejeune tirou a noção de *espaço autobiográfico,* já se encontra (pelo menos) em Gide. Ver, por exemplo, a nota final da primeira parte de *Si le grain ne meurt:* "As Memórias são sempre meio sinceras, por grande que seja a preocupação com a verdade: tudo é sempre mais complicado do que se diz. Talvez no romance estejamos mais perto da verdade".

25. "Pensem no interesse que teria para nós um caderno desses mantido por Dickens ou Balzac; se tivéssemos o Diário de *L'Éducation sentimentale* ou d'*Os Irmãos Karamázov*! A histó-

o efeito de um empreendimento *ad hoc,* mais demonstrativo que documental. Nelas, a parte de testemunho sobre o trabalho real é mais fraca do que a declaração de intenções sob a forma da autoexortação (mais ou menos como nos esboços de Zola) e da profissão de fé estética[26]. Alimentado por uma espécie de controvérsia privada com Martin du Gard, a escolha de Gide, para o que considera seu "primeiro romance", é uma recusa da técnica panorâmica à moda de Tolstói, em favor de uma narrativa mais focalizada, tela em claro-escuro comandada pelo ponto de vista de certas personagens. Gide invoca, como modelos dessa técnica relativista, Dickens e sobretudo Dostoiévski; mas hoje pensaríamos também nos preceitos de James codificados na mesma época por seus discípulos Percy Lubbock ou Joseph Warren Beach. Preceitos de época, portanto (autonomia das personagens, "Sempre tomar cuidado para que uma personagem fale apenas para aquele a quem se dirige", "Expor ideias sempre em função dos temperamentos e dos caracteres", "Admitir que uma personagem que vai embora possa ser vista apenas de costas" etc.), que persistirão até Sartre, e provavelmente além, sendo a vulgata estética de um tipo de romance "moderno", inaugurado de fato por *Madame Bovary* e caracterizado pela recusa da "onisciência" clássica – uma onisciência um pouco exagerada, mesmo no que se refere a Balzac ou Tolstói, para as necessidades da antítese. Em suma, um "diário" dirigido (e dedicado) de forma muito deliberada "àqueles a quem interessam as questões do ofício", e que, como alguns prefácios, tem em grande parte um valor de manifesto.

Prototextos

SEJA SUA INTENÇÃO TÉCNICA ou (mais raramente) temática, a mensagem paratextual dos diários de escritores refere-se mais ao testemunho do que ao documento. Testemunho sempre sujeito a caução, não só na medida em que, destinado a uma publicação ântuma ou póstuma, tem como alvo, em última instância, um público a quem o autor revela somente o que lhe quer revelar, porém de modo mais geral e mais radical porque, como todo diário, ou mesmo todo monólogo interior, consiste em dizer a si mesmo o que se quer

---

ria da obra, de sua gestação! Mas isso seria mais apaixonante… mais interessante do que a própria obra…"

26. Aliás, o autor esclarece que essas páginas contêm apenas observações gerais "sobre o estabelecimento, a composição e a razão de ser do romance", deixando a parte do detalhe para fichas que procedem diretamente do prototexto.

dizer e ouvir-se dizer a si – discurso cuja pragmática não é mais desprovida de intenções estratégicas do que qualquer outra, menos dedicada à exposição da verdade do que à busca de um efeito sobre si mesmo. Mesmo sem visar o público, a mensagem íntima do diário é, portanto, como todas as mensagens paratextuais mencionadas até agora, uma mensagem intencional e persuasiva. Seu teor típico é algo como "Eis como *digo a mim mesmo* que estou escrevendo este livro, o que *digo a mim mesmo* o que penso dele e o que penso do que dizem dele" – em suma, "Eis os sentimentos, no tocante a este livro, que exibo a mim mesmo". Seria preciso muita ingenuidade acerca da vida interior para supor que esta exibição seja sempre de boa-fé, e isenta de todo tipo de comédia. Aliás, não faltam os sinais do contrário, como quando Virginia Woolf declara a si mesma com tanta insistência que as críticas lhe dão alegria ou deixam-na serena.

Com o dossiê dos prototextos, saímos aparentemente do terreno, sempre subjetivo e suspeito, do testemunho, para entrar no terreno, em princípio mais objetivo, do *documento*; e, ao mesmo tempo – nova fronteira – saímos do do paratexto consciente e organizado, ou paratexto *de jure*, para entrar no do paratexto involuntário e *de facto*: uma página de manuscrito diria, desta vez na terceira pessoa: "Eis como o autor escreveu este livro". Os dados irrefutáveis da arqueologia, cacos e pedras talhadas, substituiriam a tagarelice historiográfica: finalmente algo sólido.

Infelizmente ou não, deve-se moderar esse otimismo. Não só porque algumas publicações ântumas de prototextos despertam algumas suspeitas nos espíritos maliciosos, ou porque algumas prebendas oficiais têm algo de organizado demais para afastar, de Hugo a Aragon, qualquer ideia de encenação autoral. Mas, de forma mais simples e, ainda aqui, mais radical, porque, salvo circunstâncias muito particulares das quais não conheço sequer um exemplo, os prototextos de que dispomos são por definição manuscritos que seus autores quiseram realmente deixar para trás, tendo aqui a cláusula, redigida em outros termos, "Para queimar após minha morte" um valor totalmente relativo e baixo risco de execução: quando um autor – digamos Chateaubriand – quer que um de seus manuscritos desapareça, sabe cuidar disso pessoalmente. Os prototextos conservados pela posteridade são, portanto, todos eles, *legados* por seus autores, com a devida dose de intenção associada a tal gesto, e sem garantia de exaustão: nada resiste à técnica dos codicólogos e de outros especialistas – a não ser uma página ausente. Em suma, a mensagem objetiva e positiva do prototexto deve ser, sobretudo, reescrita desta forma: "Eis o que o autor consentiu em nos deixar conhecer sobre a maneira como escreveu este livro". Entre "deixar conhecer" e *fazer saber* há apenas um passo muito pequeno, e logo o *de jure* dá nova força ao *de facto*: para visitar uma "fábrica", é preciso que a fábrica exista e que alguém a tenha aberto.

Feitas essas reservas – sobre a absoluta veracidade do prototexto, mas não, muito ao contrário, sobre seu valor paratextual – e levando-se em conta a idade ainda tenra da disciplina chamada "crítica genética"[27] e a minha pouquíssima competência num campo muito técnico onde não tem lugar a improvisação, parece-me que se pode esboçar uma espécie de inventário dos tipos de documentos suscetíveis de integrar um dossiê de prototextos: fontes hipotextuais do gênero processo Berthet para *Le Rouge*, ou crônica Farnèse para *La Chartreuse*; historietas seminais, espécies de hipotextos orais, como as recolhidas frequentemente pelos Cadernos de James; documentos preparatórios, como as abundantes notas de leitura de Flaubert para *La Tentation*, para *Salammbô* ou para *Hérodias*, ou as pesquisas sociológicas de Zola ("Mes notes sur Anzin" para *Germinal*, e outros); esboços programáticos, como os do próprio Zola, de estatuto intermediário entre prototexto e diário, porque decorrem tanto e com frequência mais da autoinstrução ("Proceder assim, ou assado") do que do esboço efetivo; planos e roteiros, ora preparatórios, ora recapitulativos, em curso da redação; "documentos ficcionais" (volto a essa questão em Zola); "rascunhos" propriamente ditos, isto é, estágios redacionais, amiúde bastante numerosos para o mesmo estado final, como se vê em Flaubert ou em Proust, incluindo inúmeras páginas posteriormente abandonadas (vejam a "nova versão" de *Madame Bovary* estabelecida com base nelas por Pommier e Leleu); manuscritos "passados a limpo", autógrafos ou de copistas, e hoje datilogramas ou "textos datilografados"; provas tipográficas mais ou menos corrigidas – mais a categoria especial de prototextos que proponho chamar de *pós-textos* [*après--textes*], que voltaremos a ver mais adiante. Essa lista muito empírica provavelmente não é exaustiva, e imagino que as modernas técnicas de tratamento de texto começaram a acrescentar-lhe alguns itens, ainda misteriosos para mim. Se ela o fosse, permitiria talvez considerar uma tipologia das práticas prototextuais, em que cada autor (e às vezes cada obra) seria caracterizado por suas escolhas, deliberadas ou instintivas. Para ilustrar isso com alguns exemplos bem conhecidos, digamos que Balzac se caracteriza, entre outras coisas, pelo

---

27. Ver, entre outros, sobre os princípios metodológicos gerais, Jean Bellemin-Noël, *Le Texte et l'Avant-texte*, Larousse, 1972; o n. 28 de *Littérature* (dezembro de 1977): "Genèse du texte"; a coletânea coletiva *Essais de critique génétique*, Flammarion, 1979; Louis Hay, "Le texte n'existe pas", *Poétique*, abril de 1985; A. Grésillon e M. Werner (orgs.), *Leçons d'écriture: ce que disent les manuscrits*, Minard, 1985, sem prejuízo dos (muito mais numerosos) estudos particulares.

uso imoderado das correções em provas; Stendhal, pela presença nas margens de comentários explicativos qualificados de "andaimes" ou "estacas", e cuidadosamente rubricados *for me*, dos quais o mais famoso é, infelizmente, a resposta autoral a Madame de Chasteller que se pergunta de onde lhe vem a horrível ideia de levar a seus lábios a mão de Lucien: "Do útero, mocinha!"; Zola, pelo que Henri Mitterand descreve[28] como um "dispositivo praticamente imutável": esboço programático, notas documentais, "documentos ficcionais" (lista de títulos possíveis ou de nomes de lugares e de personagens), um plano sumário do conjunto e planos detalhados capítulo por capítulo (o que parece faltar aqui é a parte dos estágios redacionais múltiplos, como se Zola, depois do terreno devidamente preparado, redigisse ao correr da pena e sem rasuras); James – a julgar apenas por seus Cadernos –, por um lento trabalho de ampliação a partir do breve relato inicial, de motivação psicológica, de escolhas técnicas muito pensadas ("ponto de vista", pessoa, distribuição das cenas dramáticas e de resumos narrativos), e, para terminar, com uma redação amiúde tão sutil e "indireta" que acaba misturando no alusivo e evanescente grande parte da construção psicológica intermediária; Proust, enfim, por um processo indefinido de intumescimento e de "superalimentação", com grande reforço de lembretes e *"paperoles"*[29], de uma trama narrativa concebida desde o início em suas linhas gerais, e por um incessante jogo de deslocamentos e de transferências, páginas erráticas para todos os fins que causam desespero nos geneticistas e nos editores. Num texto mais curto, *La Fabrique du Pré* atesta uma evolução sem dúvida mais específica, e talvez típica, do "método criativo" de Ponge[30]: de agosto a outubro de 1960, uma série de esboços do "modelo vivo"; em outubro, recurso ao *Littré*, procura de etimologias e de homofonias; em 12 de outubro, uma observação de Philippe Sollers introduz a fórmula tirada de Rimbaud, "*le clavecin des prés*", integrada de maneira diversa nas versões redacionais de novembro-dezembro; depois, uma interrupção de dois anos até uma nova série durante o inverno de 1962-1963; nova interrupção, até o inverno seguinte,

---

28. "Programe et préconstruit génétique: le dossier de *L'Assommoir*", *Essais de critique génétique, op. cit.*

29. Introduzidas muitíssimas vezes por uma fórmula de referência que se torna uma espécie de tique: "Capital, quando digo…" (ou "Quando faço…", porque o *eu*, aqui também, designa tanto o herói quanto o autor: "Para colocar quando eu encontrar Bloch…"), cujo uso sistemático acarreta uma superlativização (*capitalissime, capitalissime, issime, issime*) que impede que se veja nelas uma apreciação sempre muito significativa.

30. Outro dossiê de prototexto pongiano, *Comment une figue de paroles et pourquoi*, Flammarion, 1977, é hoje muito menos utilizável, porque a maioria dos estágios não estão datados.

depois, em maio-junho de 1964, última campanha (a versão final será publicada, em 1967, em *Le Nouveau Recueil*).

A esses dossiês genéticos, cujo estudo está destinado com certeza a crescer, é necessário acrescentar os das obras inacabadas[31], das quais nada possuímos senão prototextos sem conclusão final garantida, como *Lucien Lewen, Lamiel, Bouvard et Pécuchet, Amerika* de Kafka ou *Der Mann ohne Eigenschaften* – e na verdade, toda a *Recherche* a partir de *La Prisionnière* –, para as quais o trabalho de estabelecimento de "texto" é em grande parte conjectural, e a prática dos editores orienta-se cada vez mais no sentido de maior fidelidade ao estado bruto do manuscrito. O episódio mais recente (e o mais divergente) dessa evolução foi a publicação, na primavera de 1986, de uma "edição"[32] de *The Garden of Eden,* duzentas e quarenta e sete páginas tiradas por Tom Jenks de um texto datilografado de mil e quinhentas páginas, encontrado, em 1961, entre os papéis de Hemingway. Mas, como esse prototexto está por certo conservado, os geneticistas têm muito material pela frente, e a perspectiva de uma edição sem dúvida menos legível, porém mais instrutiva, sobre as veredas – e os impasses – da criação literária.

UM ÚLTIMO TIPO DE PROTOTEXTO consiste, já indiquei, em revisões e correções feitas em um texto já publicado; é a razão pela qual falo aqui de "pós-textos", mas é claro que esse *pós* de uma edição é (ou se propõe ser) o *proto* de uma edição posterior. Quando essas correções são usadas em vida do autor para uma nova edição ântuma, o último texto autenticado torna-se, geralmente, "o" texto oficial da obra, sendo as versões anteriores conservadas apenas a título de variantes, salvo motivos sérios (estéticos ou outros) para às vezes reeditar a edição original, como foi feito para *Le Cid,* para *Oberman* ou para *La Vie de Rancé*[33]. Quando o autor desaparece antes de ter podido fazer uma nova edição, mas suas correções foram feitas com muito cuidado e certeza, os editores póstumos levam-nas em conta, o que nos remete ao caso anterior: vejam-se os acréscimos de Montaigne, entre 1588 e 1592, ao exemplar chamado de Bordeaux, ou as modificações de Balzac, depois de 1842, em seu exemplar da edição Furne: este "Furne corrigido" é, hoje, a base de todas as edições sérias de *La Comédie humaine*. Outras correções após a publicação mostram-se, porém, mais confusas, menos resolvidas, e nada prova que o autor as teria mantido.

---

31. Ver *Le Manuscrit inachevé*, L. Hay éd., Paris, CNRS, 1986.
32. Scribner's Sons, New York.
33. *Le Cid,* Cauchie éd., Textes français modernes, 1946; *Oberman,* Monglond éd., Arthaud, 1947; *Rancé,* M.-F. Guyard éd., GF, 1969.

Neste caso, os editores póstumos conservam o texto da edição original e relegam essas veleidades de correção para notas de variantes. É o caso típico dos três romances acabados de Stendhal[34]: *Armance, Le Rouge* e *La Chartreuse,* para os quais dispomos de notas, nas margens ou nas entrefolhas, em exemplares batizados com o nome de seus colecionadores, "Bucci" para os dois primeiros e "Chaper" para o terceiro[35]. As notas de *Armance* dão, entre outras coisas, várias indicações sobre a gênese do romance, e principalmente um plano muito claro, que especifica com todas as letras (uma vez mais) a impotência do herói. As de *Le Rouge* consideram correções de detalhe, às vezes justificadas por um comentário ("tom muito indecente"), mas contêm igualmente sinais de aprovação ("very well") – uns e outros valendo claramente por um comentário autoral. As de *La Chartreuse* têm uma finalidade mais importante, pois tentam, entre outras coisas, aplicar os conselhos de Balzac, mas não vão conseguir: nelas, Stendhal mostra-se muito hesitante sobre a questão do estilo que lhe parece "cansativo como uma tradução de Tácito", mas em todo caso preferível ao estilo dos romances em voga, e sobre a dolorosa supressão do primeiro capítulo que tanto lhe lembra uma época pela qual é "apaixonado". Uma nota fundamental confirma em meias palavras o que, sem ela, seria apenas uma hipótese de leitura: que Fabrice "passava por" filho do tenente Robert. Neste ponto, como a respeito da impotência de Octave, a pertinência interpretativa do prototexto – e de modo mais geral do paratexto – é decisiva, quaisquer que sejam as negações da crítica. Podemos até julgá-la opressiva e excessiva: "*Armance.* Evidentemente, quando se tem a chave do enigma (ela está em todas as mãos), tem-se um pouco a impressão de blefar. Não creio que eu tivesse adivinhado..."[36] Esse tipo de escrúpulo ou de lástima é, certamente, compartilhado por muitos leitores, mas, note-se, ele baseia-se unicamente no caráter paratextual dessa "chave". Se Stendhal tivesse introduzido no próprio texto uma frase suficientemente clara, a ajudinha do autor na interpretação também teria sido indiscreta; e inversamente, se tivesse feito questão de ter a chave somente para si, os leitores simplesmente nada teriam para "adivinhar", porque a "impotência de Octave", hoje tida ingenuamente por todos como um "fato", não seria menos desconhecida do que o número de filhos de Lady Macbeth ou o nome dos professores de Hamlet em

---

34. Na verdade, as primeiras edições póstumas, aos cuidados de Romain Colomb para a Lévy, integravam mais ou menos essas correções; mas as edições modernas não as seguiram.

35. Existem para *La Chartreuse* outras correções e acréscimos posteriores, que as edições publicam em apêndice.

36. Julien Green, *Journal,* Pléiade, IV, p. 1186.

Wittenberg. Em todo caso, efeitos desse tipo dimensionam, uma vez mais, a fragilidade da distinção entre texto e paratexto.

MAS A FUNÇÃO PARATEXTUAL do prototexto não se reduz a esses efeitos relativamente excepcionais de comentário explicativo ou apreciativo. Mais essencialmente, reside numa visita, mais ou menos organizada, à "fábrica", numa descoberta dos meios e caminhos pelos quais o texto se tornou o que é, distinguindo, por exemplo, entre o que foi primeiro e o que sobreveio apenas no curso do trabalho. Assim, o estudo dos manuscritos e das provas de *Béatrix* permite a Maurice Richard[37] estabelecer que as referências culturais e as "reflexões de ordem intelectual" só chegam bem mais tarde, geralmente nas provas, "o primeiro jato – o que Jean Pommier chama a *escrita espontânea* – é de essência fisiológica". Assim também, como entrevimos, a cronologia das versões do *Pré* (supondo que esteja exata em *La Fabrique du Pré*) mostra que os recursos às sugestões do léxico (pré<*paratus*) e do intertexto (o "*clavecin des prés*") não são, no caso, de modo algum originais e intervêm somente após uma longa fase de observação "realista": a "consideração das palavras" *após* a "opinião preconcebida das coisas". Sempre da mesma forma, o estudo dos manuscritos de Proust mostra que os nomes definitivos das personagens de *La Recherche* são adotados, no mais das vezes, somente na última etapa, e não podem, pois, desempenhar o papel desencadeador que lhes foi às vezes atribuído[38]. Mal consigo imaginar como uma interpretação crítica que, ignorando tais dados, conjecturasse em cada um dos casos uma gênese inversa, poderia defender sua legitimidade. Em contrapartida, é claro, a interpretação deve utilizar com prudência versões antigas do texto ou comentários precoces que podem atestar intenções depois abandonadas: se um roteiro de janeiro de 1895 de *The Turn of the Screw* (publicado três anos depois) parece resolver a questão que o texto final deixa cuidadosamente aberta (realidade ou não das aparições de fantasmas), nada prova que James não tenha mudado de opinião nesse meio tempo[39]. O mais antigo não diz necessariamente a verdade sobre o mais recente, e a escalada genética não deve terminar por impor uma espécie de privilégio hermenêutico do original. Isso evidentemente seria substituir o

---

37. Édition Garnier, pp. 463-464.

38. Roland Barthes, "Proust et les noms" (1967), *Le Degré zéro de l'écriture*, seguido de *Nouveaux Essais critiques,* Ed. du Seuil, Points, 1972.

39. Esta reserva não se aplica ao caso de *Armance*, onde as "revelações" privadas sobre o estado de Octave são posteriores à publicação.

velho fetichismo finalista da "última versão", considerada como resultado inevitável e, por definição, superior, por um novo fetichismo ainda menos fundamentado, que seria uma espécie de culto arcaizante do *Ur-Suppe* literário.

O mais importante, pois, mas também o mais ambíguo, dos efeitos do prototexto é, talvez, o modo pelo qual, cercando o texto "final" com toda a massa, às vezes enorme, de suas versões passadas, o estudo genético compara o que é com o que foi, com o que poderia ter sido e com o que deixou de tornar-se, contribuindo, dessa forma, para relativizar, segundo o desejo de Valéry, a noção de acabamento, para misturar o assaz famoso "fechamento" e para dessacralizar a própria noção de Texto. Se a fórmula de Jacques Petit, por sua vez talvez famosa demais, "O Texto não existe", não passa por certo de uma provocação, essa provocação é decerto salutar por essa advertência: que a obra está sempre *in progress*, e que a interrupção desse trabalho implica sempre, como a própria morte, uma parte de acidente.

UMA ÚLTIMA PALAVRA sobre a especificidade do epitexto em geral – público ou privado: essa própria especificidade é totalmente relativa, porque a mensagem epitextual é muitas vezes do mesmo teor que a do peritexto, que ora ele completa (uma entrevista como prefácio), ora duplica num comentário autoral largamente repetitivo (vejam Borges), residindo a diferença essencial, de fato, na escolha do canal, e, portanto (para atenuar a velha fórmula, igualmente provocadora, de McLuhan), uma grande parte da mensagem, na natureza do meio. Relativa igualmente no sentido de que o recurso à via (ou à voz) epitextual é muitas vezes apenas provisório: para as grandes obras que têm direito ao crédito da posteridade, as edições póstumas tendem cada vez mais, já observamos, a integrar ao peritexto crítico a parte mais significativa, ou mesmo a totalidade, do epitexto público e privado de origem. De sorte que o peritexto póstumo torna-se progressivamente o receptáculo, e como que o museu, da totalidade do paratexto, qualquer que tenha sido seu lugar original de eleição. Valéry dizia outrora: "Tudo acaba na Sorbonne" – o que, acrescentemos à modesta glória da velha senhora e de suas jovens irmãs, não é exatamente um fim, mas um eterno recomeço: tudo sobrevive, ou ressuscita, "no programa". Acrescentaríamos de bom grado hoje, com a mesma parte de antonomásia e de exagero: "Tudo acaba na Pléiade" (é muitas vezes a mesma coisa): texto, prototexto e paratextos de todos os tipos. Desse modo, fecha-se o círculo: partindo da edição, nossa pesquisa volta à edição. O destino final do paratexto é cedo ou tarde juntar-se a seu texto, para *fazer um livro*.

Conclusão

POR LONGO – E, RECEIO, POR ESTAFANTE – que tenha sido este percurso, não devo dissimular que de modo algum atinge uma exaustão que, aliás, eu não almejava. Não só cada um desses capítulos apenas faz um sobrevoo sobre seu objeto num nível muito geral de uma tipologia – isso não passa de uma introdução e uma exortação ao estudo do paratexto –, como também o inventário dos elementos permanece incompleto. Alguns, por falta de atenção e de informação suficiente, por exemplo, sobre as práticas culturais fora da Europa, devem ter-me simplesmente escapado. Outros, de prática pouco comum, conheço de modo muito errático para permitir um estudo significativo. Assim, certos elementos de paratexto documental característicos das obras didáticas são às vezes anexados, com ou sem intenção lúdica, a obras de ficção: *Oberman* contém uma espécie de índice temático batizado de "Indicações" e disposto em ordem alfabética (Adversidade, Amizade...); *Moby Dick* começa com um copioso dossiê documental relativo à baleia sob todos os seus aspectos; *Bech: A Book* termina com uma bibliografia imaginária das obras do herói e dos estudos sobre ele (atribuídos apocrifamente a críticos reais); o "anexo" de *La Vie mode d'emploi* contém uma planta do edifício, um índice das pessoas e dos lugares, "referências cronológicas", uma lista dos autores citados, e um "lembrete de algumas das histórias contadas nesta obra". Obras romanescas como *Les Rougon-Macquart, Henry Esmond, Ada* ou *Roman roi* apresentam uma árvore genealógica[1] composta pelo próprio autor. Faulkner desenhou para *The Portable Faulkner*, de 1946, um mapa do condado de Yoknapatawpha, e Umberto Eco, uma planta do mosteiro de *O Nome da Rosa*. Outros, de uso mais constante, só possuem valor de anúncio, como a lista das *dramatis personae* para as peças de teatro (mas alguns romances, como *Green Hills of Africa,* imitam essa prática), que inclui, já na era clássica, uma útil indicação de lugar e, muitas vezes, hoje em dia, uma não menos

---

1. Na verdade, *Les Rougon-Macquart* apresentam duas, uma publicada em 1878 com *Une page d'amour*, outra em 1893 com *Le Docteur Pascal*, e que atesta a evolução do sistema. Ver Pléiade, v, pp. 1777 e ss.

valiosa indicação do primeiro elenco; Beaumarchais acrescenta várias indicações sobre os figurinos e, importantíssimas, a respeito dos caracteres: todos conhecem, pelo menos, as de *Le Mariage de Figaro*.

Também deixei de lado, na falta de uma pesquisa que, para cada uma delas, exigiria talvez tanto trabalho quanto o conjunto tratado aqui, três práticas cuja pertinência paratextual me parece inegável. A primeira é a *tradução*, principalmente quando é mais ou menos revista ou controlada pelo autor, como Gide fez com Grœthuysen para a versão alemã de *Nourritures terrestres*, e com muito mais razão quando é garantida inteiramente pelo autor, segundo o hábito constante de um escritor bilíngue como Beckett, cujas traduções devem, de um modo ou de outro, trazer comentários[2] ao texto original. A segunda, de ordem totalmente diferente, é a *publicação*[3] *em folhetim*, que normalmente se remonta a *Robinson Crusoe*, mas que se difundiu amplamente a partir de 1836[4] e se manteve até hoje com algumas vicissitudes. Os cortes e supressões operados no texto nessa ocasião não ocorrem sempre com a bênção do autor, que às vezes se queixa, mas o detalhe das negociações merece ser estudado de perto; os especialistas, notadamente, para a França, de Balzac[5] e de Zola, não deixaram de fazê-lo, mas, pelo que sei, falta um estudo histórico de conjunto do fenômeno, da maior importância, porque o fato concreto é que, há um século e meio, centenas de escritores, entre eles alguns dos maiores, aceitaram os inconvenientes de tal sistema, que correspondia amiúde a apresentar primeiro ao público um texto desfigurado, na espera de sua publicação em volume[6].

A terceira constitui sozinha um imenso continente: é a da *ilustração*, que remonta pelo menos às letrinas e iluminuras da Idade Média, e cujo valor de comentário, às vezes muito forte[7], determina a responsabilidade do autor, não

---

2. Mas comentários a serem utilizados com precaução, porque o direito à infidelidade é um privilégio autoral.

3. A norma é a pré-publicação, mas um livro pode também aparecer em folhetim *após* seu lançamento em livraria. Foi o caso de *Crusoe*, em 1719, e sabe-se que *Les Caves du Vatican*, publicado em 1914, foi reeditado, em 1933, em *L'Humanité*, por Vaillant-Couturier ter forçado de algum modo o autor a fazê-lo.

4. O primeiro romance francês publicado em folhetim teria sido *La Vieille Fille* de Balzac em *La Presse*.

5. Ver R. Guise, *Balzac et le Roman-feuilleton*, Plon, 1964.

6. Sabemos, porém, que edições piratas, feitas geralmente na Bélgica, e chamadas "*préfaçons*" [contrafações], colocavam muitas vezes em circulação volumes compostos a partir do texto do folhetim. Ver P. Van der Perre, *Les Préfaçons belges*, Gallimard, 1941.

7. Para medir os graus dessa força, basta, por exemplo, comparar duas ilustrações de capa: a (desenhada pelo autor) de *Der Butt* de Günter Grass, que representa um linguado e, portanto,

só quando ele próprio as produz (Blake, Hugo, Thackeray, Cocteau e muitos outros) ou as encomenda com especificações (vejam os "temas de estampas" de Rousseau para *La Nouvelle Héloïse,* coletânea de instruções cuja vivacidade de evocação nem sempre é igualada na execução do gravador), porém, mais indiretamente, cada vez que ainda em vida aceita sua presença. Sabemos que autores como Flaubert ou James recusavam fazê-lo por princípio, seja porque temiam uma visualização infiel, seja porque recusavam radicalmente qualquer tipo de visualização[8]. Todas essas atitudes indicam, da parte do autor, um sentido muito aguçado do potencial paratextual, bem-vindo ou não, das ilustrações. Para analisar essa questão em toda a sua amplitude, seria preciso não só a informação histórica que me falta, mas também uma competência técnica e iconológica (pensemos nas vinhetas e frontispícios da época clássica) que nunca terei. Aí está, seguramente, um estudo que supera os limites do simples "literário".

Com muito mais razão certamente, o estudo do paratexto fora da literatura. É que, se aceitarmos a extensão do termo para domínios em que a obra não consiste em um texto, é evidente que outras artes, senão todas, têm um equivalente de nosso paratexto: assim, um título em música ou nas artes plásticas, a assinatura na pintura, a ficha técnica e os *trailers* no cinema, e todas as oportunidades de comentário autoral oferecidos pelos catálogos de exposição, pelos prefácios de partitura (vejam a introdução de 1841 para *Années de pèlerinage* de Liszt), pelas capas de discos, e por outros suportes de peritexto ou de epitexto: seria o objeto de outras tantas pesquisas paralelas a esta[9].

UM DOS RISCOS METODOLÓGICOS provocados por um objeto tão multiforme e tentacular quanto o paratexto me parece ser a tentação imperialista de anexar a este objeto tudo o que está a seu alcance ou parece lhe dizer respeito, o que me leva a não lamentar em demasia essas lacunas provisórias. Por maior

---

tem valor apenas de confirmação ou redundância, e a de *La Pensée sauvage* de Lévi-Strauss, que representa uma flor, e introduz desde logo uma ambiguidade que, sem esse procedimento, teria provavelmente escapado a alguns leitores até chegar às páginas em que isso é explicitado pelo autor.

8. Esta segunda posição é a de Flaubert, que a exprimiu várias vezes com o maior vigor, sendo fundamentalmente "o inimigo nato dos textos que explicam desenhos e dos desenhos que explicam textos, minha convicção neste ponto é radical e faz parte de minha estética" (a A. Baudry, 1867 ou 1868).

9. Ver Françoise Escal, "Le titre de l'œuvre musicale", e Charles Sala, "La signature à la lettre et au figuré", *Poétique* 69, fev. 1987.

que seja o desejo, inerente a todo estudo (e a todo discurso), de justificar seu objeto elogiando-o, parece-me mais sadio e metodologicamente mais eficaz reagir de forma oposta e, como já disse quando falamos da nota, aplicar o princípio ockamiano de economia, que evita multiplicar sem razão maior os "objetos teóricos". Sendo o paratexto uma zona de transição entre o texto e o extratexto, deve-se resistir à tentação de ampliar esta zona roendo de um lado e de outro. O caráter indeciso dos limites não impede o paratexto de possuir, em seu centro, um território próprio e incontestável no qual se manifestam claramente suas "propriedades", e que juntas constituem os tipos de elementos que acabamos de investigar, e alguns outros. Fora disso, evitaremos proclamar levianamente que "tudo é paratexto".

A mais essencial dessas propriedades, já devemos tê-la constatado inúmeras vezes, mas quero insistir nela para finalizar, é o caráter funcional. Qualquer que seja a intenção estética que se lhe acrescente, o paratexto não tem por desafio principal "tornar bonito" o entorno do texto, mas, sim, assegurar-lhe um destino conforme aos desígnios do autor. Para isso, constrói, entre a identidade ideal e relativamente imutável[10] do texto e a realidade empírica (sócio-histórica) de seu público, caso aceitem essas minhas imagens aproximativas, uma espécie de eclusa que lhes permite manter-se "no nível", ou, se preferirmos, um estrado que permita ao leitor passar sem muita dificuldade respiratória de um mundo a outro, operação às vezes delicada, principalmente quando o segundo é um mundo de ficção. Sendo imutável, o texto é incapaz por si só de adaptar-se às modificações de seu público, no espaço e no tempo. Mais flexível, mais versátil, sempre transitório porque transitivo, o paratexto é, de algum modo, um instrumento de adaptação: daí as modificações constantes da "apresentação" do texto (isto é, de seu modo de presença no mundo), em vida do autor por seus próprios cuidados, depois ao encargo, bem ou mal assumido, de seus editores póstumos.

A pertinência concedida aqui ao desígnio do autor, e portanto a seu "ponto de vista", pode parecer excessiva, e de método bem ingênuo. Na verdade, é imposta pelo objeto, cujo todo o funcionamento se assenta, mesmo que às vezes o negue, no postulado simples de que o autor "sabe melhor" o que se deve pensar de sua obra. Não se pode viajar no paratexto sem encontrar esta crença, nem de certo modo sem assumi-la como um dos elementos da situação, como faz um etnólogo com uma teoria indígena: a exatidão

---

10. De maneira muita relativa, é claro, e muito diversa: pensemos nas obras da Idade Média que não contêm dois textos rigorosamente semelhantes. Mas essa "movência do texto" (Zumthor) não tem relação com a movência do público, que justifica a do paratexto.

do ponto de vista autoral (e acessoriamente editorial) é o credo implícito e a ideologia espontânea do paratexto. Esta opinião, partilhada durante séculos quase sem reservas, é hoje, como se sabe, atacada por razões muito diversas, onde certo formalismo ("Não existe o verdadeiro sentido de um texto") e certa psicanálise ("Existe um sentido verdadeiro que o autor não pode conhecer") constituem um paradoxal casal feliz. Este debate me deixa, pessoalmente, bastante perplexo, senão indiferente, mas não me parece necessário entrar nele aqui: válido ou não, o ponto de vista do autor faz parte da prática paratextual, anima-a, inspira-a, fundamenta-a. Mais uma vez, o crítico não é de modo algum obrigado a subscrevê-lo; afirmo apenas que, por conhecê-lo, não pode negligenciá-lo totalmente e, se quiser contradizê-lo, deve primeiro integrá-lo. Mencionei várias vezes a força de intimidação hermenêutica contida no mero título de *Ulysses,* e sugeria, bem mais acima, que um leitor que ignorasse esse título talvez não "adivinhasse" mais a referência homérica desse romance do que Julien Green, sem a presença de certa chave, não teria adivinhado o "verdadeiro" tema de *Armance.* Ele o leria de modo diferente, e essa locução adverbial não implica para mim um juízo de valor (Borges, se não me engano, considerava essa referência artificial e inútil). Ora pois, esse leitor não existe, e salvo experiência – ela própria artificial – à maneira de Condillac, não pode existir. De certo modo, toda a tese (se houver uma) de nosso estudo sustenta-se nessa evidência; e toda a sua lição (mesma reserva), nesta advertência à maneira de Wittgenstein, que dela decorre: o que não se pode ignorar é melhor conhecer, isto é, é claro: reconhecer, e saber que se conhece. A ação do paratexto é com muita frequência da ordem da influência, ou mesmo da manipulação, sofrida de maneira inconsciente. Esse modo de agir é sem dúvida do interesse do autor, nem sempre do leitor. Para aceitá-lo, mas também para recusá-lo, é melhor percebê-lo em plena luz. Este comentário basta, espero, para justificar, senão este estudo do paratexto, pelo menos outro, ou outros, que as insuficiências ou os defeitos deste poderiam favorecer.

Do fato de que o paratexto sempre cumpre uma função não se segue necessariamente que a cumpra sempre bem. Alguns anos de estudo convenceram-me ao menos de um fato que não me era nada evidente *a priori:* a grande consciência profissional que os escritores colocam na execução de sua tarefa – alguns diriam de sua corveia – paratextual. Contrariamente à opinião que poderiam externar sobre isso aqui e ali algumas condutas demasiado condescendentes, a maioria tem em vista não o interesse de um sucesso imediato ou fácil, mas aquele, mais fundamental e mais "nobre", de sua obra – segundo a visão que dela têm. O principal obstáculo à eficácia do paratexto não reside em geral na má compreensão de seus fins, mas antes no efeito perverso, difícil de evitar ou de controlar, que encontramos muitas vezes sob o nome fantasioso de *efeito Jupien:* como todos os intermediários, o paratexto tende, às vezes, a ir além de sua função e a constituir-se como anteparo, e, a partir daí a desempenhar seu papel em detrimento do de seu texto. Para este perigo, o antídoto é evidente, e a maioria sabe usá-lo: agir com moderação. Na verdade, o mesmo princípio vale, ou deve valer, para o autor como para o leitor, que este simples *slogan* resume: *Atenção ao paratexto!*

Nada, com efeito, seria mais lastimável, no meu entender, do que substituir a idolatria do Texto fechado – que reinou sobre nossa consciência literária durante uma ou duas décadas, e que a análise do paratexto muito contribui, como vimos, para desestabilizar – por um novo fetiche, ainda mais vão, que seria o do paratexto. O paratexto é apenas um auxiliar, um acessório do texto. E, se o texto sem seu paratexto é às vezes como um elefante sem cornaca, força frouxa, o paratexto sem seu texto é um cornaca sem elefante, desfile inepto. Por isso, o discurso sobre o paratexto jamais deve esquecer que versa sobre um discurso que versa sobre um discurso, e que o sentido de seu objeto depende do objeto desse sentido, que é também um sentido. Apenas um limiar a transpor[11].

---

11. *Post-scriptum de 16 de dezembro de 1986.* Como o postilhão de Walter Scott que pede uma gorjeta, aproveito este último espaço de comunicação para indicar duas obras, certamente importantes, das quais tomei conhecimento somente na hora de entregar estas provas; Margherita Di Fazio Alberti, *Il titolo e la funzione paraletteraria*, Torino, ERI, 1984; e Arnold Rothe, *Der Literarische Titel. Funktionen, Formen, Geschichte*, Frankfurt, Klostermann, 1986; e dois artigos: Laurent Mailhot, "Le métatexte camusien: titres, dédicaces, épigraphes, préfaces", *Cahiers Albert Camus*, 5, Gallimard, 1985, e Jean-Louis Chevalier, "La citation en épigraphe dans *Tristram Shandy*", *L'Ente et la Chimère*, Université de Caen, 1986. E, para acrescentar à lista, p. 324, dos títulos inspirados pelo de Raymond Roussel, o excelente *Pourquoi je n'ai écrit aucun de mes livres,* de Marcel Bénabou, Hachette, 1986.

Índice Onomástico

COM O NÚMERO HABITUAL DE ERROS e omissões, este índice remete às ocorrências efetivas dos nomes de autores e a suas ocorrências implícitas por menção de títulos. Um pouco mais útil teria sido um índice dos títulos (às vezes vários por obra), com indicação dos nomes (a mesma observação) e das datas (*idem*), mas garantiram-me que seria mais longo do que o livro. Da forma como está, sua verdadeira função é, como na maior parte dos casos, evitar ao autor a marca infamante: *no index* [sem menção no índice].

Abrioux, M.   142, 278
Achille Tatius   147
Adorno, T.   55
Akakia-Viala & Bataille, N.   47
Alain   161-162, 243, 281
Albaret, C.   331, 338
Albouy, P.   203
Aleman, M.   131, 170
Alexis, P.   331
Allais, A.   13
Amrouche, J.   120, 127, 320-322, 335, 343
Amyot, J.   53, 232-233
Apollinaire, G.   36
Apuleu   148
Aragon, L.   58, 65, 80, 93-95, 116-118, 121-122, 153, 156, 173, 192, 194, 198, 201, 208, 220-222, 225-226, 230, 236, 240, 269, 284, 298, 315, 320, 324, 325, 343, 348
Ariosto, L.   263
Aristófanes   149
Aristóteles   89, 215, 273
Arp, H.   77
Artaud, A.   144

Asselineau, C. & Banville, T. de   75
Aubry, G.-J.   119
Auerbach, E.   119
Augé, M.   85
Agostinho   168, 272
Aulo Gélio   190
Austen, J.   44-46, 69, 89, 110, 135, 257, 269, 341
Aymé, M.   105, 107
Bachelard, G.   191, 194, 235
Badel, P.-Y.   151
Baetens, J.   32
Baillet, A.   48
Balzac, H. de   13-15, 33, 36, 42, 45, 47, 51, 60, 69, 80, 85, 89-90, 113-116, 120-121, 134-136, 153-154, 156-158, 161, 168-169, 180, 184, 186, 189, 191, 193-195, 198, 201, 204-205, 217, 235-236, 240, 247-248, 252, 257, 269-270, 273, 278, 287, 298, 303, 305, 317, 318, 328-332, 335-338, 346, 347, 349, 351-352, 356
Barbey d'Aurevilly, J.   89, 228-229
Bardèche, M.   68, 266

Barnes, D.   82, 240
Barrès, M.   89, 115, 121, 189, 229-230, 320
Barth, J.   30, 55, 74, 82, 87, 138, 193, 208, 265
Barthes, R.   17, 28, 129, 145, 154, 181, 187, 193, 237, 242, 273-274, 282, 286, 303, 306, 310-311, 316-317, 318, 320, 322, 325, 353
Bataille, G.   143-144, 166, 207, 249
Baudelaire, C.   75, 115-116, 142, 155, 180, 218, 236-237, 239, 276, 305, 323-324, 338
Bayle, P.   288
Beardsley, A.   28
Beauclair, H. e Vicaire, G.   168, 254-255
Beaumarchais, P.   110, 200, 215, 217, 356
Beaunier, A.   308
Beauvoir, S. de   319, 339
Becker, C.   65, 79
Beckett, S.   203, 293, 318, 356
Béguin, A.   60, 236
Bellemin-Noël, J.   349
Bellour, R.   303
Bénézet, M.   79, 103
Benstock, S.   283
Benveniste, É.   153
Bergson, H.   336
Bernanos, G.   79, 299
Bernardin de Saint-Pierre   23, 200
Bibesco, A.   333
Bignan, A.   153
Binet, C.   199
Bioy Casares, A.   236
Blake, W.   191, 357
Blanche, J.-É.   307
Blanchot, M.   91, 107, 143, 144, 154, 181, 206, 219, 236-237, 274, 318
Blum, R.   61, 266, 330, 334
Bocaccio   275
Boileau, N.   43, 110-111, 231-232, 275, 297
Bois, É.-J.   266, 316

Bonald, L. de   198
Boncenne, P.   316, 318
Bonnefoy, Y.   276, 322
Borges, J. L.   9, 93, 118, 121, 154, 168, 182-183, 199, 204, 211-212, 226, 230, 235-239, 241, 247, 253, 257, 292, 315, 318, 320, 354, 359
Bosco, H.   193
Bossuet, J.B.   198
Bost, P.   67
Boswell, J.   235, 273, 338
Bougnoux, D.   298
Bouilhet, L.   119, 157, 235-236, 238, 240, 327, 331
Bourget, P.   141, 189, 191, 229
Bousquet, J.   103
Bouteron, M.   158
Bowersock, G.W.   288
Brasillach, R.   142
Brecht, B.   260
Brémond, C.   83
Breton, A.   320
Brod, M.   65
Brontë, C.   85, 89
Brooke-Rose, C.   85
Bruce, J.   55, 84-85
Buffon, G.   132, 286
Burch, N.   31
Burgess, A.   70
Butor, M.   23, 28, 36, 322, 324
Byron, G.   137, 143, 164
Caillois, R.   183
Calímaco   274
Calmette, G.   116, 307, 330
Camus, A.   93
Camus, R.   52, 253, 282, 295, 324
Capote, T.   318
Carpentier, A.   136

Casanova, J.   272
Castex, P.-G.   158
Cayrol, J.   237
Céard, H.   331
Cela, C.J.   82
Céline, L.-F.   142
Cendrars, B.   40
Cent Nouvelles nouvelles   264
Cerquiglini, B.   264
Cervantes, M. de   91, 151, 170, 185-186, 190, 196, 198, 205, 207, 217, 265, 271
Chancel, J.   320
Chanson de Roland (La)   150, 152
Chantal, S.   243
Chapelain, J.   47, 111, 199, 233, 237
Chapsal, M.   316
Char, R.   59, 107, 296
Charbonnier, G.   320
Cariton de Afrodísia   39, 148
Charles, M.   142, 283
Charnes, abade de   307
Chasles, P.   180
Chateaubriand, F.-R.   42, 65, 113, 122, 126, 153, 156-158, 161, 200, 214, 217, 220, 224, 225, 227-230, 272-273, 282, 287, 289, 291, 323, 328, 337, 348
Chaucer, G.   263-264
Chaumeix, A.   336
Chénier, A.   275
Chklovski, V.   57
Chollet, R.   60
Chrétien de Troyes   11, 39, 93, 150
Cícero   109, 273
Clari, R. de   63, 151
Claudel, P.   127, 143, 243, 288, 320-321, 327, 335, 339, 344
Cocteau, J.   88, 93-94, 103, 357
Cohen, A.   320

Cohen, G.   243
Cohen, J.   79
Coleridge, S.T.   109, 163-164, 275, 293
Colet, L.   327-331
Colette   43, 82
Collins, P.   326
Colomb, R.   352
Colonna, V.   295
Commynes, P. de   151, 272
Compagnon, A.   10, 12, 137
Condillac, É. de   359
Condorcet, A. de   235, 273
Conrad, J.   119, 203, 225, 269, 281
Constant, B.   164, 167, 198, 214, 246, 254--255
Copérnico, N.   84
Corbière, T.   142
Corneille, P.   110-111, 114, 118, 149, 156-157, 173, 188, 190, 199, 215, 224-226, 297, 301
Cortázar, J.   194
Couratier, J.   129
Courier, P.-L.   53
Courtilz de Sandras   247
Crébillon, fils   121
Crémieux, F.   198, 315, 320
Curtius, E.R.   39
Damisch, H.   24
Dante   39, 70-71, 91, 106, 115, 139, 263, 332
Danton, G.   134
Darien, G.   246
Daudet, Léon   116
Daudet, Lucien   307, 308, 332
Davin, F.   161, 169, 180, 245
Debussy, C.   64
Defaux, G.   197
Defoe, D.   85, 120, 249-250
Deguy, M.   59

Deleuze, G.   155, 237, 250
Delteil, J.   122
Diodoro da Sicília   232-233
Derrida, J.   85, 103, 145, 175, 204, 310
Des Forêts, L.-R.   106, 142, 237
Desnos, R.   85
Dickens, C.   69, 85, 89, 207, 217, 225, 265, 298, 325-326, 346-347
Dickinson, E.   276
Diderot, D.   44, 111, 200, 202, 221, 234, 260
Diógenes Laércio   80
Dion Cássio   188
Djâmî   135
Donat   92
Donne, J.   136, 142, 275, 276
Dorgelès, R.   31
Dostoiévski, F.   89, 298, 347
Doubrovsky, S.   58, 267
Doyle, C.   223
Drieu La Rochelle, P.   93, 105, 118, 192, 222
Du Bos, C.   82
Du Camp, M.   194, 261, 331
Duchet, C.   55-56, 64, 157, 201, 205
Ducourneau, J.-A.   60
Dujardin, É.   121, 250
Dumas, A. (pai)   47, 89, 115, 208, 240, 247, 272
Dumesnil, R.   68
Dumézil, G.   320
Duras, M.   50, 320
Dusolier, A.   311
Eckermann, J.P.   327
Eco, U.   74, 86-87, 214, 223, 247, 265, 355
Edgeworth, Miss   220
Eliot, G.   50
Eliot, T.S.   241, 293

Ellmann, R.   122, 308
Eluard, P.   35, 147
Enckell, P.   103, 106
Epicteto   133
Erasmo, D.   126, 132, 136
Escal, F.   357
Esopo   234
Espinel, V.   169
Ésquilo   149
Eurípides   149, 232
Ezine, J.-L.   239, 316, 320
Fanon, F.   155, 240
Faulkner, W.   236, 238, 319-322, 355
Faure, E.   51
Faye, J.-P.   141
Febvre, L. & Martin, H.-J.   21, 126
Fénelon, F. de   217
Fernandez, M.   235
Ferrero, L.   239, 241, 291
Fielding, H.   114-115, 121, 135, 200, 204, 217, 230, 251, 265, 294
Filóstrato   149
Fitzgerald, F.S.   138
Flahault, F.   242
Flaubert, G.   11, 66, 68, 70, 89, 99, 119, 121, 129, 135, 157, 203, 235, 236-240, 243, 257, 261-262, 267, 269, 295, 300, 311-312, 327-331, 336, 338, 342, 345, 349, 351, 357
Flers, R. de   307-308
Formey   289
Forster, E.M.   341-342
Foucault, M.   317
Fowles, J.   143
France, A.   15, 42, 61, 89, 157, 161, 233, 236, 240-241, 265
Francisco de Sales   217
Frappier-Mazur, L.   134
Frisch, M.   194

Froehner, G.   312
Froissart, J.   39, 151, 177
Frost, R.   276
Frye, N.   17, 191, 195
Fumaroli, M.   233
Furetière, A.   86, 111
Gary, R.   51
Gaudon, S.   332
Gaulthier, Mme J.   330
Gautier, T.   80, 90, 116, 204-205
Genet   155, 237
Genette, G.   97
Gershman, H.S. & Whitworth, K.B.   197
Ghéon, H.   336
Ghil, R.   239
Gibbon, E.   272, 288
Gide, A.   90-91, 93-94, 116, 118-120, 126-127, 141, 143, 154, 166, 184, 194, 243, 247, 272, 308, 320-322, 327, 332, 335, 338-340, 342, 344-347, 356
Gilbert, S.   16, 308
Giono, J.   65, 86, 91, 93-94, 107, 296
Girard, A.   344
Gleizes, J.-M.   200, 283
Gobineau, A.   89, 273
Goethe, J.W.   150, 261, 327, 338, 339
Goldsmith, O.   117
Goncourt, E. et J.   89, 90, 164, 184, 191, 269, 329, 339, 343
Góngora, L. de   275
Gorz, A.   241
Gothot-Mersch, C.   68
Gracq, J.   319
Grass, G.   356
Green, J.   103, 136, 184, 296, 339, 345, 352, 359
Greene, G.   85, 142
Grésillon, A. & Werner, M.   349

Grimm, F.M.   234
Grivel, C.   55, 73, 76
Grœthuysen, B.   356
Guise, R.   356
Guyotat, P.   82
Hammett, D.   29
Hawthorne, N.   121
Hay, L.   349, 351
Hazard, P.   282
Hegel, G.W.F.   142, 145
Hélin, M.   55
Héliodore   149, 232
Hémery, J.-C.   32, 104
Hemingway, E.   59, 144, 351
Heráclito   138
Heródoto   39, 63, 148, 151, 177, 184, 272
Hesíodo   39
Hesse, H.   306
Hillis-Miller, J.   9
Hilsum, M.   221
Hobbes, T.   190
Hoek, L.   55-56, 73-76
Hölderlin, F.   144, 275
Hollier, D.   31
Homero   39, 147, 189, 197, 232, 289
Horácio   123, 132, 232, 274-275
Hugo, V.   17, 45, 70, 82-83, 121, 134, 142, 153, 157, 160, 178-179, 186, 188, 191, 195, 203, 208, 214, 226-227, 230, 247, 260, 270, 273, 276-277, 291, 305-306, 328, 332-333, 335-336, 348, 357
Huret, J.   320
Huster, F.   149
Huston, J.   92
Huston, N.   91
Huysmans, K.J.   89, 153, 228-229, 269
Idt, G.   240
Ionesco, E.   79

Irving, J.   294
Iseler, P.   243
Isócrates   148
Issacharoff, M.   293
Jabès, E.   107
Jaffray, P.   27
James, H.   89, 95, 119, 135, 153, 154, 156, 222, 223, 225, 230, 257, 269, 305, 333, 344, 347, 349, 350, 353, 357
Jammes, F.   336
Janin, J.   207
Juan de la Cruz   292
Jean Paul   190
Jeanson, F.   193
Jenks, T.   351
Jó   133
Johannot, Y.   24
Johnson, S.   235, 338
Joinville, J. de   151
Jong, E.   69, 265
Jouffroy, A.   193
Jouhandeau, M.   103
Joyce, J.   10, 16, 25, 79, 123, 144, 236, 271, 308
Kafka, F.   207, 326, 340, 344-345, 351
Kant, E.   273, 319
Kantorowicz, C.   55
Kierkegaard, S.   52
Klingsor, T.   49
Klossowski, P.   59, 154, 212
Kock, P. de   190
Kolb, P.   61, 316
Kundera, M.   236
Labarre, A.   21
Labé, L.   50
La Boétie, É. de   76
La Bruyère, J. de   43, 68, 137, 159, 192, 234, 260, 286

Lacan, J.   144
La Ceppède, J. de   274, 292
Laclos, C. de   254, 299
Lafayette, Mme de   43, 307, 337
La Fontaine, J. de   22, 89, 111, 177, 197, 199, 234-235, 238, 274
Laforgue, J.   272, 276
Lagny, G. de   39
La Harpe, J.-F. de   235
Lamartine, A. de   49, 81, 85, 91, 115-116, 121, 183, 275, 336
Lambert, J.   127, 339
Lanoux, A.   234
Lanson, G.   291
Laporte, R.   91
Larbaud, V.   16, 48, 103, 121, 157, 183, 235, 236-237, 241, 250, 308
La Rochefoucauld, F. de   43, 46, 132, 138, 142, 260
Laufer, R.   36
Laugaa, M.   48
Laurent, J.   51, 172, 299, 320
Lautréamont   50, 144
Lawrence, T.E.   52
Lazarillo de Tormes   83
Léautaud, P.   315, 320, 321, 327, 339
Lefèvre, F.   320
Le Goff, J.   264
Leibowitz, R.   241
Leiris, M.   93-94, 155
Lejeune, P.   10, 18, 42, 46, 313, 314, 319, 321, 346
Lemaitre, H.   75
Leroux, P.   208
Lesage, A.R.   44, 48, 162-163, 264
Lessing, G.E.   78, 86, 134
Leuilliot, B.   332
Levenston, E.A.   55

Lévi-Strauss, C.   357
Levin, H.   55
Lévy, M.   66, 70, 75, 352
Lewis, M.G.   132
Lichtenberg, G.C.   185
Liszt, F.   121, 124, 357
Litto, V. del   344
Locke, J.   185
Longus   53
Lorca, F.G.   49, 276
Lorris, G. de   39
Louÿs, P.   166, 243, 249, 254
Lovenjoul, C. de   270
Lowry, M.   135-136, 207
Lubbock, P.   347
Luciano   148
Lucrécio   109
Lugones, L.   121
Lyotard, J.-F.   102, 310
Machado de Assis, J.   169
Macpherson, J.   166
Madaule, J.   243
Maeterlinck, M.   136
Magny, C.-E.   257
Magritte, R.   79
Malherbe, F. de   237
Mallarmé, S.   36, 144, 169, 206-207, 235, 239, 276, 283
Mallet, R.   127, 315, 320, 321, 327, 339
Malraux, A.   95, 157, 236, 238, 243, 282, 284, 298
Mann, T.   28, 139-140, 314, 320, 324, 340, 344, 345
Mansfield, K.   341
Maquet, A.   47
Maquiavel, N.   272, 273
Marcel, G.   338
Marino, G.   89, 199, 233, 237, 275

Marivaux, P.   44, 85, 165, 205, 207, 208, 245, 246, 254
Marot, C.   232
Martin, C.   340
Martin, H.J. & Chartier, R.   21
Martin du Gard, R.   332, 339, 340, 347
Marx, K.   135, 143
Masson, B.   68
Matisse, H.   18, 58, 88, 94-95, 194, 298
Maturin, C.R.   134
Maugham, S.   142
Mauriac, C.   339
Mauriac, F.   136, 318
Maurois, A.   61, 113, 234, 268, 273
McLuhan, M.   354
Melville, H.   121, 265
Mérimée, P.   48, 85, 255, 330
Meung, J. de   39
Michaux, H.   59, 203, 318
Michelet, J.   12, 115, 156, 221, 272, 274, 284, 286, 287, 320
Miller, H.   320
Milly, J.   66, 75
Milton, J.   263, 290
Mirbeau, O.   165
Mitterand, H.   55, 65, 99, 153, 350
Modiano, P.   193
Molière   50, 110-111, 119, 215-216, 219, 235-236
Molino, J.   55, 84
Moncelet, C.   55
Mondor, H.   169
Mondrian, P.   51
Montaigne, M. de   36, 42, 46, 82, 178, 181, 184, 238, 351
Montesquieu, C.L. de   22, 43, 44, 84, 112, 132, 177-178, 204, 214, 217, 238, 273, 286, 291
Moore, G.   257

Morand, P.   197, 217, 239, 334
Moritz, K.P.   89
Morrissette, B.   242, 306
Mozet, N.   157
Musil, R.   156, 265, 344
Musset, A. de   272
M'uzan, M. de   78
Nabokov, V.   103, 163, 168, 214, 218, 219, 253, 272, 320
Nadeau, M.   311
Navarre, M. de   82, 264
Necker, Mme   132
Neefs, J.   205
Nerval, G. de   50, 115, 208
Nicolson, H.   341
Niess, R.J.   331
Nietzsche, N.   209
Nizan, P.   235
Nodier, C.   89, 133, 142-143, 156-158, 164, 166, 170, 185, 204-205, 213, 240, 248
Novalis   186
Occam, G.   224
O'Hara, J.   142
Ollier, C.   324
Orígenes   217
Orléans, C. d'   275
Orwell, G.   69
Oura, Y.   165
Ovídio   93, 132, 138, 197, 232
Painter, G.   273
Parinaud, A.   320
Pascal, B.   135, 217, 234, 292, 301
Paulhan, J.   94, 103, 106, 274
Pausânias   188
Péguy, C.   40, 82, 122
Perec, G.   91, 135, 295
Perre, P. van der   356
Pérsio   133

Pessoa, F.   52, 253
Petit, J.   296, 344, 354
Petrarca   132, 139, 275
Picon, G.   282, 283, 298
Pierrefeu, J. de   307
Pierrot, R.   158, 161
Píndaro   142
Pinget, R.   324
Pivot, B.   317
Platão   80
Plauto   39, 78, 149
Plenzdorff, U.   82
Plínio, o Antigo   131
Plotino   319
Plutarco   232
Poe, E.A.   82, 223, 236, 256, 323, 324
Pommier, J. & Leleu, G.   349, 353
Ponge, F.   40, 282, 315, 322, 350
Porqueras Mayo, A.   149
Potocki, J.   82, 168, 253, 254
Poulet, G.   235
Pound, E.   49
Prévost, A.F.   172, 246
Prise d'Orange, La   150
Proust, M.   15, 33, 61-62, 64, 66, 78, 80, 86, 90-91, 116, 120, 124, 137, 139, 164, 171, 180, 184, 195-196, 198, 205, 221, 233-234, 236, 239, 247, 257, 266-268, 271, 278, 295-297, 303, 305, 308, 316, 330-336, 338, 349, 350, 353
Púchkin, A.   319
Puech, J.-B.   48, 129, 171-172, 313, 315
Puig, M.   294
Pynchon, T.   226, 265
Pitágoras   135, 287
Queneau, R.   31-32, 40, 93, 94, 101, 103, 106, 237, 256, 320
Quevedo, F. de   204, 265, 275

Quignard, P.   106, 189
Quinet, E.   115
Quintiliano   273
Quinto de Esmirna   263
Rabelais, F.   51, 132, 147, 152, 191, 197, 208, 264, 291
Racine, J.   110-111, 121, 157, 188, 190, 215, 216, 219, 224-225, 235, 300
Radcliffe, A.   135, 190
Rambures, J.-L. de   320
Reboux, P. & Muller, C.   299
Regard, M.   158
Régnier, H. de   127
Régnier, Mme.   240, 243
Renan, E.   14, 226, 228
Renard, J.   342-343
Ricardou, J.   32, 64, 91, 237, 324
Ricatte, R.   66
Richard, J.-P.   49, 137, 181, 236, 383
Richardson, S.   165
Richelieu, cardeal de   47
Rigolot, F.   199
Rihoit, C.   193
Rilke, R.M.   276
Rimbaud, A.   14, 47, 160, 162, 276, 284, 350
Rimmon-Kenan, S.   75
Ristat, J.   122
Rivarol, A.   142
Rivière, J.   66, 307, 332, 335-336
Robbe-Grillet, A.   16, 100, 242, 306, 322, 323-324
Robert, L. de   61, 296, 330, 333, 334
Robin, A.   103
Roche, M.   58
Roger, P.   19
Rojas, F. de   43
Romains, J.   59

Roman de Renard, le   150, 152
Ronsard, P. de   199, 230, 240, 263, 275
Rostand, M.   307
Roth, J.   77
Roudaut, J.   91
Rousseau, J.-J.   53, 104, 113, 131, 132, 139, 155, 166, 167, 178, 184-185, 187, 254, 272, 273, 283, 285, 289, 291, 299, 323, 357
Roussel, R.   223, 324, 360
Rousset, J.   85
Rutebeuf   275
Rysselberghe, M. Van   338
Saba, U.   171
Sabry, R.   78
Sagan, F.   85, 142
Saint-Amant, M.A. de   92, 111, 297
Saint-John Perse   49, 276, 293, 296
Saint-Simon, L. de   272
Sainte-Beuve, C.A.   134, 137, 140, 171, 191, 266, 311, 333, 336, 338
Sairigné, G. de   24
Sala, C.   357
Sallenave, D.   167, 171, 253, 254
Salmon, A.   82
Salvagnoli   23, 101, 307, 309, 338
Sand, G.   50, 157, 164, 214, 227, 240, 337
Sangsue, D.   89
Sarduy, S.   212, 284
Sarraute, N.   160, 161, 236, 239, 320, 324
Sartre, J.-P.   12, 31, 82, 93-94, 107, 136, 154--155, 160-162, 193, 235-237, 239-241, 250, 296, 299, 315, 318, 320, 339, 347
Satie, E.   224, 242, 276
Scarron, P.   110, 265
Schaeffer, J.-M.   145, 189
Schelegel, F.   83, 89
Schmoller, H.   24
Schreuders, P.   24

Schwob, M. 84
Scott, W. 44-46, 69, 83, 89, 94, 116, 120, 123, 133-135, 137, 142-143, 153-154, 156-158, 161-163, 168, 173, 180, 184, 188, 190, 200, 201-202, 204, 211, 220, 230, 245-246, 248, 250-253, 269-270, 283-284, 292, 294, 299, 329-337, 360
Seebacher, J. 70
Senancour, É. de 67, 167, 249, 283, 299
Sérvio 92
Shakespeare, W. 89, 117, 134, 143, 149, 200, 252
Sieburth, R. 247
Simenon, G. 67
Simon, C. 322, 324
Smullyan, R.M. 82
Sófocles 143, 149, 189, 232
Sollers, P. 14, 91, 93, 138, 282, 315, 318, 350
Sorel, C. 161
Sorrentino, G. 300
Souday, P. 336
Spenser, E. 263
Spinoza, B. 189
Staël, G. de 273
Starobinski, J. 49, 52
Steinbeck, J. 85
Stendhal 13, 17, 22, 45, 47, 49, 50-52, 65-66, 77-78, 89, 101, 117, 119, 121, 134, 137, 142, 166, 171, 189, 236, 238-239, 247, 278, 284, 287, 294, 299, 300, 307-310, 330, 336-338, 340, 343-344, 346, 350, 352
Stéphane, R. 241
Sterne, L. 120, 154, 256, 295, 300
Stevens, W. 276
Stevenson, R.L. 173
Strachey, L. 341
Stravinski, I. 136
Supervielle, J. 103

Svevo, I. 167
Swift, J. 119, 190, 265
Tadié, J.-Y. 266
Tagore, R. 66
Taine, H. 165, 274
Tasso, T. 263, 289
Tavernier, B. 67
Teócrito 274
Terêncio 149, 232
Teresa d'Ávila 141
Thackeray, W.M. 36, 69, 85, 92, 120, 265, 357
Teofrasto 68, 234
Thibaudet, A. 49
Tito Lívio 148, 177
Tocqueville, A. de 178, 273, 286
Todorov, T. 85, 235
Tolstói, L. 18, 89, 155, 188, 201, 212, 213, 269, 344, 347
Tournier, M. 16, 86, 155, 168, 250, 255, 304, 318, 320, 324-325
Triolet, E. 95, 116, 121, 221
Tristan L'Hermite 110, 275
Truffaut, F. 79
Turold 39, 152
Tomás de Aquino 273
Thomson, C.W. 294
Tucídides 19, 39, 148, 150, 177, 184, 272
Ungaretti, G. 276
Unseld, S. 306
Untel 17, 41, 42, 50, 123, 124, 125, 127, 130, 142, 319, 338
Updike, J. 355
Urfé, H. d' 69, 173
Valéry, P. 65, 82, 119, 154, 157, 160, 161, 162, 196, 197, 224, 236, 238, 239, 240-241, 243, 244, 279, 283, 284, 291-292, 295, 298, 327, 343, 354

Valincour, J.-B. de   307
Vallès, J.   121
Vandromme, P.   107
Van Santen Kolff, J.   65, 78, 331
Vário   92
Vasquez, M.E.   315
Verlaine, P.   161-162, 276, 284
Veron, E.   129
Viala, A.   110
Vian, B.   79
Vidal-Naquet, P.   157
Vigny, A. de   139, 141, 201
Villehardouin, G. de   151
Villon, F.   232, 275
Virgílio   39, 92, 93, 125, 188, 189, 263, 275
Voltaire   27, 44, 111, 209, 214, 235, 238, 263, 272, 288, 291, 297, 301
Wajeman, G.   283
Walpole, H.   133

Ward, N   253
Warren Beach, J.   347
Weinberg, B.   232
Wellek, R. & Warren, A.   83
Weston, J.   293
Whitman, W.   276, 278
Wilde, O.   203
Wittgenstein, I.   359
Wittig, M.   282
Woolf, V.   50, 317, 341, 345, 348
Wordsworth, W.   109, 163, 164, 200, 213, 238, 275, 276, 290, 293
Yourcenar, M.   49
Zola, É.   33, 60, 65, 78, 79, 89, 90, 99, 100, 102, 105, 107, 119, 121, 129, 135, 153, 195, 197, 198, 202, 203, 234, 257, 269, 291, 305, 312, 328, 331, 333, 336, 347, 349, 350, 356
Zumthor, P.   358

Título	Paratextos Editoriais
Autor	Gérard Genette
Editor	Plinio Martins Filho
Tradução	Álvaro Faleiros
Revisão	Geraldo Gerson de Souza
	Claudio Giordano
	Valter Cesar Pinheiro
Projeto gráfico e capa	Tomás Martins
Produção editorial	Aline Sato
Editoração eletrônica	Camyle Cosentino
Formato	16 × 23 cm
Número de páginas	376
Tipologia	Minion
Papel	Chambril Avena 80 g/m²
Impressão e acabamento	Santa Marta